本书为2022年国家社会科学基金后期资助重点项目
"计算广告的隐私问题及其治理研究"
（编号：22FXWA002）结项成果

计算广告的
隐私问题
及其治理研究

林升梁　著

厦门大学出版社　国家一级出版社
XIAMEN UNIVERSITY PRESS　全国百佳图书出版单位

图书在版编目（CIP）数据

计算广告的隐私问题及其治理研究 / 林升梁著.
厦门：厦门大学出版社，2025.5. -- ISBN 978-7-5615-9711-8
Ⅰ. F713.8；D923.04
中国国家版本馆 CIP 数据核字第 2025ME1327 号

责任编辑　江珏玙
美术编辑　李夏凌
技术编辑　朱　楷

出版发行　**厦门大学出版社**
社　　址　厦门市软件园二期望海路 39 号
邮政编码　361008
总　　机　0592-2181111　0592-2181406（传真）
营销中心　0592-2184458　0592-2181365
网　　址　http://www.xmupress.com
邮　　箱　xmup@xmupress.com
印　　刷　厦门集大印刷有限公司

开本　720 mm×1 000 mm　1/16
印张　22
字数　420 千字
版次　2025 年 5 月第 1 版
印次　2025 年 5 月第 1 次印刷
定价　78.00 元

本书如有印装质量问题请直接寄承印厂调换

厦门大学出版社　　厦门大学出版社
微信二维码　　　　微博二维码

国家社科基金后期资助项目
出版说明

　　后期资助项目是国家社科基金设立的一类重要项目，旨在鼓励广大社科研究者潜心治学，支持基础研究多出优秀成果。它是经过严格评审，从接近完成的科研成果中遴选立项的。为扩大后期资助项目的影响，更好地推动学术发展，促进成果转化，全国哲学社会科学工作办公室按照"统一设计、统一标识、统一版式、形成系列"的总体要求，组织出版国家社科基金后期资助项目成果。

全国哲学社会科学工作办公室

序

  林升梁老师的《计算广告的隐私问题及其治理研究》获国家社科基金后期资助重点项目立项并顺利结项出版。在我的印象中，计算广告的研究这几年快速升温，但对其隐私问题的研究还极为少见。广告并不是一开始就和隐私发生关系的，随着时代的发展，大数据、云计算、机器学习等人工智能前沿技术在广告行业的应用越来越多，从而推动了计算广告的诞生。广告主对广告的精准性和变现率不断提出更高的要求，倒逼相关平台无底线地对用户数据进行获取与使用，最终产生了用户隐私权益与广告主广告利益之间的博弈。计算广告一方面摒弃了传统广告"广撒网"式的传播方式，能够大大降低相关企业的广告成本；另一方面也让企业陷入隐私侵犯的诟病当中。在消费者维权意识日益觉醒的今天，隐私问题成为企业的必答题，具有更高隐私合规能力的企业，将获得更多的核心竞争力。

  科技产业的发展从本质上看是一个由乱到治的规律和过程，而隐私权的滥用早晚也会如其他问题一样被重视和整改。本书正是立足这样的现实进行探索，全书共分九章，通过扎根理论建构计算广告隐私问题的整体理论框架。在整体理论框架基础上，分解不同的相关变量进行结构方程模型的建模与调查分析，接着汇总这些建模的数据结果，验证扎根理论建构的计算广告隐私问题的整体理论框架，最后提出计算广告隐私问题的治理对策与建议。本书主要采用实证研究中的扎根理论、问卷调查和实验法，质化和量化相结合，体现了作者较高的学术研究水平。

  作者在本书中非常明确地提出必须对计算广告用户的隐私进行保护。当前数字主权问题越来越被各个国家所重视，而数字主权的一个核心表现，就是对本国公民信息资产权益的保护。这也在一些国家和企业巨头之间，形成了一种博弈关系。当然，在中国，这种关系更多的是在政府主导和掌控之下。多数企业收集数据是为了双赢实践，比如数据驱动广告营销，反过来反哺消费者，让消费者得到更便利的购物体验。但是，恶意使用收集到的数据的可能性总是存在的，这种恶意使用的后果有时十分严重。因此，从长远看，计算广告的隐私问题必须加以重视和解决，否则将始终困扰计算广告的发展。这个论断，将为计算广告的发展所证明。

中国人如何看待自己的隐私？作者从东西方对待计算广告隐私问题的跨文化差异，提出了自己的看法。有人曾经说过"中国人对隐私问题更加开放，没有像外国人那么敏感，如果可以用隐私交换便利和效率的话，多数情况下他们是不会反对的"。这个观点曾引发当时的舆论批评。即使这种观点有合理的成分，我们也不能天然地认为中国的消费者不需要隐私保护。正是因为中国消费者对隐私不太追究，才导致广告主和广告平台对用户隐私的不断侵犯。而令人欣慰的是，从本书中我们看到，在中国特色社会主义制度下，计算广告的隐私问题是可以得到比西方制度下更妥当的治理机制与解决方案。

如何看待隐私与广告营销之间的关系？本书提出了隐私保护与品牌发展的关系，这是非常有见地的。实际上，早在2018年Facebook隐私事件的爆发，就意味着统治互联网的计算广告模式走进了困境。目前，谷歌、苹果、华为等大公司和大平台纷纷选择更为严格的隐私标准，实际上对行业来说具有很大的示范意义和引导价值，这对计算广告的良性发展是有益的。在隐私问题日渐受到公众重视的今天，隐私保护在品牌方面的布局尤为重要。如何平衡好用户隐私保护与广告投放效果之间的权益与利益平衡，是每个广告主需要认真对待的话题。正如本书第八章论证指出，成功的品牌不仅可以在营收和利润上表现优异，更要建立起与消费者之间深厚的信任基础。而消费者信任的建立，除了讲好品牌故事，有效地与消费者进行互动之外，最基础的是要注意保护消费者的隐私，在商业道德和商业规则上做到不可逾矩。

计算广告产业链的隐私治理问题涉及多方利益，包括广告主、广告公司、广告投放平台、第三方数据平台等，最重要的是用户自己牵扯其中。如原生广告的数据隐私侵犯问题有不断强化的趋势，值得警惕。数据共享的隐私计算可与区块链技术相结合，这既能保证输入数据可信，亦可隐藏运算过程，可谓鱼和熊掌兼得。鉴于数据隐私监管日益加强，中央出台了《关于构建更加完善的要素市场化配置体制机制的意见》，首次将数据纳入"生产要素"。相关部门还下发了《数据资产评估指导意见（征求意见稿）》，通过规范数据资产评估机构和专业人员来更好地服务于数字经济时代的生产要素市场。因此，在数据时代下，由于政策导向明确，企业间数据流转大势所趋，个人隐私保护迫在眉睫，这将促使隐私与计算技术成为数字经济时代建设的新基建。

升梁与其兄升栋是我在厦大带的一对兄弟硕士研究生。升栋2000年毕业，升梁2006年毕业，两人后来又都分别攻读博士学位。升梁在攻读厦门大学博士学位期间，在我主编的"厦门大学广告学丛书"中，独立出版了《网络广告原理与实务》(厦门大学出版社2007年版)和《整合品牌传播学》(厦门大学出版社2008年版)。据我所知，他对互联网的研究从2003年就开始了。2010年他又出版了《广告统计基础》(厦门大学出版社2010年版)。由此可见，这部《计算广告的隐私问题及其治理研究》的出版，是他长期知识积累与思考的结果。本课题不仅实现了广东省广告学科国家级重点项目零的突破，而且和郑州大学新闻与传播学院马二伟教授负责的《广告算法陷阱及其治理研究》同一年(2022年)首获国家社科基金计算广告领域的重点项目立项，是迄今为止计算广告在国家最高级别社科研究项目中所取得的重大突破，显著提升了计算广告的学科地位。希望本书能够为中国广告的数字化转型提供理论支撑和决策参考。

中国广告协会学术委员会原主任
中国广告教育研究会会长
厦门大学特聘教授/博导 陈培爱
2025年3月20日

目 录

绪 论 / 001 /

第一章 研究背景、研究目的与研究思路 / 007 /
 第一节 研究背景 / 007 /
 第二节 文献综述 / 014 /
 第三节 研究目的与研究意义 / 031 /
 第四节 研究思路与研究方法 / 038 /

第二章 基于扎根理论的计算广告隐私问题研究 / 045 /
 第一节 引言 / 045 /
 第二节 研究设计 / 049 /
 第三节 研究内容 / 055 /
 第四节 计算广告隐私问题社会互动模型的阐释 / 066 /

第三章 计算广告客观特性和主观特性对用户态度的影响：
   隐私关注的中介作用 / 070 /
 第一节 引言 / 070 /
 第二节 理论基础与研究假设 / 071 /
 第三节 研究设计 / 074 /
 第四节 数据分析与模型验证 / 080 /
 第五节 讨论与启示 / 095 /

第四章 感知收益和感知风险对计算广告用户态度的影响：
   隐私关注的中介作用 / 102 /
 第一节 引言 / 102 /
 第二节 理论基础与研究假设 / 104 /

第三节　研究设计　　　　　　　　　　　　　　　/ 107 /
　　　第四节　数据分析与模型验证　　　　　　　　　　/ 111 /
　　　第五节　讨论与启示　　　　　　　　　　　　　　/ 118 /

第五章　集体主义和个人主义对计算广告用户态度的影响：
　　　　隐私关注的中介作用　　　　　　　　　　　　/ 124 /
　　　第一节　引言　　　　　　　　　　　　　　　　　/ 124 /
　　　第二节　理论基础与研究假设　　　　　　　　　　/ 126 /
　　　第三节　研究设计　　　　　　　　　　　　　　　/ 129 /
　　　第四节　数据分析与模型验证　　　　　　　　　　/ 136 /
　　　第五节　讨论与启示　　　　　　　　　　　　　　/ 147 /

第六章　性别、隐私关注和隐私保护对计算广告用户态度的影响：
　　　　基于中美大学生的跨文化比较　　　　　　　　/ 153 /
　　　第一节　引　言　　　　　　　　　　　　　　　　/ 153 /
　　　第二节　理论基础与研究假设　　　　　　　　　　/ 156 /
　　　第三节　实验设计　　　　　　　　　　　　　　　/ 159 /
　　　第四节　数据分析与实验结果　　　　　　　　　　/ 164 /
　　　第五节　讨论与启示　　　　　　　　　　　　　　/ 176 /

第七章　UTAUT 模型下计算广告接受行为的影响因素研究：
　　　　作为促发条件的隐私关注　　　　　　　　　　/ 182 /
　　　第一节　引言　　　　　　　　　　　　　　　　　/ 182 /
　　　第二节　理论基础与研究假设　　　　　　　　　　/ 187 /
　　　第三节　研究设计　　　　　　　　　　　　　　　/ 189 /
　　　第四节　数据分析与模型验证　　　　　　　　　　/ 192 /
　　　第五节　讨论与启示　　　　　　　　　　　　　　/ 197 /

第八章　隐私关注对计算广告回避的影响：感知风险和隐私
　　　　保护的链式中介作用　　　　　　　　　　　　/ 202 /
　　　第一节　引言　　　　　　　　　　　　　　　　　/ 202 /
　　　第二节　理论基础与研究假设　　　　　　　　　　/ 205 /
　　　第三节　研究设计　　　　　　　　　　　　　　　/ 209 /

第四节　数据分析与模型验证　　　　　　　　　　/ 213 /
　　第五节　讨论与启示　　　　　　　　　　　　　　/ 225 /

第九章　计算广告隐私问题的治理机制创新　　　　　/ 230 /
　　第一节　中外隐私观、隐私法和隐私影响评估的差异　/ 231 /
　　第二节　计算广告隐私相关的两大问题　　　　　　/ 236 /
　　第三节　计算广告隐私问题的法律法规阐释　　　　/ 241 /
　　第四节　计算广告隐私问题的伦理道德边界　　　　/ 246 /
　　第五节　计算广告隐私问题多方协调的常规治理机制　/ 251 /
　　第六节　计算广告隐私问题治理机制的理论创新　　/ 258 /
　　第七节　计算广告隐私问题治理机制的实践创新　　/ 289 /
　　第八节　余论：作为技术伦理新思路的道德物化　　/ 330 /

后　记　　　　　　　　　　　　　　　　　　　　　/ 338 /

绪　论

2016年5月17日,习近平总书记在哲学社会科学工作座谈会上发表重要讲话,特别指出要集中力量构建中国特色哲学社会科学,在指导思想、价值引导、学科体系、学术体系、话语体系等方面充分体现中国特色、中国风格、中国规律、中国气派。[①]

新一轮科技革命和产业变革突飞猛进,人工智能呈现"爆发式"发展态势,深度改变人类社会。同时,科技安全风险与日俱增,算法传播可能重塑人类文明形态、全球权力结构、社会治理模式,因此需要加强潜在风险研判和防范,确保算法安全、可靠、可控。党的十八届三中全会提出了"国家治理体系和治理能力现代化",作为"四个现代化"之后的"第五个现代化"。[②] 党的二十届三中全会从完善共建共治共享的社会治理制度、推进国家安全体系和创新治理能力现代化的战略高度,对健全中国特色治理体系和制度作出了专门部署。

诚然,改革开放以来,西方科学理论和研究方法要经历中国的本土化过程,已成为中国多数学者的共识,西方学术需要本土化的呼声也越来越高。在本土化旗帜的感召下,中国广告学者开始关注并分析本土的数据、案例和资料,并以此为依归开始挑战西方广告的科学理论。他们推崇中国经验的独特性与排他性,并试图找出西方广告学术理论不能作出恰当解释的中国广告实践现象,从而对西方广告学术理论提出全盘否定、某些批评或局部观点的修正。这些做法,算不算是"本土化"的努力呢? 我们认为,依然不是。其所拥有的依然是西方的学术视野,其所提的问题依然是西方广告学术界所建构的问题意识,依然谈不上是广告学科的本土化。

上述情况无不表明,当前中国诸多领域的研究事实上均存在西方的话语霸权,这种话语霸权消解了中国问题本身的重要性和特殊性,凸显了西方社会"是非"二元对立的思维模式,忽视了中国"阴阳"太极互换的思想传统。"本土化"概念的提出和使用,对于构建中国哲学社会科学而言并不是一个

[①] 谢伏瞻:《加快构建中国特色哲学社会科学学科体系、学术体系、话语体系》,《中国社会科学》2019年第5期,第4-22页。

[②] 朱春阳:《如何重建媒体的价值》,《新闻大学》2025年第3期,卷首语。

明智的选择,更为恰当的应该是"中国特色"这个概念。建立"中国特色哲学社会科学"理论体系的关键在于确立"中国问题"的主体意识,而不仅仅是把精力花在寻找中国实践经验的独特性,然后将之作为西方学术理论话语的注脚上。

学界最早提出计算广告概念的是美国芝加哥大学的经济学家 Phillip Nelson。他认为广告也是一种信息,计算广告的目的是提高用户和相关广告的匹配,从而实现广告信息的精准投放。[1] 当时互联网尚未成型,该概念从信息学角度提出,社会影响并不大。业界比较认可的计算广告起源是 2008 年雅虎广告首席科学家 Andrei Broder 在美国加州旧金山市召开的由算法与计算理论特别兴趣小组(ACM)和离散数学活动小组(SIAM)联合发起的第十九届离散算法学术研讨会(Symposium of Discrete Algorithms, SODA)上提出的计算广告(computational advertising)概念。Broder[2] 认为,计算广告的核心挑战是为特定场景下的特定用户找到最合适的广告,以实现广告的最佳匹配。此表述迅速扩展到北美、欧洲以及亚洲,之后在研究有关计算广告方面开始重点围绕如何实现最佳匹配这一核心话题开展,随后,学界和业界开始研究计算广告这一门新兴学科。2009 年,Andrei Broder 在香港参加国际计算机学会信息与知识管理年会(The Conference on Information and Knowledge Management, CIKM)上再次推介这一概念,计算广告开始进入中国,吸引了中国学者的目光。[3] 计算广告引起越来越多高校的关注,2011 年 Andrei Broder 及其同事 Vanja Josifovski 在美国斯坦福大学开设了计算广告的研究生课程,引发全球互联网领域的广泛探讨,进一步扩大了计算广告的影响力。2014 年,美国广告学会(AAA)提出了计算广告对于广告教育的影响[4],意味着计算广告学正式成为美国广告学界研究的主流课题。随着计算广告学的概念迅速受到学界的广泛关注,国外高校开始设置一些更为专业化、系统化和常规化的计算广告课程。2018 年美国伊利诺伊大学厄巴纳香槟分校创办了面向本科的计算科学与广告专业,并开设计算广告系列课程,这在美国乃至世界的广告教学上尚属

---

[1] Nelson P. Advertising as Information. *The Journal of Political Economy*, 1974, 82(4), pp.729-754.

[2] Broder A Z. Computational Advertising and Recommender Systems. *Proceedings of RecSys'08 ACM Conference on Recommender Systems*. New York: Association for Computing Machinery, 2008, pp.1-2.

[3] 刘鹏、王超:《计算广告:互联网商业变现的市场与技术》,人民邮电出版社 2015 版,序一。

[4] Nelson R M, Akella R, Katz H, et al. Computational Advertising and Big Data: Implications for Education. *Proceedings of the 2014 Conference of American Academy of Advertising*, 2014, pp.2-3.

拓荒之举。[1]

在国内,最早是理工科领域的学者发表学术论文探讨计算广告概念。例如,周傲英、周敏奇和宫庆学[2]提出,计算广告是一种精准投放的广告投放机制,在计算的基础上找到最优匹配的广告内容并定向给目标人群实现广告效益最大化。他们系统地介绍了计算广告的传播方式、投放模式、计价模式、投放目标等广告领域的演变过程,描述了包括广告主、网络媒体、联盟网络、广告交换、需求方平台、销售方平台等计算广告的相关产业链,重点分析了广告检索、排序投放算法以及广告离线分析、实时投放平台等关键技术和平台,还探讨在移动计算环境下的移动终端的广告投放、基于位置信息的广告投放、基于社会网络的广告投放等新型应用模式对计算广告未来发展可能产生的重要影响。郭庆涛等[3]对计算广告研究中的计价模型和匹配算法及模型进行综述,分别从检索词匹配精度、语义情景和用户点击反馈等方面对Cosine算法、Okapi BM25算法、特征学习算法、分层学习模型和Multinomial统计语言模型等进行比较分析,指出它们的优缺点,最后提出可行的改进建议。柴林麟[4]提出计算广告就是在提升广告收益的基础上形成的一种新型的广告形式,在实际应用过程中,主要从消费者需求出发,实现消费者与广告之间的精准匹配。胡晓峰[5]提出计算广告应当是"内容＋技术＋数据"的综合运用,认为现有针对计算广告的研究多停留在"技术＋数据"层面,包括信息检索、数据管理、数据挖掘、机器学习和分布式系统等,但创意才是广告的核心,而内容则是创意的关键。一方面,"技术＋数据"可以精准细分消费人群;另一方面,内容可以加大沟通力度。

人文社科学者也不甘落后,诸多学者探讨计算广告的特征、技术与概念,景东等[6]从美学艺术的视角分析计算广告的特征,如全民参与朴素美、算法主导数学美、多元主导和谐美;并进一步将计算广告形式归纳为文本分

---

[1] University of Illinois at Urbana-Champaign. *Computer Science ＋ Advertising*. https://media.illinois.edu/degrees-programs/computer-science-advertising,2020-02-20.

[2] 周傲英、周敏奇、宫庆学:《计算广告:以数据为核心的Web综合应用》,《计算机学报》2011年第10期,第1805-1819页。

[3] 郭庆涛、郑滔:《计算广告的匹配算法综述》,《计算广告工程》2011年第4期,第222-224页。

[4] 柴林麟:《大数据时代下互联网广告及计算广告学的应用研究》,《信息与电脑(理论版)》2015年第16期,第29-31页。

[5] 胡晓峰:《计算广告:"技术＋数据＋内容"的综合运用》,《电脑知识与技术》2015年第19期,第94-95页。

[6] 景东、邓媛媛:《论计算广告的形式及其审美特征》,《哈尔滨工业大学学报(社会科学版)》2011年第1期,第50-54页。

析、用户分析和用户参与三类。而刘鹏等[1]从广告业界视角审视了计算广告,他们合著的《计算广告:互联网商业变现的市场与技术》一书,是国内首本计算广告专著,内容涵盖了在线广告市场及核心技术和算法的各个层面。他们结合行业发展、市场变化及实践经验的体会,认为计算广告的核心问题是为一系列用户与环境的组合找到最合适的广告投放策略以优化整体广告活动,实现企业利润最大化。他们比较系统地阐述了合约广告技术、受众定向技术、竞价广告技术、程序化交易技术等计算广告的核心技术与创意优化、流量保护、效果监测、数据安全等计算广告的相关技术。刘庆振[2]提出,计算广告是根据特定用户和特定情境,通过优化算法高效确定与之相匹配的广告并进行精准策划、创意、设计、制作、投放、传播和互动的广告业态。技术和数据是计算广告业态产生和演进的两大关键驱动因素,而通过算法集合自动寻找广告、情境与用户三者之间的最佳匹配则是其主要目的。戎文晋[3]认为,计算广告"主要依赖大数据技术和推荐算法模型,寻找广告与消费者之间最佳的接触点,包括消费者场景、广告模式以及互动方式等,以实现广告主的某些目标"。马澈[4]认为,计算广告是互联网广告发展过程中出现的数据、技术和算法应用于广告的运作模式。段淳林等[5]认为,计算广告是以数据为基础、以算法为手段、以用户为中心的智能营销传播方式,它在大数据实时、精准、高效的计算下进行用户场景画像,并实现快速投放、精准匹配,最后满足用户的一系列需求。姜智彬等[6]认为计算广告是互联网时代以大数据驱动为基础,利用人工智能推荐算法技术实现广告内容的耦合生产、实时转换、精准投放和互动反馈,从而个性化满足消费者对广告信息需求的品牌传播活动。

计算广告学是一个新兴的跨学科研究领域,智能技术的广泛应用推动了计算广告的飞速发展。与此同时,经过学界和业界的共同努力,计算广告

---

[1] 刘鹏、王超:《计算广告:互联网商业变现的市场与技术》,人民邮电出版社2015年版,第23页。

[2] 刘庆振:《"互联网+"时代的计算广告学:产生过程、概念界定与关键问题》,《新闻知识》2016年第6期,第9-15页。

[3] 戎文晋:《关于计算广告的那些事儿》,http://www.sohu.com/a/197357375_652687,2017年10月10日。

[4] 马澈:《计算广告对数字媒体的影响:基于技术、数据和市场的重构》,《中国出版》2017年第24期,第54-57页。

[5] 段淳林、杨恒:《数据、模型与决策:计算广告的发展与流变》,《新闻大学》2018年第1期,第128-136页。

[6] 姜智彬、马欣:《领域、困境与对策:人工智能重构下的广告运作》,《新闻与传播评论》2019年第3期,第56-63页。

学的全貌正在逐渐被揭开,其概念、方法、理念和体系迅速地影响了整个广告行业。在过去两个世纪里,西方国家几乎垄断了全球的价值标准输出,他们将其价值准则隐蔽地植入国际条约与相关机构之中。但如今在数字传播领域,他们遭遇来自中国的强大挑战:中国已经快速成长为人工智能的超级大国,并下定决心要制定自己的价值标准。2021年在伦敦举行的人工智能伦理研讨会,凸显了中国价值观与西方价值观的差异和分歧。西方制定的人工智能伦理准则倾向于关注公平、透明、利益、人权、隐私和尊重,但这些西方制定的伦理准则是否契合中国人的文化、情感和行为呢?是否适合作为全球性的规范标准呢?答案是否定的。与西方人工智能伦理规则相比,中国的人工智能伦理规则更加看重开放、包容、共赢、信任、责任、适应的文化价值观。中国人工智能的这套伦理哲学体系共同营造了"广大的共鸣、深层的和谐",表明集体利益与个人权利同等重要。当然,如果说要以中国人的人工智能伦理体系代替西方现有的人工智能伦理体系,仍然是二元对立的思维模式。正确的态度是:东西方的人工智能伦理规则不应该相互竞争,而应该形成互补,共同建构人工智能伦理规则的全球格局。

由于在网民方面有天然的数量优势,因此中国互联网发展迅猛,在人工智能应用的诸多领域,中国可能很快就会在世界领先。植入了这些中国伦理规则的人工智能应用程序、高精尖技术设备和机器人,也将越来越多地在世界各地得到应用。[1] 中国的人工智能伦理规则强调最多数人的最大利益,而不仅仅是维护个人权利的道德使命。这就是为什么中国用户能够接受在超市里安装面部识别设备以获得个性化数据,也能接受在教室里安装此类设备来监督教师和学生,更遑论坦然面对新冠疫情期间各种健康码、行程码等大数据的跟踪。与西方相比,中国在监控和便利之间做出了不同的利益权衡。[2] 可见,西方的人工智能伦理规则很可能并不普适,我们能做的是在全球层面达成一些最低限度的、互相尊重的人工智能伦理规则共识。

在上述讨论背景下,我们需要重新审视如何建构中国特色的以人工智能为基础的计算广告伦理和治理体系。诚然,在文学、历史、考古、社会学等领域,中国积累起来的资料已经数不胜数,中国案例材料已经车载斗量,各种各样的具体微观研究成果浩如烟海,但这些领域亟待从出调查、出数据、

---

[1] Lee K. *AI Super Powers: China, Silicon Valley, and The New World Order*. Houghton Mifflin Harcourt, 2018, pp.12-15.
[2] 徽风皖韵:《中国人工智能发展现状与国外的差异如何》,https://www.bilibili.com/read/cv9612049,2021年2月3日。

出个案、出报告,向出思想、出理论、出话语、出特色的研究路径转变。[①] 这一呼吁振聋发聩,迅速在中国学术界掀起讨论热潮。但是,在这种热潮下,我们要警惕"一刀切"的现象,不要误认为所有的学科都应该脱离西方的学术视野和学术话语加以重构。特别是在计算广告学这样一个新兴领域,中国的经验研究还特别匮乏,学术概念还很模糊,倘若不与西方的学术话语对话,恐怕暂时还无法走上从出调查、出数据、出个案、出报告,向出思想、出理论、出话语、出特色的研究路径的转变。基于此,本书从微观实证角度入手,从中国市场、中国用户、中国消费者入手,深入借鉴和比较西方计算广告伦理和治理研究的理论话语体系,累积中国计算广告伦理的经验数据与论点论据。当然,在微观实证研究基础上,本书也在尝试建构马克思主义指导下具有中国特色的计算广告隐私伦理和治理体系,比如在第九章中对习近平总书记提出的"广告宣传也要讲导向"的时代命题进行思考,这是对迎接第三次学术大转型的部分回应。

习近平总书记在哲学社会科学工作座谈会上同样也提出了"六性"要求,即继承性、民族性、原创性、时代性、系统性、专业性;指出要用世界眼光和历史视角把握好这"六性",要立足中国、借鉴国外,挖掘历史、把握当代,关怀人类、面向未来的思路,坚持不忘本来、吸收外来、面向未来。[②] 可见,在计算广告学这样一个新兴前沿领域,具有中国特色的计算广告隐私伦理和治理体系不能只立足于中国,还要借鉴国外,特别是在国内外研究齐头并进的情况下,更需要对话、吸收与交融。中国要想在计算广告隐私伦理规则的制定中拥有国际"话语权",就不能只关心和谈论自己的隐私伦理话题和伦理规则,而要同时关心并且讨论国外的隐私伦理和治理进展。唯有如此,我们才能获得一定的制定规则的"话语权"。[③] 只有在了解世界研究的基础上,通过中西比较,提出对计算广告隐私伦理规则的正确"诊断"和世界性"药方",中国才可能拥有真正的国际"话语权"。这种"诊断"和世界性"药方"显然不能建立在自我的主观臆断上,而是建立在对国外计算广告隐私伦理和治理相关研究的扎实了解、借鉴吸收和比较融合的基础之上。

---

① 王学典:《迎接第三次学术大转型》,《中华读书报》2022年5月4日第5版。
② 胡敏:《树立为人民做学问理想才能扎根实际引领未来:学习习近平总书记在哲学社会科学工作座谈会上的重要讲话》,http://cpc.people.com.cn/xuexi/n1/2016/0530/c385474-28389069.html,2016年5月30日。
③ 唐世平:《少沉迷"中国历史",多了解"世界文明"》,《记者观察》2016年第4期,第92-93页。

第一章　研究背景、研究目的与研究思路

第一节　研究背景

传统广告与隐私看起来不搭边，但随着计算广告的诞生，它不仅与技术革新紧密相连，更重要的是与受众形态的嬗变息息相关。当广告从最初的"千人一面"到"千人千面"再到"一人千面"，本质上是因应受众形态的嬗变而不断进化，这种进化演变也可能是一种双向促进、同时发生、无限循环并不断发展的运作机制。这种机制最终导致广告对用户信息的无度追求与对用户黏性的狂热崇拜，当用户接触到的广告信息越丰富、越智能，隐私问题就越成为计算广告始终绕不开的关键话题。

一、从"千人一面"到"千人千面"再到"一人千面"

(一)子弹论与 4P 理论下的"千人一面"

受众，是大众传播中信息的接受者，也是大众传播理论研究的对象。受众接收到信息之后会产生自身的理解，从而产生相应的反应。[1] 20 世纪初至 20 世纪 40 年代末，大众报刊、广播和电影等大众传媒在人们的政治活动、经济活动和日常生活中产生了巨大影响，于是子弹论出现了。在这个时期的信息传播活动中，受众像一个靶子，只能被动接受传播媒介传递的如子弹射来的信息，并全盘接受这些信息，从而自己的态度意见被左右，甚至行为也同时被其支配。

上述集体传播背景对应的是营销 1.0 时代，这是一个以产品为中心的时代，所有的营销传播活动主要围绕产品展开，为产品创造需求。美国营销学学者杰罗姆·麦肯锡认为，营销活动作为企业的职责之一，将产品从生产者引向大众以满足消费者需求并实现品牌利润，达到了满足市场需求的目的。[2] 著名的 4P 理论由此被提出。

该理论以产品为导向，首先注重开发产品(product)的功能，突出产品

---

[1] 刘军：《公共关系学》，机械工业出版社 2006 年版，第 11 页。
[2] 张朝孝、王旭、杨小菊：《对传统营销理论框架的反思》，《中小企业管理与科技》(上旬刊) 2020 年第 7 期，第 165-167 页。

与众不同的卖点,强调产品的功能诉求;再根据不同的市场定位来制定相应的价格(price)策略,以品牌的"含金量"如品牌知名度、品牌影响力等为关键因素来定价;同时,企业更多将成本及资源投入培育经销商和建立销售网络,以经销商为渠道(place)与消费者联系,通常并不直接面对消费者来促成其购买决策和购买行为;最后企业会经常以短期的行为,比如买一送一等一系列促销(promotion)行为,吸引竞争对手的消费者"倒戈"来促进消费增长。

子弹论下的集体传播于 4P 理论的过程中有所体现,其中最经典的案例之一就是福特汽车创始人亨利·福特声称:"不论你需要什么颜色的汽车,福特只有黑色的。""黑色的福特汽车"就是子弹论中的由企业品牌射向受众的子弹,所有的受众在面对福特汽车时除了黑色之外别无选择。这就是子弹论与 4P 理论下的"千人一面",消费者的消费态度容易被企业的广告所左右,甚至购买行为也会被企业所支配。但现在看来,亨利·福特这样的"狂言"或许只能存在于营销 1.0 时代。

(二)有限效果论与 4C 理论下的"千人千面"

随着产品供过于求,市场竞争日趋激烈,卖方市场逐渐过渡到买方市场,营销传播活动也随之发生改变。20 世纪 40 年代至 60 年代,贝雷尔森和拉扎斯菲尔德在《人民的选择》一书里否定了早期的子弹论[①],同时衍生了有限效果论,认为传播活动是传播者和信息接收者双向互动的活动,受众在大多数情况下并不是无力地等待子弹射来的靶子,而是不愿受摆布并且有自身态度和具有个性的个体。随着互联网时代的到来,许多活动逐渐从集体传播变成群体传播。群体传播是以电脑和手机为平台的互联网时代的产物。

于是随着大众传播活动的改变和整个市场供求关系向消费者市场的转变,产品导向的传统 4P 理论受到挑战。当市场供过于求时,竞争日趋激烈,广告主们开始追求消费者对其所提供的品牌和服务的满意度,逐渐将所进行的一系列营销传播活动中的中心从产品转移到消费者身上。企业们开始逐渐意识到,消费者在自由选择商品、做出购买决策的过程中深受心理层面因素的影响,企业所宣扬和传递出来的品牌价值观更为重要。营销活动不再仅仅是简单的一场产品与金钱的交易,而更加需要被转化为一场有共鸣的精神与文化的"互动"。

美国营销学者劳特朋提出了 4C 理论。该理论强调"顾客至上",提高了消费者在营销活动中的地位,而不是像 4P 理论更多考虑如何最大化实

---

① 胡翼青:《对魔弹论的再思考》,《国际新闻界》2009 年第 8 期,第 38-41 页。

现产品和服务的价值。企业品牌既然要追求顾客满意度,就需要广告主们从消费者(customer)的角度出发,首先,根据产品和服务的功能及特性聚焦某个具体的目标消费者群体,充分利用不同渠道与消费者进行有效的双向沟通(communication),聆听消费者需求,将产品的卖点和客户的需求联系到一起,取代4P理论中的促销;其次,适当降低顾客的消费成本(cost);最后,在提供产品和服务的同时考虑到消费者获得产品和服务的便利性(convenience)等。

这个理论的成功案例很多。例如太太药业的产品太太口服液,1993年上市时结合当时国内职业女性日益增多的时代背景,针对该目标消费者群体打造女性魅力、养颜美容等诉求,提炼出"十足女人味""做女人真好"等广告诉求点迎合消费者,立即吸引了职业女性的注意。而1999年上市的静心口服液,又针对中年女性群体的需求,在广告中强调对该群体的理解和关怀,契合中年女性群体的心理需求,亦取得了极大的成效。

从最初的集体传播到群体传播;从最初的产品选择消费者,到产品服务迎合消费者需求;从以产品为驱动的营销1.0到以消费者为驱动的营销2.0;从大众到分众;广告营销传播活动由"千人一面"过渡到"千人千面"。毋庸置疑,企业与消费者的距离拉近了一大步。

(三)宏观效果论与4R理论下的"一人千面"

到了20世纪70年代,有限效果论开始被批评和反思。在此基础上,一些针对大众传播效果的新理论观点,如"沉默的螺旋""议程设置功能""知沟"等宏观效果理论诞生。几个不同的理论都分别在不同程度上强调大众传播影响的有力性。

宏观效果论在互联网时代得以验证。随着信息的飞速传播和新的传播技术的出现,我们迎来了信息爆炸的时代。在这个时代下,品牌和企业开始注重消费者的个性化需求。营销传播活动将重心转移到如何与消费者进行更加积极的互动,强调将消费者作为主观能动性的"主体"。相较于过去,消费者能够更加快速便捷地接触到自己所需要的产品和服务,同时有相同需求的消费者们也更加容易进行交流分享,于是出现了新的传播难题——如何迎合消费者的个性化需求。告别一网打尽的传统时代,从群体传播转向个体传播预示着以精神文化为驱动的营销3.0拉开帷幕。始终如一地打造品牌核心价值,依靠品牌的核心价值牢牢吸引对应的消费者,从分众到小众转变,成为营销3.0时代的主旋律。

美国西北大学的唐·舒尔茨在4C理论的基础上提出了4R营销理论。首先,在竞争市场中,消费者对企业的忠诚度是会变化的,可能会转移到别的品牌,所以要提升消费者的忠诚度从而赢得稳定的市场,企业的营销策略需要与消费者建立品牌关联(relevancy),与其形成相互需要的关系,从而减少消费者流失。其次,站在企业的角度来看,当洞察到消费者的需求,要及时给到答复和反应(reaction)。再次,品牌抢占市场的关键点已经变成与顾客建立长期的稳定关系(relationship),甚至可以说已经成为品牌的一种责任。最后,追求回报(reward)是企业营销发展的动力之一,也是企业维持市场关系的条件之一,要注重在营销活动中得到的回报。

在互联网时代,大部分广告主已经开始针对消费者的不同需求来进行精准的细分需求分析,从而能够为消费者提供更加全面、精准的产品和服务,以满足消费者的个性化需求和价值实现。品牌和企业要真正或彻底实现"一人千面"的广告效果,触达成本太高,且困难重重,或是在技术支持上,或是在研发和产出的产品特性上,或是在所提供的服务执行上。① 但是,人工智能技术的出现使得这一切变为可能,计算广告应运而生,使广告真正实现了"一人千面"的效果(见图1-1)。

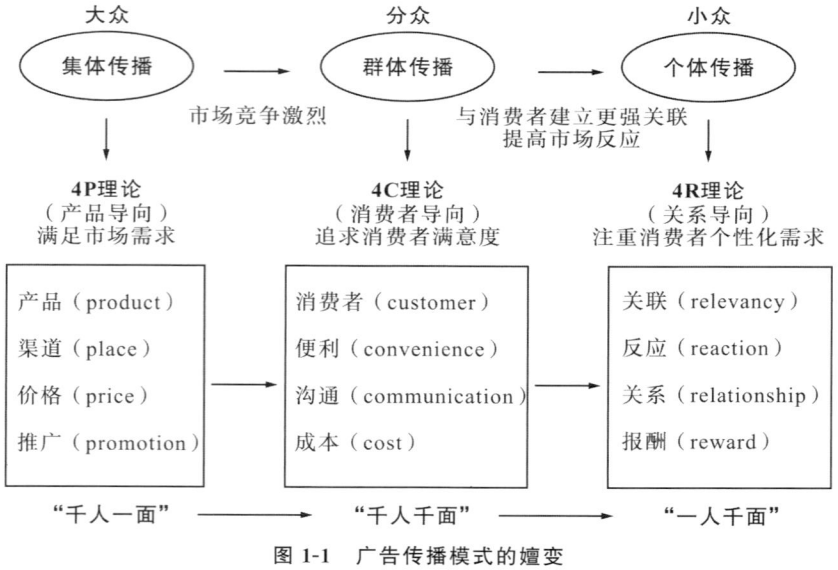

图1-1 广告传播模式的嬗变

从大众传播时代到人工智能时代,传播模式发生了根本性的变革,一切源于技术的变革促发消费者生态发生巨大的裂变,这种裂变又在技术催生

---

① 首席品牌官:《品牌由千人一面走向一人千面的"千面英雄"时代》,https://baijiahao.baidu.com/s?id=1608283619575022387&wfr=spider&for=pc,2018年8月9日。

下加速发展,从而驱动营销模式发生进化。广告门槛越来越高,广告实践越来越专业,广告知识也越来越丰富,广告研究者不仅要面临智能技术飞跃式发展的产业剧变蓝海,也面临人工智能技术人文反思的追问。不仅传统的Cookie(储存在用户本地终端上的数据)客户端技术可以跟踪与存储用户数据,新兴的ChatGPT(聊天生成预训练转换器)通过深度学习(在ChatGPT输入内容后,这些数据都会成为ChatGPT学习数据库,并被传送到外部服务器),也能泄露大量敏感的用户信息。

二、网络广告的发展阶段

中国网络广告的发展大致经历了4个阶段:诞生波折期(1997—2002)、快速发展期(2003—2010)、社交媒体期(2011—2015)、智能传播期(2016年至今)。[1] 2016年是人工智能元年,AlphaGo(阿尔法围棋)战胜李世石,人工智能在2016年正式确立起中国国家战略地位。以人工智能技术为基础的计算广告风行,网络广告进入智能传播期。在移动互联、大数据、新算法、云计算、区块链等人工智能技术的不断推动下,诸多信息以一种"数据化"的形态存在于网络空间,对数据的挖掘与利用能够使广告主的广告通过个性化的方式作用于消费者。在这种数据化浪潮的不断冲击下,广告业生态也在不断发生巨大变化,进入智能传播的计算广告时代。[2] 计算广告是目前大数据思维运用与发展最成熟、市场规模最大的领域之一。[3]

计算广告技术的核心是推荐算法。推荐算法的历史要追溯到1992年,施乐公司的帕拉奥图研究中心提出一种基于协同过滤算法的推荐系统[4],并将其用于垃圾邮件过滤。不过推荐算法被真正应用于互联网商业中,还是要从2003年亚马逊推出的网络托管业务建立其自主电商网站的业务算起。[5] 可以说,真正意义上的推荐系统诞生于电商,也随着电商的蓬勃发展而日新月异。2012年,深度学习出现,这股浪潮不可避免地影响到推荐系统。2015年,深度学习在推荐系统应用中正式拉开帷幕。2016年之后,深度学习开始在广告领域得到全面拓展(见图1-2)[6],由深度学习引发的算法

---

[1] 林升梁:《计算广告学》,中国人民大学出版社2021年版,第1页。
[2] 蔡润珩:《场景融合营销中计算广告作用研究》,河南大学硕士学位论文,2019年,第1页。
[3] 刘鹏、王超:《计算广告:互联网商业变现的市场与技术》,人民邮电出版社2015年版,第3页。
[4] Goldberg D, Nichols D, Oki B M, et al. Using Collaborative Filtering to Weave an Information Tapestry. *Communications of the ACM*, 1992, 35(12), pp.61-70.
[5] Linden S G, et al. Amazon. com Recommendations: Item-to-Item Collaborative Filtering. *IEEE Internet Computing*, 2003, 7(1): 76-80.
[6] 朱小强:《屠龙少年与龙:漫谈深度学习驱动的广告推荐技术发展周期》, http://k.sina.com.cn/article_2674405451_9f68304b01900wiux.html, 2021年8月10日。

技术变革已经全方位地武装了整个广告产业链条,大大加快了计算广告产业的成型与发展。

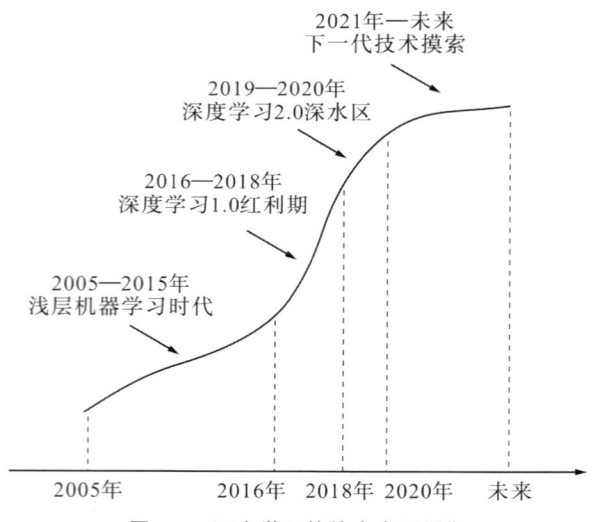

图 1-2　深度学习的技术发展周期

网络技术的快速迭代触发广告传播范式的深刻变革[①],精准广告、定向广告、个性化广告等新概念层出不穷,最终都指向、汇聚为计算广告。计算广告的类型演变可以追溯到互联网广告的初级阶段,可以将以往的互联网广告分为 4 种基本类型:合约广告、竞价广告、程序化交易广告、原生广告。[②] 现阶段计算广告是指以大数据、云计算、新算法和区块链等人工智能技术为依托,广告主在全面掌握目标消费者数据肖像基础之上,通过专业机构的程序化购买进行"千人千面"或"一人千面"实时精准计算、精准匹配和精准推送广告信息,从而实现精准数据闭环传播,以达到精准产品营销和品牌传播的高性价比智能活动。[③] 这个定义清楚表明人工智能技术是计算广告的核心和驱动力,程序化运作是人工智能技术带来的结果,精准计算是过程,智能活动是计算广告的本质属性,精准营销是目的。

[①] 段淳林:《计算广告的发展对广告学的冲击与挑战》,《中国广告》2020 年第 11 期,第 26-28 页。

[②] 蔡润珩:《场景融合营销中计算广告作用研究》,河南大学硕士学位论文,2019 年,第 14-19 页。

[③] 林升梁:《计算广告学》,中国人民大学出版社 2021 年版,第 15 页。

三、大数据、云计算、新算法和区块链技术带来广告的"一人千面"

(一)大数据不遗余力挖掘一切信息

我们所迎来的计算广告时代,是研究消费者最好的时代。我们首先迎来了互联网和移动设备的普及,使我们的生活变得更加便利快捷。而大数据技术的出现使我们近乎一切的个人信息都能被采集并被使用,不仅包括像年龄、性别、职业这样的人口统计学数据,还包括我们日常生活中不管是线上还是线下的"一举一动"数据,比如:你今天去了什么地方,你最喜欢吃的餐厅是哪一家,你最近浏览了什么网站,在这个网站你停留了多久,在网站上你又进行了哪些操作,等等。企业通过大数据技术,获得更加全面、更加具体的消费者个体信息,大大提高了获得市场数据的性价比、准确性和时效性。大数据技术在收集、挖掘人们的一切信息时不遗余力,但在储存和处理上还需要有"帮手"支持。

(二)云计算解决大数据的储存和处理

云计算是大数据技术的得力助手。云计算属于分布式计算,是指通过网络"云"将庞大的数据计算和处理程序分解为无数个小程序,再通过由多部服务器组合而成的系统来分析和处理小程序得到的结果,再返回到用户。现如今,云服务已经是效用计算、分布式计算、并行计算、负载均衡、网络存储复杂和虚拟化等计算机技术混合提升的结果。云计算可以将虚拟资源通过互联网络提供给每一个有需求的客户,继而实现拓展数据处理。[1] 云计算与上述提到的大数据之间的关系密不可分,如果把云技术比喻成一个容器,那么大数据就是容器里的水。大数据无法用单台计算机对数据进行处理,必须采用分布式计算架构。它的功能和特色在于挖掘海量数据,但与此同时它必须依托云计算的分布式处理、分布式数据库、云存储和虚拟化技术。依托云计算平台,大数据通过长期的数据积累,将受众的有用信息从云计算中提取出来,以最直观的点线面方式呈现给客户。[2]

(三)新算法投其所好满足个性化需求

推荐算法是根据用户行为,通过数学算法(主要是推荐算法),计算推测出用户可能感兴趣的东西,进而将相关内容自动推送给用户。其中主要推荐方法包括基于内容推荐、协同过滤推荐、基于规则推荐、基于知识推荐、基

---

[1] 许子明、田杨锋:《云计算的发展历史及其应用》,《信息记录材料》2018年第8期,第66-67页。
[2] 知乎:《大数据和云计算有什么区别和联系》,https://zhuanlan.zhihu.com/p/92525638,2019年11月19日。

于效用推荐等。这些推荐方法各自存在优缺点。在实际中,组合推荐更经常被使用,被应用最多的是内容推荐和协同过滤推荐的组合。① 淘宝中的"猜你喜欢"正是运用了人群推荐算法,才满足了消费者的个性化需求。

(四)区块链降低广告交易成本

区块链技术主要运用于物流、金融、商业等领域。对消费者来说,基于区块链技术的一些系统,例如智能的追踪系统、私密性强的点对点的交易等应用都在不同层面使消费者和企业之间的交易过程更加顺畅、更加安全。而对于广告主来说,通过区块链技术,可以看到自己的广告投入有多少最终真正流向消费者,并能够根据计算广告产业链中的实际附加价值优化筛选广告提供商,降低成本,避免广告资金浪费。

总之,计算广告时代消费者大数据庞杂繁多,云计算的出现解决了消费者大数据的云存储问题,并方便随时取用。新算法与消费者的个性化互动,促使广告从过去的"千人一面"传播转向"千人千面"和"一人千面"传播,传统的集体细分和群体细分变成了个体细分。区域链的出现,使消费者在网络上唯一认证的数据区块内容不断丰富,能为广告主带来更安全、更精确、更真实的用户数据,从而反哺消费者的广告生活。

第二节 文献综述

当前国内外计算广告的相关研究主要集中在三个方向。

一是概念辨析与发展阶段研究。除了前言里所述的计算广告概念的源起文献外,Joseph 等②提出,计算广告是一种个性化的交流,它使用计算能力在适当的时间、地点和频率,将准确的广告与正确的消费者进行匹配,以获得正确的响应。Huh 等③将计算广告定义为一种广泛的、由数据驱动的广告方法,依靠更强的计算能力、数学模型或算法和技术基础结构来创建或传递消息并检测消费者行为。Qin 等④认为,程序化购买是计算广告最典型的表现形式,包括实时竞价模式和非实时竞价模式两种交易方式,程序化广告能够通过系统程序设定的参数自动化地完成数字广告的投放,最快、最精

---

① 杨旭、汤海京、丁刚毅:《数据科学导论》,北京理工大学出版社 2017 年版,第 58-59 页。
② Joseph Y T, Claire S M, Pearson S, et al. Challenges and Future Directions of Computational Advertising Measurement Systems. *Journal of Advertising*, 2020, 49(4), pp.446-458.
③ Huh J, Malthouse E C. Advancing Computational Advertising: Conceptualization of the Field and Future Directions. *Journal of Advertising*, 2020, 49(4), pp.367-376.
④ Qin X B, Jiang Z B. The Impact of AI on the Advertising Process: The Chinese Experience. *Journal of Advertising*, 2019, 48(4), pp.338-346.

准地匹配用户,节省了广告投放的效率和费用。马澈[①]认为计算广告的发展经历了搜索广告、定向广告、广告网络、广告交易平台、实时竞价、程序化广告和原生广告的移动社交网络广告技术和应用。钟夏泉[②]根据时代背景、广告技术的进步、产业链的角色和投放效果把计算广告分成三个阶段,即以竞价发展的1.0阶段、以程序化购买发展的2.0阶段、以智能化发展的3.0阶段。吕尚彬等[③]参照数字广告的市场化历程,将计算广告的发展归纳为4个阶段:搜索广告大行其道阶段、广告网络应运而生阶段、程序化广告受到热捧阶段、信息流广告强势崛起阶段。

二是算法技术与运作机制研究。Valitutti等[④]研究了一种基于情感的广告标题生成的技术,该算法可以创造出类似电影标题或谚语的广告标题表达。Broder等[⑤]探讨了利用查询扩展和文本分类技术来针对解决广告检索问题的方法,讨论了计算广告信息检索技术的挑战。从国内研究来看,围绕计算广告在机器学习、逻辑回归模型等技术方向的论文数量快速增长。计算广告研究的逻辑起点主要是大数据、新算法等相关应用技术。吕新雨等[⑥]从技术应用层面认为,计算广告有3个研究维度,即规模化的大数据资源、智能化的算法模型和精准化的智能化决策。刘庆振[⑦]提出人群定向、程序化交易、个性化推荐是计算广告的主要技术应用。吴忠斌[⑧]通过对计算广告中相关算法的解释与分析,明确了DSP优化传统交互流程及其要点,并对计算广告的相关算法进行了综合阐述。

三是产业影响与用户态度研究。在产业影响方面,秦雪冰和姜智彬[⑨]调查了人工智能在广告行业中的使用和影响,包括消费者洞察、广告创作、

[①] 马澈:《计算广告对数字媒体的影响:基于技术、数据和市场的重构》,《中国出版》2017年第24期,第54-57页。

[②] 钟夏泉:《大数据与用户画像在计算广告发展中的应用研究》,华南理工大学硕士学位论文,2017年,第12-16页。

[③] 吕尚彬、郑新刚:《计算广告的兴起背景、运作机理和演进轨迹》,《山东社会科学》2019年11期,第164-169页。

[④] Valitutti A, Strapparava C, Stock O. Textual Affect Sensing for Computational Advertising. *AAAI Spring Symposium: Creative Intelligent Systems*, 2008, pp.117-122.

[⑤] Broder A, Gabrilovich E, Josifovski V. Information Retrieval Challenges in Computational Advertising. *Conference on Research and Development in Information Retrieval*, 2010, p.908.

[⑥] 吕新雨、赵月枝、吴畅畅,等:《生存,还是毁灭:"人工智能时代数字化生存与人类传播的未来"圆桌对话》,《新闻记者》2018年第6期,第28-42页。

[⑦] 刘庆振:《"互联网+"背景下计算广告技术体系的创新与应用》,《新闻界》2016年第2期,第63-67页。

[⑧] 吴忠斌:《关于计算广告相关算法的解析》,《电子世界》2017年第21期,第34-35页。

[⑨] Qin X B, Jiang Z B. The Impact of AI on the Advertising Process: The Chinese Experience. *Journal of Advertising*, 2019, 48(4), pp.338-346.

媒体策划和购买以及广告效果评估等。他们认为计算广告产业与传统广告产业相比有着显著的差异性,人工智能支持的广告更具工具性、同步性和高效性,并且它已经从线性流程转变为以算法为核心的数据平台,产生了积极的溢出效应。同时,计算广告研究的核心并没有脱离传统的以用户为中心的问题意识。用户对计算广告的态度直接影响广告效果,因此,计算广告本身的特性是影响用户态度的关键变量。同时,隐私问题与用户切身利益息息相关,如张学波等[1]研究发现,用户的隐私关注一定程度上提升了网络定向广告的态度和行为效果,感知利益、感知风险会给广告效果带来正向影响,其中感知利益的影响最为显著。然而,计算广告比定向广告发展阶段更高,两者概念有所差别。因此,Liu-Thompkins等[2]、Araujo等[3]、段淳林等[4]都提到用户作为计算广告的重要参与角色,呼吁学术界要关注从用户隐私视角去研究计算广告效果的影响因素。

综上所述,计算广告相关研究大多以大数据、新算法和区块链等应用技术方面的研究为主,这方面的研究对于计算机专业具有天然的优势,传播学界虽然也有触及,但没有产生实质性的深度研究。这并不意味着计算广告的研究可以脱离人文社会科学的观照,相反,计算广告的发展不仅需要理工科的技术开拓,更需要人文社会科学的灯塔照耀。而计算广告用户隐私问题视角的观照,尤其是如何正确把握计算广告中隐私问题的"度",或者说隐私边界问题,正是彰显人文社科价值的一个很好尝试。

目前,国内外隐私问题的相关研究已经十分成熟,相关变量的概念、界定和应用十分频繁。但广告领域的隐私问题研究尚处于起步阶段,广告领域的相关研究主要借鉴其他领域的变量与量表,目前处于从观点性文章向规范性实证研究转型。这些微观的实证研究将为未来广告隐私研究的理论统合奠定坚实的经验基础。

---

[1] 张学波、刘青春、林玉瑜:《用户隐私关注对网络行为定向广告效果影响的实证研究》,《传媒观察》2020年第7期,第45-51页。

[2] Liu-Thompkins Y P, Maslowska E, Ren Y Q, et al. Creating, Metavoicing, and Propagating: A Road Map for Understanding User Roles in Computational Advertising. *Journal of Advertising*, 2020,49(4), pp.394-410.

[3] Araujo T, Copulsky J R, Hayes J L, et al. From Purchasing Exposure to Fostering Engagement: Brand-Consumer Experiences in the Emerging Computational Advertising Landscape. *Journal of Advertising*, 2020,49(4), pp.428-445.

[4] 段淳林、崔钰婷:《广告智能化研究的知识图谱》,《新闻与传播评论》2021年第1期,第56-67页。

一、国外研究

在 Web of Science 检索里输入篇名"network privacy",可以得到 3088 条相关文献;输入篇名"mobile privacy",可以得到 1446 条相关文献;输入篇名为"digital privacy",可以得到 503 条相关文献;输入篇名"website privacy",可以得到 53 条相关文献。[①] 这些研究集中在计算机技术、经济管理和新闻传播领域,可见隐私研究在国外是重要议题。而输入篇名"advertising privacy",仅仅得到 104 条相关文献;输入篇名"computational advertising"+"privacy",得到 3 条相关文献。可以看出,国外关于广告隐私的研究也并不多。

国外最早的计算广告相关的隐私文献是 2001 年 Juels[②] 在密码学会议 Topics in Cryptology-CT-RAS 2001,Proceedings 上发表的会议论文"Targeted Advertising and Privacy Too"。该文章认为,网络为消费者信息的聚合提供了一个丰富而强大的工具,但一些公司为了定向广告对网络信息进行激进操纵。虽然广告商宣扬此类广告的经济和社会效益,但消费者隐私组织对其潜在的滥用表示严重关切,并呼吁立法政策保护敏感的消费者数据。该文章中提出定向广告和隐私保护不一定相互冲突,可以通过一些技术方案比如加密技术来解决,这样既有助于定向广告,也能保护敏感的消费者数据。自 1994 年 AT&T 在 Hotwired 网站上投放第一则网络广告以来,网络广告经历过一段快速启动期,但 2000—2002 年是网络泡沫破灭期,互联网企业在艰难环境下寻求技术突破,转向性价比更高的定向广告,因此引致公众的批评。这篇文章就诞生在这样的背景下,其观点和立场是温和的,站在广告主和消费者双赢的角度提出一些方案。

(一)文献来源

国外计算广告相关研究的文献来源主要分为新闻传播类期刊、计算机科学期刊、经济管理类期刊、社会科学类期刊、会议论文 5 类。在 104 篇广告隐私相关文献中,新闻传播类期刊文章有 25 篇,计算机科学类期刊文章有 9 篇,经济管理类期刊文章有 19 篇,社会科学类期刊文章有 11 篇,会议论文类文章有 33 篇,其他类别有 7 篇,如表 1-1 所示。

---

① 检索时间:2022 年 5 月 20 日。
② Juels A. Targeted Advertising and Privacy Too. *Topics in Cryptology-CT-RAS 2001, Proceedings*,2001,pp.408-424.

表 1-1　国外文献来源

来源名称	有效篇数	有效百分比/%
新闻传播类	25	24.0
计算机科学类	9	8.7
经济管理类	19	18.3
社会科学类	11	10.6
会议论文类	33	31.7
其他	7	6.7
总计	104	100

从表 1-1 中可以看出,会议论文类文章数量最多,占到发表文章总数的近 1/3,反映了广告隐私是在计算机技术发展前提下的新兴研究领域,很多新成果率先在会议上展示。新闻传播类期刊发表的文章数量位居第二,表明广告隐私问题的学科属性偏重新闻传播学。经济管理类期刊发表的文章数量也较多,这与广告虽然隶属于新闻传播学科,但其本质属性还是与市场营销密切相关,因此经济管理类期刊也关注了广告隐私问题对营销管理的影响。社会科学类期刊主要从广告隐私侵犯的社会危害与管理角度进行研究,彰显人文社科的社会责任意识。

(二)研究主题

在对 104 篇国外文献进行分析判断后,可以得出研究者研究的兴趣所在(见图 1-3)。笔者对这些文章进行归类,归类为 4 个方面:隐私保护研究(51 篇)、隐私悖论研究(20 篇)、隐私关注研究(19 篇)、隐私侵犯研究(14 篇)。

图 1-3　国外文献关键词云图

1.隐私保护研究

(1)政策视角的隐私保护研究

Goldfarb 等[①]通过调查随机接触 9596 个在线横幅广告活动的 330 万名对象,探索欧盟的隐私法规如何影响在线广告效果。该隐私法规限制了广告商收集网络用户数据以定位广告活动的能力。研究发现,与其他国家的横幅广告相比,在欧盟隐私法规颁布后,横幅广告在改变消费者购买意图方面的平均效果要差得多。对于具有一般内容的网站(例如新闻网站)或没有视频互动的广告,效果的损失更为明显。在这些网站中,非数据驱动的定位尤其难以实现。Mihn 等[②]将韩国的隐私保护法规与美国进行了比较,发现韩国有严格的隐私保护法,对用户的保护比较好,但是相关产业却难以发展。而美国通过自我监管促进隐私保护,相关法规允许利用宝贵的用户信息,鼓励在不损害隐私的情况下使用用户信息,以求取得隐私保护和个人信息使用二者之间的平衡。

(2)技术视角的隐私保护研究

Liu 等[③]提出了一个基于区块链的、具有隐私保护责任的智能广告网络(SANPA),并设计了一个复合简洁的非交互参数系统。该系统将广告策略提交为智能合约中的加密验证器。SANPA 与现有 SAN 兼容,用户或零售商可以通过向智能合约发送质疑来要求对广告活动进行解释。借助 SNARG 系统的简洁性和隐私保护,智能合约可以有效地验证受到质疑的广告活动是否遵循承诺的广告策略,而不会暴露用户配置文件隐私。如果发现任何不当行为,合同将通过没收违规方的加密货币存款,强制其承担公共责任。Sarwar 等[④]提出了一个保护隐私的移动广告技术系统,该系统能够在不向移动广告公司透露用户兴趣的情况下进行用户分析和定向广告。该系统依赖于基于设备的用户配置文件(源于应用程序活动),即使用私有信息检索(PIR)查询广告数据库以匹配广告,但数据库不提供查询的具体内容或结果。

---

① Goldfarb A, Tucker C E. Privacy Regulation and Online Advertising. *Management Science*, 2010, 57(1), pp.57-71.

② Mihn A J, Choi K. Behavioral Advertising and Privacy Protection-A Comparative Study with U.S. Cases. *Study on The American Constitution*, 2017, 28(3), pp.111-149.

③ Liu D X, Huang C, Ni J B, et al. Blockchain-Based Smart Advertising Network With Privacy-Preserving Accountability. *IEEE Transactions on Network Science and Engineering*, 2021, 8(3), pp.2118-2130.

④ Sarwar I, Boreli R, et al. Enabling Privacy Preserving Mobile Advertising via Private Information Retrieval. *2017 IEEE 42nd Conference on Local Computer Networks (LCN)*, 2017. pp.347-355.

(3) 广告商视角的隐私保护研究

Sanchez 等[①]指出，许多用户的反应是在浏览器中安装工具，阻止所有可疑的广告连接。这些工具通过不分青红皂白、系统性的屏蔽，保护了用户的隐私，但也妨碍了在线广告业务，从而危及"免费"互联网模式的可持续性。为了解决这个问题，广告商提出了一个在网上冲浪和在广告业务中协调用户隐私的方案。具体而言，该方案授权用户保护其隐私，允许用户定义其隐私要求，即哪些用户的利益应该隐藏在广告平台之外，哪些用户的利益可以被披露。然后，系统根据浏览网站的内容和隐私要求，有选择地阻止或绕过对其的跟踪。该方案允许细粒度和用户定制的隐私保护，这比一刀切更准确、响应更快、更尊重互联网商业模式。Wang 等[②]提出一个隐私感知框架来促进定向广告。在该框架中，广告经纪人位于广告商和用户之间，负责定向广告，并提供一定数量的补偿，以激励用户点击他们感兴趣但敏感的广告。用户根据自己的兴趣和潜在的隐私泄露来决定自己的点击行为，广告商为广告点击向广告经纪人付费。在此框架下，通过将问题描述为一个三阶段博弈，分析了广告商、广告经纪人和用户的最优策略，在该博弈中实现了唯一的纳什均衡。

(4) 消费者视角的隐私保护研究

Kim 等[③]研究了隐私视角下消费者对高度个性化的聊天机器人广告的反应。研究结果表明，以购物为主的消费者更容易接受高度个性化的聊天机器人广告，并对其做出更积极的反应，因为他们更多地关注披露个人信息可能带来的好处。相比之下，以预防为主的消费者更关注所涉及的隐私风险，对高度个性化的聊天机器人广告反应消极。此外，无论监管强度如何，高度关注隐私的消费者会对高度个性化的广告产生抵触心理。"感知风险－感知收益"在广告个性化、监管强度对隐私关注的交互影响之间产生中介作用。Zarouali 等[④]对社交网站定向广告背景下的青少年广告素养和隐私保护策略进行研究，结果发现，青少年的广告素养在整个青春期逐渐提高，在 16 岁时达到成人水平。同时，青少年对商业数据收集做法的认识不

---

① Sanchez D, Viejo A. Privacy-Preserving and Advertising-Friendly Web Surfing. *Computer Communications*, 2018, 130, pp.113-123.

② Wang W, Yang L L, Chen Y J, et al. A Privacy-Aware Framework for Targeted Advertising. *Computer Networks*, 2015, 79(5), pp.17-29.

③ Kim W, Ryoo Y, Lee S, et al. Chatbot Advertising As a Double-Edged Sword: The Roles of Regulatory Focus and Privacy Concerns. *Journal of Advertising*, 2023, 52(4), pp.504-522.

④ Zarouali B, Verdoodt V, Walrave M, et al. Adolescents' Advertising Literacy and Privacy Protection Strategies in the Context of Targeted Advertising on Social Networking Sites: Implications for Regulation. *Young Consumers*, 2020, 21(3), pp.351-367.

足,很少采取隐私保护措施,但随着年龄的增长,隐私保护意识逐渐增强,直到 20 岁左右达到成人水平。

可以看出,国外十分重视隐私保护主题,其研究视角多样——政策、技术、广告商、消费者,并且都获得了较丰富的成果。在研究方法上,既有思辨论文,又有实证研究,两者观点既相互印证又相互纠正,共同推动隐私保护研究向前发展。值得注意的是,国外研究多角度提出过操作性较强的建议和对策,这些能在一定程度上缓解消费者的隐私焦虑,在多种主体之间营造平衡。

2.隐私悖论研究

Yun 等[1]运用隐私计算理论来研究社交网络广告的个性化因素(个人资料、内容和背景等)对消费者广告反应的影响,研究发现,个性化的语境因素同时影响信息量和隐私关注,个性化的内容因素影响广告的隐私关注,信息性影响了用户对广告的态度,隐私关注影响了消费者对品牌的态度,用户对信息有益的感知在个性化因素和广告效果之间具有完全中介作用。该研究证实了个性化因素在社交网络服务平台广告中的有效性,同时社交网络服务中的个性化广告存在隐私悖论。Hayes 等[2]考察了消费者品牌关系和社交媒体平台环境在个性化广告中的作用,通过 2(消费者品牌关系:较弱/较强)×2(数据收集方法:公开/隐蔽)×2(平台:Facebook/Twitter)的实验研究,检验社交媒体环境中的个性化广告的隐私悖论,结果显示,当消费者品牌关系较强时,通过增强感知收益和降低感知披露风险来影响信息披露的感知价值,而当消费者品牌关系较弱时,感知风险主导隐私计算决策。

国外的隐私悖论研究可归纳为两个大方向:一是验证广告领域确实存在隐私悖论现象,二是探究相关变量如何调节消费者的隐私悖论问题,从而削弱其负面作用。与思辨文章相比,国外实证研究更为突出,多采用问卷调查法和实验法,说服力较强。但目前研究的变量较为固定和狭窄,可考虑加入其他层面的相关因素,以构建出更具解释力的模型。

3.隐私关注研究

"隐私关注"(privacy concern)是个舶来词,又称"隐私担忧"。比较具

---

[1] Yun S,Cho C H. The Influence of Personalization Factors in Social Networking Service on Advertising Effectiveness Focusing on the Privacy Calculus Model of Personalized Ads on Facebook. *The Korean Journal of Advertising and Public Relations*,2018,20(2),pp.64-94.

[2] Hayes J L,Brinson N H,Bot G,et al. The Influence of Consumer-Brand Relationship on the Personalized Advertising Privacy Calculus in Social Media. *Journal of Interactive Marketing*,2021,55(C),pp.16-30.

有代表性的定义是由 Smith 等[1]提出的。他们认为隐私关注是指个人对组织的信息隐私做法的担忧,这种担忧可能会损害个体控制个人信息的能力。Okazaki 等[2]研究发现,在信息披露方面有过负面经历的手机用户对隐私的关注程度更高,感知到的风险更大,这导致他们倾向于在手机广告中实施更严格的监管控制。Lee 等[3]检验隐私关注和消费者信任对旅游在线行为广告接受度的影响,结果表明,感知娱乐性、感知信息性和感知个性化对在线行为广告的态度具有积极影响,而感知刺激则有消极影响。此外,消费者的隐私关注和信任对消费者点击旅游在线行为广告的意愿具有显著影响。

可以看出,国外隐私关注研究取得了部分成果。国外学者多采用量化的方法,从多方面展现隐私关注的成因,以及探究隐私关注对消费者态度行为的影响等。其涉及的变量包含人口统计学特征、过往经验、信息感知、消费者信任等,不局限于单一层面,逐渐构建出隐私关注的初步理论模型。

4.隐私侵犯研究

Roh[4] 指出,个性化广告可以在信息的感知相关性方面获得消费者的积极响应,但从隐私侵犯角度来讲,它可能会引起抵制。他通过对 260 名 Facebook 用户的调查发现:第一,信息的感知相关性对个性化广告的有用性有正面影响,而操纵意图的推断则有负面影响;第二,隐私侵犯在操纵意图推断对有用性的影响中具有调节作用;第三,个人对隐私侵犯的感知对个性化广告的有用性具有负面影响,而个人的信息控制能力则具有正面影响。Kim 等[5]探讨影响在线行为广告接受度的因素之间的关系,结果发现,隐私侵犯感知在两者之间的调解效果具有显著作用。具体而言,感知隐私侵犯水平越高,感知有用性在感知个性化和在线行为广告接受意愿之间的中介效应越高。

---

[1] Smith H J, Milberg S J, Burke S J. Information Privacy: Measuring Individuals' Concerns about Organizational Practices. *MIS Quarterly*,1996,20(2),pp.167-196.

[2] Okazaki S, Li H R, Hirose M. Consumer Privacy Concerns and Preference for Degree of Regulatory Control a Study of Mobile Advertising in Japan. *Journal of Advertising*,2009,38(4),pp.63-77.

[3] Lee J M, Rha J Y. The Effect of Privacy Concerns and Consumer Trust on Consumer Response to Online Behavioral Advertising for Travel Products. *International Journal of Tourism Science*,2013,13(3),pp.1-29.

[4] Roh M J. Effects on Usefulness of Personalized Advertising upon Perceived Relevance and Inferences of Manipulative Intent: The Moderating Effect of Privacy Invasion Experiences. *Journal of Marketing Studies*,2015,23(3),pp.25-52.

[5] Kim Y W, Kim H, Yoo S. A Study on the Factors Affecting On-line Behavioral Advertising (OBA) Acceptance: Effects of Perceived Personalization, Perceived Usefulness, Privacy Concern, and Perceived Invasion. *Korean Journal of Communication & Information*,2018,89,pp.7-41.

国外隐私侵犯研究的主要切入点是消费者，近年的研究热潮是隐私侵犯如何对消费者意愿、态度和行为等产生影响，以及如何调节其他相关变量，如广告有用性、广告接受度、信息控制能力、感知收益、感知风险等。但总体来说，对隐私侵犯的研究还是稍显不足，缺乏其他层面的考量，如信息的敏感度、平台以往的隐私侵犯行为等，需要进一步推进加深。

（三）讨论

国外文献分析表明，广告隐私的研究呈现三个特点：

（1）国外的广告隐私保护相关研究较为成熟，多数为量化建模研究。隐私保护涉及的视角比较全面，包括政策视角、技术视角、广告商视角和消费者视角。国外隐私保护研究不仅关注消费者，而且十分关注如何在消费者权益和广告商利益之间寻找平衡点，因此，技术的解决方案十分丰富。这说明，国外的广告隐私保护研究者已经很明确地意识到不能一刀切采用过于激进的办法否定广告的作用，而必须通过多种手段平衡多种主体之间的利益关系。

（2）广告隐私悖论问题较为突出，吸引了很多研究者的关注。他们采取的研究方法多为问卷调查法和实验法，主要考察相关变量对消费者隐私问题的调节作用，从而从隐私悖论的角度减轻消费者隐私关注对广告效果的负面影响。涉及的变量除了感知收益、有用性、个性化、娱乐性等之外，其实还缺乏其他层面的考量，比如消费者的隐私素养可能对隐私悖论存在消解作用。当消费者对隐私问题有了足够的自我控制，他们对广告的态度可能就不会变得那么反感。

（3）从隐私角度进行跨文化比较的计算广告效果研究还不算多。国外少数研究表明，不同国家之间的隐私关注存在差异。如 Wang 等[1]调查发现，美国与中国网上购物对在线行为广告的分享信息意愿存在差异，与中国受访者相比，美国受访者更不愿意分享他们的数据，并且有更具体的隐私担忧。但这些跨文化研究缺乏更细致的变量控制研究，得出的结论有待商榷。此外，在研究广度上，涉及的跨文化研究尚无亚文化层面的比较研究，比如同样是中国人，偏向集体主义和偏向个人主义价值观的群体对隐私的感知有没存在差异，这种差异有没影响到他们对计算广告的接受态度？这些话题值得进一步探讨。

---

[1] Wang Y，Xia H C，Huang Y. Examining American and Chinese Internet Users' Contextual Privacy Preferences of Behavioral Advertising. *The 19th ACM Conference On Computer-Supported Cooperative Work And Social Computing*（CSCW2016），2016，pp.539-552.

二、国内研究

在知网高级检索里输入篇名关键字为"网络"+"隐私",可以得到1428条相关文献;输入篇名关键字为"手机"+"隐私",可以得到192条相关文献;输入篇名关键字为"数字"+"隐私",可以得到138条相关文献;输入篇名关键字为"网站"+"隐私",可以得到69条相关文献。[①] 这些研究集中在新闻传播领域,可见隐私问题是我们学科的重要议题。而输入篇名关键字为"广告"+"隐私",仅仅得到56条相关文献;输入篇名关键字为"计算广告"+"隐私",查不到相关文献。隐私问题在传统广告领域的研究数量不多尚可理解,但是在计算广告领域却不该缺席。计算广告作为新兴概念,虽然已有零散的计算广告学者不断大力推广并强化研究这个概念,但由于不同学者对计算广告存在理解上的差异,之前可能采用其他相关术语代替,比如定向广告、精准广告、个性化广告、智能广告等。在知网高级搜索里输入篇名关键字为"定向广告"+"隐私",仅仅得到14条相关文献;输入篇名关键字为"精准广告"+"隐私",仅仅得到10条相关文献;输入篇名关键字为"个性化广告"+"隐私"或"智能广告"+"隐私",各得到1条相关文献。可见,与其他领域相比,广告学界对隐私的研究还很不够,完整、全面、细致地对前人隐私问题的研究成果进行梳理就显得很有意义。

国内最早的计算广告相关的隐私文献是2008年《成功营销》杂志发表的未署名文章《谁对你了如指掌?网上隐私与精准广告寻平衡》[②]。该文章介绍了Facebook发布的一项针对式目标广告策略系统。该系统被称为"灯塔"(Beacon),顾名思义,就是可以根据消费者的购买习惯、收入水平、社交圈子和所处地理方位实现精准的广告定向。该文章质疑:Facebook启动的"灯塔"广告策略系统触发了定向广告的敏感地带和公众担忧,在广告活动日益朝着精准用户定向发展的时代,个人隐私和定向广告之间的利益平衡点在哪里?在此之前,我们看到传统广告对隐私问题的研究基本空白,这可能是因为传统媒体对用户的隐私侵犯没有那么明显,也没有那么严重,隐私问题的研究被广告其他伦理问题如虚假广告、过度骚扰、不良信息、广告导向等所代替。2016年随着深度学习技术的发展,计算广告的隐私研究开始增多,并逐渐向量化方向发展。自从互联网普及之后,尤其是社交媒体进入千家万户之后,社交广告对用户的隐私侵犯问题日益突出,隐私问题在广告

---

① 检索时间:2022年5月20日。
② 佚名:《谁对你了如指掌?网上隐私与精准广告寻平衡》,《成功营销》2008年第1期,第66-69页。

伦理研究中的地位开始上升,相关研究也随之出现。

(一)文献来源

国内计算广告相关研究的文献来源主要分为新闻传播类期刊、经济管理类期刊、大学学报、博士学位论文、硕士学位论文和其他6类。在56篇广告隐私相关文献中,新闻传播类期刊文章有18篇,经济管理类期刊文章有8篇,大学学报1篇,博士论文0篇,硕士论文13篇,其他16篇,如表1-2所示。

表1-2 国内文献来源

来源名称	有效篇数	有效百分比/%
新闻传播类期刊	18	32.1
经济管理类期刊	8	14.3
大学学报	1	1.8
博士学位论文	0	0
硕士学位论文	13	23.2
其他	16	28.6
总计	56	100

从表1-2中可以看出,新闻传播类期刊发表的文章数量最多,占总数近1/3,其中CSSCI核心期刊论文8篇,反映了新闻传播领域是广告隐私研究的重地。硕士学位论文则主要分布在上海交通大学、南京大学、吉林大学、上海外国语大学、南昌大学、广西大学、西南大学、东华大学、北京邮电大学、湖北大学、西南交通大学、江苏师范大学、华侨大学等。与此形成鲜明对比的是,在所发表的相关文章中,尚无博士学位论文,说明研究者在广告隐私问题的高层次研究上还有所欠缺。此外,56篇相关文献中,来自CSSCI核心期刊的论文有12篇,仅占21.4%,说明该领域研究的总体层次有待提高。

(二)研究主题

在对56篇国内文献进行分析判断后,可以得出研究者的研究兴趣所在(见图1-4)。笔者将这些文章归为4类:隐私关注研究、隐私保护研究、隐私悖论研究和隐私侵犯研究。

1.隐私关注(隐私担忧)研究

56篇文章中有18篇对隐私关注进行了研究,主要围绕三个角度:隐私关注的影响因素研究、隐私关注对用户态度的影响研究、作为中介变量的隐私关注研究。国内学者欧阳洋和袁勤俭[1]认为,隐私关注指"用户对网络平

---

[1] 欧阳洋、袁勤俭:《国内外电子商务环境下隐私关注研究述评》,《情报科学》2016年第7期,第170-176页。

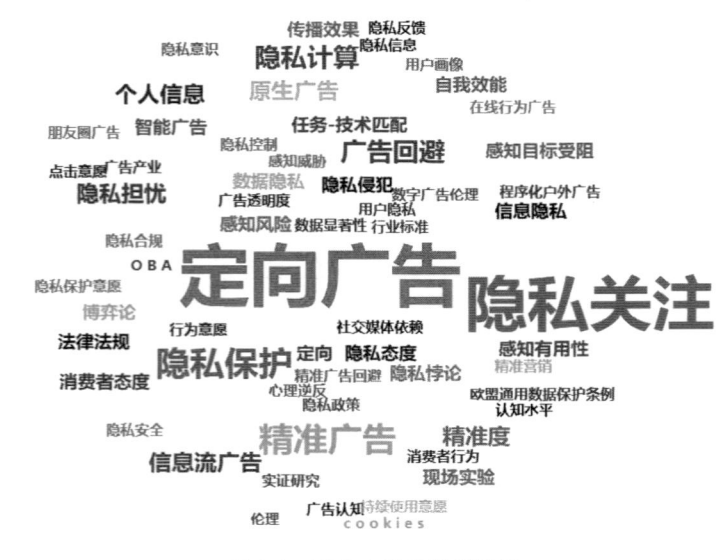

图 1-4　国内文献关键词云图

台收集和使用其个人信息的担忧,以及对自己是否有足够控制权和知情权的关注"。

(1)隐私关注的影响因素研究

阮丽华等[①]研究了社交媒体依赖和隐私担忧对信息流广告回避产生的影响及其内在作用机制,结果显示,信息流广告在投放时通过提高互动性与活跃性来降低隐私担忧,能够有效降低广告回避的发生,从而提高广告营销效果。于婷婷等[②]从用户的基本认知心理出发建构用户隐私关注影响因素模型,结果发现,用户对精准广告的认知水平和防范精准广告隐私泄露风险的自我效能感与隐私关注呈正相关,同时认知水平对隐私关注的影响部分通过自我效能感实现。

(2)隐私关注对用户态度的影响研究

朱强等[③]分析了消费者隐私关注对网络精准广告点击意愿的影响机制,发现隐私关注是网络精准广告失效的主要因素之一;隐私关注对网络精

---

① 阮丽华、黄梦婷:《社交媒体依赖与隐私担忧对信息流广告回避影响的研究》,《广告大观(理论版)》2018 年第 3 期,第 13-24 页。

② 于婷婷、杨蕴焓:《精准广告中的隐私关注及其影响因素研究》,《新闻大学》2019 年第 9 期,第 101-116 页。

③ 朱强、王兴元、辛璐琦:《隐私关注对网络精准广告点击意愿影响机制研究:消费者风险感知和自我效能的作用》,《软科学》2018 年第 4 期,第 115-119 页。

准广告点击意愿存在显著的负向影响,且消费者风险感知在两者之间起中介作用;消费者自我效能在风险感知与网络精准广告点击意愿之间起着负向调节作用。张学波等[1]研究发现,用户的隐私关注一定程度上提升了网络定向广告的认知、情感和行为效果,互联网平台可以从提升隐私边界内平台信用点、适度营销和创造价值角度改善广告传播效果。

(3)作为中介变量的隐私关注研究

蒋玉石[2]引入消费者的隐私关注作为调节变量,结果发现,消费者的隐私关注程度对感知有用性和消费者态度之间的关系起到了负向调节作用。因此,可以进一步按照消费者对隐私关注程度的不同进行区分,针对不同的目标消费者采取与之相匹配的广告投放策略。张建强等[3]研究表明,随着定向广告精准度的提高,消费者隐私关注的程度越来越高,但广告精准度与消费者广告响应之间呈现倒U形的抛物线关系,即当定向广告为低精准度或高精准度时,消费者的广告响应得分均较低;而当定向广告为中精准度时,消费者的广告响应得分最高。隐私关注在广告精准度与广告响应之间起部分中介作用,这合理地解释了为什么过于精准的计算广告,其效果会适得其反。

可以看出,国内对广告领域隐私关注的研究比较成熟,研究角度较为丰富,实证量化文章也较多,并且多根据各自的结论提出了相应的建议。但值得注意的是,由于消费者隐私关注的影响因素很复杂,既不能简单依靠几个变量直接纳入广告学视角,也不能只参考国外学者的概念框架,而需要立足本土,考虑我国的隐私观念、社会文化、法律法规等的特殊性。此外,国内对消费者隐私关注的结果效应落脚点较为局限,未来可以进一步扩展到更多的因变量上。

2.隐私保护研究

56篇文章中有17篇对隐私保护进行了研究。朱松林[4]认为,国外在治理行为定向广告中很重视消费者的网络隐私问题,试图在实现保护消费者隐私和鼓励网络经济发展之间达成一种平衡。在规范用户数据的商业应用

---

[1] 张学波、刘青春、林玉瑜:《用户隐私关注对网络行为定向广告效果影响的实证研究》,《传媒观察》2020年第7期,第45-51页。

[2] 蒋玉石:《网络行为定向广告对消费者态度影响的实证研究:以隐私关注为调节变量》,《社会科学家》2017年第1期,第58-66页。

[3] 张建强、刘娟、仲伟俊:《广告精准度与广告效果:基于隐私关注的现场实验》,《管理科学》2019年第6期,第123-132页。

[4] 朱松林:《论行为定向广告中的网络隐私保护》,《国际新闻界》2013年第4期,第94-102页。

上,中国应该立足国情,借鉴国外的治理经验,包括:立法上寻找中间的均衡地带,监管上明确具体法律条款的适用性和可执行性,重视行业自律的调节作用,保持政策的一致性和连贯性。唐晓倩[①]在对中国三家代表性企业的24条隐私政策文本的研究中发现:(1)在政策内容上,文本整体响应法案及时更新,内容框架趋于完善,行文表达注意用户化,但是企业与企业之间、产品与产品之间的隐私政策文本仍存在较大差距,自上而下统一规范仍是企业需要重视的;(2)在用户权益上,企业要明确用户权利并告知企业义务,但是最关键的是:企业如何将所承诺的义务化作实际行动,如何平衡用户隐私与商业广告之间的利益关系,如何保障用户拥有拒绝接收广告的权利。这些才是数据隐私保护政策不流于形式的关键;在企业责任上,企业在数据安全管理方面要提供安全透明的可验证流程,能提供处理紧急隐私危机的预备方案。当然,完备的数据安全保护管理不代表就是建立了真正有效的隐私保护体系,因为隐私保护管理不是一纸承诺或空头文件,而是持续完善的实实在在的行动。

目前,我国隐私保护研究取得了一定成果,主要可分为"为何要进行隐私保护"以及"如何进行隐私保护"两个方面。其视角大多聚焦在传统的法律法规、伦理以及企业的隐私政策,论述它们在隐私保护上的重要作用。不过,近年来也有研究将切入点转向消费者,如调查消费者的隐私保护意愿、观点、措施等内容,为企业打开了一扇了解消费者的窗口,这也是未来研究的重要方向之一。尽管与国外相比还有差距,但中国学者的实证论文数量逐年增多,验证或反驳了以往的观点,数据的支撑使隐私保护的研究更客观、更真实、更可信。

3.隐私悖论研究

56篇文章中有15篇对隐私悖论进行了研究。刘燕南等[②]从互联网原生广告的特性出发,指出原生广告中所隐含的情景一致性诉求,这种情景一致性诉求需要在新兴技术的作用下以更具隐蔽性和侵蚀性的信息采集方式获取消费者信息。其结果是直接导致隐私悖论中的两级矛盾:在原生广告环境里,自我表露越多,隐私意识觉醒越明显,这种隐蔽、长期的用户信息采集方式使隐私悖论有了扩大化、分裂化的运动趋势,隐私焦虑也就愈发严

---

① 唐晓倩:《隐私保护与数字广告伦理:中国互联网企业隐私保护政策的对比研究》,上海外国语大学硕士学位论文,2020年,第41-49页。

② 刘燕南、吴浚诚:《互联网原生广告中隐私悖论的嬗变与规制》,《当代传播》2019年第6期,第84-87页。

重。蒋学涵等[1]认为,在营销效果与隐私保护之间犹如存在一个摆动的"跷跷板"——提高广告营销的精准性,很可能侵犯用户的个人隐私;而过度保护、隐私绝对化又容易制约数字经济的发展,两者的平衡难以实现。要突破这一两难境地,有赖于技术支持(隐私计算技术的应用)、自律约束(企业自我监管)、法治保障(完善立法、执法、监督)等多方面的协同作用。

总的来说,我国隐私悖论的相关研究起步较晚、研究积累相对较少,且较多从思辨和描述的角度出发,实证较为缺乏。目前,国内其他专业的研究对如何应对隐私悖论提出了具体的建议,但其在计算广告研究领域的影响因素、发生机制都还不太明朗。由于我国对隐私悖论的研究大多集中在新闻学的社交媒体,"精耕细作"了较长时间,在其成因和影响上产出了较丰富的成果,计算广告的隐私悖论研究可适当向其借鉴。

4.隐私侵犯研究

56篇文章中仅有6篇对隐私关注进行了研究,可见广告的隐私侵犯研究还远远不够。蔡立媛等[2]认为,人工智能广告不仅给人们的日常生活带来了巨大的价值,也给人们带来了前所未有的风险。人工智能广告隐私侵权作为现代社会的一种新型风险,是"人与人、人与社会、人与机器"产生的一种不确定的伦理风险,包括安全失控、行为失范、心理异常、社会无序、关系失衡等,影响社会和谐安定、政治稳定和秩序。隐私包括4个方面:个人信息、个人事务、个人财产和个人行踪。人工智能广告的跟踪定位侵犯了个人隐私,会导致个人信息安全失控、个人隐私泄露、心理失衡、个人财产被盗、心理焦虑甚至恐慌。个人行踪泄露也危及个人自由和安全,阻碍社会秩序的稳定。李萧然[3]指出,谷歌的新隐私政策允许商业公司在不同互联网平台之间共享用户数据,引发公众对谷歌的批评与愤怒,并引起用户对个人隐私泄露的新一轮担忧:一直以来宣称"不作恶"的谷歌,亲自放弃了自己坚持多年的用户承诺。

可以说,从数量上就能看出我国对广告隐私侵犯的研究还处在起步阶段。而当前国内隐私侵犯事件频出,更需要加深加强此类研究以推动计算广告走上正轨,从而获得更好的发展。目前我国隐私侵犯的研究,可归纳为两个方向:其一偏向从宏观视角进行论述,从大处着手,着眼于整个计算广

---

[1] 蒋学涵、于婷婷:《冲突与平衡:精准广告与隐私保护的"跷跷板"》,《国际品牌观察》2021年第25期,第22-24页。

[2] 蔡立媛、李晓:《人工智能广告侵犯隐私的风险与防御》,《青年记者》2020年第18期,第93-94页。

[3] 李萧然:《谷歌在线广告业务受冲击 强推新隐私政策惹众怒》,《IT时代周刊》2012年第7期,第46-47页。

告领域,展示其背景、原因、手段、影响、建议等,得出普适观点;其二是基于国内外影响较大的隐私侵犯案例,结合各自的社会背景与时代发展状况,分析得出有针对性、可操作性强的结论。

(三)讨论

国内文献分析表明,广告隐私的研究呈现出三个特点:

(1)国内隐私关注相关的广告研究较为成熟,多数为量化建模研究,涉及的变量囊括了隐私关注的前因和结果,以及作为中介作用的隐私关注。这可能与隐私关注的量表较为成熟有关,国内开始出现较为权威的本土化改进量表。[①] 但是,广告领域的隐私关注研究,涉及的相关变量仍然不足,隐私研究领域的许多变量尚未纳入广告学者的视角,特别是具有正反两极的变量,比如感知风险—感知收益、隐私披露—隐私保护等,均缺乏系统的广告视角考察。

(2)广告领域隐私保护、隐私悖论和隐私侵犯的研究还处在初级发展阶段,量化建模的研究很少,多数是思辨的观点式小文章。相较于其他领域的研究,广告领域的隐私保护、隐私悖论和隐私侵犯问题其实更值得实证探讨。因为任何领域的积累,一般从概念或现象探讨的观点性文章向实证研究过渡,只有积累起相当数量的实证研究,理论的诞生才有经验基础。而计算广告所产生的隐私披露和隐私保护,其实存在着明显的博弈关系,这些都需要实证研究加以证实或证伪。只有把握具体而微细的隐私边界,才能制定科学合理的隐私政策。

(3)从隐私角度进行跨文化比较的计算广告效果研究缺席。赵舸[②]发现,以集体主义价值观为主的东方国家与崇尚个人主义价值观的西方国家,在隐私边界、人际传播、社会空间、隐私保护与相关法律等方面呈现很大差异。但也有研究表明,大中华区与西方发达国家在性别、居住地、家乡、单位等不太敏感的用户信息披露意愿方面没有表现出显著差异。然而,就用户婚姻状况、电子邮件和生日等高度敏感的用户信息披露意愿而言,大中华地区的用户总体上更为敏感。[③] 因此,要加强跨文化视角的计算广告隐私问题研究。

[①] 杨姝、王渊、王刊良:《互联网环境中适合中国消费者的隐私关注量表研究》,《情报杂志》2008年第10期,第3-7页。

[②] 赵舸:《跨文化交际背景下的东西方隐私差异辨析》,《大庆师范学院学报》2014年第5期,第121-124页。

[③] 龚为纲:《中国人隐私保护意识比西方弱吗》,https://baijiahao.baidu.com/s?id=1697680367588886035&wfr=spider&for=pc,2021年4月22日。

三、小结

通过上述国内外广告隐私的研究综述可以看出：

在研究数量上，国外高于国内（国外 104 篇、国内 56 篇），这表明国内还不太重视广告隐私研究。

在研究质量上，西方的相关研究更为精细，国内的学者较多采用了隐私相关的众多量表，但存在生搬硬套的嫌疑，缺乏众多变量之间的系统研究。

在研究对象上，国内外大多都集中在年轻群体上，之后的研究可转向不同年龄、不同职业等，如儿童、老年人、农民工等。由于阅历、文化素养、媒介素养等的不同，不同群体的隐私观念和隐私行为可能存在较大差距，需要学者专门对此开展研究。

在研究立场上，国内外存在明显差异。国内的研究更多侧重于否定计算广告视角考察其对隐私的侵犯，倾向于研究计算广告的危害，该研究现状与中国提倡的人工智能伦理规则并不相符。而国外研究则采取了对广告隐私问题相对温和的态度，多数从实证角度建构多方利益均衡的微观对策。

在研究条件上，国内获得国外的相关数据难度较大，而国外论文的合作者中存在许多国内合作学者，比较数据的获得更为容易。总体而言，跨文化视角的广告隐私问题研究水平不高，这是未来研究的热点之一。

在研究展望上，随着现代社会的向前发展，技术是解决问题的重要"武器"之一，计算广告隐私领域也不例外。除通过数据加密、数据溯源等技术手段对数据进行分类分级保护，防止用户的隐私数据被窃取外，近年来的热点区块链技术也能产生较大作用。未来的计算广告隐私研究也必然离不开对区块链技术的深入探究。

最后，尽管本次文献综述囊括了 Web of Science 和中国知网里题名包含"广告"和"隐私"的所有文献，仍然存在有些文章由于没有被上述两个数据库收录而被遗漏的情况，有待进一步补充完善。

第三节 研究目的与研究意义

计算广告的隐私问题在当今互联网时代越来越受到人们的关注。计算广告是一种基于用户数据收集和分析的广告方式，虽然它可以提高广告的精准度和效果，但同时也涉及保护个人隐私和数据安全的问题。首先，计算广告需要收集大量用户数据，包括用户的浏览记录、搜索历史、地理位置等信息。这些数据虽然能够帮助广告公司更好地了解用户的兴趣和需求，但同时也可能给用户带来潜在的威胁。例如,如果这些数据被不良企业或黑客攻击者窃取,用户的隐私将面临泄露的风险。其次,计算广告还存在滥用用户数据的风险。一些不良广告公司可能会将用户数据用于其他目的,如销售给第三方公司进行营销活动,或者将数据用于钓鱼诈骗等非法行为。这不仅侵犯了用户的隐私权,而且可能给用户的财务和信用带来潜在的风险。

针对计算广告隐私问题,需要采取一系列技术和政策措施来确保广告公司遵守隐私法规,并保护用户的个人信息不受侵犯。其中,一些具体措施包括:第一,加强数据保护技术。广告公司需要采用加密技术、数据匿名化处理等方式,最大程度地保护用户数据的安全性和隐私性。第二,提供透明度和选择权。广告公司应该向用户清楚地说明他们所收集数据的类型和目的,以及如何使用这些数据。用户应该有权选择是否分享自己的数据,并能随时撤回共享权限。第三,严格监管和执法。政府部门应该加强对广告公司的监管力度,制定相关法规和标准,并对违反规定的企业进行严厉处罚。总的来说,计算广告的隐私问题虽然存在一定的风险,但只要采取合适的措施加以防范,就能够确保兼顾广告效果和用户隐私安全。只有这样,才能建立一个更加健康、安全、可信赖的计算广告环境。

在计算广告时代,无论是打造品牌形象、传递品牌核心价值,还是直接销售产品、提高服务质量,都离不开对技术的高度依赖。[1] 品牌效果和产品效果均需要建立在高流量基础上,流量就是促销,产品占据通路,品牌占据人心,构成了企业的护城河。计算广告能对大数据进行结构化处理,在云计算环境中利用新算法自动分析文本的情感倾向[2],为打动消费者提供强有力的创意支撑,而区块链提供了广告交易的透明性、安全性和可靠性。因此,大数据、云计算、新算法和区块链构成了计算广告的四大技术实现基础,也使开放、共享、人本的广告本质精神得以回归和复兴。[3]

相对于传统广告,计算广告更着重于广告主对程序化购买平台的应用。计算广告的市场主体包含六大主要平台:需求方平台(demand side platform,DSP)、供应方平台(sell side platform,SSP)、数据管理平台(data management platform,DMP)、广告交易平台(advertisement exchange,ADX)、

---

[1] 刘庆振、于进、牛新权:《计算传播学:智能媒体时代的传播学研究新范式》,人民日报出版社 2019 年版,第 149 页。
[2] 张伦、王成军、许小可:《计算传播学导论》,北京师范大学出版社 2018 年版,第 42 页。
[3] 陈积银、杨玉华:《智能推荐型视频广告研究》,李本乾、吴舫主编:《智能传播:机遇与挑战(第二辑)》,上海交通大学出版社 2019 年版,第 42 页。

动态创意优化平台(dynamic creative optimization platform，DCOP)和广告验证平台(advertisement verification platform，AVP)。DMP 作为计算广告的中枢神经系统，对人群数据进行分类和标志整理以及搜索相似人群，以精准定位用户的数据处理，从而使广告投放更具针对性。围绕用户基本属性、地理位置、行为属性、渠道属性、价值属性、兴趣属性和终端属性等多维度属性的聚焦，对目标用户的形象进行清晰界定和抽象整合，还原用户在真实生活场景中的生活轨迹，为用户贴标签，实现用户信息与用户需求的可视化。在数字时代，程序化广告借助"技术＋数据"的力量，比"千人一面"的传统广告触及更多精准的目标受众。"千人千面""一人千面"的品牌或商品信息传递、与受众进行更高效的信息沟通和互动成为现实。

由图 1-5 可知，在计算广告流程中，以实时竞价购买(real time bidding，RTBg)为核心的程序化购买，由 DSP、SSP、DMP、ADX、DCOP 和 AVP 六大平台搭建而成。DSP 根据广告主的广告需求定制个性化的标签，当一个用户访问媒体时，这个媒体就可以通过 SSP 判断是否需要通过 ADX 出售广告位；如果决定通过 ADX 出售广告位，就需要向 ADX 发送用户打开的页面信息和最低价等信息；ADX 在收到媒体的信息后，会将这些信息通过 DSP 发送给广告主；广告主或 DSP 通过云计算向 DMP 询问用户的基本信息，DMP 将用户信息告知 DSP；DSP 就会告知 ADX 是否需要这次广告展示机会，最高报价是多少；一般而言，ADX 会收到多个广告主的报价信息，

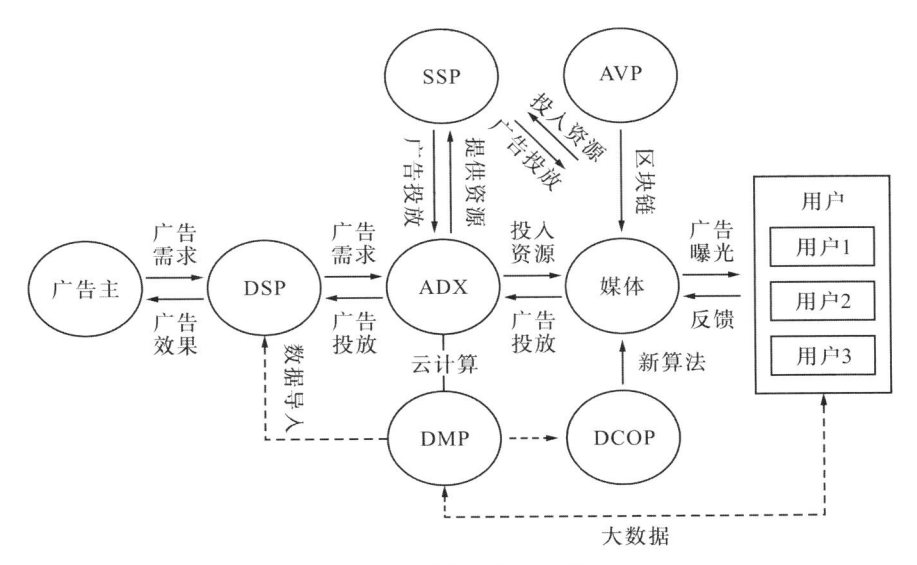

图 1-5 计算广告的流程

通过竞价拍卖的方式确定赢家并把赢家的广告物料通过 DCOP 传递给媒体；媒体在收到 ADX 发回的信息后，进行广告投放，AVP 全程监控交易与公证效果。

在此阶段，移动互联网的加入使受众的数据来源变得即时且全面。将受众的碎片化行为信息收集起来，通过实时竞价的程序化购买能够将这种碎片化的受众标签和媒介接触中的广告资源有效利用起来。计算广告聚合用户线上与线下数据，将用户的线上行为与线下轨迹相结合，形成数据闭环，从而对用户进行多维度的分析，与广告主的个性化需求相结合，深度了解用户来源与用户需求，完成广告的精准化匹配。[①]

一、研究目的

(一)建构计算广告隐私相关变量的互动理论框架

理论最初是由研究者发展而得，被用于解释各种社会现象、建立各种联系和进行各种预测的一般规律或基本原理。学术研究的意义在于根据已有实践、认识、知识、经验等对科学问题进行假设、分析、探讨、解决，从而产生创造性的理论。而理论框架(theoretical framework)是指能够支持某些理论研究的架构。理论框架介绍并描述了解释所研究问题的理论。理论框架包括具体研究中使用的概念、概念之间的关系以及现有理论。理论框架必须证明研究者对与研究论文主题相关的理论和概念以及所涉及的更广泛知识领域的理解。理论框架中各种概念的形成必然来源于相关的参考文献。理论框架是理论创新的核心和关键，它通过对各种理论的梳理，完善现有的理论体系，拓展原有的理论边界，从而带来逻辑清晰的理论创新。[②] 如果在学术研究中缺乏理论框架的使用，就会出现"证而不论"的苍白无力、"论而不辩"的主观臆断、"辩而无道"的观点堆积、逻辑混乱和无序掺杂等问题。[③]

因此，理论框架能够反映计算广告隐私相关变量概况与前沿问题。当研究者进入计算广告的前沿领域，需要花费大量的时间和精力概念化和识别他们研究的诸多变量，如客观特性、主观特性、感知收益、感知风险、隐私关注、隐私保护、隐私侵犯、隐私披露等，明确表达他们的框架结构。而理论

---

① 蔡润珩：《场景融合营销中计算广告作用研究》，河南大学硕士学位论文，2019 年，第 14-19 页。

② Baptista A，Frick L，Holley K A，et al. The Doctorate as an Original Contribution to Knowledge：Considering Relationships between Originality，Creativity，and Innovation. *Frontline Learning Research*，2015，3(3)，pp.51-63.

③ 李润洲：《研究生学位论文写作的论证意识：一种教育学的视角》，《学位与研究生教育》2018 年第 3 期，第 19-23 页。

框架会以图示架构或叙事话语等形式阐释关键因素、变量、结构、组成及其假设关系。① 建构计算广告隐私相关变量的互动理论框架是本研究的核心组成部分,起到纲举目张的作用。理论框架决定着研究的具体问题,如果没有合适的理论框架,研究的具体问题就难以形成或无法提出。② 本研究将通过扎根理论建构计算广告隐私问题的理论框架,在此基础上走向有理论视角、有逻辑结构、有重复可验的实证研究。

(二)揭示计算广告隐私悖论的内在逻辑与破解方案

社交媒体用户一方面因为网络风险而担忧隐私泄露,另一方面又热衷于在网络上分享与披露信息,这种矛盾的行为被称为隐私悖论。计算广告的精准性特征产生的一致性诉求,反过来促进了这种广告形式的隐蔽性与侵蚀性。一方面,计算广告在丰富的用户行为数据的基础上,推送出与用户兴趣、习惯和行为高度一致的广告信息,具有较强的侵蚀性;另一方面,用户与计算广告互动越多,互联网平台对用户数据的信息自动化采集就越频繁、越隐蔽,这催生并加剧了隐私悖论问题的严重性。这种从自发生成行为数据到自主采集行为数据的转变,使得用户对个人信息的控制权旁落,这种旁落触发了现代人对隐私担忧和隐私焦虑的种种过度猜测,反而不利于计算广告的发展。③

在这种环境下,隐私问题变成人人都需要严肃对待的大问题。特别是近几年不断爆出的企业用户数据恶意泄露、恶意使用事件更是令公众人人自危,陷入了恐慌状态。从全球网络用户的心理和行为看,不同程度上都存在着"隐私悖论",就是用户一方面总是担忧自己的隐私风险,另一方面又愿意为了某种使用方便来让渡个人的某些隐私信息。因此,要从源头上提出解决办法,即需要将隐私保护和隐私技术相结合。也就是说,有必要将保护个人隐私的意识融入产品开发设计中,并将隐私保护技术相结合,以达到有效保护个人隐私的目的。生产者和用户主体在数据生产、流转、使用、利益分配和风险管理过程中唇齿相依;数据价值离不开大数据的整个生命周期。通过适当的机制设计和先进的技术,可以控制隐私风险与数据共享收益之间的动态平衡。④

---

① 殷玉新、楚婷:《教育学术研究中的"理论框架"运用问题及其建构》,《全球教育展望》2022年第1期,第23-35页。
② 刘良华:《教育研究方法》,华东师范大学出版社2014年版,第27-37页。
③ 刘燕南、吴浚诚:《互联网原生广告中隐私悖论的嬗变与规制》,《当代传播》2019年第6期,第84-87页。
④ 《迈克尔·斯宾塞:全球用户的"隐私悖论",一边担忧风险一边让渡隐私信息》,https://baijiahao.baidu.com/s?id=1697697994563037040&wfr=spider&for=pc,2021年4月22日。

(三)构建计算广告用户合理隐私期望的主客观标准

"合理的隐私期望"起源于1967年卡茨诉联邦案,是为解决隐私权的边界问题而提出的。"合理隐私期望"的概念对计算广告时代隐私边界的界定具有重要意义。一方面,社会的不断发展使得隐私权的覆盖范围随着形势的变化而变化。当个人利益与公共利益发生冲突时,个人隐私期望与社会对个人隐私的期望之间存在着共同的价值判断。法院可以根据"合理隐私期望"主客观标准来判断隐私侵权的多样性。另一方面,法律的可预测性有限。当一些新的隐私权益受到侵犯时,引入"合理隐私期望"概念,充分利用"合理隐私期望"主客观判断标准,可以解决司法实践中难以判断的诸多侵权问题,从而最终实现法律自身的调节功能,保护公民的合法隐私权。"合理隐私期望"规则有两个要素:一是主观要素,即个人的行为是否表明他/她确实享有主观的隐私期望;二是客观因素,即社会是否承认他/她的隐私期望是合理的。[①]

在计算广告时代,"合理隐私期望"为隐私边界和隐私侵权的界定提供了更具弹性的判定标准。计算广告对合理隐私期望理论提出的挑战在于,如何界定计算广告用户"合理隐私期望"的主客观标准。只有明确主客观标准,才能回答以下问题:在公民个人信息出于特定目的和特定对象被披露后,广告商能否搜索到,以及在个人信息经过技术处理和组合后能否公开使用?当个人进行在线电子交易时,平台以"负面同意"的名义存储相关个人数据信息。根据合理的隐私期望标准,存储这些数据信息是否构成对隐私的侵犯?如果是,个人数据信息保护的立法依据是什么?如果不是,是否就意味着服务提供商中存储的用户信息可以自由地披露给其他人?可见,要想构建计算广告的信任基石,除了法律回应,还需要技术共建、主体参与、实践协作,以及我们更多的耐心、包容、协调和探索。

(四)探索计算广告隐私问题本土化语境下的理论适用性与治理机制创新

计算广告隐私相关理论作为一个舶来品,其主体环境是国外基于个人主义文化价值观至上的隐私认知,同中国人基于集体主义文化价值观基础上认识隐私有着本质的差异。[②] 在前互联网时代,个人之间的私人信息交流有着明确的界线。人们知道他们共享的信息的属性和流向,对信息的边界拥有高度的自我控制权。正是因为人们理解了"公共"与"私人"的界线,

---

① 陈根:《模糊的隐私边界下,什么才是合理的隐私期待?》,https://baijiahao.baidu.com/s?id=1677340638318906344&wfr=spider&for=pc,2020年9月9日。

② 刘立娥:《关于中西文化的隐私观差异研究》,《中国市场》2008年第39期,第94-95页。

才能非常明确地确立集体隐私的边界规则。例如,在面对面交流中,当协商严格限制流通的信息隐私规则时,人们可以使用多种方式保护隐私,比如"从不告诉某某这件事",用肢体语言比如用手捂住嘴,或者找一个相对封闭的交流环境。在一系列设置下,人们在管理集体隐私边界的同时,让"信息共有人"清楚地感知到信息的隐私程度,并建立一致的隐私管理规则,避免隐私边界的动荡。然而,社交媒体的出现营造了一个新的虚拟社会环境,其中非语言符号、某些情境因素和场景布局都处于偏离状态,从而从根本上打破了隐私边界的设置。①

有观点认为,与西方发达国家相比,中国人的隐私保护意识相对薄弱。② 在新冠疫情期间,西方的一些研究从政府是否能够跟踪用户的个人移动轨迹数据和空间位置信息的角度衡量了东西方隐私概念的差异。西方研究者认为,中国和其他国家都有能力从用户那里获取用户的个人隐私信息,而这种事情在西方社会则面临着巨大的挑战和压力。由此他们推断,中国用户的隐私信息保护意识弱于西方发达国家。事实上,中国和东亚的用户在某些方面(如性信息)的隐私信息保护意识比西方国家还要强。在新冠疫情期间收集个人隐私信息可能更多地反映国家能力,或国家与社会之间的关系,而不是用户的隐私保护意识。③ 因此,有必要针对中国人深入研究中国本土视角下计算广告隐私问题的理论适用性与治理机制创新。

二、研究意义

综上所述,通过研究目的梳理,本书的研究意义如下:

第一,通过计算广告隐私问题理论框架的建构,提升该领域的研究系统性水平;

第二,通过计算广告隐私悖论的实证研究,破解隐私悖论的两难境地,为建构多方共赢的隐私问题治理机制开辟新思路;

第三,构建计算广告用户合理的隐私期望主客观标准,为学界研究和业界决策提供参考;

第四,探索计算广告隐私问题本土化语境下的理论适用性与治理机制创新,建设有中国特色的计算广告隐私理论话语体系。

---

① 李飘飘:《社交媒体传播隐私管理的理论研究述评》,《东南传播》2019年第11期,第108-111页。
② 崔素花:《中西隐私观差异及根源探析》,《山西高等学校社会科学学报》2009年第1期,第27-30页。
③ 龚为纲:《中国人隐私保护意识比西方弱吗》,https://baijiahao.baidu.com/s?id=1697680367588886083&wfr=spider&for=pc,2021年4月22日。

第四节　研究思路与研究方法

一、研究思路

本书首先交代研究背景并进行文献综述,然后通过扎根理论建构计算广告隐私问题的整体理论框架,在整体理论框架基础上,分解不同的相关变量进行结构方程模型的建模与问卷调查,接着汇总这些建模的数据结果,分别对分解的结构方程模型加以验证,最后建构出基于扎根理论的计算广告隐私问题的整体理论框架,最后提出计算广告隐私问题的治理对策与建议。研究思路如图 1-6 所示。

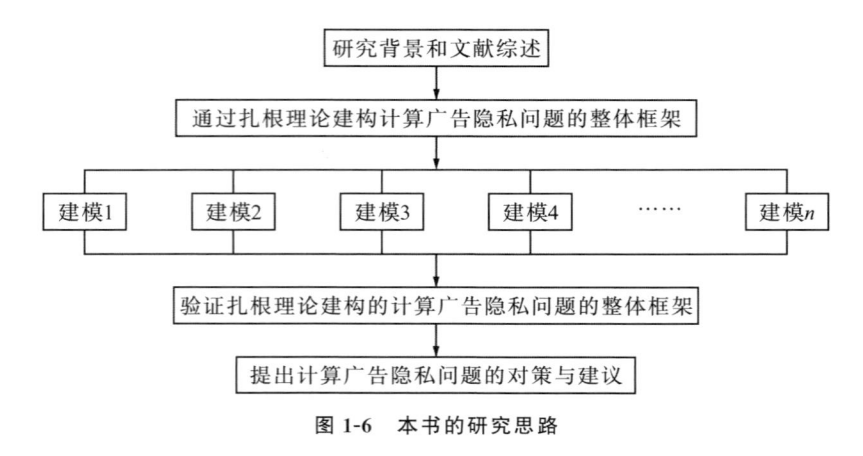

图 1-6　本书的研究思路

二、研究方法

本书主要采用深度访谈、扎根理论、问卷调查、实验法、批判研究、案例分析、比较分析等方法进行研究。在具体研究中,特别是在问卷调查中,有些量表的使用会根据不同的情境加以调整,但是信度和效度的检验都会重新运算,以保证相同变量不同量表的可靠性和有效性问题。

(一)深度访谈

深度访谈作为一种定性研究方法,在社会学领域发挥着重要作用。所谓深度访谈也称为非结构化访谈或自由访谈。与结构化访谈相反,它不是基于预先设计的问卷和固定的程序,而是只有一个访谈主题或范围。面试官和受访者围绕这个话题或范围进行了相对自由的谈话。深度访谈是专业访谈者和受访者之间就某一主题进行的一对一的中短期(通常为 20 分钟至

2小时)谈话,以搜集受访者对某个事物、某种现象或某种行为的看法,并探究这些看法背后的动因。[1] 深度访谈通常在被调查者家中或集中访谈地点进行。深度访谈的优点是能够深入了解被访者的内心想法和体验,有利于发现新的问题。在互联网时代,有时可以通过电话、邮件、微信和其他聊天工具或交流手段采集有用的信息。本书主要通过针对个人对计算广告隐私权的观点进行深度访谈,搜集原始访谈数据,为进一步的扎根理论研究奠定基础。

深度访谈旨在通过面对面的交流方式,获取被访者内心深处的想法、看法和经验等信息。该方法通常包括以下步骤:

(1)确定研究问题和目标。选择研究对象并明确需要探究的问题和目标。

(2)选择适当的被访者。根据研究目标和问题,选择适当的被访者,以搜集相关信息和数据。

(3)设计访谈大纲。制定访谈大纲,并通过反复修改和完善,确保能够全面、深入地了解被访者的情况。

(4)开展访谈。采用面对面或电话等方式,开展访谈过程。在访谈过程中,需要注意保持良好的沟通氛围,引导被访者表述自己的观点和经验。

(5)录音和记录。通过录音或记录的方式,将访谈的过程和内容记录下来,以便后续进行分析和解释。

(6)分析和整理数据。通过逐句逐字地分析、比较和分类,提取出被访者的关键词汇和主要意见。

(7)得出结论和建议。根据数据分析的结果,得出结论和建议,为实践问题提供参考和支持。

(二)扎根理论

扎根理论是一种定性研究方法。其主要目的是通过对某个现象的深入探究,了解其内在的本质特征和规律,构建一个基于经验资料的理论框架。研究人员通常在研究开始之前没有任何理论假设,他们从深入访谈或实际观察开始,从原始资料中总结经验,然后上升到系统理论。这是一种自下而上建立实质性理论框架的方法,即在系统搜集资料的基础上找到反映事物本质的核心概念,然后通过这些概念之间的内在联系构建相关的社会理论框架。[2] 扎根理论要从经验事实中抽象新的概念、观点和思想。在哲学思

---

[1] 孙晓娥:《深度访谈研究方法的实证论析》,《西安交通大学学报(社会科学版)》2012年第3期,第101-106页。

[2] 陈向明:《扎根理论的思路和方法》,《教育研究与实验》1999年第4期,第58-63页。

想上,扎根理论方法基于后实证主义(批判和修正实证主义的立场)的范式,认为研究者对经验事实具有主观性,强调恢复理论的主体地位。

扎根理论通常包括以下步骤:

(1)确定研究问题。选择研究对象并明确需要探究的问题。

(2)收集数据和信息。通过文献分析、访谈、观察等方式,收集与研究问题相关的数据和信息。

(3)标记和归类数据。将收集到的数据标记、归类和分类,以便进一步分析。

(4)逐步分析数据。通过逐步分析数据,提取出概念或命名,形成理论框架。

(5)生成理论。通过对数据进行反复比较和分析,并不断回溯、迭代、修改理论框架,最终得出更完整、准确的理论结论。

(6)撰写研究报告。将理论结论整理成研究报告,并与同行交流和讨论,提高理论的可靠性和有效性。

扎根理论的优点是能够从实际问题出发,根据实际数据产生新的理论和认识,具有较高的可信度和针对性。但同时也存在一些限制,如样本偏差和主观性影响等问题。因此,在使用扎根理论时,需要注意样本的随机性、分析过程的严谨性以及研究者自身主观因素的影响,以获得更加准确和可靠的研究结果。

(三)问卷调查

问卷调查是国内外社会调查中广泛使用的一种方法,通过设计和发放调查问卷,收集被调查者对某个主题或问题的看法、态度、行为等信息。问卷形式上是为统计和调查而设计的问题、选项或表格,以提问的方式表达问题。问卷调查是研究人员使用这种可量化的测量方法来衡量所研究的问题,以便收集到可靠的数据。

问卷调查通常包括以下步骤:

(1)确定调查目的和对象。明确调查目的和调查对象,例如顾客满意度、广告效果等。

(2)设计问卷内容。根据调查目的,构建和设计调查问卷,包括选择题、填空题、量表等多种形式。

(3)采用适当的样本选取方式。从总体中抽样,确定调查样本,以代表总体,并保证抽样的随机性和代表性。

(4)发放问卷。采用线上或线下方式发放问卷,并提供相应的解答指南,确保被调查者对问题的理解和回答准确性。

(5)搜集和整理数据。针对搜集到的问卷数据,进行数据整理、清洗和分析,以便得出正确的结论。

(6)分析并解释数据。通过统计学方法和其他分析工具,对数据进行分析和解释,揭示出数据背后的本质特征和规律。

(7)得出结论和建议。基于分析结果,得出结论和建议,为实践问题提供参考和支持。

问卷调查的优点是能够快速、直接地获取大量的数据和信息,有利于了解人们的需求、态度和行为等。但同时也存在一些限制,如问卷设计不合理、样本偏差等问题,可能会影响结果的可靠性和有效性。因此,在使用问卷调查时,需要注意问卷设计的合理性、样本选取的随机性和代表性,以获得更加准确和可靠的研究结果。在社交媒体时代,问卷调查大多采用问卷星软件。本书各章里涉及的调查问卷,均将设计好的问卷星或其他调查平台链接分发到微信朋友圈、微信群、QQ群等社交平台,并采用分层抽样和滚雪球抽样相结合的方式达到一定的样本量。一般来说,问卷调查比深度访谈更详细和完整,更易于控制。问卷调查法的主要优点是标准化和低成本。由于问卷调查法主要是基于所设计的问卷工具,因此问卷设计需要标准化和可测量性,搜集的数据通常通过SPSS软件进行处理和分析。

(四)实验法

实验法是一种通过控制变量、随机分组等手段,对某一假设关系进行精确测定的科学研究方法。

该方法通常包括以下步骤:

(1)确定研究问题和实验对象。明确需要验证或证伪的研究问题,根据研究问题选择实验对象。

(2)设计实验方案。确定实验条件、被试规模、操作程序等相关细节,然后制订实验方案。

(3)实施实验。按照实验方案的要求进行实验操作,记录实验数据。

(4)分析实验数据。对实验数据进行统计分析和解释,以达到对研究问题的目的。

(5)得出结论。根据实验结果得出结论,并针对研究问题给出答案(例如支持或否认某一假设)。

实验法的优点是能够在控制变量的前提下,精确地测定变量之间的因果关系,有助于建立科学理论和推动科学进步。但同时也存在一些限制,如可能存在实验效应、实验场景与现实场景不一致等问题。因此,在使用实验法时,需要注意实验设计的合理性、实验可重复性等问题,以获得更加准确和可靠的研究结果。实验法一般运用于小规模的探索性研究,通过小范围的实验,以较低成本探索相关变量之间的关系,为最终决定是否进行大规模推广奠定决策基础。其特点是从众多影响因素中抽取某些变量,观察这些变量对因变量的影响。实验法分为自然实验法和控制实验法两种,根据研究需要可以灵活采用其中一种方法。实验法的结果还需要大规模的问卷调查进行验证,因此这是一种先期性的探索研究。

(五)批判研究

批判研究是一种基于批判理论的研究方法,旨在揭示社会现象背后的权力关系、意识形态和阶级利益等问题。

该方法通常包括以下几个步骤:

(1)确定研究主题和目的。通过对社会现象进行反思和批判,明确研究的主题和目的。

(2)收集数据和信息。采用多种数据搜集方法,如文献分析、访谈、观察等,获取相关数据和信息。

(3)分析、解释和反思。通过分析和解释资料,揭示并反思权力关系、意识形态和阶级利益等因素对社会现象的影响和塑造作用。

(4)提出批判性见解和建议。基于分析结果,提出批判性见解和建议,为实践问题提供指导和支持。

批判研究的优点是能够揭示社会现象背后的深层次问题,帮助人们认识社会现象的复杂性和多面性,并促进社会变革和改善。但同时也存在一些限制,如难以保证研究结果的客观性、容易受到研究者主观因素的影响等。因此,在进行批判研究时,需要采取多种数据搜集方法,尽可能排除干扰因素,以获得更加准确和可靠的研究结果。从计算社会科学的角度来看,我们可以从理论和实践两个方面来审视计算广告的隐私性。其丰富的内涵确实远远超出了现有计算广告研究的范畴,因此,在以技术为导向的计算广告领域,很有必要借鉴计算社会学批判理论的研究方法(比如霍克海默、马尔库塞、阿多尔诺等提出的某些批判观点),反思计算广告的隐私伦理问题。对计算广告隐私问题的批判性研究并不会动摇计算广告学的基础。相反,通过批判性思维,克服计算广告传统隐私问题研究中的各种缺陷和障碍,可以有效提高计算广告隐私问题研究的科学性、全面性和有效性。[①]

(六)案例分析

案例分析是战后在美国兴起的一种社会科学的研究方法,相当于我们

---

① 曾琼:《突破与重构:大数据时代的计算广告学研究》,《湖南师范大学社会科学学报》2019年第5期,第150-156页。

通常所说的典型个案研究,是一种常见的研究方法,旨在通过对个别事物或事件的深入探究,揭示其内在的本质特征和规律。

该方法通常包括以下步骤:

(1)选择研究对象。从实际问题中选择一个具有代表性的案例,例如企业、组织、产品、消费者等相关案例。

(2)搜集数据和信息。搜集与案例相关的各种数据和信息,包括历史资料、统计数据、文献资料、采访记录等。

(3)进行分析和解释。通过对数据和信息进行分析和解释,揭示案例内在的本质特征和规律,并将结果与现有理论进行比较和验证。

(4)提出建议和结论。在分析的基础上,提出可行的建议和结论,为案例类似的实践问题提供参考和指导。

案例分析法的优点是能够帮助人们深入了解某一具体问题,并从中发现新的知识点和经验教训,有利于从实践中总结经验和提高能力。但同时也存在一些限制,如仅适用于具有代表性的案例、难以泛化到其他情境等。因此,在使用案例分析法时,需要注意选择具有典型性和代表性的案例,并结合其他研究方法来获取更加全面和客观的研究结果。在当代社会科学文献中,常常附有大量的案例研究材料,而计算广告隐私问题在实践中解决问题的方法和策略及其推广,在本书最后一章将通过对典型侵权案例的分析研究,总结出一般的规律,为计算广告行业提供启发和借鉴,从而丰富计算广告隐私问题案例库的建设,推动计算广告行业的健康发展。

(七)比较分析

在建立一个完整的计算广告隐私问题研究的过程中,本书最后一章还将采用比较分析方法。比较分析法是一种常见的研究方法,用于比较不同事物之间的差异和相似之处,以及对其进行深入分析。

该方法通常包括以下步骤:

(1)选择比较对象。首先需要确定研究的对象,可以是不同国家、不同组织、不同产品等。

(2)确定比较标准。在比较对象中,需要确定一个或多个标准来进行比较分析。这些标准可能包括性能、功能、成本、质量、市场份额等方面。

(3)搜集数据和信息。为了进行比较分析,需要搜集有关对象的相关数据和信息,例如产品规格、销售统计、用户反馈等。

(4)进行数据比较分析。使用统计学方法或其他分析工具对数据进行处理,以便比较各项指标并得出结论。

(5)比较结果呈现。通过图表、表格或文字描述等方式,将比较结果呈现出来，以便读者更好地理解分析结果。

　　比较分析法的优点是能够帮助人们全面了解不同事物之间的区别和相似之处，从而作出更加客观、科学和有效的决策。但与此同时，比较分析法也存在一些缺点，如难以确保比较对象的完全一致性、易受研究者主观因素影响等。因此，在进行比较分析时，需要同时考虑到其优点和缺点，并尽可能排除干扰因素，以获得更加准确和可靠的分析结果。任何理论的建立，都需要经过比较、借鉴、继承和扬弃的过程，认真比较、学习和借鉴一切有用的古今中外经验，包括国外在计算广告隐私保护方面的政策、技术和有益经验。通过中外比较分析，做到博古通今、博采众长、触类旁通、融会贯通，在比较中丰富和发展计算广告隐私方面的研究成果。

第二章 基于扎根理论的计算广告隐私问题研究

第一节 引言

计算广告的隐私问题指的是,在计算广告投放过程中,企业可能会搜集和使用用户的个人信息,如浏览记录、购买行为等,以进行精准的广告推送。这种行为可能侵犯用户的隐私权,引起社会关注和争议。比如未经充分同意收集个人信息:在进行计算广告投放时,企业可能通过获取用户的浏览记录、搜索历史等方式,收集用户的个人信息,并根据这些信息定向推送广告。但是,如果企业收集这些信息时未经用户充分同意,就可能违反了隐私保护原则。又如信息滥用和泄露:在计算广告投放过程中,企业可能会将用户的个人信息出售给第三方,或者将其用于其他非广告目的,如市场研究、数据分析等。这样的行为既可能导致用户的隐私被滥用,也可能因信息泄露而带来不可逆转的损失。再如监控和跟踪用户行为:为提高广告推送的精准度,企业可能通过监控用户的网络行为和位置信息,对其进行跟踪和分析。这种行为可能侵犯用户的隐私权,造成对用户行为的无端干扰和侵犯。

计算广告侵犯隐私权是指企业在进行计算广告投放时,未获得用户的充分、明确同意,擅自获取、使用其个人信息进行广告推送,从而导致用户隐私遭受泄露和侵犯。在互联网广告大量投放的时代,计算广告已成为一种重要的营销手段,但与此同时,也存在着许多隐私权侵犯行为。例如,在某次计算广告投放中,一家企业通过在社交媒体平台上购买用户数据,获取了大量用户的个人信息,然后将这些信息用于广告投放,并在用户没有授权或同意的情况下,向他们推送相关广告内容。经过调查发现,该企业所涉及的隐私侵犯行为是由于其在收集用户数据时未经充分、明确同意,以及未采取适当的保护措施,导致用户个人信息被泄露和滥用。面对这样的情况,该企业被迫承担相应的法律责任,并赔偿受害者相应的损失。类似的计算广告侵犯隐私权案例并不鲜见,这些事件既对用户造成了隐私上的侵犯,也对企业造成了信誉和商业上的损失。因此,在进行计算广告投放时,企业应该加强对用户隐私的保护,仅收集和使用必要的信息,充分尊重用户的选择和意愿,并遵守相关法律法规和行业标准。同时,各级政府和监管部门也应该加强对计算广告的监管和评估,推动产业健康可持续发展,保护消费者和企业的合法权益。

2013年6月,前中央情报局雇员爱德华·斯诺登将两份绝密材料交给了《英国卫报》和《华盛顿邮报》,并告诉媒体何时公布这些材料。根据既定计划,2013年6月5日,《英国卫报》投掷了第一颗舆论炸弹:美国国家安全局有一个代号为"棱镜"的秘密项目,该项目要求电信巨头威瑞森公司每天交出数百万用户的通话记录。也就是说,在这一天,进入Web 2.0时代的人们第一次意识到自己的隐私不再掌握在自己手中。巧合的是,在2016年美国总统大选期间,8700万条Facebook用户数据被不当泄露给政治咨询公司——剑桥分析,以支持特朗普参加2016年总统大选。

2021年6月30日,滴滴在美国上市,引起轩然大波,种种迹象表明,滴滴有非法收集中国用户数据并存在转卖给他国的可能。2021年7月2日,为了防范国家数据安全风险,网络安全审查办公室对滴滴启动了专项审查,12月3日,滴滴宣布启动纽交所退市。2022年7月21日,经过一年左右的调查,国家互联网信息办公室依据相关法律法规,认定滴滴存在16项违法事实,比如过度收集用户剪切板信息、乘客人脸识别信息、乘客出行意图信息、司机学历信息、年龄职业亲情关系信息等。最后滴滴被处以罚款80.26亿元人民币,滴滴董事长兼CEO程维、总裁柳青被各处罚款100万元人民币。[1]

随着越来越多的互联网公司以提供"个性化服务"为理由接收我们的数据并进入我们的生活,我们手机上的应用程序越来越了解我们的喜好,为我们提供便利。然而,互联网隐私泄露事件层出不穷,被泄露个人隐私信息的我们似乎在互联网上"裸奔"。我们的个人数据也被互联网企业作为商品"转售"。[2] 每个人都有自己想要保守的"秘密",然而从当前的互联网环境来看,进一步的开放和整合似乎是Web 3.0时代的必然趋势。计算机广告为互联网的蓬勃发展提供了必要的可持续经营资金,人们无法回避计算广告。那么如何在这样的环境下扬弃传统意义上的隐私问题研究,建构社交媒体时代计算广告隐私问题研究的新路径呢?

Cookie(缓存文件)通常被PC(personal computer,个人计算机)终端用作辨别人员的重要标识。在业界,标记每个"人"的技术被称为"种

---

[1] 网信中国:《滴滴被罚80.26亿元,存在16项违法事实》,https://www.zjwx.gov.cn/art/2022/7/21/art_1673576_58871621.html,2022年7月21日。

[2] 佚名:《从"棱镜门"到"剑桥门":去中心化邮箱Dmail能否保护我们的隐私?》,https://zhuanlan.zhihu.com/p/472406643,2022年5月29日。

Cookie"。其主要功能是记录用户的个人信息。移动终端使用唯一的设备ID(identifier,识别符),Wi-Fi 互联网设备通过移动无线网卡的 MAC(media access control,媒体访问控制)地址识别用户。基于用户 Cookie 和设备 ID,收集并标记用户浏览偏好和广告行为,然后逐个标记,形成用户肖像,为计算广告推送奠定基础。计算广告的本质是流量业务。它基于巨大的用户数据,需要达到足够的受众,以提高转化率。然而,目前互联网流量池的增长正逐渐放缓,流量红利已然见顶。在全球隐私关注日益紧张的大趋势下,广告商、媒体、第三方、平台等必须为下一个以隐私保护为重点的数字广告均衡时代做好准备,重建信任关系,赢得长期竞争中的关键要素——用户。

保护隐私是人类与生俱来的本能,但从它真正上升为一项普遍公认的个人权利到现在只有130多年时间。1890 年,美国学者路易斯·布兰迪斯和塞缪尔·沃伦在《哈佛法律评论》(*Harvard Law Review*)上发表关于隐私权的文章,隐私权才开始进入人们的视野。[1] 1967 年,社会学家 Westin[2]提出了隐私关注(privacy concern)的概念,指个人在相应的隐私情境中主观感受到的公平程度。隐私关注逐渐成为隐私问题研究的起点和焦点。了解隐私关注的影响因素可以更好地了解计算广告用户的隐私需求,减少计算广告用户的隐私顾虑,进而提升计算广告的用户体验。因此,不同的学者从不同方面对隐私关注的影响因素进行了探索。在计算广告概念正式成型之前,相关研究主要集中在电子商务[3]、LBS(location-based services,定位服务)[4]、社交网络[5]、个性化广告[6]等领域,相关研究成果中的影响因素大致可分为消费者的内在特征、消费者感知及态度、网站相关因素和情境因素四类[7]。

在大的学科框架和背景下,隐私的概念和范畴很清晰,即指个人私生活秘密、私人空间和个体安宁。"秘密"是指个人不愿意被人所知的信息,"空间"是指个人身体上的物理保护距离,"安宁"是指个人不被别人骚扰。然

---

[1] 钛媒体:《数字广告,如何突破隐私保护瓶颈?》,https://baijiahao.baidu.com/s? id=1686037239773326055&wfr=spider&for=pc,2020 年 12 月 14 日。
[2] Westin A F. Privacy and freedom. *Washington and Lee Law Review*,1968,25(1):166-170.
[3] 李凯、王晓文:《隐私关注对旅游网站个性化服务的影响机制研究》,《旅游学刊》2011 年第 6 期,第 80-86 页。
[4] 张嵩、赵佳莉、吴剑云:《LBS 的隐私关注与采纳意向的模型构建及实证》,《计算机集成制造系统》2018 年第 2 期,第 524-532 页。
[5] 郭龙生:《社交网络用户隐私关注动态影响因素及行为规律研究》,北京邮电大学硕士学位论文,2013 年,第 1-10 页。
[6] 于婷婷、杨蕴焓:《精准广告中的隐私关注及其影响因素研究》,《新闻大学》2019 年第 9 期,第 101-116 页。
[7] 冯亚飞、胡昌平、仇蓉蓉:《数字学术资源用户隐私关注影响因素模型构建:基于扎根理论》,《情报科学》2019 年第 3 期,第 3-8 页。

而，当我们深入探究时，隐私成为一个棘手的问题：隐私的含义会随着背景、对象和周围文化语境的变化而变化。换句话说，在不同的人眼中，"隐私"一词的含义不同。有人曾经做过统计分析，结果表明大多数国家和地区同意将"生理或精神健康数据""宗教信仰""政治观点和党派""性生活、性经历或性取向"视为敏感数据，但将"密码""电话号码""家庭地址""许可执照/驾照""身份证号"等纳入敏感数据范畴的国家很少，如表 2-1 所示。①

表 2-1　74 个国家和地区定义的"敏感数据"类别

数据类别	定义为"敏感数据"的国家数目	比例/%（N=74）
生理或精神健康信息	72	97.30
宗教信仰	71	95.95
政治观点和党派	69	93.24
性生活、性经历或性取向	68	91.89
民族或种族	66	89.19
工会身份	60	81.08
哲学或道德信仰	55	74.32
犯罪记录或诉讼，以及行政诉讼	40	54.05
基因信息	23	31.08
生物特征	17	22.97
婚姻、家庭等个人私生活	9	12.16
财务/收入/银行账户信息，以及税务	7	9.46
政府注册号码、许可执照/驾照、社会福利	6	8.11
个性特征、个人感情、情绪、个人爱好、习惯	6	8.11
身份证号	5	6.76
儿童的个人信息	4	5.41
密码	2	2.70
其他数据（例如，异常癖好、年龄、家庭暴力、手机号码、孩子收养、教育、家庭住址、定居地、社会地位、个人与家庭遗产、个人电子账号、专业协会身份、学生数据、电话号码等）	14	18.92

---

①　王敏：《敏感数据的定义模型与现实悖论：基于 92 个国家隐私相关法规以及 200 个数据泄露案例的分析》，《新闻界》2017 年第 6 期，第 2-10 页。

不同国家对隐私的理解存在一定的差异。这些差异可能与文化、法律、政治制度等因素有关。美国注重个人自由和权利,强调个人信息自主披露的权利,即个人可以根据自己的意愿选择是否披露个人信息。该国的隐私保护主要依赖于行业自律和企业自我监管。欧盟注重隐私保护的法制化,从法律层面上规范了个人信息的收集、使用和披露等行为,并建立了数据保护机构和隐私监管机制,以保护个人隐私权。中国注重国家安全和社会稳定,对于涉及国家安全和公共利益的信息进行严格管控,同时也对个人信息的收集、使用和保护制定了一系列法律和规范性文件。日本注重个人尊严和隐私权,尤其强调隐私保护的"信息自主权"原则,即要求企业在收集和使用用户信息时,必须充分尊重用户的选择和意愿。需要注意的是,虽然不同国家存在一定的隐私理解差异,但是在全球化和互联网时代下,各国之间对于隐私保护的认识正在越来越接近。国际上也逐渐形成了一些共识和规范,如欧盟《通用数据保护条例》(General Data Protection Regulation,GDPR)等,以规范跨境数据传输和隐私保护。

从现有文献可以看出,当前对于计算广告用户的隐私问题研究还处于起步阶段,相关实证研究比较零散,缺乏统一的理论框架建构。因此,如何对现有计算广告隐私问题的研究进行一个纲领性的理论框架建构,就显得十分必要。扎根理论在建构理论框架方面具备天然的方法论优势,但在隐私问题研究领域,知网里仅有 10 篇运用扎根理论的相关文献,而其中尚未出现与广告隐私相关的扎根理论研究。本书尝试通过扎根理论建构的计算广告隐私问题理论研究框架,将有助于相关部门了解计算广告隐私问题的形成机制,完善隐私相关政策及管理体系以满足用户的隐私保护需求,同时也为本章之后各章节的实证研究起到提纲挈领的统筹作用。

第二节 研究设计

一、研究方法

(一)扎根理论

扎根理论产生于 20 世纪 60 年代末,由巴尼·格拉泽和安塞尔姆·施特劳斯在其著作《扎根理论的发现》(1967)中提出。[①] 他们支持定性研究,驳斥了当时的主流观点,即定量研究是系统社会科学研究的主流形式。贾

[①] 查马兹:《扎根理论:客观主义与建构主义方法》,《定性研究:策略与艺术》,邓津、林肯、风笑天译,重庆大学出版社 2007 年版,第 544 页。

旭东等[1]认为,"扎根理论方法基本上包括系统的归纳指导原则,用于指导基于收集和分析数据之上的资料,以便进一步构建中层的理论框架"。换言之,他们指出扎根理论的方法可以回答以下问题:如何在社会研究中系统地获取和分析数据资料,从而发现理论以及理论之间的关联,从而确保理论框架符合实际情况,并能提供相关的预测、阐释、概括、说明和应用。总之,扎根理论是一种"通过定性研究建构理论"的方法,也是一种从数据资料中发现理论的方法。

在扎根理论的发展过程中,三个既不完全一样又存在千丝万缕关系的流派形成了:巴尼·格拉泽和安塞尔姆·施特劳斯首先提出扎根理论的初始版本,即经典的扎根理论;安塞尔姆·施特劳斯和科尔宾后来发展的程序化扎根理论;查马兹提出的建构主义扎根理论。[2] 扎根理论上述三大流派之间的交叉、争论与攻击,使该方法论变成社会科学研究领域中分歧和误解最大的方法论之一。

经典扎根理论和建构主义扎根理论对研究者有很高的要求,在实际实施过程中,由于使用者的不同,可能会产生大相径庭的结果。因此,这两种方法的推广受到很大的实践限制。程序化扎根理论的优点之一是便于确定理论建设的方向和形式化操作。因此,本研究主要采用程序化扎根理论,即三级编码:开放式编码、主轴式编码和选择式编码。通过三级程序化编码,研究可以产生更密集、更合理、更准确和更复杂的理论。同时,在编码基础上可以建立范畴之间的联系,进一步揭示范畴产生的背景条件、影响因素、干预条件、情境、包含其中的社会互动条件和最终产出的结果等。[3]

(二)深度访谈

原始数据的获取和收集是定性研究的基础。扎根理论通常使用访谈、参与式观察和实地调查来获取数据资料。[4] 深度访谈法是通过研究者与被试之间的直接接触、互动和交流的方式,来收集和获取原始资料的一种研究方法。与其他研究方法相比,深度访谈可以对问题进行更深入的分析和探索,直接了解被调查者对某些问题的认知、情感、意见、观念和建议等深层次内容。

一般来说,根据访谈问题的设计,访谈可以分为结构化访谈(structured

---

[1] 贾旭东、谭新辉:《经典扎根理论及其精神对中国管理研究的现实价值》,《管理学报》2010年第5期,第656-665页。

[2] 于兆吉、张嘉桐:《扎根理论发展及应用研究评述》,《沈阳工业大学学报(社会科学版)》2017年第1期,第58-63页。

[3] 查马兹:《扎根理论:客观主义与建构主义方法》,《定性研究:策略与艺术》,邓津、林肯、风笑天,译,重庆大学出版社2007年版,第553页。

[4] 文军、蒋逸民:《质性研究概论》,北京大学出版社2010年版,第233页。

interview)、半结构化访谈(semistructured interview)和非结构化访谈(unstructured interview)。本研究采用半结构式访谈获取数据资料,因为与结构式访谈相比,其访谈顺序和内容灵活多样;与非结构化访谈相比,它也有一定的访谈提纲,有问题的聚焦点,可以避免在访谈中偏离主题。因此,使用半结构化访谈不仅可以使操作者按照一定的目的进行访谈,而且也有很大的灵活性。它可以充分发挥采访者和被采访者之间的创造性、启发性、互动性和主动性,有助于更深入地了解被采访者的真实想法,并可能对研究者事先没有考虑到的一些问题有额外的了解。

半结构化访谈的提纲先确定研究主题,然后根据典范模型(paradigm model)的六大要素——影响因素、现象、情境、干预条件、行动/互动策略、结果——进行程序化分析。本研究提出的半结构式访谈的提纲如下:

(1)您认为影响计算广告用户隐私问题的因素有哪些?
(2)对于目前计算广告的隐私侵犯现象,您有什么看法?
(3)您认为计算广告的普及会不会引发消费者的隐私担忧?
(4)您认为东西方价值观在对待计算广告隐私问题上有没有差异?
(5)您认为可以从哪些方面对计算广告隐私问题进行规范?
(6)您觉得计算广告隐私问题会给用户带来哪些结果?

本研究主要采用一对一面对面深度访谈的方式,由于疫情变动、地理位置、访谈成本等客观条件的限制,还配合使用了电话访谈、电子邮件访谈、微信访谈、QQ访谈和短信访谈等方式进行。

(三)样本类型

为了能得到更加丰富的访谈资料,加快理论饱和度的达标,缩小样本的数量,本研究针对性地选择那些对计算广告接触和研究较多、对隐私问题关注较多的对象。这些样本主要来自高校专家学者、互联网平台运营者、广告公司算法负责人和普通消费者,样本量基本分布均衡。

1.高校专家学者

本研究邀请了来自中国人民大学、华南理工大学、武汉大学、厦门大学、中央财经大学、暨南大学、上海师范大学、北京信息科技大学、浙江工业大学等高校的广告专业负责人进行访谈。这些专家学者视野广阔、见解独到,提供的访谈资料十分丰富。

2.互联网平台运营者

本研究邀请了腾讯直播、快手、网易直播、字节跳动、YY直播、呼啸数字、三七互娱、大众点评、首掌科技等互联网平台运营负责人进行访谈。通过这些隐私问题传播主体所提供的资料,来探析计算广告在互联网平台终端的运作机制,从而为提出有效的解决办法奠定基础。

3.广告公司算法负责人

本研究邀请了奥美、广东省广、舜飞科技、汇量科技、天进等广告公司算法负责人进行访谈。通过这些计算广告一线操刀手所提供的信息,深入了解计算广告触达用户的传播机制,从而为计算广告隐私问题的多方利益兼顾提供策略参考。

4.普通消费者

本研究邀请了经常光顾淘宝、京东、拼多多的高校本科生和研究生进行访谈,着重采访那些健谈、家境宽裕、网购经历在6年以上的对象。这些对象多数的专业与广告、市场营销、法学有关,能理解计算广告和隐私问题的相关背景,从而为获取消费者视角的一手资料提供了较好的来源。

三、理论性抽样

量化研究根据特定的时间单位、地理位置和个体分群等抽取样本,侧重于统计学上的显著意义;而定性研究侧重于社会意义,不关心概率,而是根据概念、空间、经验、属性和变化进行抽样,即理论性抽样(theoretical sampling),也称为目的性抽样(purposeful sampling)。

理论性抽样指根据已经形成或正在形成的理论和概念进行样本选择的过程。其目的是使各种概念本身更加清楚,概念之间的关系与联系更清楚、更明确。理论性抽样的对象是被用于构建理论的各种概念相关的人或事件。[1]

就扎根理论而言,样本数量本身不能说明问题,无法决定数据资料采集的广度和深度。人类学家玛格丽特·米德提出,在定性抽样的逻辑中,研究结果的有效性并不取决于样本数量的多寡,而取决于样本的代表性和典型性,即能否相对准确、清晰、完整地回答研究者所提出的问题。[2]

基于扎根理论的理论抽样侧重于概念的代表性,而不是个体的代表性。也就是说,理论抽样要求研究者在理论抽样的过程中,根据发展新范畴、新思路的可能性,有意识地增加新样本,继续研究直到理论饱和为止,这是理论抽样的原则之一。根据经验和以往的研究文献,理论抽样的适当样本量为20~40。在本研究中,笔者选取了38个满足作为计算广告隐私问题访谈对象的样本,其中30个样本用于理论模型的初步构建,剩余8个样本用来检验理论饱和度。

---

[1] 文军、蒋逸民:《质性研究概论》,北京大学出版社2010年版,第241页。
[2] 方敏:《质性研究中的访谈》,《南开大学法政学院学术论丛》2004年第3期,第125页。

四、伦理道德

笔者遵循质化研究的流程要求,给予研究对象高度尊重和专业关切。在实际访谈过程和研究前后,特别注意以下几点:

(1)被访谈对象并非在被强迫,而是在完全自愿的情况下接受访谈,这是确立访谈的先决条件;

(2)预先告知被访谈对象,可能需要对访谈内容进行录音,并告知录音使用何种器材,以及后续会对访谈材料进行登记、整理或存档;

(3)预先告知被访谈对象,接受访谈的资料只用于本次研究,不会转给第三方或二次使用;

(4)预先告知被访谈对象有关个人隐私问题,访谈内容在后期处理时会全部隐匿被访谈对象具体的姓名、职业、年龄等信息;

(5)在访谈结束后,对参与本次访谈的对象表示衷心感谢,对那些访谈态度认真、作答详细的对象表示真诚的感恩。

五、技术路线

本研究的技术路线如图2-1所示。

首先,整理访谈资料。通过QQ、电话、邮件、面对面获取原始资料,并对资料进行详细的编码、分类和整理。

其次,进行开放式编码。在对原始资料进行整理和标记后,截取可以编码的语句、短语或片段,逐句对其进行概念化处理,当然要尽量保持原始记录的内容和特征,最大限度不遗漏资料、保留资料的原汁原味。虽然获得的这些初始概念并不能完全囊括所有的内容,但基本满足研究中要求达到的概念表达。之后对这些初始概念继续提炼,进行初始范畴化,为后续主轴式编码和选择式编码奠定坚实的基础。

再次,进行主轴式编码。对开放式编码中所收集到的所有初始概念进行主轴式编码,发现、挖掘并建立这些初始范畴之间的相互关系,梳理出初始范畴之间的潜在逻辑联系,并提炼出有效、恰当、可行的副范畴。通过"影响因素—现象—情境—干预条件—行动/互动策略—结果"这一典范模型,将各初始范畴和初始概念联系起来,把资料重新组合起来形成主范畴。

复次,进行选择式编码。对之前编码过程中所收集的所有初始概念、初始范畴、副范畴和主范畴进行更高层次的聚合,采用故事线描述的办法,遴选出能统率其他所有范畴的核心范畴。将核心范畴和其他范畴系统联系起来,找出内在的逻辑关联,建构出整体理论框架图,并加以说明。

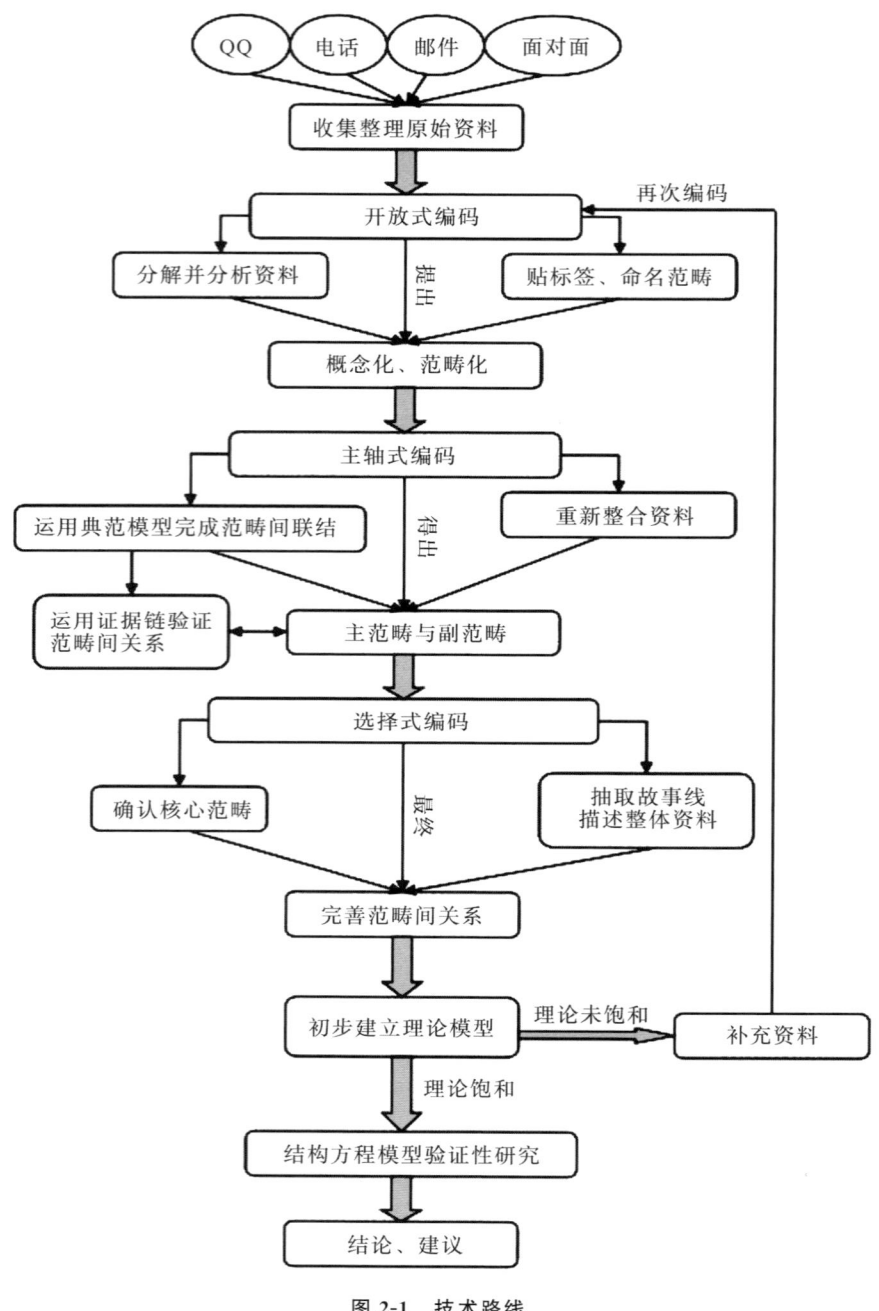

图 2-1　技术路线

又次，通过扎根理论建构完计算广告隐私问题的理论框架后，后续章节将继续展开实证研究，验证理论框架中各个变量之间的关系。

最后，在上述研究基础之上，比较中外隐私政策的异同，提出计算广告隐私问题的监管对策与建议。

第三节 研究内容

本研究总共收集到10万多字的原始访谈材料，采用MAXQDAD定性研究软件对访谈材料进行开放式编码、主轴式编码和选择式编码。在研究过程中，笔者始终严格遵循扎根理论的研究程序、研究步骤和研究方法，持续比较分析异同关联、不断回溯原始材料、来回穿插调适概念范畴，并贯穿于编码的全过程。

一、开放式编码

开放式编码是将深度访谈收集到的原始资料进行整理和分析，逐步进行初始概念化和初始范畴化，即根据一定的程序和原则把原始资料打破、弄杂、揉碎并重新组合、重构的过程，然后逐级进行提炼与概括，用初始概念化和初始范畴化的方式反映原始资料的主要内容。开放式编码的步骤是：初始概念化—初始范畴化—给范畴命名—提炼初始范畴的性质、层次和维度。

(一)初始概念化

本研究使用软件进行辅助编码。在实际的编码过程中，研究人员通过软件首先从收集的原始数据中选择与本研究相关的内容，分析38个样本的访谈数据资料（文本数据资料），探究相关短语和句子背后的含义，并为之贴上标签，将原始数据分解为独立事件；然后，对标签中涉及的现象进行抽象化提炼并给出概念；最后，在对初始概念进行进一步提炼的过程中，指向同一事件或现象的初始概念被重新组合为初始范畴。

在截取本次深度访谈的文本资料时，笔者采用"（aax）"进行标记，共得到429个标签。然后对429个标签进行抽取，用"（ax）"指代"（aax）"，形成如"a11精准、a12知道我的喜好、a13投其所好、a21个性需求……"等共108个初始概念，如表2-2所示。

(二)初始范畴化

根据初始概念化的结果，笔者通过对原始资料的判断、分析和反复比较，以及上下语境和综合情况的考量，将之前提炼出来的初始概念按其反映的内容分类并组合成不同的初始范畴。按照该原则，将108个初始概念继续提炼并分类,归纳得出初始范畴 Ax,通过归纳共得到 39 个初始范畴,如表 2-2 所示。

表 2-2　原始资料的初始概念化与初始范畴化

原始访谈资料	开放式编码	
	初始概念(a)	初始范畴(A)
2-2:我只是觉得计算广告怎么会这么精准(aa11),知道我的喜好(aa12),每一次我想购买商品时,它都会投其所好(aa13)。	a11 精准 a12 知道我的喜好 a13 投其所好	A1 精准性
2-3:网上推出的广告商品经常能够针对我的个性需求(aa21),这种感觉让我感到它好像很懂我的样子(aa22),有时会觉得害怕	a21 个性需求 a22 很懂我	A2 个性化
6-1:我觉得目前的计算广告在交互性上做得不够好(aa31),大部分还是简单的单向传播(aa32),此外,广告的内容与情景的契合度也不够高(aa41),很多时候牛头不对马嘴(aa42),比如在开会现场突然弹出美女广告,让人尴尬,影响了用户对计算广告的体验,这些方面都需要大力提高	a31 交互性不够好 a32 单向传播 a41 契合度不够高 a42 牛头不对马嘴	A3 交互性 A4 情景一致性
1-2:计算广告我觉得大部分情况下对我的购物决策是有帮助的(aa51),有时我面对同一产品的多种品牌选择时,无所适从,社交媒体推送的广告会让我有点头绪(aa52)	a51 有帮助 a52 有头绪	A5 有用性
1-12:同时,点击推送的广告简单易懂(aa61),容易操作(aa62),没有很多的知识和技术门槛(aa63)。	a61 简单易懂 a62 容易操作 a63 没有门槛	A6 易用性
2-6:我觉得计算广告的娱乐功能方面目前还体会不到(aa71),大部分的推送广告过于呆板(aa72),没有那种让人放松的感觉(aa73),我觉得这方面用户的需求还是蛮大的。如果能够做到点击广告进入游戏界面打打排球啊,击击高尔夫球啊,跳跳水啊,这样我觉得用户对计算广告的好感度和接受度才能得到提高	a71 娱乐功能 a72 过于呆板 a73 让人放松	A7 娱乐性
3-9:计算广告会引发我的信息担忧,因为不知道从哪里开始,自己的信息就遭到了泄露,这种担忧其实经常会有,它会促使我关注一些隐私风险的类型(aa81)和后果(aa82)	a81 知悉类型 a82 知悉后果	A8 知悉风险

续表

原始访谈资料	开放式编码	
	初始概念(a)	初始范畴(A)
3-10:同时也会去了解隐私泄露的背后运作机制(aa91),特别是技术逻辑导致的隐私风险(aa92)。	a91 了解机制 a92 了解技术	A9 了解运作
33-12:对计算广告的隐私担忧,最终会导致我们上网时小心翼翼(aa101),不会轻易去碰那些来源不明的网站(aa102),不会随意去点击一些链接(aa103),不会去随便下载一些软件(aa104)	a101 小心翼翼 a102 不轻易碰网站 a103 不随意点链接 a104 不随便下载	A10 警惕上网
4-11:我觉得,用户会越来越强调对自身信息是否得到使用的许可权和知情权(aa111),如果商家网站或App能够坦诚给用户提供每次上网的信息获取告知书(aa112),能够详细说明到底获取了用户的哪些信息(aa113)、使用这些信息的目的是什么,那么,我想用户对计算广告的信任感就会增加	a111 许可权和 　　知情权 a112 坦诚告知 a113 详细说明	A11 强调知情
33-8:如果感到个人信息泄露很严重,比如有人经常打骚扰电话、邮箱或QQ经常被盗等,这时其实我们就会产生条件反射(aa121),会有意识地减少上网(aa122),或者产生购买相关软件(aa123)以屏蔽广告的冲动等	a121 条件反射 a122 有意识减少上网 a123 购买软件冲动	A12 自我保护 　　意识
36-5:很多人会在社交网络主动发布与个人隐私相关的内容,如自己的照片视频、家人朋友的照片视频等。这些行为很容易导致隐私泄露。因此,要加强网民的媒介素养教育(aa131),让网民能够合理、有效、安全地利用网络创造效益(aa132),提高网络媒介素养水平至关重要(aa133)	a131 加强教育 a132 合理、有效、安全 a133 提高水平	A13 媒介素养 　　教育
31-17:互联网平台要让公众感知到平台有能力、有意愿、有措施履行安全责任和义务,增加隐私保护和算法透明度,让数据安全可感知。只有互联网平台和大数据公司构建用户的信任感,才能够为数据共享(aa141)和数据流动(aa142)创造群众基础和舆论环境,才有利于数据的利用和流动,数据作为生产要素就容易市场化和产业化(aa143)	a141 数据共享 a142 数据流动 a143 市场化和产业化	A14 平台信任
21-11:目前计算广告还没真正流行起来,只有当多数人开始使用计算广告,并意识到它的存在时,人们才会从内心上接受计算广告(aa151),就像淘宝、京东、拼多多的发展历程一样,你不用它们,就感觉自己落伍了(aa152),与时代脱钩了(aa153)	a151 内心接受 a152 感觉落伍 a153 时代脱钩	A15 群体认同

续表

原始访谈资料	开放式编码	
	初始概念(a)	初始范畴(A)
31-10：推广计算广告，降低用户的隐私关注，最好的方法是让消费者真正成为计算广告利益的分享者(aa161)，比如，广告主按照多少比例和曝光频次给用户分成一定的广告收益(aa162)，而不是一直把用户当成割韭菜的对象(aa163)	a161 广告利益分享 a162 用户广告收益 a163 不能一直被割韭菜	A16 利益认同
16-3：我觉得当前网络主要风险在于使用各种网站或App，很可能无意中就中毒了(aa171)，比如在使用手机时点击不明链接、扫不明二维码、下载不明程序等，或者在不知名的移动互联网平台上进行支付，这些都可能造成恶意病毒的感染(aa172)	a171 无意中就中毒 a172 恶意病毒感染	A17 病毒侵入
19-10：通过微博、QQ空间、贴吧、论坛和熟人互动时，有时会不自觉地说出或者标注对方姓名、职务、工作单位等个人信息(aa181)。这些信息有可能会被不法分子利用(a182)，很多网上伪装身份实施的诈骗(aa183)，都是利用了这些地方泄露的信息	a181 说出个人信息 a182 被不法分子利用 a183 实施诈骗	A18 信息泄露
32-5：计算广告的滥用，也可能造成过度消费。比如，不断推送消费者潜在需求商品的广告，刺激消费者无限制购买(aa191)，产生过多的冲动性购买(aa192)，浪费了社会资源(aa193)，也会对购物自制力薄弱人群、心智未成熟的青少年群体产生误导	a191 无限制购买 a192 冲动性购买 a193 浪费社会资源	A19 过度消费
27-3：我认为集体的利益高于个人的利益(aa201)，所以我觉得为了广大消费者的最终利益，计算广告的隐私问题是可以容忍的(aa202)	a201 集体利益 a202 可以容忍	A20 垂直集体主义
27-5：我不喜欢和别人产生分歧(aa211)，和谐稳定的环境对我来说非常重要(aa212)，因此，我觉得除非计算广告对我的隐私侵犯产生极度不适，否则我也不会表达我的不满(aa213)	a211 不喜欢分歧 a212 和谐稳定 a213 不会表达不满	A21 水平集体主义
19-12：我是一个独一无二的个体(aa221)，我的隐私神圣不可侵犯(aa222)，我对任何冒犯我个人隐私的行为不满(aa223)，因此，我对计算广告很反感	a221 独一无二 a222 神圣不可侵犯 a223 不会表达不满	A22 垂直个人主义

续表

原始访谈资料	开放式编码	
	初始概念(a)	初始范畴(A)
4-2:我认为社会应该存在竞争、公正和自由(aa231),会为别人的成绩感到高兴(aa232),个人隐私问题应该得到关注(aa233),要加强计算广告的隐私安全	a231 竞争、公正和自由 a232 为别人高兴 a233 隐私得到关注	A23 水平个人主义
19-14:相对于国外,我国在数据使用和隐私保护方面的措施较为欠缺(aa241),所以,国外先进的管理经验对我国建立完善的数据使用以及个人隐私保护体系有着重要的借鉴意义(aa242),这一点同样适用于计算广告的隐私问题(aa243)	a241 较为欠缺 a242 借鉴意义 a243 同样适用	A24 借鉴国外
27-15:由于主流 App 使用的前提是签署用户授权协议,所以基本都会默认接受,需要国家出台更细致的法律法规约束(a251)互联网巨头,防止授权协议变成霸王条款(a252)	a251 国家约束 a252 霸王条款	A25 制定标准
8-7:只有落实执行隐私侵犯的法律法规,才能从真正意义上保障用户的隐私安全。互联网巨头围墙生态内有清晰的授权路径,不存在隐私侵犯,随着执法力度的加大(aa261),互联网巨头生态外侵犯隐私的服务也将陆续被相关部门清理(aa262)	a261 执法力度 a262 陆续清理	A26 落实执行
33-19:行业需要加强合作,建立计算广告隐私协会(aa271),通过定期会议、专题讨论等形式,在企业和企业之间、企业和用户之间充当沟通者的角色(aa272),推动计算广告隐私问题的合理解决	a271 建立隐私协会 a272 充当沟通者	A27 加强合作
23-7:行业辅助监管要在公开、公平、公正原则下(aa281),通过督查、检查、抽查、巡查、回查等方法,从实体和程序两方面进行监督管理(aa282),特别要注意及时处置公众投诉案件(aa283),以保证计算广告用户的隐私安全	a281 公开、公平、公正 a282 实体和程序 a283 及时处置	A28 辅助监管
4-5:广告协会应该定期发布隐私诚信企业排行榜(aa291),对那些经常被用户投诉的企业,要进行诫勉谈话(aa292),对那些隐私诚信良好的企业,应给予公开表彰(aa293)	a291 发布排行榜 a292 诫勉谈话 a293 公开表彰	A29 奖惩措施
17-7:新闻媒体作为公众的"瞭望台"(aa301),在计算广告的隐私问题上要行使监督权(aa302),但是如果媒体滥用这种权利,过度监督,也会降低社会经济运转效率,使权利行使主体无所适从(aa303)	a301 瞭望台 a302 行使监督权 a303 防止滥用	A30 舆论监督

续表

原始访谈资料	开放式编码	
	初始概念(a)	初始范畴(A)
18-6:既然社交媒体已经成为新型传播方式的一部分,它就应当承担起作为媒体的责任(aa311),像传统的出版商一样对其所发布的内容进行监管,并且保证自身广告营利模式的透明度(aa312)。可以对观看、点赞、分享次数在社交媒体页面的显示情况进行控制(aa313)	a311 媒体责任 a312 保证透明度 a313 进行控制	A31 承担责任
18-8:许多互联网平台本身就是媒体,又是数据的受益者,这种监督就需要引入第三方机构进行公正的报道(aa321)。第三方介入即在主体内部所设置的"把关人机制"(aa322),可聘请行业专家、法律专家以及舆情专家参与(aa323)	a321 公正报道 a322 把关人机制 a323 聘请专家参与	A32 第三方介入
35-9:在传统的集中式网络中,数据通常存储在网络中的一个或多个核心节点上(aa331),而当前很多互联网巨头企业都配置了自己的数据中心,统一管理和存储企业和用户数据,但一旦出现问题,就很容易导致用户数据泄露。而区块链的去中心化就是将这些用户数据分散存储在区块链的多个节点上(aa332),节点的多少并没有受到明确的限制(aa333),当然,节点越多,用户数据的安全性也会越高	a331 核心节点 a332 多个节点 a333 没有限制	A33 去中心化
24-6:公开透明是区块链一大特点。在区块链里,用户可以看到任何地址的交易操作,改善了传受双方信息不对称的问题(aa341),让计算广告全流程在区块链上的流动透明化(aa342),包括用户的数据使用状况,这样可以帮助用户更好地对计算广告产生信赖(aa343)	a341 信息不对称 a342 流动透明化 a343 产生信赖	A34 公开透明
36-9:区块链包含自区块链诞生以来计算广告的所有交易信息。因此,篡改交易意味着它之后的所有的区块信息都将受到影响,导致无法识别而成为断链(aa351)。正是通过这种联动机制设置,区块链确保了自身的安全性和可靠性。交易数据一旦写入,就不能被篡改。这样对一些隐私侵犯行为的追究就有了证据链的案底和回溯(aa352),这为计算广告隐私问题的解决提供了技术选择方案(aa353)	a351 成为废链 a352 追究隐私侵犯 a353 提供解决方案	A35 不可篡改

续表

原始访谈资料	开放式编码	
	初始概念(a)	初始范畴(A)
35-6:现在用户对来历不明的链接充满警觉(aa361),越来越多的人不轻易打开不清不楚的电子邮件与附件(aa362),不随意填写个人资料(aa363),不任意点开社交软件中来路未明的链接(aa364),不随便扫描没有安全保障的二维码(aa365),这些都是隐私自我保护很好的手段	a361 充满警惕 a362 不轻易打开 a363 不随意填写 a364 不任意点开 a365 不随便扫描	A36 隐私保护
21-7:在如今这个信息如此庞大、复杂和灵通的社会,我们的消费经历、网上照片、身份信息、行动轨迹,甚至偶尔说出的话,都可能形成一条条数据,成为大数据的一部分(aa371)。彻底摆脱大数据的纠缠是不可能的,我们没必要对大数据过于排斥(aa372),毕竟大数据对用户的好处远远超过其带来的坏处。只要我们做好适当的防护措施,在安全的环境下使用大数据就能得到红利(aa373)	a371 汇聚成大数据 a372 不必过于排斥 a373 享受红利	A37 隐私披露
24-15:当人们收到计算广告不再感觉是骚扰或者侵犯时,计算广告才算是走上正轨(aa381)。人们对计算广告的接受程度才会大大提高(aa382),最终形成使用计算广告购物的时代潮流(aa383)	a381 走上正轨 a382 大大增加 a383 时代潮流	A38 广告接受
22-9:安全、绿色、合规的网站或软件可以为我们提供屏蔽广告的方式(aa391)。有些网站或软件提供会员制,只要用户缴纳一定的费用就能成为VIP会员(aa392),这样在用户浏览或使用时就可以不看广告了。用户要么不得不接受计算广告,要么就缴纳会费规避计算广告。把选择权交给用户(aa393),我觉得这是计算广告与用户之间的最佳平衡方式	a391 安全的屏蔽方式 a392 缴纳一定会费 a393 把选择权交给用户	A39 广告回避

通过对原始资料的开放式编码,我们得到108个初始概念和39个初始范畴。初始概念化和初始范畴化将原始资料转化成容易进行比较、判断和分析的事件、现象和单位,得出的初始概念与初始范畴暂时代替了大量纷繁复杂的原始资料。研究人员对原始数据的理解也加深了,尤其是初始概念之间的各种关系、逻辑和联系,进一步推动和引导研究人员对原始数据中反映的现象提出疑问,并推动研究人员进一步探索,确定并导出初始概念和初始范畴之间的新关系。

二、主轴式编码

典范模型(paradigm model)是程序化扎根理论主轴式编码阶段的一种重要分析工具,它可以把各个独立的范畴有效连接起来,进一步判断、分析和挖掘各个独立范畴的内在含义。该模型包括"影响因素、现象、情境、干预条件、行动/互动策略、结果"等方面。[①] 典范模型各要素诠释如下:

影响因素(causal condition)指的是事物或现象的原因与结果之间的关系,单个的影响因素很少直接产生一种现象,一般一种现象的产生是由多种复杂的原因共同引发的。

现象(phenomenon)指一组行动/互动当中出现的外在表现、理念或事件。

情境(context)指一个现象的事件或事故中那些相互交织的因素关系的综合,它是行动/互动策略之所以发生的一组特殊的心理条件。

干预条件(intervening condition)指的是该现象背后的结构环境(structural context),一般包括特定的文化、价值观、时空、科技状况、社会条件、经济地位等条件,它作为在特定情境下的行动/互动策略的影响因素。

行动/互动策略(action/interaction)指采取特别的行动来处理特定的问题和现象。

结果(consequence)指在行动/互动策略下某个阶段完成后的结果状态,这种结果状态可以对研究对象的最终判断和行为产生影响。

完成开放式编码后,本研究形成了 39 个初始范畴,但这些初始范畴包含的意义比较宽泛,初始范畴之间的关系也不清楚,因此本研究运用"影响因素—现象—情境—干预条件—行动/互动策略—结果"这一典范模型,将各初始范畴和初始概念联系起来,把资料重新组合在一起进一步提炼,这就是主轴式编码。

本研究从计算广告"隐私关注类型"的现象出发,得到 3 个副范畴:AA3 收集型隐私关注、AA4 控制型隐私关注和 AA5 意识型隐私关注,15 个副范畴中的其他副范畴则用于解释或说明这 3 个副范畴。在具体整理资料时我们发现,上述 3 个副主范畴存在并列关系,且与影响因素、情境、干预条件、行动/互动策略和结果均有重合,没有必要把 3 个副范畴分别运用典范模型进行分析。因此,本研究把 3 个副范畴合并成计算广告"隐私关注类型"的现象这一主范畴来进行,从而构成影响因素、隐私关注类型、情境、干

[①] 文军、蒋逸民:《质性研究概论》,北京大学出版社 2010 年版,第 236 页。

预条件、行动/互动策略和结果六大主范畴,如表 2-3 所示。

表 2-3　主轴式编码

主范畴	副范畴(AA)	初始范畴(A)
影响因素	客观特性(AA1)	精准性、个性化、交互性、情景一致性
	主观特性(AA2)	有用性、易用性、娱乐性
隐私关注类型	收集型(AA3)	知悉风险、了解运作
	控制型(AA4)	警惕上网、强调知情
	意识型(AA5)	自我保护意识、媒介素养教育
情境	感知收益(AA6)	平台信任、群体认同、利益认同
	感知风险(AA7)	病毒侵入、信息泄露、过度消费
干预条件	集体主义(AA8)	垂直集体主义、水平集体主义
	个人主义(AA9)	垂直个人主义、水平个人主义
行动/互动策略	法律法规(AA10)	借鉴国外、制定标准、落实执行
	行业监管(AA11)	加强合作、辅助监管、奖惩措施
	媒体自律(AA12)	舆论监督、承担责任、第三方介入
	技术反制(AA13)	去中心化、公开透明、不可篡改
结果	隐私反应(AA14)	隐私保护、隐私披露
	广告反应(AA15)	广告接受、广告回避

客观特性(AA1)包含计算广告的精准性、个性化、交互性和情景一致性。广告精准性指计算广告推荐的内容与自身需求的匹配程度;广告个性化指计算广告推送的内容与个人个性化的相关程度;广告交互性指计算广告的内容与用户的互动程度;广告情景一致性指计算广告与媒介情景的内容主题的相似程度。

主观特性(AA2)包含有用性、易用性和娱乐性。有用性指计算广告展示的产品与活动信息对用户有帮助的程度;易用性指计算广告信息理解以及进行点赞、评论、参与活动等的难易程度;娱乐性指计算广告展现方式或表达形式的有趣性、令人愉悦程度。

隐私关注收集型(AA3)指用户关注计算广告收集个人信息的程度,包含知悉风险和重视选择。

隐私关注控制型(AA4)指计算广告对个人信息使用的控制权,包含警惕上网和强调补偿。

隐私关注意识型（AA5）指用户对个人信息如何被收集并使用的意识程度，包含自我保护意识和媒介素养教育。①

感知收益（AA6）指用户对个人利益获得或个性服务回报的预期判断，包含平台信任、群体认同和利益认同。

感知风险（AA7）是用户在使用社交媒体的过程中对个人信息被过分披露可能造成的负面影响或损失结果的预期判断，包含病毒侵入、信息泄露和过度消费。

集体主义（AA8）指一切从集体出发，把集体利益放在个人利益之上，当二者发生冲突时，坚持集体利益高于个人利益的价值观念和行为准则。集体主义分为垂直集体主义和水平集体主义。垂直集体主义强调组织内的权威结构，支持自我牺牲和组织外的竞争。② 水平集体主义则强调在集体主义倾向上，增加了王道思想（如以仁、义为主的治平国家之术）。

个人主义（AA9）以个人为中心，崇尚个人自由、尊重个性发展的主张，认为个人的利益重于集体的利益，以个人为中心来看待世界、看待社会和人际关系。个人主义分为垂直个人主义和水平个人主义。垂直个人主义指在个人主义基础上增加成就倾向，强调独立，并且将自我置于组内和组外的人际关系之上。水平个人主义指在个人主义基础上还增加了普世价值观（由公平、正义、自由三个基本要件组成）。③

法律法规（AA10）指政府层面对计算广告的行政管理，包含借鉴国外、制定标准和落实执行。

行业监管（AA11）指依靠行业力量对计算广告进行监管，包含加强合作、辅助监管和奖惩措施。

媒体自律（AA12）指媒体本身自我约束，包含舆论监督、承担责任和第三方介入。

技术反制（AA13）指在区块链技术层面解决计算广告的隐私泄露问题，包含该技术的去中心化、公开透明和不可篡改特性。

隐私反应（AA14）指用户对计算广告触发自身隐私问题而产生的隐私反应行为，包含隐私保护和隐私披露。

---

① 谭焱:《隐私关注对朋友圈广告回避效果的影响研究》，南昌大学硕士学位论文，2021年，第13页。

② Oppenheimer L. Perception of Individualism and Collectivism in Dutch Society: A Developmental Approach. *International Journal of Behavioral Development*, 2004, 28(4), pp.336-346.

③ Triandis H C. The Psychological Measurement of Cultural Syndromes. *American Psychologist*, 1996, 51(4), pp.407-415.

广告反应(AA15)指用户对计算广告触发自身隐私问题而产生的广告反应行为，包含广告接受和广告回避。

三、选择式编码

选择式编码阶段，指的是在开放式编码和主轴式编码的基础上，用所有资料和由此挖掘出来的各种关系、各种范畴等进行简单扼要的说明，这个说明可以概括研究问题的全部现象，即抽取出描述问题现象的故事线，在故事线的基础上提炼出一个能够统率全局的核心范畴，同时将核心范畴与其他各种范畴回溯联结起来，不断完善和纳入那些尚未成熟的范畴。

(一)故事线

进行选择式编码时，首先需要对已有的各种范畴进行深入考察和仔细分析，对主范畴和相应的各种副范畴进行组合、整理和重构，发现它们之间的内在联系，在此基础上拉伸出故事线。在整合已有资料之后，研究人员根据开放式编码和主轴式编码得到的各种主范畴和各种副范畴，以及他们之间的内在联系，从已有的资料中梳理和挖掘出一条故事线用以囊括和整合所有的资料：

在信息社会，网络使许多人身陷其中，计算广告在迅猛发展之余，也存在大量质疑的声音，主要围绕隐私关注，即收集型、控制型和意识型的隐私关注。每种类型的影响因素很多，没有十分清晰的界线，有交叉重叠的因素存在。但总体概括起来，计算广告的客观特性和主观特性对隐私关注产生较大影响，法律法规、行业监管、媒体自律和技术反制为用户提供隐私关注的行动策略参考。在隐私关注程度不同的群体中，倾向集体主义价值观的人和倾向个人主义价值观的人对待隐私关注的态度是不同的。通过感知收益和感知风险的不断博弈和权衡，用户最终对计算广告产生两种反应行为：隐私反应和广告反应。这两种反应均指向两个方向：隐私反应指向隐私保护和隐私披露，广告反应指向广告接受和广告回避。

(二)核心范畴

通过上述故事线的描绘，我们可以将研究问题的核心范畴确定为"计算广告隐私问题社会互动模型"，它可以用来统率所有范畴和囊括整条故事线，如图2-2所示。我们发现，计算广告隐私问题社会互动模型本质上也是风险管理的规训过程，主要包含三个环节：风险传播控制、风险评估过程和风险应对行为。

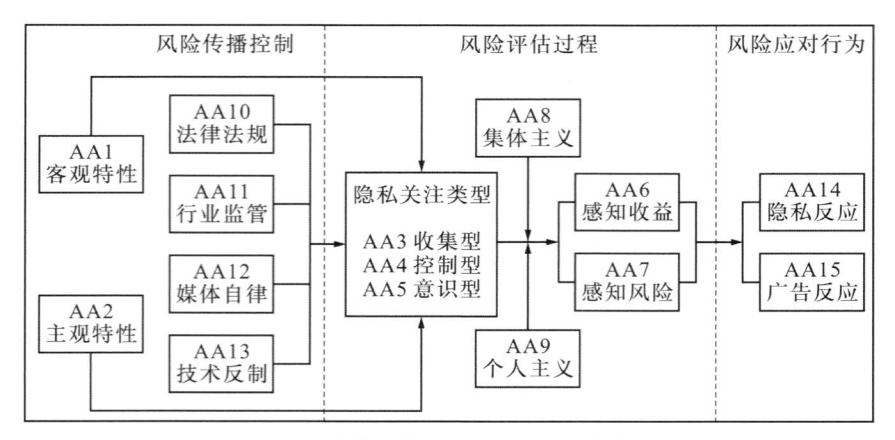

图 2-2 　计算广告隐私问题社会互动模型

四、理论饱和度检验

　　所谓理论饱和度，实际上没有客观的测量标准，指的是增加样本的访谈已经很难再获得新的初始概念、初始范畴，追加的资料已经不能重组已有的模型。这说明理论基本达到饱和了，这时可以停止采样。为了检验计算广告隐私问题社会互动模型的理论饱和度，本研究对剩余的 8 个样本访谈资料再次进行开放式编码、主轴式编码和选择式编码，在编码的过程中没有发现新概念和新范畴的出现，范畴与范畴之间也没有产生新的关系。由此可见，本研究所构建出来的计算广告隐私问题社会互动模型在理论上已经达到饱和。

第四节　计算广告隐私问题社会互动模型的阐释

　　社会互动也称为社会交往或社会相互作用，以互为因果的社会行动作为基础，是个体之间、群体之间、个体和群体之间相互作用、相互影响的行动过程，即我们通过感知外界环境的变化，做出一系列反应行动，这些行动对其他个体或群体产生作用，并可能对社会环境造成影响。个体和个体之间、个体和群体之间只有相互依赖、相辅相成才能进行互动，换句话说，他们之间存在共同的利益基础。社会互动理论没有统一的范式，主要由符号互动论、角色理论、拟剧理论、社会交换论、本土方法论等组成。总之，社会互动是人类生存和存在的重要方式。①

---

　　① 沈薛可、何佳、王宇澄：《自我呈现与公共参与：基于社会互动理论的探索性研究》，《当代传播》2017 年第 6 期，第 21-25 页。

社会互动理论(social interaction theory)是指人类社会中人们之间互动和交流的过程及其相关的交往规则和现象。它强调人际互动对于个体认知、情感和行为的影响,是社会心理学和人类行为科学中的一个重要分支。社会互动理论的核心观点包括:(1)角色。每个人在社会互动中都有不同的角色,这些角色通常是与他们的身份、地位或职责相关联的。(2)规范。社会互动需要遵守一定的规范和约定,这些规范可以是明确的,也可以是隐含的,如礼貌、尊重、合作等。(3)形式结构。社会互动具有特定的结构和组织方式,如群体、团队、社区等。(4)语言和沟通。语言和沟通是社会互动的基础。通过语言和沟通,人们可以表达自己的思想、情感和需求,并理解和回应别人的信息。社会互动理论的研究范围涉及社会心理学、人类行为科学、教育学、管理学等多个学科,其中最为典型的研究方法是实验研究和观察研究。该理论的研究成果可以帮助我们更好地理解人类社会的本质和规律,提高人际交往的能力和效果,促进社会的和谐发展。

20世纪初,美国社会心理学家G.H.米德创造性地提出象征性互动理论(symbolic interaction theory),认为人类的社会互动本质上是以象征符号为媒介的意义互动。因此,有的学者把象征性社会互动也称为符号互动或意义互动。之后,米德的学生H.G.布鲁默等学者进一步丰富并发展了该理论。"符号互动理论将人视为具有符号行为的社会动物,将人类的符号活动视为一个积极的创造性过程,是人类创造广泛文化符号的一种生命力,认为研究符号行为不仅对揭示人的本质,而且对了解实际社会生活具有重要意义。"[①]符号互动理论的核心问题是以象征符号为媒介来考察日常生活中人与人之间的互动关系,它包含3个基本假设:(1)意义是社会赋予个人或群体的;(2)个体或群体是根据意义来进行互动的;(3)意义可以不断得到修正。

在社会互动理论的发展过程中,比较有代表意义的是社会学家欧文·戈夫曼对社会互动的研究。他提出的人际互动和社会交往的拟剧理论得到了广泛的传播和接受。拟剧理论认为,人们的日常生活和交往活动可以看作是戏剧表演,社会可以看作是一个大舞台。每个人都是舞台上的表演者。该理论认为,生活中每个人都扮演着自己的社会角色,并根据社会剧本的要求表现出自己的复杂行为。就像舞台上的表演一样,演员的表演应该面对不同观众的审视,接受不同观众的评价。这些评价将使演员在表演时最大程度地融入自己的角色,尽量不在舞台上展示自己最真实的一面。在社会

[①] 郭庆光:《传播学教程》,中国人民大学出版社2012年版,第43页。

互动过程中,由于人与人之间真实而频繁的交流,演员很容易表现出一些反映其真实个性的疏忽行为,观众对这种行为保持警惕。相反,人们期望观众根据自己的想法和愿望来看待自己,并引导观众做出人们期待的行为。在戈夫曼的拟剧理论中,他根据舞台表演的特点,将人们的行为分为2种:一种是在"舞台"上呈现的行为,也称为"前台"行为,一般针对的是不熟悉互动对象的观众;另一种是亲密朋友的"场外"行为,也称为"后台"行为。处于这种状态的人通常表现出更真实的一面,这属于人们个体隐私的范畴。当"台上"和"台下"行为发生碰撞和冲突时,就会产生矛盾。此时,个人有必要调节自己的不当行为。[①]

用社会互动理论来阐释本研究提出的计算广告隐私问题社会互动模型,具体有以下3个方面:

(1)计算广告隐私问题的社会互动受到现实条件的种种制约。在研究的过程中,根据原始访谈资料,笔者发现用户对计算广告的接受与否在很大程度上受到现实条件(比如感知收益、感知风险、文化价值观等)的种种制约。不论是微博、微信、QQ还是论坛等,这些建立在网络技术基础上的广告互动,本质上还是人与人之间的利益互动,就算不是发生在现实中,虚拟世界也同样受到现实社会的影响。网络和算法的出现和快速发展,虽然改变了广告传统的传播方式、传播范围和传播场域,但由于现实社会生产力水平和经济条件的限制、个人所处社会结构的限制、个体所处地域文化与历史条件的限制,以及个人的个性、心理、情绪、利弊得失等多方面的限制因素,都制约着隐私概念的界定和隐私边界的舒张,从而深刻影响着计算广告隐私问题的社会互动。

(2)计算广告隐私问题的社会互动本质上是风险传播应激过程。传播过程中隐私的概念和意义,在本质上只有通过社会交换才能成立。隐私意义的出现有一个前提,即社会交换的双方或用户群体必须拥有共通的意义空间。这说明"交换"和"共通的意义空间"是隐私问题产生社会互动的必要条件。当计算广告主的隐私理解与用户的隐私理解出现偏差时,两者之间的共通意义空间就丧失了互动的可能,传播的过程就会中断,风险因此而生。隐私披露风险包括影响程度、影响深度、影响范围、信息内容、信息来源和信息渠道。这些因素的不同组合将影响计算广告用户的风险评估过程。计算广告用户的隐私关注度越高,越容易搜索隐私泄露事件,并产生相应的隐私风险感知和防护性行为感知。经过风险沟通过程和风险评估过程的内

---

① 芮必峰:《人际传播:表演的艺术:欧文·戈夫曼的传播思想》,《安徽大学学报》2004年第4期,第64-70页。

在机制,隐私泄露事件造成计算广告用户的隐私风险响应行为:以问题为中心的响应行为和以情感为中心的响应行为。[①] 由此可见,降低计算广告隐私风险的原则是早发现、早预防、早阻断。

(3)用户的面具化导致计算广告隐私问题复杂化。社交媒体作为一种打破时间和空间限制并允许每个人参与的自媒体,有时其传播效果超出了我们的想象。作为社交媒体上的公众人物,他们认为自己在使用社交媒体时无法获得与其他基层群体一样的言论自由。公众人物在网络上拥有大量粉丝,这不仅是他们获得影响力的渠道和资源,也是他们在线言论受到限制的"勒紧弦"。普通"草根"群体影响力不大,所以他们在社交媒体上的言论相对自由,不会受到公众的评价。然而,公众人物却不能随意发言,尤其是那些拥有大量粉丝的人,他们的言行可能会影响社会的舆论导向。因此,一些受访者声称,无法通过社交媒体揭露某些真相将给自己带来很大压力。与此同时,一些受访者表示,他们发现一些知名人士在社交媒体上的言论与他们在现实生活中的观点和行为大相径庭。这些知名人士故意在互联网上掩盖自己的观点,没有表现出最真实的自己,这与戈夫曼的拟剧理论异曲同工。换而言之,这给计算广告用户数据的真实性带来了巨大的挑战。

总之,隐私概念涉及符号意义,用户面对不同的文化符号会表达出不同的隐私理解,用户面对相同的文化符号时也可能表现出不同的隐私反应,这些理解和反应置于社会互动的空间里,反过来影响着社会文化环境的变化。因此,社会互动理论能很好解释计算广告隐私问题的风险传播过程。当然,为了能够更好地验证本书通过扎根理论建构的模型框架,后续章节将从微观量化角度拆解模型框架中的变量,对变量之间的互动关系逐一加以证实或证伪。

---

① 李华强、周雪、万青,等:《网络隐私泄露事件中用户应对行为的形成机制研究:基于PADM理论模型的扎根分析》,《情报杂志》2018年第7期,第113-120页。

第三章　计算广告客观特性和主观特性对用户态度的影响：隐私关注的中介作用

第一节　引言

Rodgers 等[1]在互动广告模型(interactivity advertising model,IAM)基础上,提出在互联网广告环境中消费者的认知态度、情感态度和行为态度会受到广告客观特性和主观特性的影响,其中广告客观特性指来自广告本身的形式属性,广告主观特性指人们对广告内容的反应。宋成[2]在智能广告情境下进一步细分了广告客观特性,以精准性、个性化、交互性、情景一致性为自变量,用户态度为中介变量,用户接受意愿为因变量,考察隐私关注的调节作用。结果发现:用户对智能广告的接受意愿总体相对较高;智能广告的个性化、交互性、情景一致性对用户接受意愿的直接效应显著,而精准性对用户接受意愿的直接效应不显著;用户态度在智能广告精准性中起到完全中介作用,而在个性化、情景一致性中起到部分中介作用;隐私关注在智能广告的精准性、情景一致性对用户态度影响之间起到负向调节作用。

前人研究已经把广告客观特性勾勒得十分清楚,但对广告主观特性对广告效果的影响研究不足。很明显,客观特性和主观特性是广告研究不可分割的两面,从某种意义上讲,主观特性侧重用户的广告内容体验,它站在使用与满足理论的受众立场上,通过分析受众对广告的使用动机和获得需求满足来考察广告给人们带来的心理和行为上的效用。同传统的信息如何作用受众的思路不同,主观特性强调受众的能动性,突出受众的地位,认为受众使用广告完全基于个人的需求和兴趣。同时,张建强等[3]指出,当定向广告为中精准度时,消费者的广告响应得分最高,过高的精准度会适得其反。

---

[1]　Rodgers S, Thorson E. The Interactive Advertising Model: How Users Perceive and Process Online Ads. *Journal of Interactive Advertising*, 2000, 1(1), pp.41-60.

[2]　宋成:《智能广告特性对用户接受意愿的影响研究》,华南理工大学硕士学位论文,2020 年,第 71 页。

[3]　张建强、刘娟、仲伟俊:《广告精准度与广告效果:基于隐私关注的现场实验》,《管理科学》2019 年第 6 期,第 123-132 页。

因此，本书把计算广告的客观特性和主观特性结合起来，研究它们对隐私关注此消彼长的互动作用，并探索它们最终将如何影响计算广告的用户态度。

第二节　理论基础与研究假设

态度三元论强调态度包含认知、情感和行为三个因素，如 Rosenberg[①] 提出的三成分态度理论将购买对象因素和个人因素结合在一起，更全面地反映了用户态度的结构。因此，用户态度包含了人的认知、情感和行为三个层面，这构成了本研究因变量的理论基础。

在自变量方面，相关研究已经证明，广告客观特性和主观特性会对用户态度产生较为显著影响。Rodgers 等[②]提出互动广告理论模型，该模型由消费者控制因素和广告主控制因素以及因素之间的相互作用构成，各种不同的广告形式和广告特性都会对消费者认知、态度和行为意向产生影响。其中，广告特性分为主观和客观两个方面，广告客观特性指来自广告本身属性（传播方式层面），广告主观特性指人们对广告的反应（传播内容层面）。

宋成[③]进一步改进了 IAM 理论模型。他选取广告客观属性（精准性、个性化、交互性、情景一致性）为自变量，用户态度为中介变量，用户接受意愿为因变量，隐私关注为调节变量，结果发现广告精准性、个性化、交互性、情景一致性均对用户态度和用户接受意愿存在正向影响。因此，本研究提出以下假设：

H_{3-1}：计算广告客观特性正向影响用户态度。

H_{3-1-1}：计算广告精准性正向影响用户认知态度。

H_{3-1-2}：计算广告精准性正向影响用户情感态度。

H_{3-1-3}：计算广告精准性正向影响用户行为态度。

H_{3-1-4}：计算广告个性化正向影响用户认知态度。

H_{3-1-5}：计算广告个性化正向影响用户情感态度。

H_{3-1-6}：计算广告个性化正向影响用户行为态度。

H_{3-1-7}：计算广告交互性正向影响用户认知态度。

H_{3-1-8}：计算广告交互性正向影响用户情感态度。

[①] Rosenberg M J. *Attitude Organization and Change：an Analysis of Consistency among Attitude Components*. New Haven：Yale University Press，1960，p.239.

[②] Rodgers S，Thorson E. The Interactive Advertising Model：How Users Perceive and Process Online Ads. *Journal of Interactive Advertising*，2000，1(1)，pp.41-60.

[③] 宋成：《智能广告特性对用户接受意愿的影响研究》，华南理工大学硕士学位论文，2020年，第71页。

H_{3-1-9}：计算广告交互性正向影响用户行为态度。

H_{3-1-10}：计算广告情景一致性正向影响用户认知态度。

H_{3-1-11}：计算广告情景一致性正向影响用户情感态度。

H_{3-1-12}：计算广告情景一致性正向影响用户行为态度。

Daivs[①]从信息技术接受角度研究，认为感知有用性和感知易用性等广告主观特性对用户的使用态度和行为意向均产生正向影响。Venkatesh等[②]在此基础上添加了许多影响因素，包括主观规范、公众形象、工作相关等，并且首次引入调节变量，认为使用经验等变量具有调节作用。Mir[③]引入娱乐性来研究在线社交横幅网络广告用户态度的影响，结果表明，使用社交网站的娱乐动机包括享受、社交逃避、放松和打发时间等因素，娱乐动机正向影响了用户对社交网络广告的态度。因此，本研究提出以下假设：

H_{3-2}：计算广告主观特性正向影响用户态度。

H_{3-2-1}：计算广告有用性正向影响用户认知态度。

H_{3-2-2}：计算广告有用性正向影响用户情感态度。

H_{3-2-3}：计算广告有用性正向影响用户行为态度。

H_{3-2-4}：计算广告易用性正向影响用户认知态度。

H_{3-2-5}：计算广告易用性正向影响用户情感态度。

H_{3-2-6}：计算广告易用性正向影响用户行为态度。

H_{3-2-7}：计算广告娱乐性正向影响用户认知态度。

H_{3-2-8}：计算广告娱乐性正向影响用户情感态度。

H_{3-2-9}：计算广告娱乐性正向影响用户行为态度。

尽管前人尚未关注广告客观特性和主观特性之间的交互作用，我们认为，计算广告的精准性、个性化、交互性、情景一致性越强，同时有用性、易用性、娱乐性越强，可能会对因变量产生叠加效应。因此，本研究提出以下假设：

H_{3-3}：计算广告客观特性和主观特性对用户态度产生交互作用。

H_{3-3-1}：计算广告客观特性和主观特性对用户认知态度产生交互作用。

H_{3-3-2}：计算广告客观特性和主观特性对用户情感态度产生交互作用。

H_{3-3-3}：计算广告客观特性和主观特性对用户行为态度产生交互作用。

---

① Daivs F D. Perceived Usefulness, Perceived Ease of Use, and User Acceptance of Information Technology. *MIS Quarterly*, 1989, 13(3), pp.319-340.

② Venkatesh V, Davis F D. A Theoretical Extension of the Technology Acceptance Model: Four Longitudinal Field Studies. *Management Science*, 2000, 46(2), pp.186-204.

③ Mir I A. Impact of Entertainment Motivational Drivers on User Acceptance of Online Social Network Banner Advertising: A Gratification Perspective. *Zagreb International Review of Economics and Business*, 2017, 20(1), pp.19-47.

H_{3-4}：计算广告客观特性和主观特性对隐私关注产生交互作用。

随着计算广告应用的普及，越来越多用户已经感知到个人隐私被触犯的压力，并产生了一定程度的忧虑。[1] Youn 等[2]研究指出，用户已经意识到了"恶性循环"的存在，即与广告进行积极互动（例如点赞、评论、点击链接、关注品牌等），会导致更多基于他们行为数据的精准广告出现，进一步威胁他们的隐私安全。当用户因隐私关注受到压力时，消费者对个性化广告服务的接受意愿也将降低。[3] Dinev 等[4]的研究表明，隐私关注与用户提供私人信息的意愿呈现负相关。因此，本研究提出以下假设：

H_{3-5}：隐私关注负向影响用户态度。

H_{3-5-1}：隐私关注负向影响用户认知态度。

H_{3-5-2}：隐私关注负向影响用户情感态度。

H_{3-5-3}：隐私关注负向影响用户行为态度。

在中介变量上，一方面，计算广告的出现，其个性化能够减少用户受不相关广告的干扰，但同时亦引发隐私关注[5]。用户对计算广告的态度是矛盾的，他们既愿意接收"善解人意"的广告，又存在一定的抵触心理。[6] 另一方面，感知有用性会使消费者对计算广告产生积极的态度，而感受到隐私被侵犯则会使消费者对计算广告产生负面态度[7]，感知收益会正向影响用户隐私披露意图[8]，从而降低隐私关注。因此，本研究提出以下假设：

H_{3-6}：隐私关注在计算广告客观特性和用户态度之间起中介作用。

H_{3-6-1}：隐私关注在计算广告精准性和认知态度之间起中介作用。

H_{3-6-2}：隐私关注在计算广告精准性和情感态度之间起中介作用。

H_{3-6-3}：隐私关注在计算广告精准性和行为态度之间起中介作用。

---

[1] 杨嫚、温秀妍：《隐私保护意愿的中介效应：隐私关注、隐私保护自我效能感与精准广告回避》，《新闻界》2020 年第 7 期，第 41-52 页。

[2] Youn S, Shin W. Teens' Responses to Facebook Newsfeed Advertising: the Effects of Cognitive Appraisal and Social Influence on Privacy Concerns and Coping Strategies. *Telematics and Informatics*, 2019, 38(5), pp.30-45.

[3] 秦颖：《移动短视频信息流广告用户参与意愿研究》，广州：华南理工大学硕士学位论文，2020 年，第 45 页。

[4] Dinev T, Hart P. An Extended Privacy Calculus Model for E-Commerce Transactions. *Information Systems Research*, 2006, 17(1), pp.61-81.

[5] 杨莉明、徐智：《社交媒体广告效果研究综述：个性化、互动性和广告回避》，《新闻界》2016 年第 21 期，第 2-10 页。

[6] 刘静：《交互性对视频前贴广告效果的影响研究》，南京大学硕士学位论文，2014 年，第 19 页。

[7] 朱书琴、宋思根：《个性化广告：影响过程、消费者态度和交互作用》，《兰州商学院学报》2013 年第 5 期，第 40-45 页。

[8] 濮莹萍：《我国青年用户社交媒体使用中的隐私悖论行为研究》，南京财经大学硕士学位论文，2020 年，第 47 页。

H_{3-6-4}：隐私关注在计算广告个性化和认知态度之间起中介作用。
H_{3-6-5}：隐私关注在计算广告个性化和情感态度之间起中介作用。
H_{3-6-6}：隐私关注在计算广告个性化和行为态度之间起中介作用。
H_{3-6-7}：隐私关注在计算广告交互性和认知态度之间起中介作用。
H_{3-6-8}：隐私关注在计算广告交互性和情感态度之间起中介作用。
H_{3-6-9}：隐私关注在计算广告交互性和行为态度之间起中介作用。
H_{3-6-10}：隐私关注在计算广告情景一致性和认知态度之间起中介作用。
H_{3-6-11}：隐私关注在计算广告情景一致性和情感态度之间起中介作用。
H_{3-6-12}：隐私关注在计算广告情景一致性和行为态度之间起中介作用。
H_{3-7}：隐私关注在计算广告主观特性和用户态度之间起中介作用。
H_{3-7-1}：隐私关注在计算广告有用性和认知态度之间起中介作用。
H_{3-7-2}：隐私关注在计算广告有用性和情感态度之间起中介作用。
H_{3-7-3}：隐私关注在计算广告有用性和行为态度之间起中介作用。
H_{3-7-4}：隐私关注在计算广告易用性和认知态度之间起中介作用。
H_{3-7-5}：隐私关注在计算广告易用性和情感态度之间起中介作用。
H_{3-7-6}：隐私关注在计算广告易用性和行为态度之间起中介作用。
H_{3-7-7}：隐私关注在计算广告娱乐性和认知态度之间起中介作用。
H_{3-7-8}：隐私关注在计算广告娱乐性和情感态度之间起中介作用。
H_{3-7-9}：隐私关注在计算广告娱乐性和行为态度之间起中介作用。

第三节 研究设计

一、研究框架

Smith 等[1]利用信息边界理论，系统提出了"APCO"模型，即"antecedents-privacy concerns-outcomes"，用于研究隐私关注的前因和结果。之后，不同学者[2][3][4]针对不同情境使用并调整 APCO 模型来研究作为中介变量的隐私

---

[1] Smith H J, Dinev T, Xu H. Information Privacy Research: an Interdisciplinary Review. *MIS Quarterly*, 2011, 35(4), pp.985-1015.

[2] Lankton N, Tripp J A. Quantitative and Qualitative Study of Facebook Privacy Using the Antecedent-Privacy Concern-Outcome Macro Model. *AMCIS 2013 Proceedings*, 2013, pp.1-8.

[3] Yun H, Lee G, Kim D J. A Meta-analytic Review of Empirical Research on Online Information Privacy Concerns: Antecedents, Outcomes, and Moderators. *AIS Electronic Library (AISeL)-ICIS 2014 Proceedings*, 2014, pp.112-121.

[4] Kenny G, Connolly R. Citizens' Health Information Privacy Concerns: a Multifaceted Approach. *European Conference on Information Systems (ECIS)*, 2015, pp.1-11.

关注。通过回顾、梳理计算广告相关研究成果，以及提出的研究假设，本研究结合计算广告的特性与隐私关注的重要性，构建了用户态度的影响模型，将计算广告客观特性（精准性、个性化、交互性、情景一致性）和计算广告主观特性（有用性、易用性、娱乐性）作为自变量，将用户态度作为因变量，将隐私关注作为中介变量，通过数据验证它们之间的关系，如图 3-1 所示。

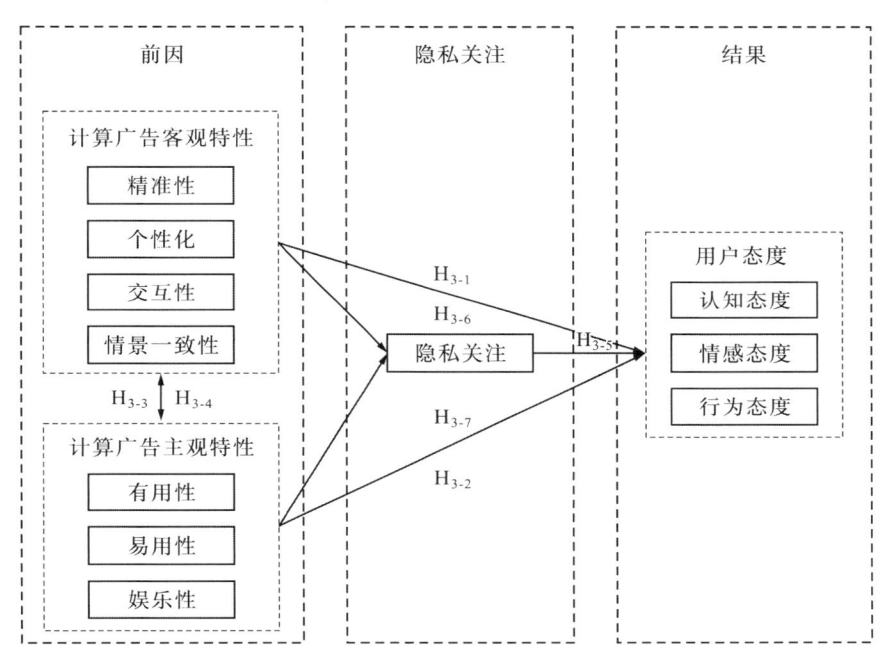

图 3-1　计算机广告特性对用户态度的影响模型

二、操作化定义

(一)计算广告客观特性的测量

计算广告客观特性包含精准性、个性化、交互性和情景一致性。广告精准性指计算广告推荐的内容与自身需求的匹配程度，匹配程度越高，精准性就越高；广告个性化指计算广告推送的内容与个人个性化的相关程度，相关程度越高，个性化就越高；广告交互性指计算广告的内容与用户的互动程度；广告情景一致性指计算广告与媒介情景的内容主题的相似程度。本研究综合借鉴前人开发并使用的成熟量表，具体测量题项如表 3-1 所示。

表 3-1　计算广告客观特性的测量

变量	编码	测量题项	来源
精准性	Q1	计算广告推荐的信息与我的需求相匹配	Netemeyer 等[1] 蒋玉石[2]
	Q2	计算广告推送的时间符合我的需求	
	Q3	计算广告推送的产品符合我的购买能力	
个性化	Q4	计算广告推荐的内容体现了每个人的个性特点	Dolnicar 等[3] Kim 等[4]
	Q5	计算广告展示给我的内容与其他人是不一样的	
	Q6	计算广告推荐给我的内容是我目前或过去所感兴趣的产品或信息	
交互性	Q7	我可以自主选择我感兴趣的计算广告内容进行互动	Liu[5] 郭国庆等[6]
	Q8	计算广告能够让我与商家进行互动	
	Q9	计算广告能够让我与他人进行分享和互动	
情景一致性	Q10	计算广告在形式上与传播媒介其他内容很和谐	Astous 等[7] 刘国恩等[8]
	Q11	计算广告在内容上与传播媒介中的其他内容相关	
	Q12	看到或收到的计算广告往往让我忽略它是一个广告	

(二)计算广告主观特性的测量

　　计算广告主观特性包含有用性、易用性和娱乐性。有用性指计算广告展示的产品与活动信息对用户有帮助的程度。易用性指计算广告信息理解以及进行点赞、评论、参与活动等的难易程度。娱乐性指计算广告展现方式或表达形式的有趣性、令人愉悦程度。本书综合借鉴前人开发并使用的成熟量表,具体测量题项如表 3-2 所示。

---

　　[1]　Netemeyer R G, Bearden W O, Teel J E. Consumer Susceptibility to Interpersonal Influence and Attributional Sensitivity. *Psychology & Marketing*, 1992, 9(5), pp.379-394.

　　[2]　蒋玉石:《网络行为定向广告对消费者态度影响的实证研究:以隐私关注为调节变量》,《社会科学家》2017 年第 1 期,第 58-66 页。

　　[3]　Dolnicar S, Jordaan Y. A Market-oriented Approach to Responsibly Managing Information Privacy Concerns in Direct Marketing. *Journal of Advertising*, 2007, 36(2), pp.123-149.

　　[4]　Kim Y. J, Han J Y. Why Smartphone Advertising Attracts Customers: a Model of Web Advertising, Flow, and Personalization. *Computers in Human Behavior*, 2014, 33(6), pp.256-269.

　　[5]　Liu Y P. Developing a Scale to Measure the Interactivity of Websites[J]. *Journal of Advertising Research*, 2003, 43(2), pp.207-216.

　　[6]　郭国庆、李光明:《购物网站交互性对消费者体验价值和满意度的影响》,《中国流通经济》2012 年第 2 期,第 112-118 页。

　　[7]　Astous A, Séguin N. Consumer Reactions to Product Placement Strategies in Television Sponsorship. *European Journal of Marketing*, 1999, 33(9/10), pp.896-910.

　　[8]　刘国恩、周洁如:《SNS 游戏植入广告后品牌与游戏一致性对用户品牌知晓的影响研究》,《西南民族大学学报(自然科学版)》2013 年第 2 期,第 268-274 页。

表 3-2　计算广告主观特性的测量

变量	编码	测量题项	来源
有用性	Q13	计算广告展示的产品和活动信息为我提供了更准确的信息	Davis[①] 郭英之等[②]
	Q14	计算广告展示的产品和活动信息为我提供了更新的信息	
	Q15	计算广告展示的产品和活动信息为我提供了更有价值的信息	
易用性	Q16	计算广告的内容是易于理解的	
	Q17	计算广告的互动形式(如点赞、评论、参与活动等)易于参与	
娱乐性	Q18	计算广告的形式/内容是好玩、有趣的	Childers 等[③] Valeria 等[④]
	Q19	计算广告的形式/内容让我感到心情愉悦	
	Q20	计算广告的形式/内容总能激发我的好奇心	

(三)隐私关注的测量

隐私关注指网络广告运营商对用户特征和行为数据的收集、分析和使用，所引发用户对个人信息泄露的感知和关注。本书综合借鉴前人开发使用的成熟量表，具体测量题项如表 3-3 所示。

表 3-3　隐私关注的测量

变量	编码	测量题项	来源
隐私关注	Q21	我担心计算广告会收集太多我的个人信息	Bleier 等[⑤] Sonny 等[⑥]
	Q22	我担心参与计算广告互动(如点赞、评论、参与活动等)会泄露个人信息	
	Q23	我无法控制计算广告如何使用我的个人信息，我会觉得很困扰	

---

① Davis F D. Perceived Usefulness, Perceived Ease of Use, and User Acceptance of Information Technology. *MIS Quarterly*, 1989, 13(3), pp.319-340.

② 郭英之、李小民：《消费者使用移动支付购买旅游产品意愿的实证研究：基于技术接受模型与计划行为理论模型》，《四川大学学报(哲学社会科学版)》2018 年第 6 期，第 159-170 页。

③ Childers T L, Carr C L, Peck J, et al. Hedonic and Utilitarian Motivations for Online Retail Shopping Behavior. *Journal of Retailing*, 2001, 77(4), pp.511-535.

④ Valeria N, David W S. Motivations to Use Social Media: Effects on the Perceived Informativeness, Entertainment, and Intrusiveness of Paid Mobile Advertising. *Journal of Marketing Management*, 2000, 36(15-16), pp.1527-1555.

⑤ Bleier A R, Eisenbeiss M. The Importance of Trust for Personalized Online Advertising. *Journal of Retailing*, 2015, 91(3), pp.390-409.

⑥ Sonny R, Christian W O, Andreas G G, et al. A Tripartite Model of Trust in Facebook: Acceptance of Information Personalization, Privacy Concern, and Privacy Literacy. *Media Psychology*, 2020, 23(6), pp.840-864.

3. 用户态度的测量

在影响消费者行为的诸多因素中,态度起着极为关键的作用。多数研究认为态度由认知、情感和行为 3 个层面构成。认知态度指人们对事物的信念和感知,情感态度指人们对事物的情感和评价,行为态度指人们对事物的反应和行动。这 3 种态度共同影响着用户对某一事物和现象的态度。本书综合借鉴前人开发并使用的成熟量表,具体测量题项如表 3-4 所示。

表 3-4　用户态度的测量

变量	编号	测量选项	来源
认知态度	Q24	我了解计算广告	Mitchell 等[1] Vijayasarathy 等[2] 樊帅等[3]
认知态度	Q25	我经常接触计算广告	
认知态度	Q26	我对计算广告有了更深的认知	
情感态度	Q27	我喜欢计算广告	
情感态度	Q28	我认为计算广告物有所值	
情感态度	Q29	我很乐意接触计算广告	
行为态度	Q30	我点击查看、点赞或评论计算广告的可能性很大	
行为态度	Q31	如果计算广告提供的产品和服务满足我的需求,我会对其进一步了解和使用	
行为态度	Q32	我会优先考虑计算广告推荐的产品	

三、研究方法

本研究采用问卷调查法。为了避免被调查者不了解"计算广告"这一前沿术语,问卷的指导语部分特地加入以下说明:

什么是计算广告？计算广告是以数据为基础、以算法为手段、以用户为中心的智能营销方式,它在数据的实时高效计算下,进行用户场景画像,并快速投放、精准匹配及优化用户一系列需求。简单来说,即企业根据您的性

---

[1] Mitchell A A, Olson J C. Are Product Attribute Beliefs the Only Mediator of Advertising Effects on Brand Attitude? *Journal of Marketing Research*,1981,18(3),pp.318-332.

[2] Vijayasarathy L R, Jones J M. Print and Internet Catalog Shopping: Assessing Attitudes and Intentions. *Internet Research: Electronic Networking Applications and Policy*,2000,10(3),pp.191-202.

[3] 樊帅、田志龙、张丽君:《虚拟企业社会责任共创心理需要对消费者态度的影响研究》,《管理学报》2019 年第 6 期,第 883-895 页。

别、籍贯、消费记录、个人习惯、兴趣爱好、浏览痕迹等进行数据分析,通过推荐算法适时在相关媒体平台(如淘宝、京东、拼多多、抖音、快手、小红书、微信、微博、搜索引擎等)上推送与用户匹配的精准广告。

Roscoe[①]提出抽样调查时应选取的样本量原则:适合的研究样本数量为30～500,在多变量分析的情况下,样本数量适合在研究所用的变量测量题项的10倍或以上。本次正式调查通过问卷星分层抽样和滚雪球抽样共发放问卷1809份,回收有效问卷1523份,无效问卷286份,有效问卷达成率为84.19%,符合样本量要求。样本人口统计学特征如表3-5所示,性别、年龄、学历、月均消费水平和职业各区间的样本量分布均较为合理。本书将运用以下统计方法进行数据分析:因子分析、中介效应分析、结构方程模型分析、多群组分析等。统计软件采用SPSS 28.0对数据进行处理。

表3-5 样本人口统计学特征($N=1523$)

变量名	分类	频数	比例/%	变量名	分类	频数	比例/%
性别	男	741	48.7	学历	高中(中专)及以下	342	22.5
	女	782	51.3		专科	188	12.3
年龄	18岁及以下	161	10.6		本科	606	39.8
	19～30岁	698	45.8		硕士	234	15.4
	31～45岁	317	20.8		博士	153	10.0
	46～60岁	190	12.5	职业	学生	548	36.0
	61岁及以上	157	10.3		私企	234	15.4
月均消费水平	1500元以下	444	29.2		国企	102	6.7
	1501～3000元	423	27.8		公务员	70	4.6
	3001～4500元	222	14.6		事业单位	274	18.0
	4501～6000元	198	13.0		自主创业	115	7.6
	6001元及以上	236	15.5		无业	50	3.3
					退休	114	7.5
					其他	16	1.1

---

① Roscoe J T. *Fundamental Research Statistics for the Behavioral Sciences*. New York: Holt, Rinehart and Winston, 1975, pp.102-125.

第四节 数据分析与模型验证

一、信度和效度检验

(一)信度检验

本书采用 α 系数(即 Cronbach's alpha)来衡量量表信度的大小,α 系数越大,信度越高,即量表的可信性和稳定性越高。α 系数最小可接受值是 0.70。本研究各潜在变量的 α 系数均大于 0.7,整体问卷的 α 系数为 0.961,表明本研究各变量及其度量维度的信度系数都在合理范围内,问卷内部具有较高的一致性和稳定性,量表的信度得到保证。

(二)效度检验

本研究采用探索性因子分析来评价问卷的结构效度,即找出量表的潜在结构,以因子分析去检验量表,并有效抽取共同因素。这是一种严谨的效度检验方法。统计表明,KMO 度量值为 0.969,大于 0.9,巴特利球形检验 p 值为 0.000,数据适合进行因子分析。对 29 个题目的主成分分析可知,共提取 4 个因子,累积解释方差变异为 68.591%,说明 29 个题项提取的 4 个因子对于原始数据的解释度较为理想,数据具有较强的累积解释能力。根据旋转成分矩阵可以判断其各个题项的因子归属与量表设计因子的维度是一致的,表示量表的结构效度较好,从侧面印证了研究框架的合理性。

区分效度是指构面(construct)根据实证标准真正区别于其他构面的程度。不同特质的测验结果之间的相关程度越低,说明测验之间的区分效度越好。如果一个变量的平均萃取量 AVE 的平方根大于该变量与其他变量之间的相关系数时,该量表的区别效度被认为较高。[1] 数据显示,精准性、个性化、交互性、情景一致性、有用性、易用性、娱乐性、隐私关注、认知态度、情感态度和行为态度的 AVE 平方根分别为 0.815、0.764、0.827、0.773、0.841、0.756、0.858、0.872、0.904、0.868、0.931,除了隐私关注、认知态度和行为态度的 AVE 平方根要大于其对应的相关系数,其他变量的 AVE 平方根均小于其对应的相关系数,说明量表区分效度不佳。

---

[1] Fornell C, Larcker D F. Evaluating Structural Equation Models with Unobservable Variables and Measurement Error. *Journal of Marketing Research*, 1981, 18(1), pp.39-50.

二、结构方程模型与假设检验

(一) 一阶因子模型分析

1. 一阶初始模型

结合研究假设和研究框架,我们在软件里画出一阶初始模型图,如图3-2所示。

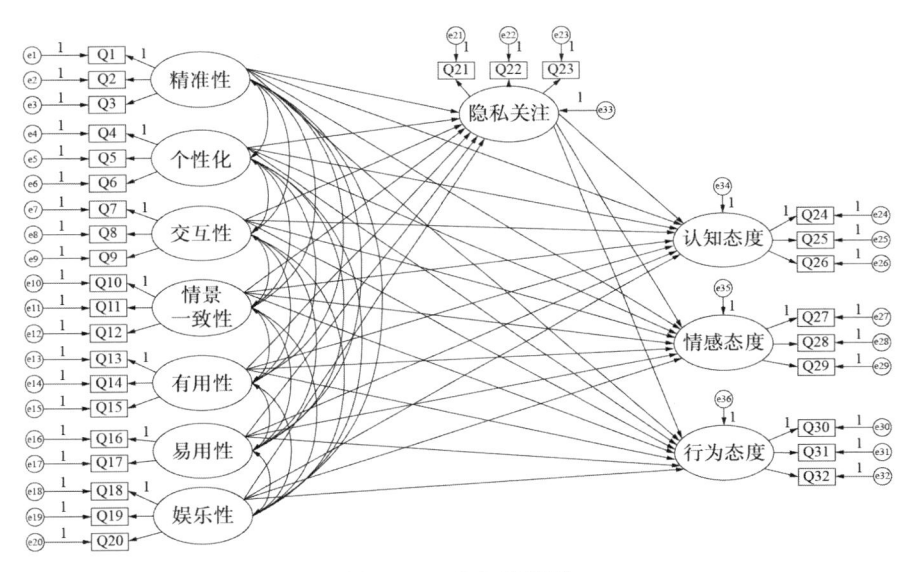

图 3-2 一阶初始模型

2. 共同方法偏差检验与一阶验证性因子分析

共同方法偏差主要来源于以下几种:(1)由情绪、动机、心态等自我报告法造成的偏差;(2)由题目暗示性、模糊性、正反向等问卷特征造成的偏差;(3)由上下文语境、量表长度、启动效应等问卷内容造成的偏差;(4)由测量的时间、地点、方法等测量环境造成的偏差。Harman 单因素检验(把所有量表题目均放入"变量"窗口,进行"分析—降维—因子分析")结果表明,第一个公因子的方差解释百分比为 23.238%,小于临界值 40%,因此认为不存在严重的共同方法偏差。

验证性因子分析(CFA)是 SEM 分析的一部分,在对测量模型进行分析之前,应该首先确保每个测量模型都可以正确反映所测量的变量。本研究首先对一阶因素共 11 个变量进行 CFA 分析,分别为广告精准性、广告个性化、广告交互性、广告情景一致性、有用性、易用性、娱乐性、隐私关注、认知态度、情感态度、行为态度。根据表 3-6 的数据结果可知,所有变量题项的因子负荷都大于 0.7;题项信度(SMC)基本大于 0.5(Q12 的题项信度低于 0.5,但大于临界值 0.36,整体均处于可接受范围之内,所以本研究保留了这个题项);其组合信度(C.R.)为 0.728～0.952,平均萃取变异量(AVE)为 0.572～0.867,基本符合学界提出的 C.R.＞0.6、AVE＞0.5 的标准。

表 3-6 一阶因子模型的 CFA 分析

变量	题项	因子负荷 Std.	参数显著性估计 Unstd.	S.E.	T-Value	p	题项信度 SMC	组合信度 C.R.	平均萃取变异量 AVE
精准性	Q1	0.821	1.000				0.674	0.856	0.665
	Q2	0.834	1.060	0.043	24.930	***	0.696		
	Q3	0.791	0.990	0.043	23.207	***	0.626		
个性化	Q4	0.800	1.000				0.640	0.808	0.584
	Q5	0.719	0.901	0.046	19.682	***	0.517		
	Q6	0.771	0.978	0.046	21.447	***	0.594		
交互性	Q7	0.792	1.000				0.627	0.867	0.684
	Q8	0.862	1.110	0.045	24.857	***	0.743		
	Q9	0.826	1.036	0.044	23.559	***	0.682		
情景一致性	Q10	0.848	1.000				0.719	0.816	0.597
	Q11	0.759	0.838	0.037	22.785	***	0.576		
	Q12	0.705	0.901	0.044	20.544	***	0.497		
有用性	Q13	0.860	1.000				0.740	0.879	0.708
	Q14	0.826	0.912	0.034	27.022	***	0.682		
	Q15	0.836	1.002	0.036	27.567	***	0.699		
易用性	Q16	0.753	1.000				0.567	0.728	0.572
	Q17	0.760	1.048	0.051	20.561	***	0.578		
娱乐性	Q18	0.828	1.000				0.686	0.894	0.737
	Q19	0.888	1.174	0.041	28.475	***	0.789		
	Q20	0.859	1.148	0.042	27.118	***	0.738		

续表

变量	题项	因子负荷 Std.	参数显著性估计 Unstd.	S.E.	T-Value	p	题项信度 SMC	组合信度 C.R.	平均萃取变异量 AVE
隐私关注	Q21	0.905	1.000				0.819	0.905	0.760
	Q22	0.849	0.984	0.034	29.054	***	0.721		
	Q23	0.861	0.959	0.032	29.648	**	0.741		
认知态度	Q24	0.910	1.000				0.828	0.931	0.817
	Q25	0.906	1.025	0.027	37.987	***	0.821		
	Q26	0.896	0.985	0.023	42.055	***	0.803		
情感态度	Q27	0.904	1.000				0.817	0.901	0.753
	Q28	0.880	0.979	0.027	36.345	***	0.774		
	Q29	0.816	0.968	0.024	39.896	***	0.666		
行为态度	Q30	0.941	1.000				0.885	0.952	0.867
	Q31	0.939	0.844	0.031	27.565	***	0.882		
	Q32	0.914	0.886	0.026	33.913	**	0.835		

注：* 表示 $p<0.05$，** 表示 $p<0.01$，*** 表示 $p<0.001$。

3. 一阶因子模型拟合评价

由表 3-7 可知，一阶因子模型的 GFI、AGFI、CFI、IFI、TLI、NFI 指标达到理想标准，卡方/DF 为 2.156 小于 3，理想，RMSEA 为 0.042 小于 0.05，理想，整体而言一阶因子理论模型适配理想，拟合结果较好。

表 3-7　一阶因子模型拟合分析

拟合指标	一阶指标值	拟合标准	模型适配判断
卡方/DF	2.156	<3	理想
GFI	0.926	>0.8	理想
AGFI	0.901	>0.8	理想
CFI	0.950	>0.9	理想
IFI	0.976	>0.9	理想
TLI	0.969	>0.9	理想
NFI	0.955	>0.9	理想
RMSEA	0.042	<0.05	理想

4. 一阶因子模型路径系数分析

从表 3-8 和图 3-3 可以看出,一阶因子模型中多处路径系数绝对值大于 1。吴明隆[①]指出,路径系数绝对值大于 1,可能是模型界定错误、变量间多元共线性或样本数不够导致的。回顾本书之前的研究,初步判断一阶因子模型路径系数的绝对值大于 1,可能是由自变量间多重共线性所导致。这也表明计算广告作为前沿实践领域,目前发展尚未完全成熟,被调查者在分辨一阶因子模型中计算广告特性的细分变量时辨别力不够,这也是新事物研究常见的两难困境。为了解决这个问题,我们可以进一步采取二阶因子模型对假设进行验证。

表 3-8 一阶因子模型路径系数分析

路径	标准化系数	S.E.	C.R.	p
精准性—隐私关注	1.032	0.752	1.409	0.159
个性化—隐私关注	−1.215	0.927	−1.452	0.146
交互性—隐私关注	0.450	0.582	0.798	0.425
情景一致性—隐私关注	−0.773	0.639	−1.194	0.232
有用性—隐私关注	−2.479	0.922	−2.779	0.005
易用性—隐私关注	4.552	1.461	3.974	0.000
娱乐性—隐私关注	−1.381	0.432	−3.422	0.000
隐私关注—认知态度	0.851	0.358	2.382	0.017
隐私关注—情感态度	1.037	0.479	2.362	0.018
隐私关注—行为态度	1.011	0.450	2.320	0.020
精准性—认知态度	−1.226	0.968	−1.305	0.192
精准性—情感态度	−1.501	1.291	−1.302	0.193
精准性—行为态度	−1.628	1.217	−1.418	0.156
个性化—认知态度	1.615	1.185	1.516	0.130
个性化—情感态度	1.974	1.580	1.510	0.131
个性化—行为态度	2.043	1.490	1.569	0.117
交互性—认知态度	−0.521	0.736	−0.733	0.463
交互性—情感态度	−0.715	0.982	−0.820	0.412
交互性—行为态度	−0.480	0.923	−0.554	0.579

---

① 吴明隆:《结构方程模型:AMOS 的操作与应用》,重庆大学出版社 2009 年版,第 483 页。

续表

路径	标准化系数	S.E.	C.R.	p
情景一致性—认知态度	0.924	0.840	1.09	0.276
情景一致性—情感态度	1.229	1.122	1.179	0.238
情景一致性—行为态度	0.993	1.054	0.961	0.337
有用性—认知态度	3.402	1.368	2.580	0.010
有用性—情感态度	3.989	1.824	2.465	0.014
有用性—行为态度	4.322	1.720	2.682	0.007
易用性—认知态度	−5.532	2.594	−2.731	0.006
易用性—情感态度	−6.858	3.464	−2.754	0.006
易用性—行为态度	−6.754	3.258	−2.730	0.006
娱乐性—认知态度	2.077	0.723	3.083	0.002
娱乐性—情感态度	2.595	0.966	3.130	0.002
娱乐性—行为态度	2.221	0.907	2.702	0.007

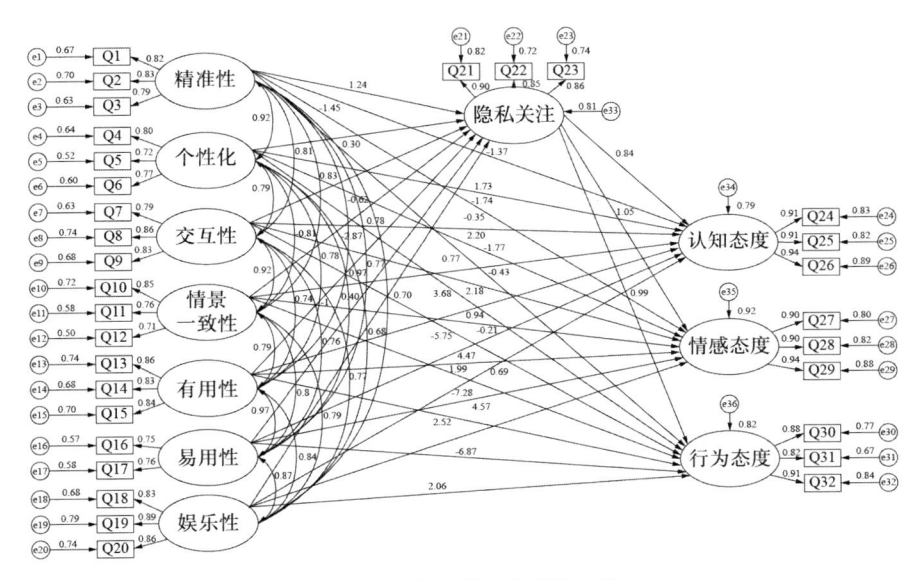

图 3-3 一阶结构方程模型统计

(二) 二阶因子模型分析

1.二阶初始模型

结合研究假设和研究框架,我们在软件里画出二阶初始模型图如图 3-4 所示。

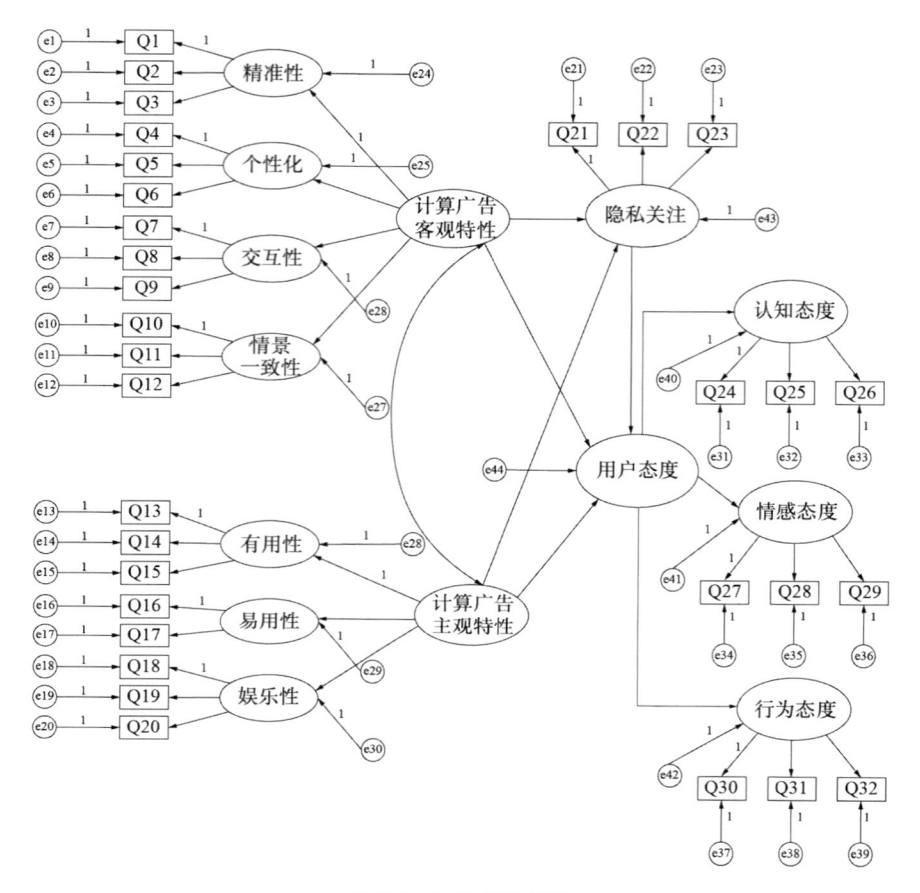

图 3-4 二阶初始模型

2.二阶验证性因子分析

二阶验证性因素分析模型是一阶验证性因素分析模型的特例,又称为高阶因素分析。本研究提出二阶因素验证性分析,主要是在一阶因素验证性分析中发现变量间存在多元共线性。本研究在上述效度检验中通过探索性因子分析提取的四大公共因子分别为计算广告客观特性、计算广告主观特性、隐私关注和用户态度。因此,本研究将四大公共因子进行二阶验证性因子分析。根据表 3-9 可知,所有变量的因子负荷都大于 0.7,且达到显著,说明其各个潜在变量对应所属题项具有很高的代表性。其组合信度(C.R.)都在 0.8 以上,平均萃取变异量(AVE)在 0.6 以上,题项信度(SMC)基本大于 0.5,说明各指标理想。

表 3-9 二阶因子模型的 CFA 分析

变量	题项	因子负荷 Std.	参数显著性估计 Unstd.	S.E.	T-Value	p	题项信度 SMC	组合信度 C.R.	平均萃取变异量 AVE
计算广告客观特性	Q1~3	0.808	1.000				0.653	0.900	0.693
	Q4~6	0.773	0.862	0.031	27.845	***	0.598		
	Q7~9	0.870	1.100	0.042	26.124	***	0.757		
	Q10~12	0.874	1.038	0.040	26.269	***	0.764		
计算广告主观特性	Q13~15	0.873	1.000				0.762	0.890	0.730
	Q16~17	0.819	0.893	0.032	27.654	***	0.671		
	Q18~19	0.869	1.088	0.036	30.469	***	0.755		
隐私关注	Q21	0.903	1.000				0.815	0.902	0.760
	Q22	0.845	0.983	0.034	28.510	*	0.714		
	Q23	0.858	0.958	0.033	29.128	***	0.736		
用户态度	Q24~26	0.900	1.000				0.810	0.930	0.810
	Q27~29	0.928	1.098	0.029	37.538	***	0.861		
	Q30~32	0.869	0.939	0.029	32.754	**	0.755		

注：* 表示 $p<0.05$，** 表示 $p<0.01$，*** 表示 $p<0.001$。

3.二阶因子模型拟合评价

由表 3-10 可知，二阶因子模型的 GFI、AGFI、CFI、IFI、TLI、NFI 指标达到理想标准，卡方/DF 为 2.860，小于 3，理想，RMSEA 为 0.048，小于 0.05，理想，整体而言二阶因子模型基本正确，适配理想。

表 3-10 二阶因子模型拟合分析

拟合指标	二阶指标值	拟合标准	模型适配判断
卡方/DF	2.860	<3	理想
GFI	0.881	>0.8	理想
AGFI	0.857	>0.8	理想
CFI	0.961	>0.9	理想
IFI	0.956	>0.9	理想

续表

拟合指标	二阶指标值	拟合标准	模型适配判断
TLI	0.951	>0.9	理想
NFI	0.934	>0.9	理想
RMSEA	0.048	<0.05	理想

4.二阶因子模型路径系数分析

表 3-11 得出了各条路径系数的显著性水平以及标准回归系数,可以看出二阶因子模型中路径系数绝对值均小于 1,符合要求。计算广告客观特性对用户态度和隐私关注的显著性水平均大于 0.05,表明计算广告客观特性不会对用户态度和隐私关注产生影响,故 H_{3-1}、H_{3-6} 与子假设均不成立。计算广告主观特性对用户态度的显著性水平小于 0.05,标准回归系数值大于 0,表明计算广告主观特性对用户态度产生正向影响,故 H_{3-2} 与子假设均成立。计算广告客观特性和主观特性相互影响,但对隐私关注和用户态度均没有产生交互作用,故 H_{3-3} 与子假设以及 H_{3-4} 均不成立。隐私关注与用户态度的显著性水平小于 0.05,标准回归系数小于 0,表明隐私关注对用户接受态度会产生负向影响,故 H_{3-5} 与子假设均成立。

表 3-11 二阶因子模型路径系数分析

路径	标准化系数	S.E.	C.R.	显著水平	检验结果
计算广告客观特性⇆计算广告主观特性	0.886	0.044	10.891	***	显著
计算广告客观特性—隐私关注	−0.142	0.129	−1.235	0.217	不显著
计算广告主观特性—隐私关注	0.439	0.126	3.781	***	显著
隐私关注—用户态度	−0.132	0.029	−4.376	***	显著
计算广告客观特性—用户态度	0.094	0.087	1.166	0.244	不显著
计算广告主观特性—用户态度	0.765	0.092	8.734	***	显著

注:* 表示 $p<0.05$,** 表示 $p<0.01$,*** 表示 $p<0.001$。

5.二阶结构方程模型修正

通过以上分析,我们获得了修正后的二阶结构方程模型统计图,如图 3-5 所示。

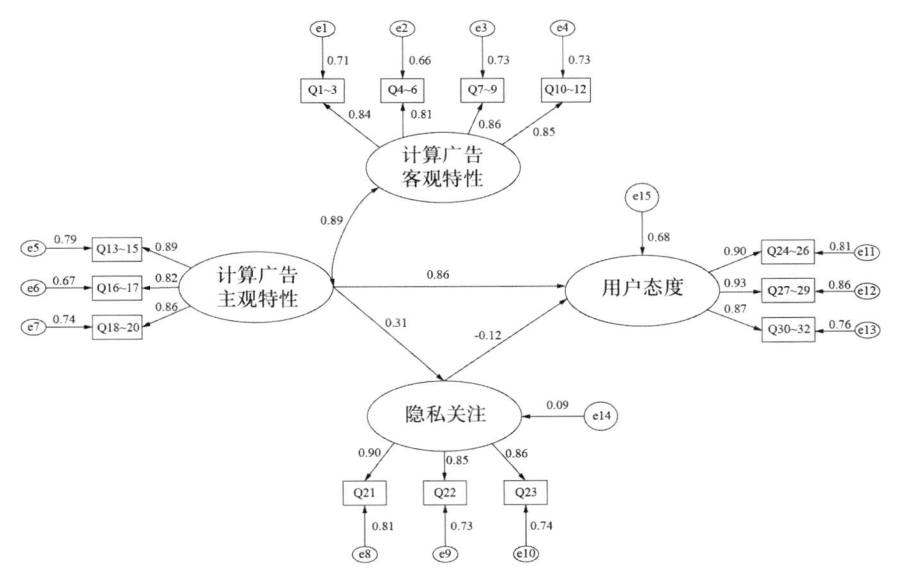

图 3-5　二阶结构方程模型修正

三、中介效应检验和多群组分析

(一)隐私关注的中介效应检验

本书参考 MacKinnon[①] 所提出的中介效应检验方法,对中介变量隐私关注在计算广告客观特性、主观特性与用户态度之间的作用进行中介效应检验。MacKinnon 提出判断中介效应的方法:首先中介效应的置信区间不包含 0,其次中介效应的点估计值与标准系数的比值即 Z 绝对值不小于 1.96。我们利用 Bootstrap 法进行抽样,执行 2000 次,置信区间设定为 95%。如表 3-12 所示,隐私关注在计算广告客观特性和用户态度的关系中,总效应、直接效应和间接效应的 Z 绝对值均小于 1.96,Bias-Corrected、Percentile 的置信区间均包括 0,说明隐私关注中介效应不存在,故 H_{3-6} 及其子假设均不成立。隐私关注在计算广告主观特性和用户态度的关系中,总效应、直接效应和间接效应的 Z 绝对值均大于 1.96,Bias-Corrected、Percentile 的置信区间均不包括 0,说明存在显著的直接效应和间接效应。所以隐私关注在计算广告主观特性和用户态度的关系中为部分中介,故 H_{3-7} 及其子假设部分成立。

---

① MacKinnon D P. *Introduction to Statistical Mediation Analysis*. New York:Routledge,2008,pp.47-102.

表 3-12　隐私关注中介效应分析

路径		点估计值	系数相乘积 S.E.	系数相乘积 Z	Bootstraping2000 次 95%CI Bias-Corrected Lower	Bias-Corrected Upper	Percentile Lower	Percentile Upper
计算广告客观特性—隐私关注—用户态度	总效应	0.113	0.141	0.801	−0.172	0.375	−0.188	0.368
	直接效应	0.094	0.136	0.691	−0.183	0.339	−0.211	0.324
	间接效应	0.019	0.025	0.760	−0.021	0.081	−0.022	0.080
计算广告主观特性—隐私关注—用户态度	总效应	0.707	0.141	5.014	0.441	0.995	0.462	1.013
	直接效应	0.765	0.137	5.657	0.499	1.045	0.536	1.063
	间接效应	−0.058	0.027	−2.125	−0.135	−0.009	−0.132	−0.008

我们看到直接效应和间接效应的符号相反,说明可能存在遮掩效应。因此,本书进一步根据温忠麟等[①]提出的系数乘积法分布检验是否存在遮掩效应。首先检验因变量对自变量的回归系数 c,若 c 不显著,停止中介效果;若 c 显著,接着检验中介变量对于自变量的回归系数 a 以及因变量对中介变量的回归系数 b。若 a、b 显著,检验回归系数 c',c' 显著,则部分中介效应存在;c' 不显著,则完全中介效应存在。从表 3-13 可以看出,遮掩效应的影响大小及显著性。

表 3-13　隐私关注遮掩效应检验

路径	步骤	因变量	自变量	R^2	F	β	t
有用性—隐私关注—认知态度	第一步	认知态度	有用性	0.428	504.811	0.706***	22.468
	第二步	隐私关注	有用性	0.089	66.230	0.308***	8.138
	第三步	认知态度	有用性	0.431	255.304	0.725***	22.062
			隐私关注			−0.062*	−1.975
有用性—隐私关注—情感态度	第一步	情感态度	有用性	0.383	418.602	0.711***	20.460
	第二步	隐私关注	有用性	0.089	66.230	0.308	8.138
	第三步	情感态度	有用性	0.394	218.660	0.749***	20.714
			隐私关注			−0.121***	−3.454

---

① 温忠麟、叶宝娟:《中介效应分析:方法和模型发展》,《心理科学进展》2014 年第 5 期,第 731-745 页。

续表

路径	步骤	因变量	自变量	R^2	F	β	t
有用性—隐私关注—行为态度	第一步	行为态度	有用性	0.414	476.405	0.675***	21.827
	第二步	隐私关注	有用性	0.089	66.230	0.308***	8.138
	第三步	行为态度	有用性	0.415	238.529	0.684***	21.091
			隐私关注			−0.028	−0.893
易用性—隐私关注—认知态度	第一步	认知态度	易用性	0.316	310.927	0.637***	17.633
	第二步	隐私关注	易用性	0.128	98.628	0.387***	9.931
	第三步	认知态度	易用性	0.320	158.084	0.665***	17.210
			隐私关注			−0.071*	−1.975
易用性—隐私关注—情感态度	第一步	情感态度	易用性	0.278	259.551	0.637***	16.111
	第二步	隐私关注	易用性	0.128	98.628	0.387***	9.931
	第三步	情感态度	易用性	0.290	137.436	0.688***	16.365
			隐私关注			−0.131***	−3.367
易用性—隐私关注—行为态度	第一步	行为态度	易用性	0.292	278.507	0.596***	16.689
	第二步	隐私关注	易用性	0.128	98.628	0.387***	9.931
	第三步	行为态度	易用性	0.293	139.562	0.608***	15.889
			隐私关注			−0.030	−0.853
娱乐性—隐私关注—认知态度	第一步	认知态度	娱乐性	0.501	677.145	0.699***	26.022
	第二步	隐私关注	娱乐性	0.019	13.241	0.131***	3.639
	第三步	认知态度	娱乐性	0.503	340.728	0.693***	25.576
			隐私关注			0.047	1.628
娱乐性—隐私关注—情感态度	第一步	情感态度	娱乐性	0.520	729.415	0.758***	27.008
	第二步	隐私关注	娱乐性	0.019	13.241	0.131***	3.639
	第三步	情感态度	娱乐性	0.520	364.451	0.760***	26.804
			隐私关注			−0.016	−0.523

续表

路径	步骤	因变量	自变量	R^2	F	β	t
娱乐性—隐私关注—行为态度	第一步	行为态度	娱乐性	0.413	473.525	0.617***	21.761
	第二步	隐私关注	娱乐性	0.019	13.241	0.131***	3.639
	第三步	行为态度	娱乐性	0.419	242.560	0.606***	21.276
			隐私关注			0.081**	2.687

注：* 表示 $p<0.05$，** 表示 $p<0.01$，*** 表示 $p<0.001$。

在"有用性—隐私关注—认知态度"路径中，认知态度对有用性的回归系数 c 显著（$\beta=0.706, t=22.468, p<0.001$），隐私关注对有用性回归系数 a 显著（$\beta=0.308, t=8.138, p<0.001$），认知态度对隐私关注的回归系数 b 显著（$\beta=-0.062, t=-1.975, p<0.05$），同时认知态度对有用性的回归系数 c' 显著（$\beta=0.725, t=22.062, p<0.001$），$ab$ 与 c' 的符号相反，因此遮掩效应存在，H_{3-7-1} 部分成立。遮掩效应值：$|ab|=0.019$，间接效应与直接效应的比例：$|ab/c'|=0.026$。

在"有用性—隐私关注—情感态度"路径中，情感态度对有用性的回归系数 c 显著（$\beta=0.711, t=20.460, p<0.001$），隐私关注对有用性回归系数 a 显著（$\beta=0.308, t=8.138, p<0.001$），情感态度对隐私关注的回归系数 b 显著（$\beta=-0.121, t=-3.454, p<0.001$），同时情感态度对有用性的回归系数 c' 显著（$\beta=0.749, t=20.714, p<0.001$），$ab$ 与 c' 的符号相反，因此遮掩效应存在，故 H_{3-7-2} 部分成立。遮掩效应值：$|ab|=0.037$，间接效应与直接效应的比例：$|ab/c'|=0.050$。

在"有用性—隐私关注—行为态度"路径中，行为态度对有用性的回归系数显著 c（$\beta=0.675, t=21.827, p<0.001$），隐私关注对有用性回归系数 a 显著（$\beta=0.308, t=8.138, p<0.001$），行为态度对隐私关注的回归系数 b 不显著（$\beta=-0.028, t=-0.893, p>0.05$），用 Bootstrap 法检验原假设，不显著，因此间接效应不存在，故 H_{3-7-3} 不成立。

在"易用性—隐私关注—认知态度"路径中，认知态度对易用性的回归系数 c 不显著（$\beta=0.637, t=17.633, p<0.001$），隐私关注对易用性的回归系数 a 显著（$\beta=0.387, t=9.931, p<0.001$），认知态度对隐私关注的回归系数 b 显著（$\beta=-0.071, t=-1.975, p<0.05$），同时认知态度对易用性的回归系数 c' 显著（$\beta=0.665, t=17.210, p<0.001$），$ab$ 与 c' 的符号相反，因此遮掩效应存在，故 H_{3-7-4} 部分成立。遮掩效应值：$|ab|=0.027$，间接效应与直接效应的比例：$|ab/c'|=0.041$。

在"易用性—隐私关注—情感态度"路径中，情感态度对易用性的回归

系数 c 显著($\beta=-0.637, t=16.111, p<0.001$),隐私关注对易用性回归系数 a 显著($\beta=0.387, t=9.931, p<0.001$),情感态度对隐私关注的回归系数 b 显著($\beta=-0.131, t=-3.367, p<0.001$),同时情感态度对易用性的回归系数 c' 显著($\beta=0.688, t=16.365, p<0.001$),$ab$ 与 c' 的符号相反,因此遮掩效应存在,故 H_{3-7-5} 部分成立。遮掩效应值:$|ab|=0.051$,间接效应与直接效应的比例:$|ab/c'|=0.074$。

在"易用性—隐私关注—行为态度"路径中,行为态度对易用性的回归系数 c 显著($\beta=0.596, t=16.689, p<0.001$),隐私关注对易用性回归系数 a 显著($\beta=0.387, t=9.931, p<0.001$),行为态度对隐私关注的回归系数 b 不显著($\beta=-0.030, t=-0.853, p>0.05$),用 Bootstrap 法检验原假设,不显著,因此间接效应不存在,故 H_{3-7-6} 不成立。

在"娱乐性—隐私关注—认知态度"路径中,认知态度对娱乐性的回归系数 c 显著($\beta=0.699, t=26.022, p<0.001$),隐私关注对娱乐性回归系数 a 显著($\beta=0.131, t=3.639, p<0.001$),认知态度对隐私关注的回归系数 b 不显著($\beta=0.047, t=1.628, p>0.05$),用 Bootstrap 法检验原假设,不显著,因此间接效应均不存在,故 H_{3-7-7} 不成立。

在"娱乐性—隐私关注—情感态度"路径中,情感态度对娱乐性的回归系数 c 显著($\beta=0.758, t=27.008, p<0.001$),隐私关注对娱乐性回归系数 a 显著($\beta=0.131, t=3.639, p<0.001$),情感态度对隐私关注的回归系数 b 不显著($\beta=-0.016, t=-0.523, p>0.05$),用 Bootstrap 法检验原假设,不显著,因此间接效应均不存在,故 H_{3-7-8} 不成立。

在"娱乐性—隐私关注—行为态度"路径中,行为态度对娱乐性的回归系数显著 c($\beta=0.617, t=21.761, p<0.001$),隐私关注对娱乐性回归系数 a 显著($\beta=0.131, t=3.639, p<0.001$),行为态度对隐私关注的回归系数 b 显著($\beta=0.081, t=2.687, p<0.01$),同时行为态度对娱乐性的回归系数 c' 显著($\beta=0.606, t=21.276, p<0.001$),$ab$ 与 c' 的符号相同,因此部分中介效应存在,故 H_{3-7-9} 部分成立。中介效应值:$|ab|=0.011$,间接效应与直接效应的比例:$|ab/c'|=0.018$。

综上,尽管结构方程模型统计表明隐私关注在计算广告主观特性和用户态度之间存在部分中介作用,但进一步分析发现:隐私关注在有用性和认知态度、有用性和情感态度之间存在遮掩效应;隐私关注在易用性和认知态度、有用性和情感态度之间存在遮掩效应;而隐私关注在娱乐性和行为态度之间存在部分中介效应。这表明隐私关注在娱乐性和用户态度之间的效应更强、程度更深,而隐私关注在有用性和用户态度、易用性和用户态度之间的效应较弱、程度较浅。换而言之,提高计算广告的娱乐性,不存在遮掩效应,虽然会增加用户的隐私关注,但同时也会改善计算广告的用户态度。

(二)人口统计学特征的多群组分析

本研究使用 AMOS 28.0 对人口统计学特征进行多群组分析。由于人口统计学特征之一的职业分类很细,收集样本时每个区间未能都达到最低样本量的要求,因此不纳入本研究多群组分析。从表 3-14 可以看出,人口统计学变量(性别、年龄、学历、月均消费水平)在计算广告主观特性—隐私关注的路径检验中,女性、19~30 岁、硕士学历、月均消费水平 1500 元以下的群体得分最低,表明在该群体中计算广告主观特性对隐私关注的影响最不明显。在计算广告隐私关注—用户态度的路径检验中,男性、19~30 岁、硕士学历、月均消费水平 3001~4500 元的群体得分为负数且最低,表明在该群体中隐私关注对用户态度的负向影响最大。在计算广告主观特性—用户态度的路径检验中,男性、31~45 岁、博士学历、月均消费水平 3001~4500 元的群体得分最高,表明在该群体中计算广告主观特性对用户态度的影响最大。

表 3-14 人口统计学特征多群组分析

人口统计学变量		显著性	路径系数		
			计算广告主观特性—隐私关注	计算广告隐私关注—用户态度	计算广告主观特性—用户态度
性别	男	标准化系数	0.408***	−0.139***	0.828***
		C.R.(t 值)	8.821	−3.576	17.706
	女	标准化系数	0.193***	0.005	0.765***
		C.R.(t 值)	4.764	0.170	20.751
年龄	18 岁及以下	标准化系数	0.438***	−0.023	0.873***
		C.R.(t 值)	4.761	−0.379	10.040
	19~30 岁	标准化系数	0.106*	−0.100**	0.708***
		C.R.(t 值)	2.384	−3.156	17.848
	31~45 岁	标准化系数	0.382***	−0.077	0.909***
		C.R.(t 值)	6.315	−1.879	15.046
	46~60 岁	标准化系数	0.498***	0.026	0.623***
		C.R.(t 值)	5.279	0.277	6.621
	61 岁及以上	标准化系数	0.304***	0.199***	0.806***
		C.R.(t 值)	3.298	3.845	7.567

续表

人口统计学变量		显著性	路径系数		
			计算广告主观特性—隐私关注	计算广告隐私关注—用户态度	计算广告主观特性—用户态度
学历	高中(中专)及以下	标准化系数	0.484***	0.031	0.747***
		C.R.(t 值)	7.530	0.604	12.002
	专科	标准化系数	0.366***	0.071	0.719***
		C.R.(t 值)	5.754	1.198	8.994
	本科	标准化系数	0.335***	−0.095**	0.793***
		C.R.(t 值)	7.103	−2.598	17.523
	硕士	标准化系数	0.020	−0.318***	0.694***
		C.R.(t 值)	0.266	−5.477	10.008
	博士	标准化系数	0.456***	−0.188**	0.990***
		C.R.(t 值)	5.038	−2.651	9.972
月均消费水平	1500 元及以下	标准化系数	0.043	−0.097*	0.740***
		C.R.(t 值)	0.764	−2.441	14.479
	1501~3000 元	标准化系数	0.357***	−0.128**	0.784***
		C.R.(t 值)	6.010	−2.672	12.843
	3001~4500 元	标准化系数	0.584***	−0.159**	0.937***
		C.R.(t 值)	8.716	−2.635	10.713
	4501~6000 元	标准化系数	0.387***	−1.014	0.610***
		C.R.(t 值)	4.534	−0.188	7.030
	6001 元及以上	标准化系数	0.193**	0.032	0.835***
		C.R.(t 值)	2.733	0.775	14.114

注:* 表示 $p<0.05$,** 表示 $p<0.01$,*** 表示 $p<0.001$。

第五节 讨论与启示

本研究立足计算广告客观特性和主观特性这两个重要的构面,结合前因—隐私关注—结果(antecedents-privacy concerns-outcomes,APCO)研究框架,旨在研究计算广告客观特性和主观特性对用户态度的影响机制,并探讨隐私关注在两者之间的中介作用。

一、讨论

(一)计算广告客观特性对主观特性产生相互影响,并通过主观特性间接影响隐私关注

本研究表明,计算广告客观特性(精准性、个性化、交互性、情景一致性)并未对用户态度产生直接影响,可能是当前计算广告的客观特性发展水平不高,导致用户的计算广告技术体验感不强。这与冯智敏等[①]的研究结果一致,他们认为,精准广告传播方式的强制性影响了受众的接触意愿,用户不会被迫接受不喜欢的广告。在本研究中,客观特性与主观特性(有用性、易用性、娱乐性)产生相互促进的正向影响($\beta=0.89$),表明客观特性和主观特性是计算广告不可分割的两个构面。目前广告主已经重视计算广告与用户人口统计学特征的相关性,并通过大数据、推荐算法将合适的广告推给合适的用户,但是由于人性的复杂与平台之间的数据壁垒,用户的个人信息无法得到完整的捕捉,计算广告的精准性大打折扣。这就要求人工智能技术不断发展,以更加精准、更加个性、更加交互、更加情景一致地提高用户的广告体验,从而有效提高计算广告的客观特性。

(二)计算广告主观特性直接影响用户态度

本研究表明,计算广告主观特性(有用性、易用性、娱乐性)正向影响用户态度($\beta=0.86$),说明提高计算广告内容的有用性、易用性、娱乐性,能够有效增加用户对计算广告的认知态度、情感态度和行为态度。这与Saxena等[②]的研究结果一致,他们指出:只有增加广告的价值,无论是信息价值还是娱乐价值,才能提高用户对广告信息的态度;用户所能感知到广告的信息程度和娱乐性对于他们对社交媒体广告价值的判断以及在线购物的意向产生积极的影响。计算广告主观特性正向影响隐私关注($\beta=0.31$),表明主观特性越强,用户的隐私关注越强,说明计算广告有用性、易用性、娱乐性越强,用户对隐私关注越敏感。这一结论补充了白文君[③]的研究结果,她认为精准广告的个性化传播方式会正向影响感知侵犯性。结合本研究,说明计算广告不论从形式上还是从内容上的改进,均可能增加隐私关注。究其原因,尽管增强计算广告的有用性、易用性、娱乐性有助于"麻痹"用户对计算

---

① 冯智敏、李丽娜:《受众对网络精准广告之态度研究》,《河北师范大学学报(哲学社会科学版)》2010年第1期,第147-150页。

② Saxena A, Khanna U. Advertising on Social Network Sites: a Structural Equation Modelling Approach. *The Journal of Business Perspective*, 2013, 17(1), pp.17-25.

③ 白文君:《新媒体精准广告投放中的用户隐私关注及其影响因素》,西南大学硕士学位论文,2016年,第36页。

广告的感知,但用户在从计算广告中获得物质利益、心理满足和消费体验的同时,对计算广告的合法性和合理性也潜意识地表达出个人隐私遭到侵犯的反弹和隐忧。

(三)隐私关注在计算广告主观特性和用户态度之间起遮掩作用

本研究表明,计算广告主观特性越强,隐私关注就越强,导致用户态度越差。因此,我们看到隐私悖论:一方面,计算广告主观特性能够直接正向影响用户态度;另一方面,改善计算广告的有用性、易用性和娱乐性,反而会导致用户的隐私关注提升,从而降低用户对计算广告的态度。正如陈珊珊[1]认为,定向广告所带来的隐私侵犯感相对其他隐私事件较弱,属于可控范围而不需要刻意去规避,同时带来的感知价值却能满足用户一定的内容需求,感知价值就会正向影响行为意愿。如果用户意识到定向广告存在严重侵犯隐私行为时(如电信诈骗、过度骚扰等),会提高隐私关注,降低他们对定向广告的态度。从本研究的路径系数看,计算广告主观特性的正向影响权重远大于隐私关注的负向影响权重。因此,我们要在用户隐私关注合理的边界内,大力提高计算广告的主观特性,尤其是计算广告的娱乐性,以增强计算广告的用户态度。

二、启示

(一)加强大数据、云计算和新算法技术研发,提升计算广告的媒介表达水平

吃喝玩乐、衣食住行、工作打拼,我们每个人每天都穿梭于各种各样的生活场景之中,在各自封闭的场景下,诸如汽车、办公室、电梯、住宅等之类的私密场景中,外界干扰度低,计算广告可以精准对接消费人群。通过精准的场景广告表现方式及对用户需求的精准把控,根据个人兴趣和喜好来推荐精准化、个性化和互动化广告,这是广告主所追求的广告的理想境界。这种境界的实现,一定是依赖强大的大数据、云计算和新算法等技术的研发。在计算广告时代,无论是打造品牌形象、传递品牌核心价值,还是直接销售产品、提高服务质量,都离不开对技术的高度依赖。[2] 品牌效果和产品效果均需要建立在高流量基础上,流量就是促销,产品占据通路,品牌占据人心。而计算广告能对大数据进行结构化处理,在云计算环境中利用新算法自动

---

[1] 陈珊珊:《感知个性化对行为定向广告点击意愿的影响研究》,华东师范大学硕士学位论文,2020年,第45-47页。

[2] 刘庆振、于进、牛新权:《计算传播学:智能媒体时代的传播学研究新范式》,人民日报出版社2019年版,第149页。

分析文本的情感倾向①,为打动消费者提供强有力的创意支撑,而区块链提供广告交易的透明性、安全性和可靠性。因此,大数据、云计算、新算法和区块链构成了计算广告的四大技术实现基础,也使开放、共享、人本的广告本质精神得以回归和复兴。②

　　针对不断变化的市场需求和用户偏好,加强大数据、云计算和新算法技术研发,提升计算广告的媒介表达水平已经成为行业中重要的议题。首先,大数据技术在计算广告中扮演了至关重要的角色。随着数据的不断增长,传统的数据分析方法已经无法满足企业精准投放的要求和用户需求。因此,开发新的大数据技术和算法,如机器学习和人工智能等,成为解决这一问题的有效途径。通过这些技术,企业可以更好地理解消费者偏好和行为,调整广告策略并提高广告效果。其次,云计算技术也为计算广告带来了很多优势。云计算技术能够帮助企业快速获取处理海量数据的能力,提高广告投放效率。同时,云计算还能够实现多端协同,让广告投放能够同时覆盖不同终端用户。作为一种灵活性较高的技术,云计算能够帮助广告主们更好地面对市场挑战。最后,新算法技术则是提升计算广告媒介表达水平的核心。在竞争激烈的市场环境中,企业需要快速而精准地呈现自己的品牌形象和产品特点,从而吸引更多目标受众的注意。借助新的算法技术,企业可以更好地实现个性化定向,提高广告创意性,让广告更具说服力,更加精准地触达目标用户。总之,加强大数据、云计算和新算法技术的研发,对于提升计算广告的媒介表达水平有着至关重要的作用。

(二)大力提高计算广告的内容质量,直接改善计算广告的用户使用体验

　　随着智能技术的不断发展,计算广告生态系统发生改变,创意内容的生产模式也在随之进阶,广告内容的呈现表现出无限可能。计算广告不仅要针对目标用户进行精准投放,强化个性、互动等客观特性,还需要提升广告信息内容的有用性、易用性和娱乐性等主观特性。首先,应突出产品功能、优惠价格、稀缺资源、差异定位、优良品质等内容要素来为用户提供满足个人需求的有用信息,促使用户迅速进入购物状态,提升广告转化率。其次,应增加动画视频、游戏互动、VR(virtual reality,虚拟现实)和 AR(augmented reality,增强现实)等新型载体,通过沉浸式体验让用户的娱乐体验更具温情和愉悦,增强广告传播效果。最后,虚拟终归是现实基础上的映射。广告主在进行广告投放时,可以借助线上技术引流到线下,然后线下引爆反哺线

---

① 张伦、王成军、许小可:《计算传播学导论》,北京师范大学出版社 2018 年版,第 42 页。
② 陈积银、杨玉华:《智能推荐型视频广告研究》,《智能传播:机遇与挑战(第二辑)》,上海交通大学出版社 2019 年版,第 42 页。

上,借势"元宇宙"等热点话题,链接虚拟与现实,打造线上到线下(online to offline,O2O)闭环传播,让广告创意告别同质化,变得更加有趣,最终实现品效合一的传播效果。适时匹配场景广告投放、提供有价值的服务、增加可感知的娱乐性体验等措施均可以降低用户对计算广告的感知风险,从而提高用户对计算广告的态度。当然,根据本研究的数据分析,虽然大力提升计算广告的内容质量能直接影响用户态度,但对降低用户的隐私关注收效甚微。

提高计算广告内容质量可以直接改善用户体验,以下是另一些可能有效的方法:

(1)优化广告创意。创意的设计水平,直接影响着广告的吸引力和用户体验。通过投入更多的人力、物力和财力,设计出更加生动有趣的广告,提升广告的营销效果和用户体验。

(2)提高广告精度。基于大数据分析技术,更好地挖掘用户需求和兴趣点,实现广告定向投放,提高广告精准度和效果。这样不仅能够满足用户需求,更能让用户感到广告内容与自己相关联。

(3)遏制侵权行为。目前存在许多广告内容的抄袭和侵权行为,对于用户的使用体验和信任会造成很大的伤害。因此,可以通过法律手段和行业规范,打击侵权行为,保障用户的权益和使用体验。

(4)加强监管力度。计算广告市场的良性发展需要政府部门和行业组织的监管,以遏制虚假广告、欺诈广告等违法行为,保护消费者的合法权益,从而提升用户对广告的信任和满意度。

(5)推广新媒体广告。新媒体上的广告形式更加多元化,可以适应用户深度交互需求,增强用户体验。例如,在社交平台上结合互动营销方式,提高广告互动性和转化率。

总之,提高计算广告的内容质量是改善用户体验的关键之一。只有不断完善和创新,才能让广告更好地与用户产生共鸣,使得广告内容更具有吸引力和价值性。同时,加强监管力度、保障用户权益,也是计算广告产业健康发展的重要保障。

(三)多方共同努力,为保障用户合理的隐私权保驾护航

得益于大数据、云计算和算法技术的迭代升级,计算广告涉及的用户隐私权问题也越来越得到关注。目前我国在法律法规制定方面做出了很大努力,如《中华人民共和国个人信息保护法》《中华人民共和国网络安全法》《工业和信息化领域数据安全管理办法(试行)》等法律政策的出台为用户隐私安全保驾护航。广告主、网络供应商和数据平台均需要重视用户隐私保护,提高用户隐私政策阅读意愿，尊重用户隐私基本权利，积极利用区块链技术手段，运用匿名和脱敏数据，针对不同隐私关注程度的用户因人施策，最大限度保护用户的隐私权益。对于用户个人而言，应该提高个人的隐私素养，具备自主保护个人隐私权的能力，以避免因自身保护力度不够造成的隐私安全问题。总而言之，保护个人隐私安全问题任重而道远，并非一朝一夕可以解决的，其涉及用户、广告主、网络供应商和数据平台等多方复杂的博弈关系，不尊重用户的隐私权，任何一方都不能独善其身。

要保障计算广告用户合理的隐私权，需要多方共同努力，以下是一些可能有效的方法：

（1）企业自律。企业应该通过制定规范、明确政策等方式加强内部管理，严格遵守相关法规和标准，确保用户的隐私权不被侵犯。

（2）技术手段。采用加密技术、匿名化处理等技术手段，保护用户个人信息的安全和隐私，规避恶意攻击和泄露风险。

（3）法律保障。政府可以出台相关法规、标准，对计算广告产业进行监管，并对违法行为提供依据和处罚措施。同时，建立完善的投诉机制，让用户有一个公正、透明的维权渠道。

（4）用户教育。加强对用户的隐私知识普及和教育，提高用户保护隐私的意识，让用户更好地了解自己的隐私权，及时发现并防范隐私侵犯行为。

（5）行业合作。各计算广告企业之间应该加强合作，分享经验和技术，共同推动隐私保护的发展，形成良好的行业生态。

总的来说，保障计算广告用户的合理隐私权需要多方共同努力。在政府、企业、用户和行业组织等各方的共同关注下，通过技术手段、法律保障和用户教育等措施，实现对用户隐私的全面保护。只有建立起公正、透明的隐私保护机制，才能让用户更加信任和依赖计算广告，从而推动计算广告的健康发展。

综上所述，本研究在计算广告的情境中使用并调整 APCO 模型来研究作为中介变量的隐私关注，把计算广告领域中备受关注的隐私保护这一现实问题纳入考察，这也是对 2021 年 11 月 1 日起实施的《中华人民共和国个人信息保护法》进行回应。解决隐私困局，对于计算广告的未来至关重要。隐私侵犯议题的讨论，不仅需要法学专家、消费者、社会学家，更需要广告主、广告公司、媒介等相关利益主体的加入。讨论的核心焦点不应该是要不要隐私权的问题，而是要什么样的隐私权，以及什么程度上的隐私权。因此，多大程度上获得用户个人信息、如何使用用户个人信息以及怎么区分对待隐私关注不同程度的用户群体，是计算广告从业者需要思考和实践的核心问题。用户的个人数据如果应用得当，计算广告所提供的服务会为用户带来便利，广告主也能获得可观的广告效果和投资回报，从而形成广告主、媒介、代理机构、用户四角的良性互动。倘若运用不当，触犯用户的隐私底线，计算广告便会遭到抵制，广告主、媒介、代理机构、用户四角都会得不偿失。

第四章 感知收益和感知风险对计算广告用户态度的影响：隐私关注的中介作用

第一节 引言

国外隐私计算概念与国内不同，它单纯从技术角度加以定义，即隐私增强技术（privacy enhancing technologies，PETs）。2001年，国外提出隐私增强技术概念，即"一套信息和通信技术措施系统，在保障系统功能的前提下，通过消除或减少个人数据或防止对个人数据进行不必要和/或不希望的处理来保护隐私"[1]。这个定义表明了隐私增强技术广义上指保护个人或敏感信息隐私性的任何技术，例如广告拦截、浏览器扩展插件等简单技术，也包括狭义上互联网信息所依赖的加密基础结构，例如联邦学习、多方安全计算、零知识证明等复杂技术。在国内，隐私计算主要指在隐私保护基础上实现数据价值的挖掘，李凤华等[2]首次提出隐私计算概念，他们从隐私信息的全生命周期的角度对该概念与范畴进行界定，认为它是隐私信息所有权、管理权和使用权分离时隐私度量、隐私泄漏代价、隐私保护与隐私分析复杂性的可计算模型与公理化系统。

隐私计算理论是分析用户隐私问题很有用的框架。[3] Culnan等[4]将隐私计算理论定义为用户为防止个人隐私被非法使用而对个人产生负面影响效应的评估。其核心内容是通过一种"计算"的方法，把个体隐私的决策描述成为一种计算行为，从用户角度进行"风险—收益"的权衡分析[5]，其基本

---

[1] 国家工信安全中心：《信息技术行业：中国隐私计算产业发展报告（2020—2021）》，https://www.sgpjbg.com/news/30515.html，2022年10月19日。

[2] 李凤华、李晖、贾焰、俞能海、翁健：《隐私计算研究范畴及发展趋势》，《通信学报》2016年第4期，第1-11页。

[3] Awad N F, Krishnan M S. The Personalization Privacy Paradox: an Empirical Evaluation of Information Transparency and the Willingness to Be Profiled Online for Personalization. *MIS Quarterly*, 2006, 30(1), pp.13-28.

[4] Culnan M J, Armstrong P K. Information Privacy concerns, Procedural Fairness, and Impersonal Trust: an Empirical Investigation. *Organization Science*, 1999, 10(1), pp.104-115.

[5] Dinev T, Hart P. An Extended Privacy Calculus Model for E-commerce Transactions. *Information Systems Research*, 2006, 17(1), pp.61-80.

要义是用户决定是否需要披露个人隐私信息以换取某种收益。[①] 当用户感知个人隐私披露风险超出个人心理调控阈值范围时,会强烈关注隐私内容并对隐私披露产生强烈的抵触心理;反之,则可以接受一定程度的隐私披露。[②] 这就促使隐私计算范式从数据的"可用不可见"转为"可用可容忍"。李海丹等[③]的研究也证实了消费者的隐私计算对其隐私披露意愿行为具有调解作用。因此,在隐私计算理论中,感知收益和感知风险是两个关键概念,用户在这两者之间不断权衡与评估,进而影响用户的隐私关注程度和对计算广告的态度。

尽管"感知收益—感知风险"分析框架是研究隐私问题常用的分析模型,但较少应用于研究用户态度,少数相关文献主要集中在经济学领域。王宗润等[④]研究投资者面对某项投资产品时的感知收益和感知风险,发现不同心理偏差的投资者采用这两种指标作为投资决策依据时的表现具有较大差别。刘振宇等[⑤]对互联网金融产品——余额宝的感知收益和感知风险进行研究,发现用户对余额宝的感知收益和对网络的感知风险呈正相关。尽管部分研究探讨了网购消费者行为,如赵冬梅等[⑥]研究表明,感知收益直接影响消费者的网购意愿,而感知风险的影响不明显。张汉鹏等[⑦]则认为感知收益和感知风险共同影响消费者的购买意愿。但总体而言偏向局部细节研究,系统性的多元变量之间考量较少。在与隐私问题密切相关的计算广告领域,感知收益和感知风险有其特殊性,其对用户的影响可能存在差异。本书把这两个概念引入计算广告领域,认为感知收益主要指用户对使用计算广告可能得到某种利益(有用、娱乐、精准、互动等)的预判,感知风险主要指用户对使用计算广告可能受到利益损害(信息泄露、骚扰、欺诈等)的预判。

[①] Laufer R S, Wolfe M. Privacy as a Concept and Social Issue: a Multidimensional Developmental Theory. *Journal of Social Issues*, 1977, 33(3), pp.22-41.

[②] 彭丽徽、李贺、张艳丰、洪闯:《用户隐私安全对移动社交媒体倦怠行为的影响因素研究:基于隐私计算理论的 CAC 研究范式》,《情报科学》2018 年第 9 期,第 96-102 页。

[③] 李海丹、洪紫怡、朱侯:《隐私计算与公平理论视角下用户隐私披露行为机制研究》,《图书情报知识》2016 年第 6 期,第 114-124 页。

[④] 王宗润、吴丝晴:《基于感知收益—风险比分析的结构性产品投资决策》,《系统科学与数学》2019 年第 7 期,第 1098-1116 页。

[⑤] 刘振宇、李诗薇:《互联网金融产品的网络安全风险感知与收益实证分析:以余额宝为例》,《统计与管理》2020 年第 3 期,第 125-128 页。

[⑥] 赵冬梅、纪淑娴:《信任和感知风险对消费者网络购买意愿的实证研究》,《数理统计与管理》2010 年第 2 期,第 305-314 页。

[⑦] 张汉鹏、陈冬宇、王秀国:《基于网站和卖家的 C2C 消费者购买意愿模型:感知收益与风险的转移》,《数理统计与管理》2013 年第 4 期,第 718-726 页。

综上所述,在感知收益和感知风险博弈下产生的隐私悖论问题,是计算广告必须面对的一个重大课题,否则我们将深陷数据利用的两难选择之中。理论上计算广告用户会因为害怕个人隐私泄露而减少或避免信息披露,但事实上计算广告用户的隐私关注与行为是不同步的。[1] 虽然用户对隐私关注度较高,但是他们并不会因此停止披露自己的个人信息。在社交媒体领域,相关研究表明,当感知收益高于感知风险时,用户的隐私关注就会降低,从而增加个人信息的披露;当感知收益低于感知风险时,用户的隐私关注就会增强,从而减少个人信息的披露。[2] 这一结论是否也适用于计算广告领域?计算广告用户通过隐私计算,在感知隐私收益和感知风险的双重博弈下,是如何影响隐私关注?如何进而影响计算广告的用户态度?基于此,本书着力系统探讨感知收益、感知风险、隐私关注和用户态度之间的联动机制。

第二节 理论基础与研究假设

马谋超等[3]在态度理论的基础上提出了三成分态度模型,该模型认为,消费者态度可以分解为认知、情感和行为倾向 3 个维度。认知即消费者对广告持有的信念,情感即个体对广告喜欢或者厌恶的主观感觉,行为倾向即消费者受到特定广告刺激后产生的行为驱动力。因此,用户态度包含了认知、情感和行为 3 个层面,构成了本研究因变量的理论基础。

在自变量方面,相关研究已经证明,感知收益和感知风险会对用户态度产生较为显著的影响。用户的感知收益可以体现在多个方面,如感知有用性、感知娱乐性、感知互动性、感知精准性等。[4] Bhattacherjee[5] 研究表明,感知有用性不仅可以直接作用于用户对系统的持续使用意愿,也可以通过对满意度的影响间接作用于用户持续使用意愿。Heijden[6] 研究表明,在使

---

[1] 朱侯、方清燕:《社会化媒体用户隐私计算量化模型构建及隐私悖论均衡解验证》,《数据分析与知识发现》2021 年第 7 期,第 111-125 页。
[2] 朱侯、王可、严芷君,等:《基于隐私计算理论的 SNS 用户隐私悖论现象研究》,《情报杂志》2017 年第 2 期,第 134-139 页。
[3] 马谋超、陆跃祥:《广告与教育心理学》,人民教育出版社 2002 年版,第 201 页。
[4] 于立新、许越、董红梅:《旅游网站消费者的"隐私悖论":感知风险 VS 感知收益》,2020 中国旅游科学年会论文集《旅游业高质量发展》,2020 年,第 157-169 页。
[5] Bhattacherjee A. Understanding Information Systems Continuance: an Expectation-Confirmation Model. *MIS Quarterly*, 2001, pp.351-370.
[6] Heijden H. User Acceptance of Hedonic Information Systems. *MIS Quarterly*, 2004, 28 (4), pp.695-704.

用偏重娱乐性的信息系统的过程中,感知乐趣对使用意向的影响比其他变量更加明显。Liu 等[1]提出感知互动性会对消费者行为产生正向影响。因此,本研究提出以下假设:

H_{4-1}:感知收益正向影响计算广告用户态度。

H_{4-1-1}:感知收益正向影响计算广告用户认知态度。

H_{4-1-2}:感知收益正向影响计算广告用户情感态度。

H_{4-1-3}:感知收益正向影响计算广告用户行为态度。

Miyazaki 等[2]研究发现,降低消费者在隐私和安全上的感知风险有利于提高消费者对在线交易的信任。Pavlou[3]认为感知风险越高,顾客的购买意愿就越低,感知风险会激发客户喜欢或讨厌的感觉,进而影响他们的信念、态度和意愿。因此,本研究提出以下假设:

H_{4-2}:感知风险负向影响计算广告用户态度。

H_{4-2-1}:感知风险负向影响计算广告用户认知态度。

H_{4-2-2}:感知风险负向影响计算广告用户情感态度。

H_{4-2-3}:感知风险负向影响计算广告用户行为态度。

Lee 等[4]认为,当感知收益超过牺牲个人信息的潜在风险,即感知边际收益最大时,用户才愿意放松隐私保护,从而产生接受行为。朱侯等[5]以隐私计算理论为基础进行研究,发现当用户感知到的收益高于风险时,隐私披露意向明显增强,最终导致实际的披露行为。因此,本研究提出以下假设:

H_{4-3}:感知收益和感知风险对计算广告用户态度产生交互作用。

H_{4-3-1}:感知收益和感知风险对计算广告用户认知态度产生交互作用。

H_{4-3-2}:感知收益和感知风险对计算广告用户情感态度产生交互作用。

H_{4-3-3}:感知收益和感知风险对计算广告用户行为态度产生交互作用。

---

[1] Liu Y P, Shrum L J. What is Interactivity and Is It Always a Good Thing? Implications of Definition, Person, and Situation for the Influence of Interactivity on Advertising Effectiveness. *Journal of Advertising*, 2002, 31(4), pp.53-64.

[2] Miyazaki A D, Fernandez A. Consumer Perceptions of Privacy and Security Risks for Online Shopping. *Journal of Consumer Affairs*, 2001, 35(1), pp.27-44.

[3] Pavlou P A. Consumer Acceptance of Electronic Commerce: Integrating Trust and Risk with the Technology Acceptance Model. *International Journal of Electronic Commerce*, 2003, 7(7), pp.101-134.

[4] Lee H, Park H, Kim J. Why do People Share Their Context Information on Social Network Services? A Qualitative Study and an Experimental Study on Users'Behavior of Balancing Perceived Benefit and Risk[J]. *International Journal of Human-Computer Studies*, 2013, 71(9), pp.862-877.

[5] 朱侯、王可、严芷君,等:《基于隐私计算理论的 SNS 用户隐私悖论现象研究》,《情报杂志》2017 年第 2 期,第 134-139 页。

H_{4-4}：感知收益和感知风险对感知隐私关注产生交互作用。

朱强等[1]研究指出，消费者对隐私的关注负向影响用户对个性化推荐的点击意愿和采纳意愿。郭飞鹏等[2]研究隐私关注与移动个性化服务采纳行为意愿之间的影响关系，结果表明，隐私关注的四个维度（信息收集、错误使用、不正当访问、二次使用）均负向影响用户采纳的意愿。因此，本研究提出以下假设：

H_{4-5}：感知隐私关注负向影响计算广告用户态度。

H_{4-5-1}：感知隐私关注负向影响计算广告用户认知态度。

H_{4-5-2}：感知隐私关注负向影响计算广告用户情感态度。

H_{4-5-3}：感知隐私关注负向影响计算广告用户行为态度。

在中介变量上，一方面，计算广告的个性化能够减少用户受到不相关广告的干扰，但同时引发感知隐私关注[3]，用户对计算广告的态度是矛盾的，他们既愿意接收"善解人意"的广告，又存在一定的感知风险抵触心理。[4] 另一方面，感知收益会使消费者对计算广告产生积极的态度，而感受到隐私侵犯则会使消费者对计算广告产生负面态度[5]，感知收益会正向影响用户的隐私披露意图[6]，从而降低感知隐私关注。因此，本研究提出以下假设：

H_{4-6}：隐私关注在感知收益和计算广告用户态度之间起中介作用。

H_{4-6-1}：隐私关注在感知收益和计算广告认知态度之间起中介作用。

H_{4-6-2}：隐私关注在感知收益和计算广告情感态度之间起中介作用。

H_{4-6-3}：隐私关注在感知收益和计算广告行为态度之间起中介作用。

H_{4-7}：隐私关注在感知风险和计算广告用户态度之间起中介作用。

H_{4-7-1}：隐私关注在感知风险和计算广告认知态度之间起中介作用。

H_{4-7-2}：隐私关注在感知风险和计算广告情感态度之间起中介作用。

H_{4-7-3}：隐私关注在感知风险和计算广告行为态度之间起中介作用。

---

[1] 朱强、王兴元、辛璐琦：《隐私关注对网络精准广告点击意愿影响机制研究：消费者风险感知和自我效能的作用》，《软科学》2018年第4期，第115-119页。

[2] 郭飞鹏、琚春华：《隐私关注对移动个性化服务采纳的影响：基于用户主观认知视角的实证研究》，《浙江工商大学学报》2018年第1期，第85-96页。

[3] 杨莉明、徐智：《社交媒体广告效果研究综述：个性化、互动性和广告回避》，《新闻界》2016年第21期，第2-10页。

[4] 刘静：《交互性对视频前贴广告效果的影响研究》，南京大学硕士学位论文，2014年第19页。

[5] 朱书琴、宋思根：《个性化广告：影响过程、消费者态度和交互作用》，《兰州商学院学报》2013年第5期，第40-45页。

[6] 濮莹萍：《我国青年用户社交媒体使用中的隐私悖论行为研究》，南京财经大学硕士学位论文，2020年，第4页。

第三节 研究设计

一、研究框架

在认知心理学中,信息传播过程包含3个环节"信息加工—偏好形成—行为倾向",它将认知、情感和意愿看作是行为发生的关键要素,由此产生了"感知—情感—行为意愿"范式(cognition-affect-conation,CAC)。[①] 利用CAC范式,本书提出"感知要素—情感响应—行为意愿"的研究框架,用于研究隐私关注作为正向情感响应或负向情感响应的前因和结果。通过回顾、梳理相关研究成果,以及提出研究假设,本书结合感知收益、感知风险与隐私关注的关系,构建了计算广告用户态度的影响模型,如图 4-1 所示。本书将感知收益和感知风险作为自变量,将用户态度作为因变量,将隐私关注作为中介变量,通过数据验证它们之间的关系。

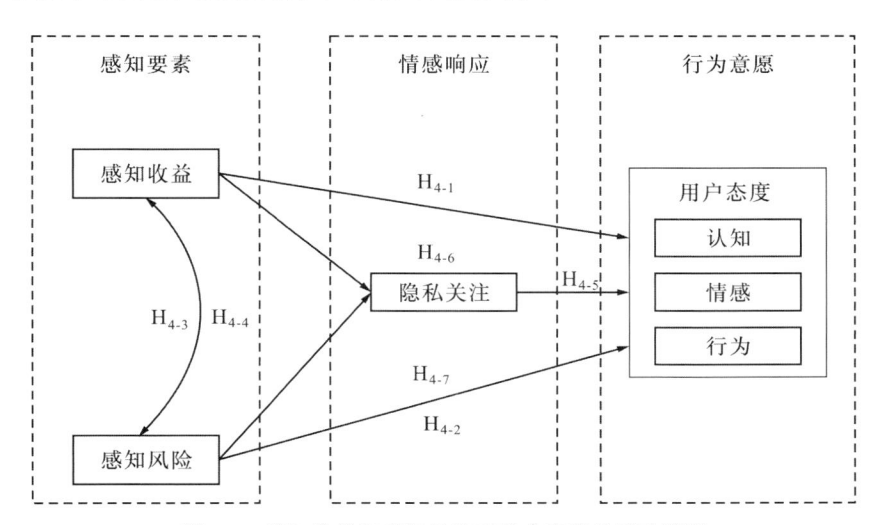

图 4-1 感知收益和感知风险对用户态度的影响模型

二、操作化定义

(一)感知收益的测量

感知收益通常指用户对个人利益获得或个性服务回报的预期判断。本

[①] 彭丽徽、李贺、张艳丰,等:《用户隐私安全对移动社交媒体倦怠行为的影响因素研究:基于隐私计算理论的 CAC 研究范式》,《情报科学》2018 年第 9 期,第 96-102 页。

书综合借鉴前人开发并使用的成熟量表,具体测量题项如表4-1所示。

表 4-1　感知收益的测量

变量	编码	测量题项	来源
感知收益	Q1	我认为在网上提供个人信息是有益的	康瑾等[1] 丁梦兰等[2] Lin 等[3]
	Q2	我认为在网上披露一些个人信息有利于享受想要的服务	
	Q3	我认为在网上发布生活、学习、观点等能使我更好地融入群体当中	
	Q4	我认为在网上提供个人信息能够帮助我认识更多朋友	
	Q5	我认为在网上提供个人信息能让我跟上时代	
	Q6	我认为在网上提供个人信息能让我参与网络话题讨论	
	Q7	很多时候我看到的计算广告信息是我所需要的	
	Q8	我能从计算广告中获取有用的信息	
	Q9	多数计算广告的信息便利了我的购物	
	Q10	从计算广告中我能知道商品的更多信息	

(二)感知风险的测量

感知风险是用户在使用社交媒体的过程中对个人信息被过分披露可能造成的负面影响或损失结果的预期判断。本书综合借鉴前人开发并使用的成熟量表,具体测量题项如表4-2所示。

表 4-2　感知风险的测量

变量	编码	测量题项	来源
感知风险	Q11	在网上提供个人信息是有风险的	Kehr[4] 沈祥[5]
	Q12	在网上提供个人信息很有可能被泄露	
	Q13	在网上提供个人信息可能会引发很多意想不到的问题	

---

[1] 康瑾、郭倩倩:《消费者对互联网行为定向广告的感知价值研究》,《国际新闻界》2015年第12期,第140-135页。

[2] 丁梦兰、龚小雨、佘梅绮:《基于结构方程模型的消费者服务推送采纳意愿影响因素研究》,《中国集体经济》2017年第7期,第54-56页。

[3] Lin C, Wu S, Tsai R. Integrating Perceived Playfulness into Expectation-confirmation Model for Web Portal Context. *Information & Management*, 2005, 42(5), pp.683-693.

[4] Kehr F. *Feeling and Thinking: On The Role of Intuitive Processes in Shaping Decisions about Privacy*. University of St.Gallen, 2015, pp.35-43.

[5] 沈祥:《国内用户使用移动广告行为意向的实证研究》,中国科学技术大学硕士学位论文,2008年,第64页。

续表

变量	编码	测量题项	来源
感知风险	Q14	在网上提供个人信息可能会被不恰当利用	
	Q15	我认为计算广告的信息不可靠	
	Q16	计算广告总会想方设法诱导消费者购买	
	Q17	计算广告总是想方设法让消费者多花钱	
	Q18	我担心受计算广告诱惑购买本来不需要的商品	

(三)隐私关注的测量

Smith 等开发的隐私关注多维量表(CFIP)用于测量消费者对信息隐私的关注及具体方面,它衡量隐私关注的 4 个维度,即信息收集、未授权二次使用、信息非法访问和信息错误使用。本书综合借鉴前人开发并使用的成熟量表,具体测量题项如表 4-3 所示。

表 4-3 隐私关注的测量

变量	编码	测量题项	来源
隐私关注	Q19	我非常关注个人信息是如何被使用的	Smith 等[1] 李海丹等[2]
	Q20	我对在网上提供太多的个人信息感到担忧	
	Q21	在网上提供个人信息时,我会谨慎思考一下再做决定	
	Q22	我担心网上收集太多个人信息被做其他使用	
	Q23	我担心网络收集我的个人信息	
	Q24	我认为个人信息或习惯数据被平台获取很不好	
	Q25	收到计算广告时,我感到个人信息被滥用	
	Q26	收到计算广告时,我感到隐私受到侵犯	
	Q27	我讨厌收到计算广告	

(四)用户态度的测量

在影响消费者行为的诸多因素中,态度起着极为关键的作用。多数研究认为态度是由认知成分(信念)、情感成分(感觉)和行为成分(反应倾向)构成的。认知成分是指人们对事物的信念和感知,情感成分是指人们对事物的情感和评价,行为成分是指人们对事物的反应和行动。通常情况下,这三种成

---

[1] Smith H J, Milberg S J, Burke S J. Information Privacy: Measuring Individuals' Concerns About Organizational Practices. *MIS Quarterly*, 1996, 20(2), pp.167-196.

[2] 李海丹、洪紫怡、朱侯:《隐私计算与公平理论视角下用户隐私披露行为机制研究》,《图书情报知识》2016 年第 6 期,第 114-124 页。

分的作用方向是协调一致的,共同影响着消费者对某一事物和现象的态度。①本书综合借鉴前人开发并使用的成熟量表,具体测量题项如表 4-4 所示。

表 4-4 用户态度的测量

变量	编号	测量选项	来源
认知态度	Q28	我了解计算广告	
	Q29	我经常接触计算广告	
	Q30	我对计算广告有了更深的认知	
情感态度	Q31	我喜欢计算广告	Andrew 等② Leo 等③ 樊帅等④
	Q32	我认为计算广告物有所值	
	Q33	我很乐意接触计算广告	
行为态度	Q34	我点击查看、点赞或评论计算广告的可能性很大	
	Q35	如果计算广告提供的产品和服务满足我的需求,我会对其进行进一步了解和使用	
	Q36	我会优先考虑计算广告推荐的产品	

三、研究方法

本书采用问卷调查法。为了避免被调查者不了解"计算广告"这一前沿术语,问卷的指导语部分特地加入以下说明:

计算广告即企业根据您平时的性别、籍贯、学历、收入水平、个人习惯、兴趣爱好、浏览痕迹等进行数据分析,通过推荐算法适时在相关媒体(如淘宝、京东、拼多多、抖音、微信、微博、搜索引擎等)上推送与用户匹配的精准广告。

Roscoe⑤提出抽样调查时应选取的样本量原则:适合的研究样本数量为 30~500,在多变量分析的情况下,样本数量适合在研究所用的变量测量

---

① Rosenberg M J. *Attitude Organization and Change: an Analysis of Consistency among Attitude Components*, New Haven: Yale University Press, 1960, pp.65-78.

② Andrew A M, Jerry C O. Are Product Attribute Beliefs the Only Mediator of Advertising Effects on Brand Attitude? *Journal of Marketing Research*, 1981, 18(3), pp.318-332.

③ Leo R V, Joseph M J. Print and Internet Catalog Shopping: Assessing Attitudes and Intentions. *Internet Research: Electronic Networking Applications and Policy*, 2000, 10(3), pp.191-202.

④ 樊帅、田志龙、张丽君:《虚拟企业社会责任共创心理需要对消费者态度的影响研究》,《管理学报》2019 年第 6 期,第 883-895 页。

⑤ Roscoe J T. *Fundamental Research Statistics for the Behavioral Sciences*. New York: Holt, Rinehart and Winston, 1975, pp.102-125.

题项10倍或以上。本次正式调查通过问卷星分层抽样和滚雪球抽样共发放问卷1240份,回收有效问卷1156份,无效问卷84份,有效问卷达成率为93.23%,符合抽样要求。样本人口统计学特征如表4-5所示,性别、年龄、月均消费水平、学历和职业各区间的样本量分布均较为合理。本书将运用以下统计方法进行数据分析:因子分析、中介效应分析、结构方程模型分析等,统计软件采用SPSS 28.0对数据进行处理。

表4-5 样本人口统计学特征($N=1156$)

变量名	分类	频数	比例/%	变量名	分类	频数	比例/%
性别	男	414	35.8	学历	高中(中专)及以下	20	1.7
	女	742	64.2		大专	248	21.5
年龄	18岁以下	8	0.7		本科	742	64.2
	19~30岁	376	32.5		硕士	116	10.0
	31~45岁	426	36.9		博士	30	2.6
	46~60岁	216	18.7	职业	学生	80	6.9
	61岁以上	130	11.2		私企	102	8.8
月均消费水平	1500元以下	34	2.9		国企	230	19.9
	1501~3000元	46	4.0		公务员	106	9.2
	3001~4500元	386	33.4		事业单位	360	31.1
	4501~6000元	456	39.4		自主创业	234	20.2
	6001元以上	234	20.2		无业	40	3.5
					其他	4	0.3

第四节 数据分析与模型验证

一、信度和效度检验

(一)信度检验

本书采用α系数(即Cronbach's alpha)来衡量量表信度的大小,α系数越大,信度越高,即量表的可信性和稳定性越高。α系数最小可接受值是0.70。本研究中各变量α系数均大于0.7,整体问卷的α系数为0.879,表明各变量及其度量维度的信度系数都在合理范围内,问卷内部具有较高的一致性和稳定性,量表的信度得到保证。

(二)效度检验

探索性因子分析适合于对数据的试探性分析。本研究采用探索性因子分析来评价问卷的结构效度,即找出量表的潜在结构,以因子分析去检验量表,并有效抽取共同因素,这是一种严谨的效度检验方法。统计表明,KMO度量值为 0.901,大于 0.9,巴特利球形检验 p 值为 0.000,数据适合进行因子分析。对 33 个题目的主成分分析可知,共提取 6 个因子,累积解释方差变异为 69.456%,说明 33 个题项提取的 6 个因子对于原始数据的解释度较为理想,数据具有较强的累积解释能力。根据旋转成分矩阵可以判断其各个题项的因子归属与量表设计因子的维度是一致的,表示问卷的结构效度较好,从侧面印证了研究框架的合理性。

区分效度是指构面(construct)根据实证标准真正区别于其他构面的程度,不同特质的测验结果之间的相关程度越低,说明测验之间区分效度越好。如果一个变量的平均萃取量 AVE 的平方根大于该变量与其他变量之间的相关系数时,该量表的区别效度被认为较高。[1] 数据显示,感知收益、感知风险、隐私关注、认知态度、情感态度和行为态度的 AVE 平方根分别为 0.771、0.767、0.797、0.809、0.847、0.801,均要大于其对应的相关系数,因此说明量表具有较好的区分效度。

二、结构方程模型与假设检验

(一)初始模型

结合研究假设和研究框架,我们在软件里画出初始模型图,如图 4-2 所示。

(二)共同方法偏差检验与验证性因子分析

共同方法偏差主要来源以下几种:由情绪、动机、心态等自我报告法造成的偏差;由题目暗示性、模糊性、正反向等问卷特征造成的偏差;由上下文语境、量表长度、启动效应等问卷内容造成的偏差;由测量的时间、地点、方法等测量环境造成的偏差。Harman 单因素检验(把所有量表题目均放入"变量"窗口,进行"分析—降维—因子分析")结果表明,第一个公因子的方差解释百分比为 29.015%,小于临界值 40%,不存在严重的共同方法偏差。

---

[1] Fornell C, Larcker D F. Evaluating Structural Equation Models with Unobservable Variables and Measurement Error. *Journal of Marketing Research*, 1981, 18(1), pp.39-50.

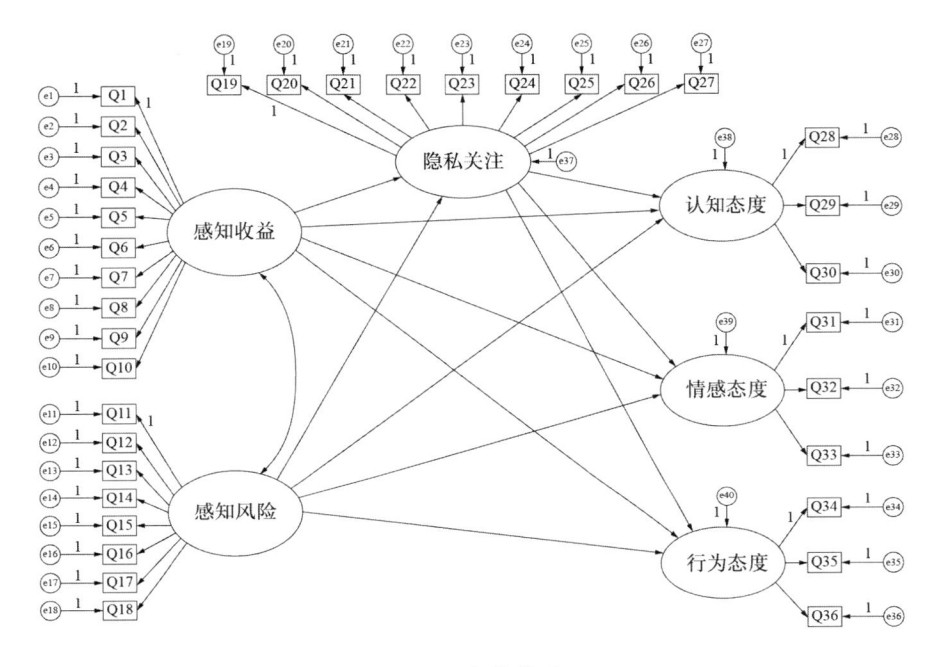

第四章　感知收益和感知风险对计算广告用户态度的影响：
隐私关注的中介作用　113

图 4-2　初始模型

验证性因子分析(CFA)是基于预先建立的理论，检验这种结构是否与观测数据一致，它是结构方程模型分析的一部分。在对测量模型进行分析之前，应首先确保每个测量模型都可以正确反映所测量的变量。本研究首先对 6 个变量进行 CFA 分析，分别为感知收益、感知风险、隐私关注、认知态度、情感态度、行为态度。据表 4-6，所有变量的因子负荷整体上可接受（Q2 和 Q3 的因子负荷低于 0.7，但接近 0.7 且大于临界值 0.5，整体处于可接受范围之内，所以本研究保留这两个题项）；题项信度(SMC)整体上可接受（Q2 和 Q3 的题项信度低于 0.5，但大于临界值 0.36，整体处于可接受范围之内，所以本研究保留这两个题项）；其组合信度(C.R.)都在 0.842～0.940，平均萃取变异量(AVE)为 0.588～0.717，符合学界提出的 C.R.＞0.6、AVE＞0.5 的标准。

表 4-6　验证性因子分析

变量	题项	因子负荷 Std.	参数显著性估计 Unstd.	S.E.	T-Value	p	题项信度 SMC	组合信度 C.R.	平均萃取变异量 AVE
感知收益	Q1	0.785	1.000				0.616	0.921	0.594
	Q2	0.668	0.849	0.050	17.014	*	0.446		
	Q3	0.685	0.854	0.049	17.531	**	0.469		
	Q4	0.713	0.942	0.051	18.408	***	0.508		
	Q5	0.745	0.986	0.051	19.443	***	0.555		
	Q6	0.766	0.986	0.049	20.141	***	0.587		
	Q7	0.752	1.015	0.051	19.681	***	0.566		
	Q8	0.822	1.136	0.052	22.043	***	0.676		
	Q9	0.802	1.069	0.050	21.356	***	0.643		
	Q10	0.902	1.249	0.050	17.014	***	0.814		
感知风险	Q11	0.791	1.000				0.626	0.934	0.588
	Q12	0.721	0.913	0.049	18.538	***	0.520		
	Q13	0.718	0.905	0.049	18.449	***	0.516		
	Q14	0.758	0.919	0.047	19.763	***	0.575		
	Q15	0.756	0.944	0.048	19.676	***	0.572		
	Q16	0.787	0.986	0.048	20.706	***	0.619		
	Q17	0.801	1.015	0.048	21.210	***	0.642		
	Q18	0.826	1.018	0.046	22.071	***	0.682		
隐私关注	Q19	0.831	1.000				0.691	0.940	0.635
	Q20	0.773	0.880	0.040	21.875	***	0.598		
	Q21	0.739	0.859	0.042	20.535	***	0.546		
	Q22	0.775	0.901	0.041	21.986	***	0.601		
	Q23	0.776	0.912	0.041	22.030	***	0.602		
	Q24	0.773	0.914	0.042	21.909	***	0.598		
	Q25	0.795	0.904	0.040	22.818	***	0.632		
	Q26	0.835	1.021	0.041	24.629	***	0.697		
	Q27	0.866	1.050	0.040	26.095	***	0.750		

续表

变量	题项	因子负荷 Std.	参数显著性估计 Unstd.	S.E.	T-Value	p	题项信度 SMC	组合信度 C.R.	平均萃取变异量 AVE
认知态度	Q28	0.819	1.000				0.671	0.850	0.655
	Q29	0.811	0.860	0.044	16.115	***	0.658		
	Q30	0.797	0.950	0.072	13.152	***	0.635		
情感态度	Q31	0.846	1.000				0.716	0.884	0.717
	Q32	0.871	0.911	0.073	17.331	***	0.759		
	Q33	0.822	0.982	0.064	15.286	***	0.676		
行为态度	Q34	0.754	1.000				0.569	0.842	0.641
	Q35	0.846	1.108	0.082	13.471	***	0.716		
	Q36	0.799	1.076	0.079	12.588	***	0.638		

注：* 表示 $p<0.05$，** 表示 $p<0.01$，*** 表示 $p<0.001$。

(三) 模型拟合评价

由表 4-7 可知，模型的 GFI、AGFI、CFI、IFI、TLI、NFI 指标达到理想标准；卡方/DF 为 1.197，小于 3，理想；RMSEA 分别为 0.018，小于 0.05，理想。整体而言模型适配理想，拟合结果良好。

表 4-7 模型拟合分析

拟合指标	指标值	拟合标准	模型适配判断
卡方/DF	1.197	<3.0	理想
GFI	0.911	>0.8	理想
AGFI	0.902	>0.8	理想
CFI	0.992	>0.9	理想
IFI	0.992	>0.9	理想
TLI	0.991	>0.9	理想
NFI	0.953	>0.9	理想
RMSEA	0.018	<0.05	理想

(四) 路径系数分析

表 4-8 得出各条路径系数的显著性水平以及标准回归系数，可以看出模型中路径系数绝对值均小于 1，符合要求。所有路径系数的 p 值均小于 0.05，表明结构方程模型得到有效验证，所有的假设均成立。

表 4-8 路径系数分析

路径	标准化系数	S.E.	C.R.	p
感知收益⇆感知风险	−0.372	0.752	−7.409	***
感知收益—隐私关注	−0.213	0.050	−4.867	***
感知风险—隐私关注	0.353	0.049	7.700	***
感知收益—认知态度	0.207	0.051	4.348	***
感知收益—情感态度	0.119	0.048	2.670	*
感知收益—行为态度	0.283	0.049	5.862	***
感知风险—认知态度	−0.136	0.051	−2.744	**
感知风险—情感态度	−0.169	0.049	−3.555	***
感知风险—行为态度	−0.185	0.047	−3.769	***
隐私关注—认知态度	−0.387	0.049	−7.569	***
隐私关注—情感态度	−0.456	0.047	−9.207	***
隐私关注—行为态度	−0.328	0.045	−6.520	***

注：* 表示 $p<0.05$，** 表示 $p<0.01$，*** 表示 $p<0.001$。

（五）结构方程模型修正

通过以上分析，得到了结构方程模型修正图，如图 4-3 所示。

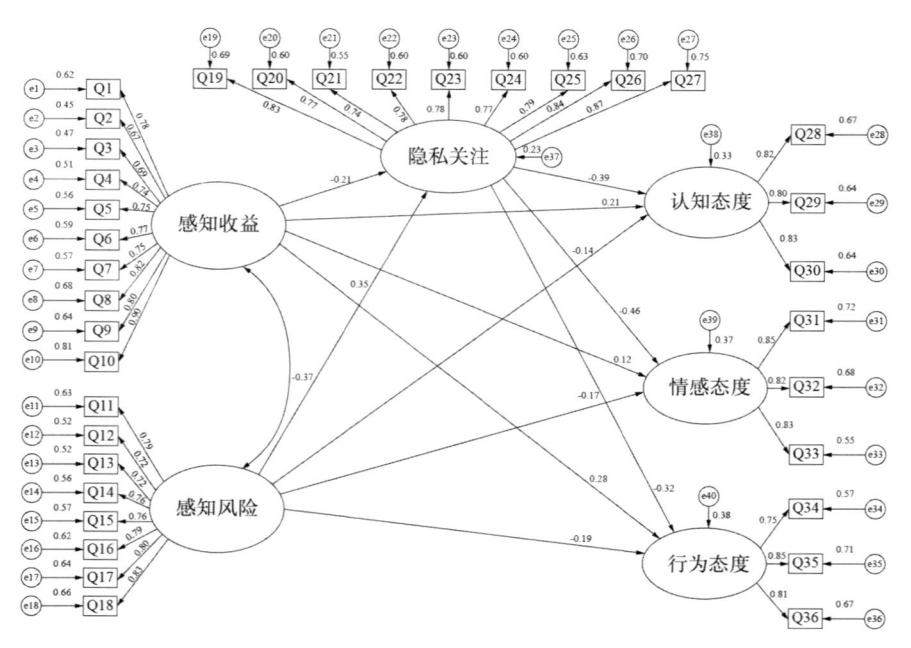

图 4-3 结构方程模型修正

三、中介效应检验和调解效应分析

(一)隐私关注的中介效应检验

本书根据温忠麟等[①]提出的偏差校正的非参数百分位 Bootstrap 法进行中介效应检验,其中 Bootstrap 次数为 2000。从表 4-9 可以看出,隐私关注中介效应的影响大小及显著性。结果显示,隐私关注在感知收益和用户态度之间、感知风险和用户态度之间均起部分中介作用,故 H_{4-6} 与子假设、H_{4-7} 与子假设均成立。

表 4-9　隐私关注中介效应检验

路径	中介效应	Lower	Upper	p
感知收益—隐私关注—认知态度	0.083	0.047	0.126	***
感知收益—隐私关注—情感态度	0.097	0.054	0.144	***
感知收益—隐私关注—行为态度	0.070	0.038	0.110	***
感知风险—隐私关注—认知态度	−0.136	−0.196	−0.090	***
感知风险—隐私关注—情感态度	−0.161	−0.222	−0.113	***
感知风险—隐私关注—行为态度	−0.116	−0.169	−0.077	***

注：* 表示 $p<0.05$,** 表示 $p<0.01$,*** 表示 $p<0.001$。

(二)人口统计学特征的调解效应分析

本研究使用软件 AMOS 28.0 对不同人口统计学特征下的用户对计算广告的态度进行检验。由于性别和职业是分类变量,我们将其处理为虚拟变量后纳入结构方程模型中进行检验,同时把年龄、学历、月均消费水平作为控制变量引入结构方程模型,分析得到各项拟合指标分别为:CMIN/DF=1.177<3,RMSEA=0.018<0.05,GFI=0.901>0.8,AGFI=0.909>0.8,CFI=0.990>0.9,IFI=0.991>0.9,TLI=0.989>0.9,NFI=0.940>0.9,均达到模型适配标准,表示模型适配理想,拟合结果良好。但观察人口统计学特征的路径系数 p 值,我们发现年龄和学历 p 值大于 0.05,没有显著意义,职业和月均消费水平 p 值小于 0.05,表明结构方程模型受到部分人口统计学特征的影响。进一步分析发现,职业为公务员的群体,在隐私关注上的得分明显高于学生群体,而月均消费水平在 1501～3000 元的群体,在感知收益上的得分明显高于其他消费水平的群体。

[①] 温忠麟、叶宝娟:《有调节的中介模型检验方法:竞争还是替补?》,《心理学报》2014 年第 5 期,第 714-726 页。

第五节 讨论与启示

本研究立足感知收益和感知风险这两个重要的正反构面,结合 CAC 研究范式,旨在研究感知收益和感知风险对计算广告用户态度的影响机制,并探讨隐私关注在两者之间的中介作用。

一、讨论

(一)感知收益和感知风险分别直接影响计算广告用户态度

本研究表明,感知收益正向影响计算广告用户态度,说明提高感知收益能够有效增加用户对计算广告的认知态度、情感态度和行为态度。这与巢乃鹏等[1]的研究结果一致,他们指出感知收益正向影响行为定向广告态度。同时,本研究指出感知风险负向影响用户态度,表明感知风险越大,用户对计算广告的认知态度、情感态度和行为态度越消极。这一结论证实了徐东超[2]的研究,他调查微信朋友圈广告的用户接受意愿时发现,感知风险对广告态度具有显著的负向影响。上述结论表明感知收益和感知风险是计算广告用户态度不可回避的两个正反构面。

(二)感知收益和感知风险对隐私关注、用户态度分别产生交互作用

本研究表明,感知收益和感知风险对隐私关注产生交互作用,即感知收益越高、感知风险越低,隐私关注就越低。这一结论与安昭宇等[3]研究结果一致,他们认为,降低隐私忧虑可以通过增加用户的感知收益和减少用户的感知风险性两个方法来实现。同时,本研究指出感知收益和感知风险对用户态度产生交互作用,即感知收益越高、感知风险越低,用户态度就越好。海德曾提出"归因理论"用以解释人们会通过分析外界因素,如他人或自己行为产生的原因,来决定自身后续的各种行为,即作为"理性人"的消费者在广告信息加工处理的过程中,会主动权衡利弊,进而做出相应的趋利避害的行为。在评估广告信息可能对自己带来的利益和风险后,消费者对广告的

---

[1] 巢乃鹏、赵文琪、秦佳琪:《行为定向广告回避的影响机制研究》,《当代传播》2020 年第 6 期,第 94-99 页。

[2] 徐东超:《微信用户对朋友圈广告接受意愿的影响因素研究》,吉林大学硕士学位论文,2016 年,第 1-2 页。

[3] 安昭宇、刘鲁川:《SNS 用户感知风险、感知收益与隐私忧虑间的关系》,《数学的实践与认识》2013 年第 2 期,第 127-137 页。

热值进行归因,进而影响其对广告的态度。[①]

(三)隐私关注在感知收益和计算广告用户态度之间、感知风险和计算广告用户态度之间分别起部分中介作用

本研究表明,感知收益负向弱影响隐私关注,感知风险正向强影响隐私关注;感知收益越强,隐私关注就越弱,导致计算广告用户态度越好;反之,感知风险越强,隐私关注就越强,导致计算广告用户态度越差。因此,我们看到隐私悖论:一方面,感知收益通过负向影响隐私关注进而正向影响计算广告用户态度;另一方面,感知风险通过正向影响隐私关注进而负向影响计算广告用户态度。彭丽徽等[②]的研究也表明,隐私关注是社交媒体态度的重要影响因素,在隐私关注中信息保护与隐私披露行为共同作用,感知风险与感知收益相互博弈。因此,我们要大力提高计算广告的感知收益、降低计算广告的感知风险,从而减少用户的隐私关注,进而增强计算广告的用户态度。

(四)感知风险对隐私关注的正向影响、隐私关注对计算广告用户态度的负向影响存在"蝴蝶效应"

本研究表明,感知风险对隐私关注的正向影响权重($\beta=0.353$)绝对值高于感知收益对隐私关注的负向影响权重($\beta=-0.213$)绝对值,同时,隐私关注对计算广告用户态度的负向影响权重分别为:认知态度($\beta=-0.387$)、情感态度($\beta=-0.456$)和行为态度($\beta=-0.328$),其权重绝对值明显高于感知收益对用户态度的正向影响(认知态度 $\beta=0.207$、情感态度 $\beta=0.119$、行为态度 $\beta=0.283$)。这说明,在计算广告领域,感知收益和感知风险的博弈存在"蝴蝶效应":计算广告用户在对待隐私问题和广告态度时的心理是非常微妙复杂的,有不可预测的"变数",触摸用户的隐私底线可能会适得其反、出现放大效应,导致用户对广告主苦心经营建立起来的计算广告感知收益"功亏一篑"。这一结论也体现了隐私计算理论在计算广告领域应用的特殊性。

二、启示

(一)强化用户的感知收益,提升计算广告质量

当前计算广告的技术水平亟待提高,只有让用户感受到计算广告的存

[①] 李敏:《感知价值视阈下消费者广告伦理决策研究》,河南大学硕士学位论文,2020年,第72页。

[②] 彭丽徽、李贺、张艳丰,等:《用户隐私安全对移动社交媒体倦怠行为的影响因素研究:基于隐私计算理论的CAC研究范式》,《情报科学》2018年第9期,第96-102页。

在利大于弊,计算广告的生存空间才能得到拓展。创意仍然是计算广告的生命之源,若能将网络技术与广告创意完美融合,充分利用网络媒介独特的即时交互功能,则计算广告的接受度会更好。移动互联网和各种新型网络支付方式的兴起,催生了社交、生活、购物、娱乐等多元消费场景,使得消费者的选择更加多元化,面对的信息量将更加巨大。在消费者有限的注意力下,广告的内容也将面临更高的要求。计算广告必须精准,符合用户的利益需求并能激发用户需求。计算广告要有创意,才能够在海量信息中吸引消费者的目光。同时,计算广告需要根据不同场景、不同用户、不同时间进行不同的变换。传统的创意生产模式难以满足智能时代多元场景精准匹配模式的要求。通过用户的一系列行为数据,比如鼠标悬停、点击、收藏等,结合创意群组之间的元素差异分析,就能做到传统广告监测所做不到的事情——通过数据验证和判断哪些创意元素、组合方式更有效,以此为基础对创意内容进行持续优化,以实现与用户更精准的沟通。从这种意义上来说,实际上是用户自己在选择创意。因此,计算广告越成熟,用户的感知收益也就越多。

如何提升其质量和效果,强化计算广告用户的感知收益成为企业竞争的关键,以下是一些可能有效的方法:

(1)个性化定向。通过大数据、人工智能等技术手段,对不同群体的兴趣点、需求和消费习惯进行全面分析和建模,实现精准投放,让广告更加符合用户需求和期望。

(2)创新形式。开发新型的广告形式,如用 VR/AR 技术制作的沉浸式广告、基于视频流媒体技术的动态广告等,以创新的方式更好地吸引用户的注意力和兴趣,从而提高广告效果和用户感知收益。

(3)加强监管。政府应该建立专门机构对计算广告行业进行规范和监管,严格限制虚假广告和欺诈行为,保护用户的权益和利益,增强用户对广告的信任度和满意度。

(4)提供优质服务。除了广告本身的质量外,还需要注重提供优秀的售后服务,包括 24 小时热线、在线客服、退换货保障等,让用户感受到全方位的服务体验。

(5)增强交互体验。与用户进行互动是提高广告质量的重要手段之一,例如开展线上活动、参与话题讨论、提交互动答案等,这样可以增强用户的参与感和互动体验,提升计算广告效果和用户感知收益。

总之,提升计算广告的质量需要结合多种手段,包括技术创新、政府监管、服务保障等方面,让计算广告更好地符合用户的真实需求和期望。只有这样,才能促进计算广告产业的长足发展和健康生态。

(二)弱化用户的感知风险,优化计算广告监管措施

可信性是消费者对广告最基本的要求,这一点对于计算广告而言也同样适用。企业及互联网平台应当尽量弱化用户对计算广告的风险感知,提升用户对计算广告的信任程度。为了降低用户感知风险的程度,可以从两个方面入手:第一,计算广告相关隐私政策应该表述得通俗易懂。很多平台的隐私政策声明往往隐藏得很深,甚至将很多霸王条款隐藏其中,用户没有自愿选择的权利。平台试图通过这种手段蒙混过关,扩大自己的利益点,然而这种行为一旦被揭露,会导致用户对计算广告产生极度的不信任感。第二,加强对计算广告内容和形式的监管。这需要用户、政府、企业、平台等多方的共同监督和发力。对于平台自身而言,应当加强对计算广告内容信息的过滤和把关,从源头上对计算广告的质量进行一定的把控;对于用户而言,则需要培养每一位用户的公众媒介素养,让用户能够有意识地保障自己的权利,对可能对自身产生风险的广告,如对虚假广告信息,采取坚决举报等措施,促进平台优化广告机制;对于政府而言,需要加强对计算广告平台的市场监管,结合大数据、云平台等技术,对计算广告平台实施动态和数字化监控,以便更好地获取相关信息,进而对整体动向进行把控。用户、政府、企业、平台等多方共同行动,才能有效增强计算广告的安全性和可信性,并将用户的感知风险降到最低。

弱化计算广告用户的感知风险,需要优化监管措施,以下还有一些可能有效的方法:

(1)加强监管力度。政府应当加强对计算广告市场的监管,建立专门机构进行监管和执法,制定相关规范和标准,严格打击虚假广告和欺诈行为。

(2)提高信息透明度。企业应该在广告发布前明确提示广告内容和真实性,提供足够的信息和证据,让用户更好地了解广告内容和真实情况,避免因误导导致的用户疑虑和不满。

(3)改善用户体验。计算广告应该尽量减少对用户使用体验的影响,避免广告过于频繁或干扰用户的正常使用,从而避免用户产生反感或不信任。

(4)强化投诉处理。政府应该建立完善的投诉处理机制,让用户有一个公正、透明的维权渠道,及时处理违法行为,保护用户的权益和利益。

(5)普及用户教育。加强用户隐私和权限的普及和教育,让用户了解自己的权益和利益,提高用户意识,增强对恶意计算广告的鉴别和预防能力。

总的来说,弱化计算广告的风险需要多方共同努力。通过加强监管力度、提高信息透明度、改善用户体验、强化投诉处理以及普及用户教育等手段,可以让计算广告市场更加健康和可持续发展,保护用户的权益和利益,提升用户感知收益。

(三)降低用户的隐私担忧,平衡商业利益与公众权利

计算广告在为广大用户带来便利的同时,也引发了很多心智较成熟用户对个人信息安全、个人隐私的关注,这部分消费者,相较于计算广告的便利性,更加注重隐私安全的问题。计算广告平台在收集和使用用户的网上行为数据、个人信息并进行智能推广的过程中,应当考虑到他们需求的正当性和合理性。当用户清楚自己的哪些在线行为会被收集,以及将以何种方式被利用,可以在一定程度上减少他们的隐私关注和隐私担忧。此外,平台还应该优化对消费场景分析的相关算法,避免在用户高敏感的场景下进行精准推送。例如,在涉及成人用品、情侣约会、融资借贷等隐私度较高的情境,计算广告会引发用户的极度反感。不同的消费者具有不同隐私担忧程度,计算广告平台应该站在用户体验的角度上,充分考虑如何让不同隐私关注程度的用户都能合理地享受人工智能技术、云算法技术等网络科技带来的好处。基于此,企业可以针对不同的用户提供不同程度的计算广告推荐。在这个高度信息化、网络化和商业化时代,很多用户虽然会关注和担忧自己的隐私安全,但是在大趋势下为了使用便捷的网络服务,已经让渡了大部分应有的权利。用户的让步和妥协不应成为各大平台过度追逐商业利益、罔顾用户隐私安全的理由,计算广告相关主体应当勇于承担社会责任,遵守商业运作规范,坚持可持续发展原则,充分重视与保障用户的合法权益,在实践中寻找商业利益和公众安全之间的平衡点,促进各方的均衡发展。

计算用户对于个人隐私的担忧不断加剧,如何平衡商业利益与公众权利,降低用户的隐私担忧,以下还有一些可能有效的方法:

(1)严格保护用户隐私。企业应该通过多种方式保护用户隐私,包括安全技术手段、隐私政策等,从源头上控制用户数据的收集和使用。

(2)增强隐私意识教育。通过多种渠道加强用户隐私意识的普及和教育,让用户了解自己的权益,并能够更好地保护自己的隐私和权益。

(3)引入匿名化和加密技术。采用匿名化和加密技术对用户数据进行处理,强化用户数据的安全性和隐私保护,减少用户的隐私担忧。

(4)开放数据共享机制。建立数据共享机制,让用户有选择地分享个人数据,同时保障用户的隐私和数据安全,实现商业利益和公众权利的平衡。

(5)加强监管力度。政府应加强对计算广告市场的监管,完善隐私保护法律法规,及时处罚违规企业,保障公众利益和用户隐私。

总之,降低用户的隐私担忧需要多方共同努力。通过加强保护用户隐

私、增强隐私意识教育、引入匿名化和加密技术、建立数据共享机制和加强监管力度等手段,可以实现商业利益和公众权利的平衡,降低用户的隐私担忧,保障用户的隐私权和利益。

综上所述,本研究在计算广告的情境中使用 CAC 研究范式来研究作为中介变量的隐私关注,把计算广告领域中备受关注的隐私问题纳入考察。计算广告实现的前提条件就是获取一定的用户数据,完全的公民隐私保护显然不适合计算广告的发展,因此,广告主、媒介和代理机构均反对完全的隐私保护,而倾向接受一定程度匿名数据的适当使用。为解决计算广告的隐私问题,既要保护好消费者信息安全,又不影响广告行业的发展,相关企业应遵照合法原则、知情同意原则、目的明确原则、最少够用原则来搜集、处理和使用个人信息,将个人信息以匿名或脱敏的方式进行使用,同时最大化增加用户对计算广告的感知收益(如增强计算广告的精准性、有用性、娱乐性、互动性等)、减少用户的感知风险(如避免具名数据滥用、网络欺诈、虚假广告、过度骚扰等),这能为多方带来共同的利益。

第五章 集体主义和个人主义对计算广告用户态度的影响：隐私关注的中介作用

第一节 引言

在用实证研究方法对文化价值观进行量化统计的以往研究中，引用较多的是 Hong 提取的 32 种文化价值观指标。Hong[1] 在 Pollay 等人研究成果的基础上，对中国 1982—1992 年的 572 条期刊广告、1990—1995 年的 483 条电视广告进行内容分析，提取了 32 种文化价值观。在之后的研究中，Hong 等[2]认为，实用性价值观是指强调产品功能特性与品质价值，便利、经济、有效等就属于实用性价值观；象征性价值观是指暗示人类情感的价值，享乐、个人主义、社会地位等就属于象征性价值观。

在跨文化研究领域，各国学者公认的具有里程碑式影响力的人物非荷兰人类学家霍夫斯泰德莫属。Hofstede 在 1980 年[3]、1983 年[4]和 1988 年[5]对分布在 40 个国家和地区的 11.6 万名 IBM 的员工进行了调查，通过对大量数据的分析，发现民族文化对雇员的工作价值观和工作态度的显著影响主要表现在 6 个维度：(1)个人主义/集体主义(individualism/collectivism)；(2)权力距离(high/low power distance)；(3)不确定规避(uncertainty avoidance)；(4)阳刚型/阴柔型(masculinity/feminity)；(5)儒家主义(confucian Dynamism，如 long-term versus short-term orientation)；(6)自身放纵与约束(indulgence versus restraint)。

---

[1] Hong C. Toward an Understanding of Cultural Values Manifest in Advertising: a Content Analysis of Chinese Television Commercials in 1990 and 1995. *Journalism and Mass Communication Quarterly*, 1997, 74(4), pp.782-783.

[2] Hong C, Schweitzer J C. Cultural Values Reflected in Chinese and U. S. Television Commercials. *Journal of Advertising Research*, 1996, 6(3), pp.27-45.

[3] Hofstede G. *Culture's Consequences: International Differences in Work-Related Values*. Beverly Hills, CA: Sage Pubilications, 1980, p.99.

[4] Hofstede G. The Cultural Relativity of Organizational Practices and Theories. *Journal of International Business Studies*, 1983, 14, pp.75-89.

[5] Hofstede G, Michael B. The Confucius Connection: From Cultural Roots to Economic Growth. *Organizational Dynamics*, 1988, 16(4), pp.9-21.

第五章　集体主义和个人主义对计算广告用户态度的影响：隐私关注的中介作用

刘世雄[1]在霍夫斯泰德文化价值观研究成果的基础上，总结出符合评价东西方文化价值观的 10 个维度，分别是：人与宇宙、集体主义与个人主义、权力距离、男性化与女性化、不确定规避、时间导向、长期与短期导向、归因导向与成果导向、情绪化与情绪中性、物质主义。

实际上，学术界对中国传统文化价值观和西方文化价值观的界定至今还没有达成共识。[2] Hong 等[3]认为，典型的中国传统文化价值观有社会地位、情感、集体主义、家庭、面子、尊老、传统、天人合一等；典型的西方文化价值观有享乐、财富、自由、征服自然、竞争、个人主义、现代感、性吸引、年轻等等。刘俊[4]在总结严复、冯友兰、李大钊和陈独秀四位前人论述的基础上，认为东方典型的价值观有传统、尊老、集体主义、自然等，西方典型的价值观有现代、年轻、个人主义、竞争、冒险等。如图 5-1 所示。

比较典型的东西方文化价值观
{
(1)（时间取向）传统 vs 现代──尊老 vs 年轻（严复、冯友兰）
(2)（群己关系）集体主义 vs 个人主义（严复、冯友兰、李大钊、陈独秀）
　　　　　　　　　↓
　　　　　　　　家庭
(3)（天人关系）自然 vs 竞争──冒险（严复、李大钊、陈独秀）
}

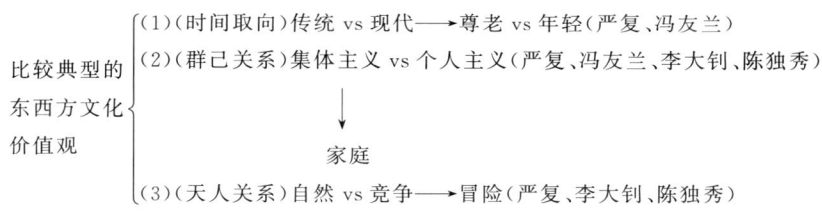

图 5-1　比较典型的东西方文化价值观

在前人对文化价值观的研究中，不管是何种分类，集体主义与个体主义维度都受到了重点关注。不同文化价值观背景下的消费差异是广告社会学研究的重要议题之一，相关研究多集中于跨国广告的消费行为比较、不同代际的消费行为差异等。前人的研究忽视了集体主义与个体主义可能同时存在的情况，[]对许多现象的理论解释力不足。后来的学者将这对概念发展到个体层次，围绕着"两极还是单极""单维还是多维"的问题提出了多种概念

---

[1] 刘世雄：《中国消费区域差异特征分析：基于中国当代文化价值的实证研究》，上海三联书店 2007 年版，第 78 页。

[2] 冯捷蕴：《中国大陆的文化价值观：以 2004 年网络广告内容分析为例》，《现代传播》2004 年第 5 期，第 91 页。

[3] Hong C, Schweitzer J C. Cultural Values Reflected in Chinese and US Television Commercials. *Journal of Advertising Research*, 1996, 36(3), pp.27-45.

[4] 刘俊：《以〈南方周末〉为例看报纸广告中文化价值观的变迁(1987—2007)》，暨南大学硕士学位论文，2008 年，第 18 页。

内涵。[1] 其中,最具影响力的是 Triandis 等[2][3]的研究。他根据参照群体的不同,将"集体主义—个体主义"两极维度划分为垂直集体主义、垂直个体主义、水平集体主义和水平个体主义 4 类。这一定程度上体现了中国社会的差序格局,打破了"集体主义—个体主义"二元对立的思维模式,因而解释力更强。

隐私问题起源于个体对自由的追求,在一定程度上体现了个人主体的内核。社交网络上,隐私问题起源于人对社交网络的使用,它不仅仅具有个体性(体现个性自由、自我决断等),还体现了社会文化性。个体在社交网络上所发布的隐私信息,在使用与满足动机下,很可能因个体文化价值观的差异对隐私问题的认知产生分歧。换而言之,个体具有何种文化价值观,可能导致用户的隐私观念不同,隐私披露和隐私保护的行为也不同,进而影响计算广告的用户态度。近代以来,马克思主义已成为中国的主导思想之一。它与儒家思想相通,注重集体的价值,强调个人利益服从集体利益,通过集体自由全面的发展来实现个人发展。即使在今天,中国公众仍然十分关注个人与社会之间的冲突与和解,而不仅仅是强调隐私对个人的价值和意义。可以看出,中西方在隐私概念、隐私感知、隐私价值、隐私功能、隐私内容等方面存在着很大的差异。[4] 因此,本书把集体主义和个人主义文化价值观结合起来,比较研究它们对隐私关注此消彼长的互动作用,并探索它们最终将如何影响计算广告的用户态度。

第二节 理论基础与研究假设

态度三元论强调态度包含认知、情感和行为 3 个因素,如 Rosenberg[5] 提出的三成分态度理论将购买对象因素和个人因素结合在一起,更全面地反映了用户态度的结构。因此,用户态度包含了人的认知、情感和行为 3 个

---

[1] Freeman M A, Bordia P. Assessing Alternative Models of Individualism and Collectivism: A Confirmatory Factor Analysis. *European Journal of Personality*, 2001, 15(2), pp.105-121.

[2] Triandis H C, Bontempo R, Villareal M J, et al. Individualism and Collectivism: Cross-Cultural Perspectives on Self-Ingroup Relationships. *Journal of Personality and Social Psychology*, 1998, 54(2), pp.323-338.

[3] Triandis H C, Gelfand M J. Converging Measurement of Horizontal and Vertical Individualism and Collectivism. *Journal of Personality and Social Psychology*, 1998, 74(1), pp.118-128.

[4] 曹雅慧:《社交网络隐私披露行为研究》,中国科学技术大学硕士学位论文,2019 年,第 15-28 页。

[5] Rosenberg M J. *Attitude Organization and Change: An Analysis of Consistency among Attitude Components*. New Haven: Yale University Press, 1960, pp.239.

层面,这构成了本研究因变量的理论基础。

在自变量方面,Ki-Hyeok 等[①]研究表明,不管是理性诉求还是感性诉求,集体主义价值观均会对广告态度产生影响。Wang 等[②]调查发现,美国与中国网上购物时对在线行为广告的分享信息意愿存在显著差异,受文化价值观等社会历史条件的影响,中国受访者更愿意分享他们的数据,并且对隐私担忧的程度更浅。周怡[③]研究发现,重视自我与集体之间关系的集体主义者可能更容易受到关系网络的影响,当身边有越多朋友购买在线知识付费课程,集体主义文化倾向较强的人就越有可能一起参与消费活动,从而达到维护社会关系与维护群体和谐的目的。这说明在集体主义文化下,用户更有可能受到群体压力的影响而忽略个体的隐私损害,为了维护集体关系而更易接受群体消费行为。因此,本研究提出以下假设:

H_{5-1}:集体主义正向影响计算广告用户态度。
H_{5-1-1}:集体主义正向影响计算广告用户认知态度。
H_{5-1-2}:集体主义正向影响计算广告用户情感态度。
H_{5-1-3}:集体主义正向影响计算广告用户行为态度。

Radziszewska 等[④]以波兰消费者为研究对象,检验霍夫斯泰德文化价值观维度视角下个人主义价值观对在线广告感知及其接受水平的影响,结果表明,在个人主义背景下,用户比较看重隐私,将个人信息安全放在首位,对在线广告存在的隐私泄露等问题更为警惕,因而对在线广告感知及其接受水平持谨慎态度。个人主义价值观的用户可能会因为自我保护而回避计算广告,因此,本研究提出以下假设:

H_{5-2}:个人主义负向影响计算广告用户态度。
H_{5-2-1}:个人主义负向影响计算广告用户认知态度。
H_{5-2-2}:个人主义负向影响计算广告用户情感态度。
H_{5-2-3}:个人主义负向影响计算广告用户行为态度。

---

① Ki-Hyeok S,Huang Y. The Effect of Personal Value Disposition on the Consumer Attitude of Advertising Appeal Type. *Journal of the Korea Contents Association*,2009,19(12),pp.154-163.

② Wang Y,Xia H C,Huang Y. Examining American and Chinese Internet Users' Contextual Privacy Preferences of Behavioral Advertising. The 19th ACM Conference On Computer-Supported Cooperative Work And Social Computing(CSCW2016),2016,pp.539-552.

③ 周怡:《集体主义倾向、知识产权意识与线上知识付费的代际差异研究》,《中国青年研究》2020 年第 10 期,第 28-37 页。

④ Radziszewska A,Soliman K S. Cultural Values in Online Advertising-Implications For E-Customer Experience Management. 35th International-Business-Information-Management-Association Conference (IBIMA),Seville,SPAIN,2020,APR 01-02,pp.17387-17394.

原晋[1]认为,跨文化传播中的个人主义与集体主义可以看成是一个太极,这个太极是冲突与和谐的统一体。假定集体主义为阳因子,则个人主义为阴因子,二者之间的相关性可以类比为集体主义与个人主义的冲突与协调,最终走向融合与互通。而太极图中的处于阴阳之间的 S 形曲线显示:阴(个人主义)阳(集体主义)是互为补充的、相互依存、相互作用的。Koeman[2]对具有多数族裔和少数族裔背景的 12 至 19 岁的不同样本进行问卷调查表明,尽管西方青年更倾向于个人主义,非西方青年更偏向于集体主义,但这两个群体都坚持混合的文化价值观;同时,文化价值观能够预测广告信念,进而影响广告态度。这说明集体主义和个人主义价值观对广告态度的影响有时不是单独存在的,因此,本研究提出以下假设:

H_{5-3}:集体主义和个人主义对计算广告用户态度产生交互作用。

H_{5-3-1}:集体主义和个人主义对计算广告用户认知态度产生交互作用。

H_{5-3-2}:集体主义和个人主义对计算广告用户情感态度产生交互作用。

H_{5-3-3}:集体主义和个人主义对计算广告用户行为态度产生交互作用。

H_{5-4}:集体主义和个人主义对隐私关注产生交互作用。

随着计算广告应用的普及,越来越多用户已经感知到个人隐私被触犯的压力,并产生了一定程度的忧虑。[3] Youn 等[4]研究指出,用户已经意识到了"恶性循环"的存在,即与广告进行积极互动(例如点赞、评论、点击链接、关注品牌等),会导致更多基于他们行为数据的精准广告出现,进一步威胁他们的隐私安全。Dinev 等[5]的研究表明,隐私关注与用户提供私人信息的意愿呈现负相关。当用户因隐私关注受到压力时,消费者对个性化广告服务的接受意愿也将降低。[6] 因此,本研究提出以下假设:

H_{5-5}:隐私关注负向影响计算广告用户态度。

H_{5-5-1}:隐私关注负向影响计算广告用户认知态度。

---

[1] 原晋:《S 维度论:跨文化交际中的个人主义与集体主义》,河北农业大学硕士学位论文,2012 年,第 31-39 页。

[2] Koeman J. Cultural Values and Advertising Attitudes of Ethnic Youth in Flanders. *Tijdschrift voor Communicatiewetenschap*,2008,36(4),pp.284-300.

[3] 杨嫚、温秀妍:《隐私保护意愿的中介效应:隐私关注、隐私保护自我效能感与精准广告回避》,《新闻界》2020 年第 7 期,第 41-52 页。

[4] Youn S,Shin W. Teens' Responses to Facebook Newsfeed Advertising:The Effects of Cognitive Appraisal and Social Influence on Privacy Concerns and Coping Strategies. *Telematics and Informatics*,2019,38(5),pp.30-45.

[5] Dinev T,Hart P. An Extended Privacy Calculus Model for E-Commerce Transactions. *Information Systems Research*,2006,17(1),pp.61-81.

[6] 秦颖:《移动短视频信息流广告用户参与意愿研究》,华南理工大学硕士学位论文,2020 年,第 45 页。

H_{5-5-2}:隐私关注负向影响计算广告用户情感态度。

H_{5-5-3}:隐私关注负向影响计算广告用户行为态度。

在中介变量上,一方面,有人认为,具有集体主义感的中国人隐私观念薄弱,披露行为较为显著。[①] 而在 20 个国家的隐私问题的跨文化研究中,Milberg 等[②]发现,个人主义文化价值观强烈的人更关注隐私。另一方面,消费者感受到隐私的侵犯则会使其对计算广告产生负面态度。[③] 阳仁磊[④]对中国样本的研究发现,隐私担忧负向影响广告感知价值,从而降低用户的广告态度。Van 等[⑤]对荷兰样本的研究发现,用户的隐私担忧会增加用户对个性化广告入侵性的感知,进而降低用户对广告的积极态度。这说明不管是集体主义还是个人主义的样本,均可能通过隐私关注的作用导致用户对计算广告态度产生改变。因此,本研究提出以下假设:

H_{5-6}:隐私关注在集体主义和计算广告用户态度之间起中介作用。

H_{5-6-1}:隐私关注在集体主义和计算广告认知态度之间起中介作用。

H_{5-6-2}:隐私关注在集体主义和计算广告情感态度之间起中介作用。

H_{5-6-3}:隐私关注在集体主义和计算广告行为态度之间起中介作用。

H_{5-7}:隐私关注在个人主义和计算广告用户态度之间起中介作用。

H_{5-7-1}:隐私关注在个人主义和计算广告认知态度之间起中介作用。

H_{5-7-2}:隐私关注在个人主义和计算广告情感态度之间起中介作用。

H_{5-7-3}:隐私关注在个人主义和计算广告行为态度之间起中介作用。

第三节 研究设计

一、研究框架

希腊社会学者维克托·鲁多梅托夫在社会空间理论基础上,提出根据

---

① Bao Y, Zhou K Z, Su C. Face Consciousness and Risk Aversion: Do They Affect Consumer Decision-Making? *Psychology & Marketing*, 2003, 20(8), pp.733-755.

② Milberg S J, Smith H J, Burke S J. Information Privacy: Corporate Management and National Regulation. *Organization Science*, 2000, 11(1), pp.35-57.

③ 朱书琴、宋思根:《个性化广告:影响过程、消费者态度和交互作用》,《兰州商学院学报》2013 年第 5 期,第 40-45 页。

④ 阳仁磊:《社交媒体信息流广告中的"个性化—隐私悖论"研究》,西南财经大学硕士学位论文,2020 年,第 52 页。

⑤ Van D J, Hoekstra J C. Customization of Online Advertising: The Role of Intrusiveness. *Marketing Letters*, 2013, 4(24), pp.339-351.

社会实践的具体方式[①]将"社会空间"细分为虽跨越地理区域,但通过日常联络可以相互感知的"认知空间"(perceived space),城市、单位、机构、组织等基于人们政治、经济、文化活动设想的"想象空间"(conceived space),以及由日常生活直接交往的各种互动产生的"生活空间"(lived space)。[②] 社会空间理论是一种理论框架,它被广泛应用于城市研究、社会不平等研究、政治研究和文化研究等。在文化研究中,社会空间理论可以分析不同文化群体的空间分布和文化地位,以及这些因素对他们的社会生活和文化发展的影响。

在互联网时代,空间不再被理解为孤立的地理空间,而是被信息化、社会化、关系化的流动空间。无论何时何地,网络都会实时动态地追踪用户的行动轨迹,以用户为原点的空间区域被"照亮"了,网络构建了一种新的、可视的空间关系[③],成为"生产关系再生产的场所",社会化媒体语境下的生产实践本质上也体现为一种空间实践。[④] 网络空间为各种价值观的文化传播提供了新场域,计算广告作为数字生活空间无处不在的组成部分,面临认知空间、想象空间与生活空间之间的三重矛盾。

在本研究中,文化价值观与"认知空间"(认知空间的最高层次是人们大脑思维和精神状态的自主性安全[⑤],文化价值观是认知空间的核心[⑥])有关,它侧重社会空间理论里的"能指",即各种可感知的空间实践形态,比如文化价值观的外在表现。隐私关注是一种"想象空间"(用户不愿为人知晓的、与他人及社会利益无关的私密空间,它因人而异,对机体起到调节作用),它侧重社会空间理论里的"所指",即用空间符号编纂、构想出来的概念化空间表述。计算广告的用户态度构成"生活空间"(计算广告一旦被用户注意,就会与用户发生相互作用,构成用户的生活空间),它侧重社会空间理论里的"意

---

① 吕斌、周晓虹:《全球在地化:全球与地方社会文化互动的一个理论视角》,《求索》2020年第5期,第105-113页。

② Roudometof V. *Glocalization: A Critical Introduction*. London: Routledge Publications, 2016, pp.31-37.

③ 路鹃:《从"地方空间"到"流动空间":隐私空间的代际演变与法律规制》,《西北师大学报(社会科学版)》2016年第4期,第24-30页。

④ 刘涛:《社会化媒体与空间的社会化生产:列斐伏尔和福柯"空间思想"的批判与对话机制研究》,《新闻与传播研究》2015年第5期,第73-92页。

⑤ 梁晓波、曾广:《文化安全中的心理与认知空间安全》,《国防科技》2016年第3期,第86-94页。

⑥ 赵爱国:《"定型"理论及其研究:文化与认知空间双重语境之阐释》,《外语与外语教学》2005年第10期,第7-11页。

指",即用户对符号的接触或解释所引发的思想或反应。①

通过回顾、梳理计算广告相关研究成果,以及提出的研究假设,我们结合集体主义和个人主义与隐私关注的重要性,在社会空间理论基础上构建了用户态度的影响模型(见图5-2)。本研究将集体主义(垂直集体主义、水平集体主义)和个人主义(垂直个人主义、水平个人主义)作为自变量,将用户态度作为因变量,将隐私关注作为中介变量,通过数据验证它们之间的关系。

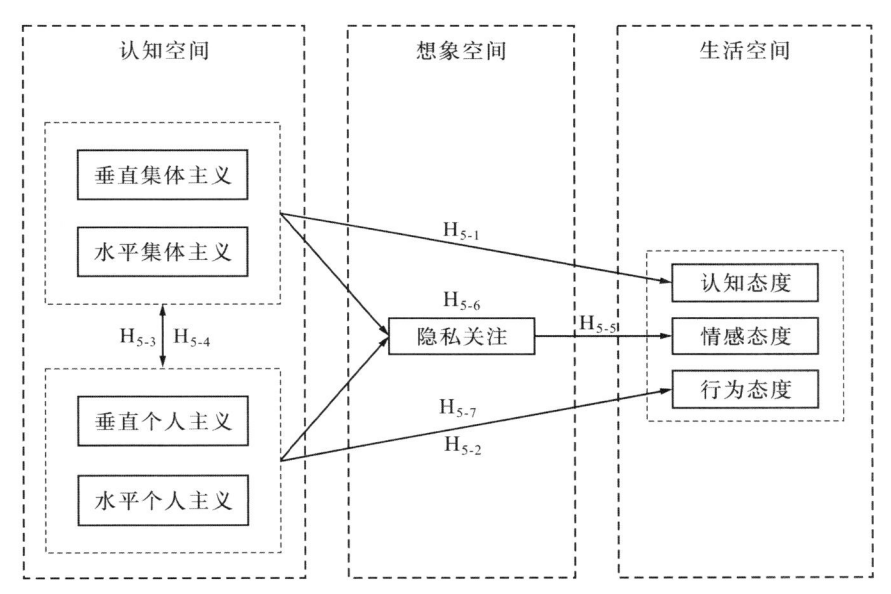

图 5-2 集体主义和个人主义对用户态度的影响模型

二、操作化定义

(一)集体主义的测量

集体主义包含垂直集体主义和水平集体主义。垂直集体主义则强调组织内的权威结构,支持自我牺牲和组织外的竞争。② 水平集体主义指将自我视为组织内的一个功能,强调组内成员的平等,增加了儒家以"仁"为核心

---

① 潘可礼:《亨利·列斐伏尔的社会空间理论》,《南京师大学报(社会科学版)》2015年第1期,第13-20页。
② Triandis H C. Individualism-Collectivism and Personality. *Journal of Personality*,2001,69(6),pp.907-924.

的王道思想。① 本书综合借鉴前人开发并使用的成熟量表,具体测量题项如表 5-1 所示。

表 5-1　集体主义的测量

变量	编码	测量题项	来源
垂直集体主义	Q1	我会做能使我的家人高兴的事情,即使我很不喜欢那件事	黄任之等②周怡③
	Q2	我经常为了集体的利益牺牲我自己的利益	
	Q3	我不喜欢和其他组员产生分歧	
	Q4	在出去进行一场大的旅行前,我会请教大部分的家庭成员和许多朋友	
水平集体主义	Q5	和我的组员保持和谐对我来说非常重要	
	Q6	我喜欢和周围的人分享东西	
	Q7	如果我的一个同事(同学)得了奖,我也会感到自豪	
	Q8	对我来说,快乐就是和别人待在一起	
	Q9	在我和别人合作时我感觉很快乐	

(二)个人主义的测量

个人主义包含垂直个人主义和水平个人主义。垂直个人主义指在个人主义基础上,增加了成就倾向,强调独立,并且将自我置于组内和组外的人际关系之上。水平个人主义指在个人主义基础上增加了公平(竞争机会平等)、正义(惩恶扬善)、自由(基本人权)、民主(投票决定)等普世价值观。④ 本书综合借鉴前人开发并使用的成熟量表,具体测量题项如表 5-2 所示。

---

① 黄任之、John R Z A、Fallyn L:《个人主义:集体主义量表中文版的主要维度和效度》,《四川精神卫生》2014 年第 1 期,第 1-6 页。

② 黄任之、John R Z A、Fallyn L:《个人主义:集体主义量表中文版的主要维度和效度》,《四川精神卫生》2014 年第 1 期,第 1-6 页。

③ 周怡:《集体主义倾向、知识产权意识与线上知识付费的代际差异研究》,《中国青年研究》2020 年第 10 期,第 28-37 页。

④ Triandis H C. The Psychological Measurement of Cultural Syndromes. *American Psychologist*,1996,51(4),pp.407-415.

表 5-2 个人主义的测量

变量	编码	测量题项	来源
垂直个人主义	Q10	我常常"做我自己的事"	黄任之等①周怡②
	Q11	我是一个独一无二的个体	
	Q12	我有我的隐私	
	Q13	我自己的能力是我的成功的主要原因	
水平个人主义	Q14	我的工作要做得比别人好,这对我很重要	
	Q15	我喜欢在与别人竞争的环境下工作	
	Q16	当另一个人做得比我好时,我变得紧张并被调动了起来	
	Q17	没有竞争的社会是不好的	

(三)隐私关注的测量

隐私关注指网络广告运营商对用户特征和行为数据的收集、分析和使用,所引发用户对个人信息泄露的感知和关注。本书综合借鉴前人开发并使用的成熟量表,具体测量题项如表 5-3 所示。

表 5-3 隐私关注的测量

变量	编码	测量题项	来源
隐私关注	Q18	对于太多的互联网企业要求提供个人信息,我经常感到苦恼	Smith 等③Malhotra 等④
	Q19	当互联网企业要求提供个人信息时,我会三思而后行	
	Q20	我十分担心互联网企业收集太多个人信息	
	Q21	我觉得控制和自主决定个人信息被收集、使用和分享是很重要的	

---

① 黄任之,John R Z A,Fallyn L:《个人主义:集体主义量表中文版的主要维度和效度》,《四川精神卫生》2014 年第 1 期,第 1-6 页。
② 周怡:《集体主义倾向、知识产权意识与线上知识付费的代际差异研究》,《中国青年研究》2020 年第 10 期,第 28-37 页。
③ Smith H J, Milberg S J, Burke S J. Information Privacy: Measuring Individuals' Concerns about Organizational Practices. *MIS Quarterly*, 1996, 20(2), pp.167-196.
④ Malhotra N K, Kim S S, Agarwal J. Internet Users' Information Privacy Concerns (IU-IPC): The Construct, the Scale, and a Causal Model. *Information Systems Research*, 2004, 15(4), pp.336-355.

(四)用户态度的测量

在影响消费者行为的诸多因素中,态度起着极为关键的作用。多数研究认为态度是由认知、情感和行为 3 个层面构成。认知态度指人们对事物的信念和感知,情感态度指人们对事物的情感和评价,行为态度指人们对事物的反应和行动。这 3 种态度共同影响着用户对某一事物和现象的态度。本书综合借鉴前人开发并使用的成熟量表,具体测量题项如表 5-4 所示。

表 5-4　用户态度的测量

变量	编号	测量选项	来源
认知态度	Q22	我了解计算广告	Mitchell 等[1] Vijayasarathy 等[2] 樊帅等[3]
	Q23	我经常接触计算广告	
	Q24	我对计算广告有了更深的认知	
情感态度	Q25	我喜欢计算广告	
	Q26	我认为计算广告物有所值	
	Q27	我很乐意接触计算广告	
行为态度	Q28	我点击查看、点赞或评论计算广告的可能性很大	
	Q29	如果计算广告提供的产品和服务满足我的需求,我会对其进一步了解和使用	
	Q30	我会优先考虑计算广告推荐的产品	

三、研究方法

本研究采用问卷调查法。为了避免被调查者对计算广告这一前沿术语的不解,在问卷的指导语部分特地加入以下说明:

什么是计算广告?计算广告是以数据为基础、以算法为手段、以用户为中心的智能营销方式,它在数据的实时高效计算下,进行用户场景画像,并快速投放、精准匹配及优化用户一系列需求。简单来说,即企业根据您的性

---

[1] Mitchell A A, Olson J C. Are Product Attribute Beliefs the Only Mediator of Advertising Effects on Brand Attitude? *Journal of Marketing Research*, 1981, 18(3), pp.318-332.

[2] Vijayasarathy L R, Jones J M. Print and Internet Catalog Shopping: Assessing Attitudes and Intentions. *Internet Research: Electronic Networking Applications and Policy*, 2000, 10(3), pp.191-202.

[3] 樊帅、田志龙、张丽君:《虚拟企业社会责任共创心理需要对消费者态度的影响研究》,《管理学报》2019 年第 6 期,第 883-895 页。

别、籍贯、消费记录、个人习惯、兴趣爱好、浏览痕迹等进行数据分析,通过推荐算法适时在相关媒体平台(如淘宝、京东、拼多多、抖音、快手、小红书、微信、微博、搜索引擎等)上推送与用户匹配的精准广告。

Roscoe[①]提出抽样调查时应选取的样本量原则:适合的研究样本数量为30～500,在多变量分析的情况下,样本数量适合在研究所用的变量测量题项10倍或以上。本次正式调查通过问卷星分层抽样和滚雪球抽样共发放问卷1613份,回收有效问卷1509份,无效问卷104份,有效问卷达成率93.55%,符合样本量要求。样本人口统计学特征如表5-5所示,性别、年龄、学历、月均消费和职业各区间的样本量分布均较为合理。本研究将运用以下统计方法进行数据分析:因子分析、中介效应分析、结构方程模型分析、多群组分析等。统计软件采用SPSS 28.0对数据进行处理。

表5-5 样本人口统计学特征($N=1509$)

变量名	分类	频数	比例/%	变量名	分类	频数	比例/%
性别	男	760	50.4	学历	高中(中专)及以下	165	10.9
	女	749	49.6		专科	139	9.2
年龄	18岁以下	125	8.3		本科	665	44.1
	19～30岁	765	50.7		硕士	305	20.2
	31～45岁	234	15.5		博士	235	15.6
	46～60岁	270	17.9	职业	学生	390	25.8
	61岁以上	115	7.6		私企	115	7.6
月均消费水平	1500元以下	150	9.9		国企	115	7.6
	1501～3000元	345	22.9		公务员	105	7.0
	3001～4500元	719	47.6		事业单位	155	10.3
	4501～6000元	150	9.9		自主创业	349	23.1
	6001元以上	145	9.6		无业	160	10.6
					退休	70	4.6
					其他	50	3.3

---

① Roscoe J T. *Fundamental Research Statistics for the Behavioral Sciences*. New York: Holt, Rinehart and Winston, 1975, pp.102-125.

第四节　数据分析与模型验证

一、信度和效度检验

(一)信度检验

本书采用 α 系数(即 Cronbach's alpha)来衡量量表信度的大小，α 系数越大，信度越高，即量表的可信性和稳定性越高。α 系数最小可接受值是 0.70。本研究潜在变量的 α 系数多数大于 0.7，只有垂直集体主义 α 系数为 0.662，小于 0.7 但大于临界值 0.6，仍在可接受范围内。整体问卷的 α 系数为 0.907，表明本研究各变量及其度量维度的信度系数都在合理范围内，问卷内部具有较高的一致性和稳定性，量表的信度得到保证。

(二)效度检验

本研究采用探索性因子分析来评价问卷的结构效度，即在找出量表的潜在结构，以因子分析去检验量表，并有效抽取共同因素，这是一种严谨的效度检验方法。统计表明，KMO 度量值为 0.849，大于 0.8，巴特利球形检验 p 值为 0.000，数据适合进行因子分析。对集体主义和个人主义的 17 个题目的主成分分析可知，共提取 4 个因子，累积解释方差变异为 59.648%，说明 17 个题项提取的 4 个因子对于原始数据的解释度较为理想，数据具有较强的累积解释能力。根据旋转成分矩阵可以判断其各个题项的因子归属与量表设计因子的维度是一致的，这表明量表的结构效度较好。

区分效度是指构面根据实证标准真正区别于其他构面的程度，不同特质的测验结果之间的相关程度越低，说明测验之间的区分效度越好。如果一个变量的平均萃取量 AVE 的平方根大于该变量与其他变量之间的相关系数，该量表的区别效度被认为较高。[1] 数据显示，垂直集体主义、水平集体主义、垂直个人主义、水平个人主义、隐私关注、认知态度、情感态度和行为态度的 AVE 平方根分别为 0.724、0.729、0.751、0.709、0.802、0.858、0.782、0.770，变量的 AVE 平方根均大于其对应的相关系数，说明量表区分效度较佳。

---

[1] Fornell C, Larcker D F. Evaluating Structural Equation Models with Unobservable Variables and Measurement Error. *Journal of Marketing Research*, 1981,18(1):39-50.

二、结构方程模型与假设检验

(一)初始模型

结合研究假设和研究框架,我们在软件里画出初始模型图,如图 5-3 所示。

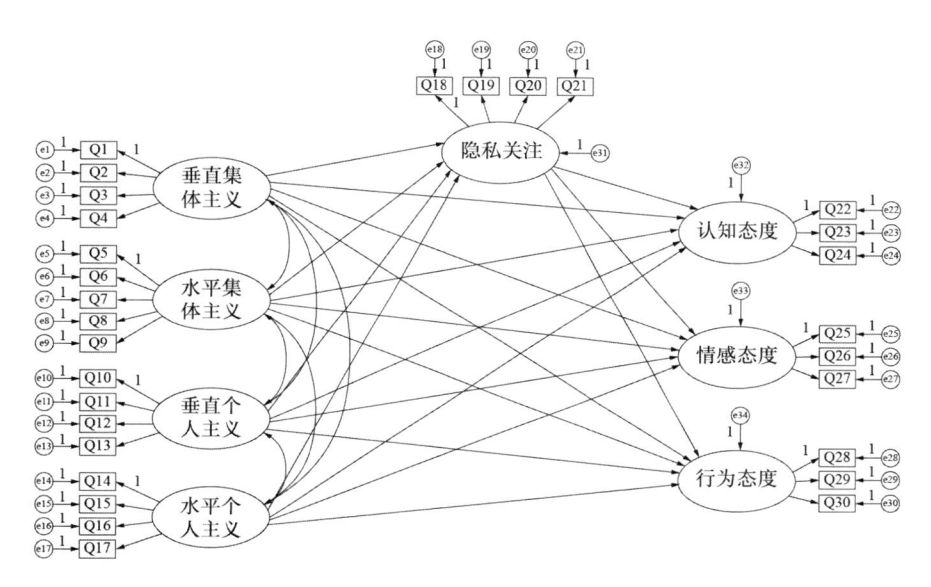

图 5-3　初始模型

(二)共同方法偏差检验与验证性因子分析

共同方法偏差主要来源于以下几种:由情绪、动机、心态等自我报告法造成的偏差;由题目暗示性、模糊性、正反向等问卷特征造成的偏差;由上下文语境、量表长度、启动效应等问卷内容造成的偏差;由测量的时间、地点、方法等测量环境造成的偏差。Harman 单因素检验(把所有量表题目均放入"变量"窗口,进行"分析—降维—因子分析")结果表明,第一个公因子的方差解释百分比为 25.776%,小于临界值 40%,我们认为不存在严重的共同方法偏差。

验证性因子分析(CFA)是 SEM 分析的一部分,在对测量模型进行分析之前,应首先确保每个测量模型都可以正确反映所测量的变量。本研究首先对 8 个变量进行 CFA 分析,分别为垂直集体主义、水平集体主义、垂直个人主义、水平个人主义、隐私关注、认知态度、情感态度、行为态度。根据表 5-6 可知,所有变量的因子负荷整体上可接受(Q8 和 Q21 的因子负荷低于 0.7,但接近 0.7 且大于临界值 0.5,整体处于可接受范围之内,保留这两个题项);题项信度(SMC)基本大于 0.5(Q8 和 Q21 的题项信度低于 0.5,但大于临界值 0.36,整体处于可接受范围之内,保留这五个题项);其组成信度(C.R.)都为 0.801~0.893,平均萃取变异量(AVE)为 0.502~0.739,基本符合学界提出的 C.R.>0.6、AVE>0.5 的标准。

表 5-6 因子模型的 CFA 分析

变量	题项	因子负荷 Std.	参数显著性估计 Unstd.	S.E.	T-Value	p	题项信度 SMC	组合信度 C.R.	平均萃取变异量 AVE
垂直集体主义	Q1	0.741	1.000				0.549	0.818	0.529
	Q2	0.714	1.021	0.167	6.217	***	0.510		
	Q3	0.741	0.923	0.183	5.42	***	0.549		
	Q4	0.713	1.091	0.185	5.988	***	0.508		
水平集体主义	Q5	0.765	1.000				0.585	0.856	0.545
	Q6	0.753	1.121	0.111	10.932	***	0.567		
	Q7	0.752	1.118	0.112	10.707	***	0.566		
	Q8	0.657	0.981	0.119	8.109	***	0.432		
	Q9	0.757	1.132	0.121	10.692	***	0.573		
垂直个人主义	Q10	0.723	1.000				0.523	0.846	0.579
	Q11	0.716	1.393	0.222	6.297	***	0.513		
	Q12	0.818	1.413	0.213	6.693	***	0.669		
	Q13	0.782	1.347	0.204	6.518	***	0.612		
水平个人主义	Q14	0.722	1.000				0.521	0.816	0.526
	Q15	0.731	1.034	0.208	5.023	***	0.534		
	Q16	0.729	0.981	0.179	5.54	***	0.531		
	Q17	0.718	1.115	0.203	5.544	***	0.516		
隐私关注	Q18	0.834	1.000				0.696	0.887	0.645
	Q19	0.867	1.019	0.075	14.27	***	0.752		
	Q20	0.858	1.055	0.078	14.067	***	0.736		
	Q21	0.689	0.852	0.079	10.757	***	0.475		

续表

变量	题项	因子负荷 Std.	参数显著性估计 Unstd.	S.E.	T-Value	p	题项信度 SMC	组合信度 C.R.	平均萃取变异量 AVE
认知态度	Q22	0.923	1.000				0.852	0.900	0.755
	Q23	0.846	0.998	0.071	15.505	***	0.716		
	Q24	0.835	0.913	0.068	15.154	***	0.698		
情感态度	Q25	0.726	1.000				0.527	0.833	0.622
	Q26	0.768	1.073	0.112	10.25	***	0.590		
	Q27	0.873	1.237	0.119	11.182	***	0.762		
行为态度	Q28	0.836	1.000				0.699	0.827	0.616
	Q29	0.753	0.833	0.076	11.747	***	0.567		
	Q30	0.762	0.839	0.075	11.499	***	0.581		

注：* 表示 $p<0.05$，** 表示 $p<0.01$，*** 表示 $p<0.001$。

（三）模型拟合评价

本章根据研究框架绘制结构方程模型，运行时发现模型无法拟合。吴明隆[①]指出，通常模型无法聚合，可能是模型界定出现问题，或变量的分布非正态分布，或样本数据不完整，或样本数过少等。本研究样本数据进行峰度和偏度分析，发现样本数据符合正态分布。综合本书之前的研究，初步判断模型无法拟合可能是模型界定问题，即由于某部分自变量、中介变量和因变量之间无显著关系所导致。为了解决这个问题，我们采取逐步剔除自变量、逐步拟合模型。第一步剔除垂直集体主义时，运行模型，模型仍无法拟合；在第一步的基础上剔除水平集体主义，运行模型，模型拟合良好。从这里也初步验证假设 H_{5-1} 与子假设、H_{5-3} 与子假设、H_{5-4}、H_{5-6} 与子假设不成立。结合研究假设和研究框架进行调整，我们在 SPSS 里画出修正后的初始模型图，如图 5-4 所示。

由表 5-7 可知，模型的 GFI、AGFI、CFI、IFI、TLI、NFI 指标达到理想标准，卡方/DF 为 2.132 均小于 3，理想，RMSEA 为 0.042 均小于 0.05，理想，整体而言模型适配理想，拟合结果良好。

---

① 吴明隆：《结构方程模型：AMOS 的操作与应用》，重庆大学出版社 2009 年版，第 321 页。

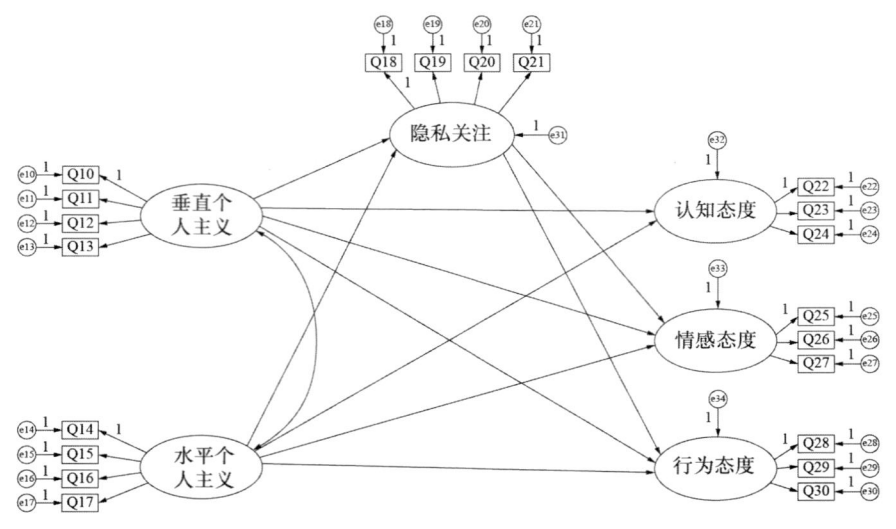

图 5-4　修正初始模型

表 5-7　模型拟合分析

拟合指标	指标值	拟合标准	模型适配判断
卡方/DF	2.133	<3	理想
GFI	0.891	>0.8	理想
AGFI	0.859	>0.8	理想
CFI	0.958	>0.9	理想
IFI	0.964	>0.9	理想
TLI	0.957	>0.9	理想
NFI	0.972	>0.9	理想
RMSEA	0.043	<0.05	理想

(四)路径系数分析

表 5-8 得出了各条路径系数的显著性水平以及标准回归系数，可以看出垂直个人主义和水平个人主义对认知态度、情感态度和行为态度显著性水平均小于 0.05，标准回归系数值小于 0，表明垂直个人主义和水平个人主义对认知态度、情感态度和行为态度产生负向影响，故 H_{5-2} 与子假设均成立。垂直个人主义和水平个人主义两两之间产生正向交互作用。隐私关注与认知态度的显著性水平大于 0.05，故 H_{5-5-1} 假设不成立，但隐私关注与情感态度和行为态度的显著性水平小于 0.05，标准回归系数小于 0，表明隐私

关注对用户情感态度和行为态度会产生负向影响,故 H_{5-5-2} 与 H_{5-5-3} 均成立。垂直个人主义和水平个人主义对隐私关注的显著性水平均小于 0.05,标准回归系数值大于 0,表明垂直个人主义和水平个人主义均对隐私关注产生正向影响。

表 5-8 路径系数分析

路径	标准化系数	S.E.	C.R.	显著水平	检验结果
垂直个人主义⇆水平个人主义	0.589	0.035	3.451	***	显著
垂直个人主义—隐私关注	0.421	0.271	2.935	**	显著
水平个人主义—隐私关注	0.264	0.232	1.989	*	显著
垂直个人主义—认知态度	-0.375	0.258	-3.165	**	显著
垂直个人主义—情感态度	-0.969	0.413	-2.343	***	显著
垂直个人主义—行为态度	-0.986	0.469	-2.296	***	显著
水平个人主义—认知态度	-0.148	0.244	-2.044	*	显著
水平个人主义—情感态度	-0.143	0.356	-2.031	*	显著
水平个人主义—行为态度	-0.034	0.408	-2.121	*	显著
隐私关注—认知态度	-0.087	0.114	-0.891	0.377	不显著
隐私关注—情感态度	-0.654	0.115	-4.288	***	显著
隐私关注—行动态度	-0.619	0.138	-4.843	***	显著

注:* 表示 $p<0.05$,** 表示 $p<0.01$,*** 表示 $p<0.001$。

(五)结构方程模型修正

通过以上分析,我们获得了修正后的结构方程模型统计图,如图 5-5 所示。

三、中介效应检验和多群组分析

(一)隐私关注的中介效应检验

本书根据温忠麟等[①]提出的偏差校正的非参数百分位 Bootstrap 法进行中介效应检验,其中 Bootstrap 次数为 2000,如果置信区间不包括 0,说明中介效应存在。如表 5-9 所示,在"垂直个人主义—隐私关注—认知态度"这条路径中,置信区间包括 0,说明隐私关注在垂直个人主义与认知态度之

---

① 温忠麟、叶宝娟:《中介效应分析:方法和模型发展》,《心理科学进展》2014 年第 5 期,第 731-745 页。

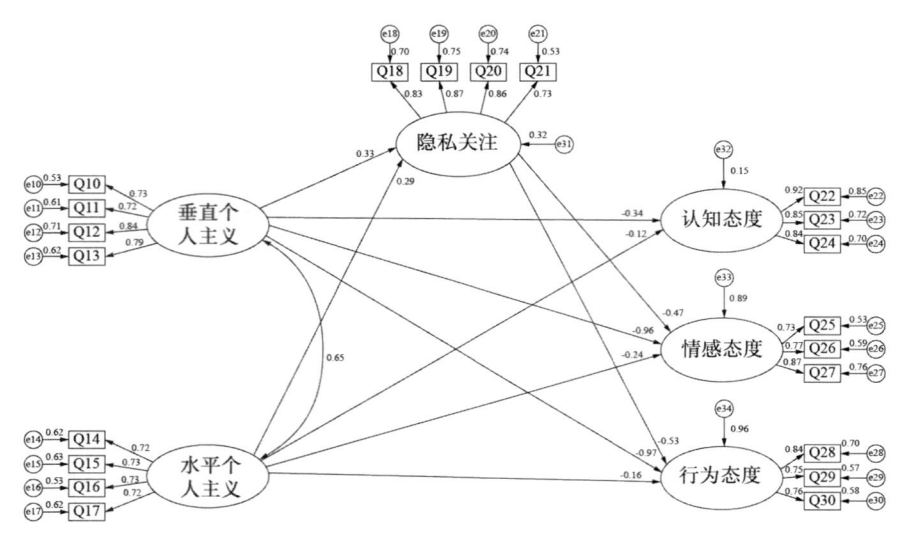

图 5-5　结构方程模型修正

间不存在中介效应。在"垂直个人主义—隐私关注—情感态度"这条路径中，置信区间不包括 0，中介效应值为 −0.153，说明隐私关注在垂直个人主义与情感态度之间存在中介效应。在"垂直个人主义—隐私关注—行为态度"这条路径中，置信区间不包括 0，中介效应值为 −0.167，说明隐私关注在垂直个人主义与行为态度之间存在中介效应。

在"水平个人主义—隐私关注—认知态度"这条路径中，置信区间包括 0，说明隐私关注在水平个人主义与认知态度之间也不存在中介效应，故假设 H_{5-7-1} 不成立。在"水平个人主义—隐私关注—情感态度"这条路径中，置信区间不包括 0，中介效应值为 −0.235，说明隐私关注在垂直个人主义与情感态度之间也存在中介效应，故假设 H_{5-7-2} 成立。在"水平个人主义—隐私关注—行为态度"这条路径中，置信区间不包括 0，中介效应值为 −0.251，说明隐私关注在垂直个人主义与行为态度之间也存在中介效应，故假设 H_{5-7-3} 成立。

表 5-9　隐私关注中介效应检验

路径	中介效应	Lower	Upper	p
垂直个人主义—隐私关注—认知态度	−0.022	−0.391	0.113	0.553
垂直个人主义—隐私关注—情感态度	−0.153	−5.018	−1.456	**
垂直个人主义—隐私关注—行为态度	−0.167	−6.891	−5.235	***

续表

路径	中介效应	Lower	Upper	p
水平个人主义—隐私关注—认知态度	−0.038	−1.473	0.035	0.368
水平个人主义—隐私关注—情感态度	−0.235	−11.484	−0.023	*
水平个人主义—隐私关注—行为态度	−0.251	−6.033	−0.018	*

注：* 表示 $p<0.05$，** 表示 $p<0.01$，*** 表示 $p<0.001$。

（二）人口统计学特征的多群组分析

本研究使用 AMOS 28.0 对人口统计学特征进行多群组分析。由于人口统计学特征之一的职业分类很细，收集样本时每个区间未能都达到最低样本量的要求，因此不纳入本研究多群组分析。从表 5-10 可以看出，人口统计学变量（性别、年龄、学历、月均消费水平）在"垂直个人主义—隐私关注"的路径检验中，男性、19~30 岁、博士的群体得分最高，表明在该群体中垂直个人主义对隐私关注的影响最明显。在"水平个人主义—隐私关注"的路径检验中，女性、31~45 岁、硕士的群体得分为最高，表明在该群体中水平个人主义对隐私关注的影响最大。在"垂直个人主义—认知态度"的路径检验中，男性、46~60 岁、专科的群体得分绝对值最高且为负数，表明在该群体中垂直个人主义对认知态度的影响最小。在"垂直个人主义—情感态度"的路径检验中，女性、31~45 岁、高中（中专）及以下的群体得分绝对值最高且为负数，表明在该群体中垂直个人主义对情感态度的影响最小。在"垂直个人主义—行为态度"的路径检验中，女性、46~60 岁、高中（中专）及以下的群体得分绝对值最高且为负数，表明在该群体中垂直个人主义对行为态度的影响最小。在"水平个人主义—认知态度"的路径检验中，男性、18 岁以下、高中（中专）及以下的群体得分绝对值最高且为负数，表明在该群体中水平个人主义对认知态度的影响最小。在"水平个人主义—情感态度"的路径检验中，男性、31~45 岁、高中（中专）及以下的群体得分绝对值最高且为负数，表明在该群体中水平个人主义对情感态度的影响最小。在"水平个人主义—行为态度"的路径检验中，男性、18 岁以下、高中（中专）及以下的群体得分绝对值最高且为负数，表明在该群体中水平个人主义对行为态度的影响最小。在"隐私关注—情感态度"的路径检验中，男性、31~45 岁、本科的群体得分绝对值最高且为负数，表明在该群体中隐私关注对情感态度的影响最小。在"隐私关注—行为态度"的路径检验中，女性、31~45 岁、高中（中专）及以下的群体得分绝对值最高且为负数，表明在该群体中隐私关注对行为态度的影响最小。

表 5-10 人口统计学特征多群组分析

人口统计学变量		显著性	垂直个人主义—隐私关注	水平个人主义—隐私关注	垂直个人主义—认知态度	垂直个人主义—情感态度	垂直个人主义—行为态度	水平个人主义—认知态度	水平个人主义—情感态度	水平个人主义—行为态度	隐私关注—情感态度	隐私关注—行为态度
性别	男	标准化系数	0.494**	0.143*	−0.112*	−0.179**	−0.255***	−0.173*	−0.512***	−0.126***	−0.778***	−0.737***
		C.R.(t 值)	8.658	2.409	−1.987	−2.500	−4.769	−2.544	−8.352	−3.657	−17.538	−15.167
	女	标准化系数	0.348**	0.205**	−0.087*	−0.257**	−0.278***	−0.158*	−0.498***	−0.095**	−0.756***	−0.802***
		C.R.(t 值)	11.030	5.314	−1.993	−3.615	−5.098	−2.463	−4.886	−2.983	−20.075	−18.083
年龄	18 岁以下	标准化系数	0.537**	0.548	−0.035**	−0.104*	−0.095	−0.246**	−0.124**	−0.121**	−0.771***	−0.804***
		C.R.(t 值)	3.214	1.956	−2.503	−1.985	−1.981	−3.868	−2.784	−3.217	−9.051	−10.147
	19~30 岁	标准化系数	0.616**	0.262***	−0.198	−0.479**	−0.098	−0.336	−0.363	−0.034	−0.798***	−0.808***
		C.R.(t 值)	9.735	4.318	−1.469	−3.165	−0.893	−1.328	−1.753	−0.415	−18.821	−18.848
	31~45 岁	标准化系数	0.312**	0.287**	−0.183*	−0.836***	−0.312*	−0.086	−0.415***	−0.068*	−0.984***	−0.925***
		C.R.(t 值)	2.897	2.938	−1.985	−5.363	−2.241	−1.991	−6.583	−1.979	−13.698	−15.214
	46~60 岁	标准化系数	0.560**	0.086	−0.510*	−0.179	−0.447*	−0.235	−0.487	−0.029	−0.723***	−0.796***
		C.R.(t 值)	2.327	0.715	−2.344	−1.053	−2.418	−1.717	−1.865	−0.317	−6.612	−7.535
	61 岁以上	标准化系数	0.665**	1.312	−1.109	−8.357	−0.316	−8.315	−0.289	−0.189	−0.705***	−0.684***
		C.R.(t 值)	0.237	0.089	−0.067	−0.376	−0.512	−0.163	−1.317	−1.798	−6.647	−6.439

续表

人口统计学变量		显著性	路径系数										
			垂直个人主义—隐私关注	水平个人主义—隐私关注	垂直个人主义—认知态度	垂直个人主义—情感态度	垂直个人主义—行为态度	水平个人主义—认知态度	水平个人主义—情感态度	水平个人主义—行为态度	隐私关注—情感态度	隐私关注—行为态度
学历	高中及以下	标准化系数	0.534	0.257	−0.368**	−0.755**	−0.534**	−0.338**	−0.558***	−0.364***	−0.836*	−0.904*
		C.R.(t值)	0.743	1.724	−3.134	−8.339	−3.525	−3.009	−15.305	−15.716	−1.992	−2.002
	专科	标准化系数	0.753**	0.133*	−0.543**	−0.538**	−0.104*	−0.564	−0.462**	−0.071	−0.104*	−0.119*
		C.R.(t值)	3.647	2.852	−1.998	−3.023	−1.973	−1.658	−4.936	−1.198	−2.142	−2.294
	本科	标准化系数	0.624**	0.255*	−0.212**	−0.118**	−0.156**	−0.259**	−0.315***	−0.189**	−0.983***	−0.812***
		C.R.(t值)	8.935	2.729	−2.983	−2.839	−2.736	−4.121	−8.395	−2.778	−19.219	−20.023
	硕士	标准化系数	0.734**	0.375**	−0.367**	−0.678**	−0.336**	−0.234**	−0.057**	−0.106	−0.775***	−0.835***
		C.R.(t值)	9.936	4.879	−3.486	−2.868	−3.638	−9.609	−10.266	−0.984	−12.338	−14.016
	博士	标准化系数	0.875**	0.319**	−0.258	−0.108	−0.328	−0.336	−0.653	−0.169**	−0.896***	−0.749***
		C.R.(t值)	2.945	2.541	−1.652	−0.142	−1.814	−1.264	−1.537	−2.894	−10.729	−11.027

续表

人口统计学变量		显著性	路径系数									
			垂直个人主义—隐私关注	水平个人主义—隐私关注	垂直个人主义—认知态度	垂直个人主义—情感态度	垂直个人主义—行为态度	水平个人主义—认知态度	水平个人主义—情感态度	水平个人主义—行为态度	隐私关注—情感态度	隐私关注—行为态度
月均消费水平	1500元以下	标准化系数	0.559	0.257	−0.013	−0.365	−0.032	−0.036	−0.069	−0.127	−0.105	−0.102
		C.R.(t 值)	1.703	1.271	−0.101	−1.763	−0.448	−0.547	−0.942	−1.168	−1.321	−1.285
	1501~3000元	标准化系数	0.564	0.253	−0.113	−0.172	−0.037	−0.325	−0.357	−0.154	−0.158	−0.143
		C.R.(t 值)	0.987	1.789	−1.153	−1.741	−0.732	−1.336	−1.015	−1.749	−1.683	−1.713
	3001~4500元	标准化系数	0.487	0.158	−0.158	−0.183	−0.313	−0.159	−0.493	−0.163	−0.163	−0.162
		C.R.(t 值)	1.453	1.532	−1.643	−1.796	−1.523	−1.685	−1.716	−1.335	−1.712	−1.715
	4501~6000元	标准化系数	0.187	0.489	1.024	−0.033	−0.326	−0.462	−0.419	−1.102	−1.154	−1.154
		C.R.(t 值)	1.547	1.804	−0.546	−0.531	−1.719	−1.756	−1.345	−0.219	−0.216	−0.263
	6001元以上	标准化系数	0.487	0.295	−0.049	−0.592	−0.165	−0.126	−0.879	−0.089	−0.054	−0.043
		C.R.(t 值)	1.134	1.651	−0.418	−1.538	−1.108	−0.954	1.688	−0.937	−0.937	0.859

注：* 表示 $p<0.05$，** 表示 $p<0.01$，*** 表示 $p<0.001$。

第五节　讨论与启示

本研究立足集体主义和个人主义这两个重要的文化价值观构面，结合鲁多梅托夫的社会空间理论研究框架，旨在研究集体主义和个人主义对计算广告用户态度的影响机制，并探讨隐私关注在两者之间的中介作用。

一、讨论

(一)模型中集体主义(垂直集体主义、水平集体主义)无法对隐私关注和计算广告用户态度产生影响

本研究表明，集体主义(垂直集体主义、水平集体主义)无法纳入研究模型当中，这说明在与隐私关注和计算广告用户态度的互动中，集体主义和个人主义的文化差异并不能预测用户的隐私关注和计算广告的用户态度。以往研究认为我国的集体主义文化社会所涵养出来的个体在使用社会化媒体时更倾向于披露信息，获得社会认同[1]，然而本研究的模型中并未发现此间的相关关系。实际上，中国人也很在乎隐私，但觉得隐私重要，并不一定代表最担忧隐私问题，根源可能在于中国人对政府的信任。孟涓涓[2]的研究显示，中国人觉得如果企业跟政府相关，最能打消他们的隐私顾虑，因为他们感觉政府对企业有一定的监管，能保证企业遵守相关的法律法规，或者企业和政府相关部门存在一定的合作与关联，这些都能够增加中国用户对数据安全与隐私安全的信心。而欧美国家的用户更加看重企业自治和行业自治：如果企业一向比较重视数据使用的伦理道德的问题，欧美国家的用户就能更信任该企业；如果企业在使用数据时能主动向用户提供隐私声明和请求权限，欧美国家的用户可接受度也会高一些。

(二)垂直个人主义和水平个人主义对隐私关注产生正向影响、对计算广告用户态度产生负向影响

本研究表明，个人主义的两个维度均对隐私关注产生正向影响，垂直个人主义的影响权重($\beta=0.33$)比水平个人主义($\beta=0.29$)更大。同时，垂直个人主义负向影响计算广告用户态度(认知态度：$\beta=-0.34$，情感态度：$\beta=-0.96$，行为态度：$\beta=-0.97$)，水平个人主义负向影响计算广告用户态

---

[1] 薛可、何佳、余明阳：《社会化媒体中隐私悖论的影响因素研究》，《当代传播》2016年第1期，第34-38页。

[2] 孟涓涓：《中国人最不担心隐私问题？》，https://www.gsm.pku.edu.cn/info/1316/22822.htm，2021年2月24日。

度(认知态度:$\beta=-0.12$,情感态度:$\beta=-0.24$,行为态度:$\beta=-0.16$),说明个人主义价值观越高的用户对计算广告的认知态度、情感态度和行为态度越低,在这点上垂直个人主义比水平个人主义价值观的用户表现得更为明显。改革开放以后,当代中国的社会文化面貌发生了巨大的变化,传统的集体主义文化在全球化思潮冲击下快速消解,自我意识、个人权利、私有财产的观念空前高涨。[①]"我的地盘听我的""我能""我要我的滋味""我就喜欢""想做就做""一切皆有可能"等充满个人主义的广告不绝于耳,一个个人主义的社会已经来临。随着市场经济进程的加快、全球化背景下的文化融合,同处一国家的中国人因为生长于不同时代环境下,不同的个体产生了不同的文化取向。受西方文化影响大的个体,对隐私关注更为敏感,对计算广告态度也更为谨慎;反之,受西方文化影响小的个体,对隐私关注和计算广告态度则更为温和。

(三)隐私关注在个人主义和计算广告用户态度(认知态度除外)之间起部分中介作用

本研究表明,个人主义越强,隐私关注就越强,导致计算广告用户态度(认知态度除外)越差。随着计算广告的普及,人们越来越多接触到计算广告,比如淘宝、京东、拼多多等电商平台的推荐算法无处不在,这导致人们对计算广告有一定的了解,也习以为常了。然而,当计算广告触发用户的隐私关注时,那些个人主义较强的用户,会通过隐私关注的中介作用对计算广告的情感态度和行为态度产生反向抵触影响。海源[②]的研究表明,中国社会从原来的集体主义价值观逐渐转向个人主义价值观,比如,在自我、个体、时间观念、隐私等,部分中国人表现出明显的个人主义倾向。但是,个人主义也存在着把人导向以自我为中心、使日常生活空间平庸化与狭隘化的危险。因此,对个人主义观念我们不能简单地肯定或否定。[③] 从某种意义上说,个人主义意识较为强烈的用户,隐私的想象空间意识也较强,他们公然反对计算广告的空间控制、空间暴力,将边缘空间(比如关闭功能、设密操作、投诉渠道等)变成抗议场所,他们的反应不仅凭借不满、反抗、躲避等情感和行为态度对待计算广告,还重新生产出一种新的空间形态。

---

① 史楠、刘念:《集体主义还是个人主义?:从可口可乐的中国本土化广告看当代中国文化价值观》,《新闻知识》2019年第7期,第57-61页。
② 海源:《中美大学生非言语交际中个人主义—集体主义倾向的实证研究》,湘潭大学硕士学位论文,2009年,第5-7页。
③ 成守勇:《个人主义价值内蕴省思》,《求索》2014年第12期,第70-74页。

二、启示

(一)隐私危机的本质是文化价值观问题

一方面,个人无法掌握自身隐私信息如何被收集和使用,对隐私的担忧日益攀升,另一方面,还存在其他社会生存的需求要求人们披露必要的个人信息,这就造成了隐私悖论问题的出现。这种隐私悖论造成的隐私危机,表面上看是人与人之间的控制危机:以隐私数据为媒介,普通消费者的个人信息处于一种被企业和资本家控制和使用的境地,这种控制和使用不仅可能导致个人陷入信息茧房以及价值观迷失等问题,还有可能造成隐私信息的泄露,并引发后续一系列的麻烦和危机。[①] 而实际上看,隐私危机是虚构的想象空间,其本质是文化价值观问题。比如,中国在抗击新冠疫情的过程中围绕疫情防控建立起畅通的共享数据通道。在国家危难之际,中国人民的集体主义精神得到充分诠释:在疫情防控和个人隐私保护两者之间,顾全大局是首要考虑的。而在西方,这是不可想象的。贯穿于传统中国法律之中的是仁、义、礼、智、信、忠、孝等道德与伦理观念,法律以此为旨归,西方法律则以自由、民主、平等、人权为其价值源泉和准则。[②] Waldman[③] 指出,隐私绝非天然性地、排他性地与开放、共享、流动等概念相冲突。相反,隐私问题是关乎个人与个人之间或者个人与机构之间信任关系的社会事实。这从侧面佐证了中国人民对政府的信任度很高,说明计算广告在中国具备天然的隐私非对抗的文化认知空间环境。

在中国文化中,隐私的概念和保护程度相对较低。但随着时代的发展,集体主义和隐私之间逐渐产生冲突与矛盾。在集体主义文化中,个人利益往往被视为次要的,而群体或集体利益被视为更加重要。这可能导致一部分人对于个人隐私权利的看法和保护程度较低,甚至愿意为了维护集体利益而放弃一些个人隐私。传统上,中国社会强调集体主义,因此在中国文化中,个人主义和自由意识相对不被重视,个人隐私权也没有得到足够的关注和保护。但是,在数字化时代,随着互联网和新技术的普及,中国人对个人隐私的认知和看法已经发生了很大改变。虽然传统上中国社会强调集体利益和家庭利益高于个人利益,随着时代的变迁和人们观念的转变,对个人隐

[①] 孙超群:《微博平台隐私悖论现象影响因素研究》,大连理工大学硕士学位论文,2021年,第49页。

[②] 刘文会:《从信任结构看中西法律原则与精神的基本差异》,西南政法大学硕士学位论文,2003年,第16页。

[③] Waldman A E. *Privacy as Trust*: *Sharing Personal Information in a Networked World*. New York: Doctoral Dissertation of Columbia University, 2015, p.561.

私问题的关注度越来越高。尤其是在年轻一代中,对隐私问题的关注度越来越高,隐私保护的需求也在不断增加。因此,中国人也有隐私权利,这是每个人都应该享有的基本权利。无论是在互联网世界还是现实生活中,个人隐私都应该得到尊重和保护。

在现代社会中,随着数字技术的发展和普及,个人隐私受到越来越多的威胁,例如个人信息泄露、网络欺诈等问题。在这种情况下,保护个人隐私不仅是一个重要的基本人权,也是维护社会稳定和可持续发展的必要条件。因此,在集体主义文化中,需要更加平衡和协调个人和群体利益之间的关系,同时也需要加强个人隐私权利的保护和意识普及。政府应该加强监管和管理,完善相关法律法规,加强对个人信息的保护;企业应该尊重用户隐私,采取合理有效的措施确保用户数据的安全;公众也应该提高自我保护意识和能力,谨慎使用网络,避免个人信息被泄露和滥用。总之,集体主义和隐私之间存在一定的矛盾和冲突,在现代社会中,需要实现个人与群体之间的平衡和协调、保护个人隐私与维护社会稳定和可持续发展之间的相互促进。

(二)计算广告应该合理尊重个体的隐私权益

中美两国对网络隐私空间的认识并不相同,美国法律更倾向维护个人隐私空间,中国法律更倾向维护网络空间的社会秩序。[①] 历史上,人们关注隐私的时间很短,它与生活质量密切相关。在农业文明和以前的社会中,家庭生活在一起,甚至挤在一张床上,父母和孩子之间没有隐私。由于物质条件的限制,没有隐私。当缺少资料时,人与人之间的隐私就不那么重要了。这是因为生存的需要掩盖了人们对隐私的渴望。当工业革命开始为人们提供源源不断的物质财富时,人们开始意识到隐私是生活的一部分。然而,对于现代穷人而言,隐私仍然是一件奢侈品,父母和孩子仍然无法拥有自己独立的生活空间,相当一部分人为了更好地生存,不得不放弃自己的隐私要求。但这些并不是侵犯人们隐私的理由。隐私安全是现代社会数字经济发展和个人自由的重要前提。如果隐私问题得不到解决,将影响人类社会的良性发展。随着大数据和算法的深入发展,隐私已成为一个全球性问题。隐私安全关系到人的尊严和主体性。[②] 在数字平台中,个人隐私多以信息的形式呈现,"数字化生存"进一步影响了个人隐私空间的状态、想象与观念。[③]

---

① 路鹃:《从"地方空间"到"流动空间":隐私空间的代际演变与法律规制》,《西北师大学报(社会科学版)》2016 年第 4 期,第 24-30 页。

② 孙超群:《微博平台隐私悖论现象影响因素研究》,大连理工大学硕士学位论文,2021 年,第 3 页。

③ 顾理平、范海潮:《作为"数字遗产"的隐私:网络空间中逝者隐私保护的观念建构与理论想象》,《现代传播》2021 年第 4 期,第 140-146 页。

在此情景下,计算广告相关机构必须正视用户的隐私问题,树立正确的隐私观,不仅要具备法律意义上隐私的合法性,也要具备数据共享行为的合理性,共同促进计算广告行业的良性发展。

计算广告作为一种广告投放方式,基于广告主对于目标受众的人口属性、行为模式等信息进行精确定位和投放。在这个过程中,涉及大量的个人隐私数据,如个人浏览记录、搜索关键词、地理位置等,这些数据可能会被滥用或泄露,影响到个体的隐私权益。因此,计算广告应该合理尊重个体的隐私权益,采取合法、合规、安全、透明的手段进行用户数据收集、处理、使用和保护。具体来讲,可以采取以下措施:

(1)合法合规。遵守国家相关法律法规和政策,明确用户数据的收集、处理、使用和保护范围和要求。

(2)无损隐私。在数据收集和使用过程中,采取匿名化、脱敏等措施,保障用户的个人隐私不受侵犯。

(3)自主控制。为用户提供可随时控制自己数据使用范围和方式的机制和工具,保障用户的自主权利。

(4)安全保障。加强数据安全管理和技术防护,避免数据泄露和滥用。

(5)透明公开。向用户提供充分的信息披露和知情权,让用户清楚了解自己个人数据的收集、处理、使用和保护情况。

综上所述,计算广告在实践中应该充分注重个体的隐私权益,遵循合法、合规、安全、透明的原则,构建良好的数据治理机制和体系,为用户提供更加安全、稳定、高效的服务。

(三)要区别对待不同文化价值观、不同隐私关注的不同群体

推荐算法作为当今信息社会不可或缺的基本要素,如果使用得当,也可以成为保护隐私的利器。在正确的文化价值观指导下,算法推荐技术不仅可以基于大数据分析快速检测恶意软件和非正常网络流量行为,对黑客入侵进行预警,从而提高网络的安全防御水平;还可以采用个人数据分类处理,即在日常分析中处理大量匿名或脱敏数据,在个性化服务中可以提供少量个人针对性识别信息,从而实现差别化隐私,帮助用户在信息保护和数据使用之间保持相对的平衡。[1] Nissenbaum[2] 指出,隐私具有很强的文化语境完整性,作为信息的传播者者或接收者,用户在不同的文化语境中对不同

---

[1] 章梦天、汤景泰:《算法遇到隐私,我们除了焦虑还能做什么?》,https://baijiahao.baidu.com/s?id=1727879447580086105&wfr=spider&for=pc,2022 年 3 月 21 日。

[2] Nissenbaum H. Privacy as Contextual Integrity. *Washington Law Review*,2004,79(1),pp.119-154.

信息类型的隐私诉求皆有所不同。Trepte 等[①]的研究表明,集体主义与个人主义价值观取向存在差异的人,对隐私风险的关注程度也存在差异,在社交网络上获得的社会满足感也不同。因此,计算广告有必要引入"差别化隐私",区别对待不同文化价值观、不同隐私关注的不同群体。只要不触犯用户的隐私边界,对那些隐私关注较弱的群体,计算广告的推送就可以多一点,反之,就可以少一点。

差别化隐私策略是指根据不同的数据类型、采集目的、使用场景等因素,针对性地制定和实施不同的隐私保护措施和政策。通过差别化隐私策略,可以更加有效地平衡计算广告用户隐私权利和数据使用需求之间的关系,提升计算广告用户体验和满意度。具体来说,差别化隐私策略可以包括以下方面:

(1)数据分类。将收集到的数据按照敏感程度、隐私级别等分类,针对不通过的用户采取不同的数据处理和保护方式。

(2)合理收集。在数据采集时,针对敏感用户避免收集不必要或过多的信息,减少对敏感用户的隐私侵犯。

(3)精细处理。针对敏感用户数据进行加密、脱敏、去标识化等处理,使其无法直接被识别和利用。

(4)自主选择。为用户提供可自主选择参与和退出的隐私保护机制,保障用户的知情权和选择权。

通过以上差别化隐私策略,可以保护不同用户对不同个人隐私的需求,同时也能够为企业或组织提供更好的数据利益最大化服务,实现个人隐私权利与数据应用价值的平衡,促进数字化经济的健康发展。

综上所述,文化价值观、隐私关注和计算广告用户态度三者在数字化社会空间中相互作用,形成了辩证关系。随着人们对于个人数据和隐私越来越重视,计算广告行业也在重新审视并评估对个人隐私的处理方式。广告商希望找到一种更好的方法来收集数据,并在不损害消费者认知空间、想象空间和生活空间的情况下尽可能合法地使用更准确的个人数据。广告商应该在三者之间有一个明确的权衡体系,并接受某些妥协。当然,这种妥协不是无止境的,考虑到不同文化情境的影响,现代网络技术可以实现差别化隐私算法,针对文化背景和隐私敏感度不同的用户,允许公司在保护个人隐私的同时共享用户的聚合数据,从而在不侵犯用户隐私边界的前提下实现商业利益的最大化。

---

① Trepte S, Reinecke L, Ellison N B, et al. A Cross-Cultural Perspective on the Privacy Calculus. *Social Media + Society*, 2017, 3(1), pp.1-13.

第六章 性别、隐私关注和隐私保护对计算广告用户态度的影响:基于中美大学生的跨文化比较

第一节 引言

在跨文化交际中,双方主体对个人权利的相互尊重、相互理解是交际得以顺利进行的重要前提,而隐私观是跨文化交际研究的重要内容之一。许多美国学者认为,在中国没有什么隐私可言,更谈不上对隐私权的保护。[①] 在美国,个人主义文化盛行,是否尊重隐私是个人教养的重要衡量标准,个人感情、健康状况、事业选择、收入水平、性别取向等纯属个人隐私,而且侵犯他人的隐私在美国是要被法院起诉的。而中国社会的人情味很浓厚,亲朋好友见面都要嘘寒问暖、关心别人,认为这是拉近人与人之间距离的一种手段。

中国传统文化强调个人服从集体、少数服从多数,因而具有集体主义取向。美西方文化强调个人高于集体、自由贵于纪律,因而具有个人主义取向。在具有集体主义取向的中国社会,喜怒哀乐爱恨情仇等个人感情的元素都被视为隐私,要深埋在心里,不能随意暴露,因此中国人的社会心理是忍辱负重、自我抑制的,以保持集体主义和社会和谐稳定发展。而在具有个人主义取向的美国社会,爱恨分明、利己主义盛行,崇尚个人英雄主义,认为人与自然、人与社会的关系是征服与被征服的关系,因此美国的社会心理是释放张扬,强调个体发展和快乐,以保持社会个体的活力与创新。

中国式关心和美国式篱笆这一对矛盾其实也来自东方集体主义文化价值观和西方个人主义文化价值观的冲突与对立。[②] 中国人强调"天人合一",和谐共生,人可以与自然和社会保持平衡,要扶弱锄强,讲求仁义礼智信;美国人主张"天人分离",人定胜天,人可以征服社会和自然,实力证明一

[①] 刘立娥:《关于中西文化的隐私观差异研究》,《中国市场》2008年第39期,第94-95页。

[②] 朱枝:《"中国式关心"背后隐藏的西方隐私文化》,《佳木斯职业学院学报》2015年第6期,第66-67页。

切,个体不恶会受欺负,个人主义是必要的。① 隐私在集体主义和个人主义的框架下,不同的人有不同的解读:中国人认为隐私是群体性质的,同一个圈子里的人不必强调个人隐私,反而应该分享隐私,否则就是见外,融不进这个圈子;美国人强调隐私的个体性和独立性,认为隐私是自我存在价值的重要体现,即便是夫妻之间也有独立人格和隐私权,表现出强烈的自我意识。

因此,中国和美国在隐私问题上必然存在一些差异。主要表现在以下几个方面:(1)法律法规。《中华人民共和国个人信息保护法》等法律法规明确规定个人信息的收集、使用、处理和保护,加强了对个人隐私权利的保护。而美国则没有专门的联邦法律保护个人数据隐私,主要以行业标准和自律机制为主。(2)文化价值观。中国文化更强调集体主义和家庭观念,对个人隐私权利的重视程度相对较低;而美国文化则更强调个人主义和自由意识,对个人隐私权利更为关注。(3)政策导向。中国政府倾向于加强对个人隐私的监管,并积极推进数字化技术与个人隐私保护的平衡发展;而美国则更倾向于鼓励企业自我管理和自律,减少政府干预。(4)数据使用目的。中国政府和企业更多地将个人数据用于服务于国家和社会的公共利益,如公共安全、医疗保健等领域;而美国则更多地将个人数据用于商业目的,如广告营销等领域。总的来说,中国和美国在个人隐私保护方面存在一些差异,但都在不断探索和完善相关政策和制度,以实现个人隐私权利与经济、社会需求之间的平衡和协调。

隐私问题的理论视角也可以从文化研究学派(见图6-1)的观点中得到启发。该学派反对简单的"经济基础还原"论,主张从上层建筑和意识形态的相对独立性出发来研究大众传播和信息生产。文化研究学派的奠基人英国学者斯图亚特·霍尔在阿尔都塞的意识形态理论和葛兰西的霸权理论基础上提出编码与解码理论,认为受众对媒介信息的解读包含三种:优先式解读、妥协式解读和对抗式解读。霍尔的理论表明,受众对文化解读(cultural interpretation)的过程并不是完全被动的,而是基于符号多义性、情境多样性和社会条件复杂性之上占统治地位的社会文化与各从属文化之间的支配、妥协与对抗关系,是受众对大众媒介意识形态控制的一种反抗,体现了"意义空间中的阶级斗争"。②

---

① 张梦:《中美两国文化中的隐私观念比较》,《河南师范大学学报(哲学社会科学版)》2006年第5期,第37-39页。

② 胡明宇:《受众解读与媒介文本:文化研究派对受众的研究》,《当代传播》2002年第4期,第44-46页。

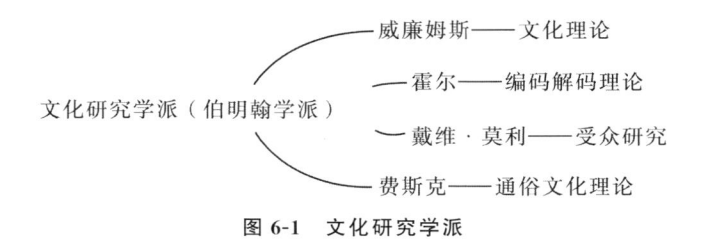

第六章　性别、隐私关注和隐私保护对计算广告用户态度的影响：
基于中美大学生的跨文化比较

```
                        ┌── 威廉姆斯——文化理论
                        │
                        ├── 霍尔——编码解码理论
文化研究学派（伯明翰学派）┤
                        ├── 戴维·莫利——受众研究
                        │
                        └── 费斯克——通俗文化理论
```

图 6-1　文化研究学派

曾经师从斯图亚特·霍尔的英国学者大卫·莫利，在编码与解码理论基础上验证了受众会根据自身阶级地位的差异对媒介信息中的意识形态做出相应的解读，同时，莫利进一步提出文化条件（cultural condition）的不同会影响受众对媒介信息的解读，那些没有自身话语体系的受众不得不接受媒介信息中的意识形态。美国学者约翰·费斯克的文化研究理论深受斯图亚特·霍尔和大卫·莫利等人的影响，他进一步丰富发展了大众文化的理论。费斯克提出通俗文化理论，认为媒介商品的生产和流通存在两个经济系统：金融经济和文化经济。前者受众重视交换价值，后者受众重视使用价值。受众在付钱不付钱、使用不使用上不受生产者的控制，媒介商品越多，权力集团越没能力去诠释，受众就越能够解读并形成属于自己的通俗文化，这种现象称为文化偷猎（cultural poaching）。

一部隐私史其实就是一部人性史的社会文化镜像。雷蒙德·威廉姆斯曾将媒介商品视为一种"流动的藏私"，这是对隐私观念的绝佳隐喻，反映出背后人类"二律背反"的本能：既渴望借助媒介攫取信息的高速流动和开放共享，又希冀随时能退回一个自足自乐的个人安全空间之中。[①] 因此，隐私像是一堵诱人的围墙，越是戒备森严，越是有人来窥探。这或许能够解释，迈入现代社会、处于高压状态下的人们面对计算广告的隐私侵犯为何总有如此多的困惑、不安与焦虑。隐私问题的本质是文化价值观问题。不管个人文化价值取向如何，我们都要承认东西文化在隐私概念上存在巨大差异。中国传统社会一直将"隐私"等同于"阴私"[②]，一提"隐私"就觉得不光彩，是个贬义词。可见，文化研究视角的隐私探讨能够揭示隐私问题的本质。因此，我们借助文化条件、文化偷猎、文化解读的理论视角，通过两个实验设计（实验一：性别、隐私关注和隐私保护，实验二：国别、隐私关注和隐私保护），实证揭示这些自变量对计算广告用户态度的作用机制。

---

① 冯芹：《文化批判视角下的新媒体"欢场"文化研究》，苏州大学博士学位论文，2018 年，第 24 页。

② 马特：《隐私语义考据及法律诠释》，《求索》2008 年第 5 期，第 131-133 页。

第二节　理论基础与研究假设

态度三元论强调态度包含认知、情感和行为3个因素，如 Rosenberg[①]提出的三成分态度理论将购买对象因素和个人因素结合在一起，更全面地反映了用户态度的结构。因此，用户态度包含了人的认知、情感和行为3个层面，这构成了本研究因变量的理论基础。

本研究在文化研究学派相关理论基础上，研究国别、性别、隐私关注、隐私保护对计算广告用户态度的影响机制。文化研究学派发端于20世纪60年代英国的伯明翰现代文学研究所，因此也被称为"伯明翰学派"。该学派批判大众传媒精英主义的倾向，维护大众文化的世俗立场，针对文化研究的政治性、开放性和参与性展开研究，形成了媒介文化、年龄文化、消费文化、性别文化、宗教文化、青年文化、地域文化、阶级文化、种族文化等多学科研究领地。

李惊雷等[②]研究发现，对女性群体而言，隐私关注对自我披露的影响呈现显著负相关趋势，而男性影响在二者关系之间并不显著。也就是说，性别在隐私关注对自我披露的影响中起调节作用。因此，本研究提出以下假设：

H_{6-1}：男性比女性更能接受计算广告。

H_{6-1-1}：男性比女性在认知态度上更能接受计算广告。

H_{6-1-2}：男性比女性在情感态度上更能接受计算广告。

H_{6-1-3}：男性比女性在行为态度上更能接受计算广告。

王树彬[③]研究发现，个人主义不断加强的年轻人对私人生活的隐私意识很强，而集体主义为主的人群则更在意群体活动方面的隐私。Wang 等[④]通过中美两国在线行为广告的调查发现，两国消费者在分享信息意愿上存在显著差异，由于文化价值观等因素的影响，中国受访者更愿意分享个人信息，对隐私担忧程度较低，对在线行为广告更宽容。因此，本研究提出以下假设：

---

① Rosenberg M J. *Attitude Organization and Change: an Analysis of Consistency among Attitude Components*. New Haven: Yale University Press, 1960, p.239.

② 李惊雷、郭静：《社交媒体中隐私关注与自我披露之间的性别差异研究》，《新媒体公共传播》2021年第2期，第73-83页。

③ 王树彬：《中国文化中群体隐私意识的对比研究》，燕山大学硕士学位论文，2019年，第59页。

④ Wang Y, Xia H C, Huang Y. Examining American and Chinese Internet Users' Contextual Privacy Preferences of Behavioral Advertising. The 19th ACM Conference on Computer-Supported Cooperative Work and Social Computing(CSCW2016), 2016, pp.539-552.

H_{6-2}:中国人比美国人更能接受计算广告。

H_{6-2-1}:中国人比美国人在认知态度上更能接受计算广告。

H_{6-2-2}:中国人比美国人在情感态度上更能接受计算广告。

H_{6-2-3}:中国人比美国人在行为态度上更能接受计算广告。

郭飞鹏等[1]研究隐私关注与移动个性化服务采纳行为意愿之间的影响关系,结果表明,隐私关注的4个维度(信息收集、错误使用、不正当访问、二次使用)均负向影响用户采纳的意愿。因此,本研究提出以下假设:

H_{6-3}:隐私关注负向影响计算广告用户态度。

H_{6-3-1}:隐私关注负向影响计算广告用户认知态度。

H_{6-3-2}:隐私关注负向影响计算广告用户情感态度。

H_{6-3-3}:隐私关注负向影响计算广告用户行为态度。

杨嫚等[2]研究表明,隐私保护意愿发挥部分中介的作用,放大了隐私关注对精准广告回避的正向影响。这表明隐私保护容易引起广告回避,因此,本研究提出以下假设:

H_{6-4}:隐私保护负向影响计算广告用户态度。

H_{6-4-1}:隐私保护负向影响计算广告用户认知态度。

H_{6-4-2}:隐私保护负向影响计算广告用户情感态度。

H_{6-4-3}:隐私保护负向影响计算广告用户行为态度。

白文君[3]研究表明,一个人对隐私态度的开放与否既可能受到个人性格特质的影响,也有可能受到个人经历的影响,甚至性别、年龄都会成为个人隐私倾向差异的原因。这表明性别与隐私关注之间可能存在相互作用。因此,本研究提出以下假设:

H_{6-5}:性别和隐私关注对计算广告用户态度产生交互作用。

H_{6-5-1}:性别和隐私关注对计算广告用户认知态度产生交互作用。

H_{6-5-2}:性别和隐私关注对计算广告用户情感态度产生交互作用。

H_{6-5-3}:性别和隐私关注对计算广告用户行为态度产生交互作用。

罗娅湄[4]针对不同性别的公众对健康隐私保护的"知识—态度—行为模式"(knowledge-attitude-practice,KAP)比较,发现男性与女性在隐私泄

---

[1] 郭飞鹏、琚春华:《隐私关注对移动个性化服务采纳的影响:基于用户主观认知视角的实证研究》,《浙江工商大学学报》2018年第1期,第85-96页。

[2] 杨嫚、温秀妍:《隐私保护意愿的中介效应:隐私关注、隐私保护自我效能感与精准广告回避》,《新闻界》2020年第7期,第41-52页。

[3] 白文君:《新媒体精准广告投放中的用户隐私关注及其影响因素》,西南大学硕士学位论文,2016年,第55页。

[4] 罗娅湄:《个人健康信息隐私保护策略研究》,华中科技大学硕士学位论文,2020年,第25页。

露后寻求法律保护的意愿方面存在显著差异。这表明性别和隐私保护之间可能存在相互作用。因此,本研究提出以下假设:

H_{6-6}:性别和隐私保护对计算广告用户态度产生交互作用。

H_{6-6-1}:性别和隐私保护对计算广告用户认知态度产生交互作用。

H_{6-6-2}:性别和隐私保护对计算广告用户情感态度产生交互作用。

H_{6-6-3}:性别和隐私保护对计算广告用户行为态度产生交互作用。

隐私关注与隐私保护两者之间息息相关。申琦[①]研究发现,当"信任"等因素作为中介变量或调节变量时,隐私关注与隐私保护行为之间的关系是交互的、复杂的。隐私关注和隐私保护对因变量的影响可能存在交互作用,它们之间不单单是因果关系。因此,本研究提出以下假设:

H_{6-7}:隐私关注和隐私保护对计算广告用户态度产生交互作用。

H_{6-7-1}:隐私关注和隐私保护对计算广告用户认知态度产生交互作用。

H_{6-7-2}:隐私关注和隐私保护对计算广告用户情感态度产生交互作用。

H_{6-7-3}:隐私关注和隐私保护对计算广告用户行为态度产生交互作用。

陈堂发[②]研究发现,性别差异对隐私观念,包括隐私关注、隐私戒备意识及隐私保护等均产生统计学上的显著差异,其中大学女生偏向"结果导向型"隐私观念,而男性则倾向于"目的导向型"隐私观念。因此,本研究提出以下假设:

H_{6-8}:性别、隐私关注和隐私保护对计算广告用户态度产生交互作用。

H_{6-8-1}:性别、隐私关注和隐私保护对计算广告用户认知态度产生交互作用。

H_{6-8-2}:性别、隐私关注和隐私保护对计算广告用户情感态度产生交互作用。

H_{6-8-3}:性别、隐私关注和隐私保护对计算广告用户行为态度产生交互作用。

杨宏玲等[③]运用中国样本数据分析隐私关注,结果表明中外样本隐私关注的维度是不同的,隐私关注受到国别、文化等因素的影响。这表明国别和隐私关注对因变量的影响可能存在交互作用。因此,本研究提出以下假设:

H_{6-9}:国别和隐私关注对计算广告用户态度产生交互作用。

---

① 申琦:《网络信息隐私关注与网络隐私保护行为研究:以上海市大学生为研究对象》,《国际新闻界》2013 年第 2 期,第 120-129 页。

② 陈堂发:《网络环境下大学生对隐私保护倾向从宽原则:从"外滩拥挤踩踏事件"报道的伦理争议说起》,《新闻记者》2015 年第 2 期,第 42-48 页。

③ 杨宏玲、郭高玲:《信息隐私关注测量模型在中国的实证研究》,2010 Third International Conference on Education Technology and Training (ETT 2010),2010 年,第 580-585 页。

H_{6-9-1}:国别和隐私关注对计算广告用户认知态度产生交互作用。

H_{6-9-2}:国别和隐私关注对计算广告用户情感态度产生交互作用。

H_{6-9-3}:国别和隐私关注对计算广告用户行为态度产生交互作用。

《中美两国数字广告消费者对比》[①]指出,相比美国,精准广告更易被中国大众所接纳。与美国观众相比,中国观众对个人隐私的敏感度较低,有接近半数受访者表示愿意在网上提交个人信息以获取更具个人针对性的广告。因此,本研究提出以下假设:

H_{6-10}:国别和隐私保护对计算广告用户态度产生交互作用。

H_{6-10-1}:国别和隐私保护对计算广告用户认知态度产生交互作用。

H_{6-10-2}:国别和隐私保护对计算广告用户情感态度产生交互作用。

H_{6-10-3}:国别和隐私保护对计算广告用户行为态度产生交互作用。

徐敬宏等[②]考察了中国大学生微信使用中的隐私关注、隐私保护等变量之间的相互关系,发现中国大学生隐私关注和隐私保护之间存在显著相关。目前尚未出现美国样本隐私关注和隐私保护之间的交互关系,因此,本研究提出以下假设:

H_{6-11}:国别、隐私关注和隐私保护对计算广告用户态度产生交互作用。

H_{6-11-1}:国别、隐私关注和隐私保护对计算广告用户认知态度产生交互作用。

H_{6-11-2}:国别、隐私关注和隐私保护对计算广告用户情感态度产生交互作用。

H_{6-11-3}:国别、隐私关注和隐私保护对计算广告用户行为态度产生交互作用。

第三节 实验设计

一、研究模型

文化研究学派认为,受众在传播中的位置不是被动的客体地位,而是具有主观能动性的主体地位。[③] 在网络时代,受众的主体意识开始觉醒,不管

---

① 中国广告网:《中美两国数字广告消费者对比》,http://www.51ebo.com/repstation/2796.htm,2016年4月29日。

② 徐敬宏、侯伟鹏、程雪梅、王雪:《微信使用中的隐私关注、认知、担忧与保护:基于全国六所高校大学生的实证研究》,《国际新闻界》2018年第5期,第160-176页。

③ 张香萍:《网络传播时代受众对抗式解读的辩证分析》,《编辑之友》2016年第5期,第60-64页。

是广告还是其他信息,受众都不再满足于"你发我看、你说我听",而更倾向于"我有想法,我要表达"。受众的"文化解读"抵抗行为,开始直接影响计算广告的传播效果。① 斯图亚特·霍尔的学生大卫·莫利发现按照霍尔的框架去分析,受众的确会根据自身阶级地位的不同,对媒介当中的意识形态做出不同的解读。同时,"文化条件"分配的不同也会影响解读。② 约翰·费斯克进一步指出,文化产品和用户抵抗性意义的生产,是完全不同的两个过程。他首次提出"文化偷猎",认为信息生产越多,权力集团越没有能力对信息加以解释,用户对意义的消费就越不受生产者的制约,受众就越能够偷猎出"通俗文化",从而越容易抛弃"优先解读"的模式。

中美两国文化价值观的主要差异在于集体主义与个人主义的区别,这种区别属于"文化条件"的先决范畴。隐私关注和隐私保护是消费者对隐私侵权的自我保护,属于"文化偷猎"的过程范畴。计算广告用户态度是消费者对广告的反应,属于"文化解读"的结果范畴。在理论分析和研究假设基础上,我们提出本研究的整体框架,如图 6-2 所示。

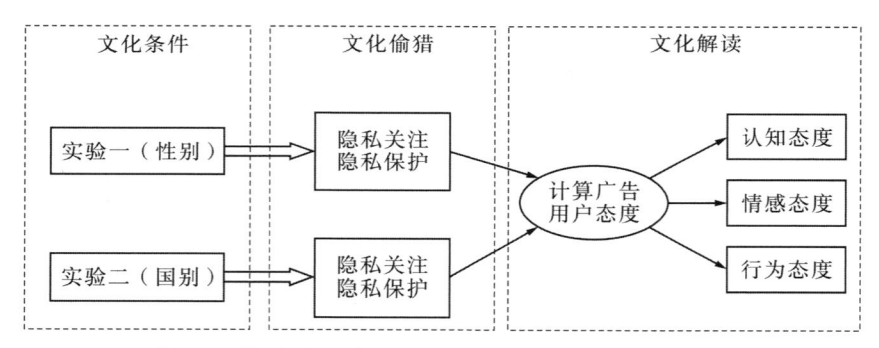

图 6-2 性别、隐私关注、隐私保护对用户态度的影响模型

二、操作化定义

(一)隐私关注的测量

隐私关注指网络广告运营商对用户特征和行为数据的收集、分析和使用,引发用户对个人信息泄露的感知、担忧和关注。隐私关注作为隐私问题的核心变量,在相关研究中占据重要地位。本书综合借鉴前人开发并使用

---

① 司逸凡、魏丹:《基于斯图亚特·霍尔的"抵抗式解读"分析信息流广告中的受众抵抗行为》,《新媒体研究》2019 年第 24 期,第 112-115 页。
② 常江、胡颖:《大卫·莫利:新媒体带来新的排斥形式——社交媒体时代的霸权分析》,《新闻界》2018 年第 11 期,第 8-16 页。

的成熟量表,具体测量题项如表 6-1 所示。

表 6-1 隐私关注的测量

变量	编码	测量题项	来源
隐私关注	Q1	对于太多的互联网企业要求提供个人信息,我经常感到苦恼	Smith 等[1] Malhotra 等[2]
	Q2	当互联网企业要求提供个人信息时,我会三思而后行	
	Q3	我十分担心互联网企业收集太多个人信息	
	Q4	我觉得控制和自主决定个人信息被收集、使用和分享是很重要的	

(二)隐私保护的测量

隐私保护是防止用户个人信息被他人非法获取、非法使用所采取的防范措施,而一旦隐私权受到侵害,用户就会采取法律手段保护自己的合法权益。本书综合借鉴前人开发并使用的成熟量表,具体测量题项如表 6-2 所示。

表 6-2 隐私保护的测量

变量	编码	测量题项	来源
隐私保护	Q5	我会伪装自己的身份	Youn[3] Dienlin 等[4]
	Q6	注册账号时我不会提供完整的个人信息	
	Q7	我主动征求他人意见,学习如何进行个人隐私保护	
	Q8	我会认真阅读软件提供的隐私保护声明	
	Q9	我乐意浏览不需要我提供个人信息的网站	
	Q10	当遇到提供个人信息的要求时,我会终止使用行为,离开网站	

---

[1] Smith H J, Milberg S J, Burke S J. Information Privacy: Measuring Individuals' Concerns about Organizational Practices. *MIS Quarterly*, 1996, 20(2), pp.167-196.

[2] Malhotra N K, Kim S S, Agarwal J. Internet Users' Information Privacy Concerns (IUIPC): The Construct, the Scale, and a Causal Model. *Information Systems Research*, 2004, 15(4), pp.336-355.

[3] Youn S. Determinants of Online Privacy Concern and Its Influence on Privacy Protection Behaviors among Young Adolescents. *Journal of Consumer Affairs*, 2009, 43(3), pp.389-418.

[4] Dienlin T, Trepte S. Is the Privacy Paradox a Relic of the Past? An in-Depth Analysis of Privacy Attitudes and Privacy Behaviors. *European Journal of Social Psychology*, 2015, 45(3), pp.285-297.

(三)用户态度的测量

在影响消费者行为的诸多因素中,态度起着极为关键的作用。多数研究认为态度是由认知、情感和行为 3 个层面构成。认知态度指人们对事物的信念和感知,情感态度指人们对事物的情感和评价,行为态度指人们对事物的反应和行动。这 3 种态度共同影响着用户对某一事物和现象的态度。本书综合借鉴前人开发并使用的成熟量表,具体测量题项如表 6-3 所示。

表 6-3 用户态度的测量

变量	编号	测量选项	来源
认知态度	Q11	我了解计算广告	Mitchell 等[1] Vijayasarathy 等[2] 樊帅等[3]
	Q12	我经常接触计算广告	
	Q13	我对计算广告有了更深的认知	
情感态度	Q14	我喜欢计算广告	
	Q15	我认为计算广告物有所值	
	Q16	我很乐意接触计算广告	
行为态度	Q17	我点击查看、点赞或评论计算广告的可能性很大	
	Q18	如果计算广告提供的产品和服务满足我的需求,我会对其进一步了解和使用	
	Q19	我会优先考虑计算广告推荐的产品	

三、研究方法

实验的类型可以分为前实验、准实验、真实验。前实验是最原始的一种实验类型,指对任何无关变量都不进行控制的实验。准实验(自然实验法)指在实验中未按随机原则来选择和分配被试,只把已有的研究对象作为被试,且只对无关变量作尽可能控制的实验。真实验(控制实验法)指严格按

---

[1] Mitchell A A, Olson J C. Are Product Attribute Beliefs the Only Mediator of Advertising Effects on Brand Attitude? *Journal of Marketing Research*, 1981, 18(3), pp.318-332.

[2] Vijayasarathy L R, Jones J M. Print and Internet Catalog Shopping: Assessing Attitudes and Intentions. *Internet Research: Electronic Networking Applications and Policy*, 2000, 10(3), pp.191-202.

[3] 樊帅、田志龙、张丽君:《虚拟企业社会责任共创心理需要对消费者态度的影响研究》,《管理学报》2019 年第 6 期,第 883-895 页。

照实验法的科学性要求,随机地选择和分配被试,系统地操纵自变量,全面地控制无关变量的实验。本研究采用准实验法,按照方便抽样,未按随机原则来选择和分配样本,原因有二:一是国外大学生样本调查成本高且获取不便;二是本研究对象聚焦大学生群体,同质化程度较高,实验误差可能较小。

本研究分为实验一和实验二两部分。实验步骤为观看一些计算广告隐私相关的图片和文字材料(谷歌在用户设置"无痕模式"下利用掌握的用户私人信息卖给商家推送计算广告的新闻稿,并配以解说词),然后填写问卷。实验一为 2(性别:男、女)×3(隐私关注:高、中、低三等分)×3(隐私保护:高、中、低三等分)被试间设计,自变量为性别、隐私关注和隐私保护,因变量为计算广告用户态度;实验二为 2(国别:中国、美国)×3(隐私关注:高、中、低三等分)×3(隐私保护:高、中、低三等分)被试间设计,自变量为国别、隐私关注和隐私保护,因变量为计算广告用户态度。采用李克特 5 点量表,统计方法为多元方差分析。

国内的问卷通过智能调研平台"见数"(Credamo, Creator of Data and Model)网站(https://www.credamo.com/#/)进行,美国的问卷通过全球最大的众包平台亚马逊旗下的"土耳其机器人"(Amazon Mechanical Turk)网站(https://www.mturk.com)进行。为了避免被调查者对计算广告这一前沿术语的不解,在实验的指导语部分特地加入指示说明如下:

什么是计算广告?计算广告是以数据为基础、以算法为手段、以用户为中心的智能营销方式,它在数据的实时高效计算下,进行用户场景画像,并快速投放、精准匹配及优化用户一系列需求。简单来说,即企业根据您的性别、籍贯、消费记录、个人习惯、兴趣爱好、浏览痕迹等进行数据分析,通过推荐算法适时在相关媒体平台(如淘宝、京东、拼多多、抖音、快手、小红书、微信、微博、搜索引擎等)上推送与用户匹配的精准广告。

实验法样本量一般控制在 30 个以内,但由于本研究需要验证量表的信度和效度,因此加大样本量。Roscoe[①] 提出抽样调查时应选取的样本量原则:研究的样本数量适合在 30 至 500 之间,在多变量分析的情况下,样本数量应为研究所用的变量测量题项的 10 倍或以上。由于笔者在前测时发现计算广告是新鲜词语,大学生思维活跃、接受新鲜事物能力强,对计算广告的理解比较透彻,其他群体对计算广告的理解难度较大,因此本次正式调查在数据调查网站上设置样本条件为中国或美国高校大学生,共回收有效问卷 361 份,其中中国问卷 182 份(大学男女生各 91 份)、美国问卷 179 份(大学

---

① Roscoe J T. *Fundamental Research Statistics for the Behavioral Sciences*. New York: Holt, Rinehart and Winston, 1975, pp.102-125.

男生 90 份,大学女生 89 份)。采用 SPSS 28.0 统计软件对数据进行处理。

第四节 数据分析与实验结果

一、信度和效度检验

(一)信度检验

本书采用 α 系数(即 Cronbach's alpha)来衡量量表信度的大小,α 系数越大,信度越高,即量表的可信性和稳定性越高。α 系数最小可接受值是 0.70。本研究各潜在变量的 α 系数均大于 0.7,整体问卷的 α 系数为 0.799,隐私关注(0.726)、隐私保护(0.834)、认知态度(0.833)、情感态度(0.872)和行为态度(0.823)的 Cronbach's α 系数均符合要求,表明本研究各变量及其度量维度的信度系数都在合理范围内,问卷内部具有较高的一致性和稳定性,量表的信度得到保证。

(二)效度检验

本研究采用探索性因子分析法来评价问卷的结构效度,即找出量表的潜在结构,以因子分析法去检验量表,并有效抽取共同因素,这是一种严谨的效度检验方法。统计表明,KMO 度量值为 0.911,大于 0.9,巴特利球形检验 p 值为 0.000,数据适合进行因子分析。通过对 19 个题目的主成分分析可知,共提取 5 个因子,累积解释方差变异为 66.841%,说明 19 个题项提取的 5 个因子对原始数据的解释度较为理想,数据具有较强的累积解释能力。根据旋转成分矩阵可以判断其各个题项的因子归属与量表设计因子的维度是一致的,表示量表的结构效度较好。

区分效度是指构面根据实证标准真正区别于其他构面的程度,不同特质的测验结果之间的相关程度越低,说明测验之间区分效度越好。如果一个变量的平均萃取量 AVE 的平方根大于该变量与其他变量之间的相关系数,该量表的区别效度被认为较高。[1] 数据显示,隐私关注、隐私保护、认知态度、情感态度、行为态度的 AVE 平方根分别为 0.632、0.603、0.792、0.834、0.781,均大于其对应的相关系数,说明量表具有较好的区分效度。

二、共同方法偏差检验与验证性因子分析

共同方法偏差主要来源于以下几种:由情绪、动机、心态等自我报告法

---

[1] Fornell C, Larcker D F. Evaluating Structural Equation Models with Unobservable Variables and Measurement Error. *Journal of Marketing Research*, 1981, 18(1), pp.39-50.

造成的偏差;由题目暗示性、模糊性、正反向等问卷特征造成的偏差;由上下文语境、量表长度、启动效应等问卷内容造成的偏差;由测量的时间、地点、方法等测量环境造成的偏差。Harman 单因素检验(把所有量表题目均放入"变量"窗口,进行"分析—降维—因子分析")结果表明,第一个公因子的方差解释百分比为 32.113%,小于临界值 40%,我们认为不存在严重的共同方法偏差。

验证性因子分析(CFA)是基于预先建立的理论,检验这种结构是否与观测数据一致。在对测量模型进行分析之前,应首先确保每个测量模型都能正确反映所测量的变量。本研究首先对 5 个变量进行 CFA 分析。根据表 6-4 可知,所有变量的因子负荷整体上可接受(部分题项的因子负荷低于 0.7,但接近 0.7 且大于临界值 0.5,可以保留这些题项);题项信度(SMC)整体上可接受(部分题项的信度低于 0.5,但大于临界值 0.36,可以保留这些题项);其组合信度(C.R.)都为 0.801~0.872,平均萃取变异量(AVE)为 0.502~0.695,符合 C.R.>0.6、AVE>0.5 的标准。

表 6-4 验证性因子分析

变量	题项	因子负荷 Std.	参数显著性估计 Unstd.	S.E.	T-Value	p	题项信度 SMC	组合信度 C.R.	平均萃取变异量 AVE
隐私关注	Q1	0.736	1.000				0.542	0.801	0.502
	Q2	0.695	1.030	0.122	8.444	***	0.483		
	Q3	0.713	0.996	0.119	8.342	***	0.508		
	Q4	0.689	0.971	0.119	8.149	***	0.475		
隐私保护	Q5	0.729	1.000				0.531	0.866	0.520
	Q6	0.684	1.221	0.177	6.889	***	0.468		
	Q7	0.782	1.153	0.17	6.775	***	0.612		
	Q8	0.709	1.105	0.207	5.33	***	0.503		
	Q9	0.677	0.991	0.158	6.269	***	0.458		
	Q10	0.739	1.052	0.169	6.217	***	0.546		
认知态度	Q11	0.785	1.000				0.616	0.833	0.627
	Q12	0.698	0.865	0.064	13.563	**	0.487		
	Q13	0.882	1.180	0.072	16.292	***	0.778		

续表

变量	题项	因子负荷 Std.	参数显著性估计 Unstd.	S.E.	T-Value	p	题项信度 SMC	组合信度 C.R.	平均萃取变异量 AVE
情感态度	Q14	0.773	1.000				0.598	0.872	0.695
	Q15	0.854	1.030	0.058	17.755	*	0.729		
	Q16	0.871	1.106	0.061	18.226	**	0.759		
行为态度	Q17	0.804	1.000				0.646	0.823	0.611
	Q18	0.674	0.734	0.053	13.967	***	0.454		
	Q19	0.855	1.031	0.055	18.913	***	0.731		

注：* 表示 $p<0.05$，** 表示 $p<0.01$，*** 表示 $p<0.001$。

三、实验一（性别、隐私关注和隐私保护对计算广告用户态度的影响）

（一）中国样本

1. 性别

采用 2×3×3 多元方差分析表明，性别对认知态度、情感态度和行为态度的主效应均不存在统计学上的显著差异（$F=0.078$，$p=0.780>0.05$；$F=0.942$，$p=0.333>0.05$；$F=2.848$，$p=0.093>0.05$）。

2. 隐私关注

采用 2×3×3 多元方差分析表明，隐私关注对认知态度的主效应存在统计学上的显著意义（$F=6.848$，$p=0.001<0.05$），LSD 多重比较显示，隐私关注"低"的认知态度（均值为 2.33）、隐私关注"中"的认知态度（均值为 2.03）和隐私关注"高"的认知态度（均值为 1.61）之间相伴概率 $p<0.05$，表明可以从样本推断总体，隐私关注越高的中国大学生，其对计算广告的认知态度反而越低。隐私关注对情感态度和行为态度的主效应相伴概率 p 均大于 0.05，表明不存在统计学上的显著差异（$F=1.585$，$p=0.207>0.05$；$F=2.682$，$p=0.071>0.05$）。

3. 隐私保护

采用 2×3×3 多元方差分析表明，隐私保护对认知态度的主效应存在统计学上的显著差异（$F=12.501$，$p=0.000<0.05$）。LSD 多重比较显示，隐私保护"低"的认知态度（均值为 1.00）、隐私保护"中"的认知态度（均值为 2.17）和隐私保护"高"的认知态度（均值为 2.40）之间相伴概率 $p<0.05$，表明可以从样本推断总体，隐私保护越高的中国大学生，其对计算广告的认知

态度也越高。隐私保护对情感态度和行为态度的主效应不存在统计学上的显著差异($F=1.585,p=0.207>0.05;F=2.417,p=0.073>0.05$)。

4.性别与隐私关注

采用2×3×3多元方差分析表明,性别与隐私关注的交互作用对认知态度存在统计学上的显著差异($F=3.559,p=0.030<0.05$)。图6-3显示,在隐私关注"低"的水平上,中国大学女生的认知态度均值高于大学男生;在隐私关注"中""高"的水平上,中国大学男女生的认知态度均值接近。性别与隐私关注对情感态度和行为态度的交互作用不存在统计学上的显著差异($F=2.960,p=0.054>0.05;F=3.007,p=0.051>0.05$)。

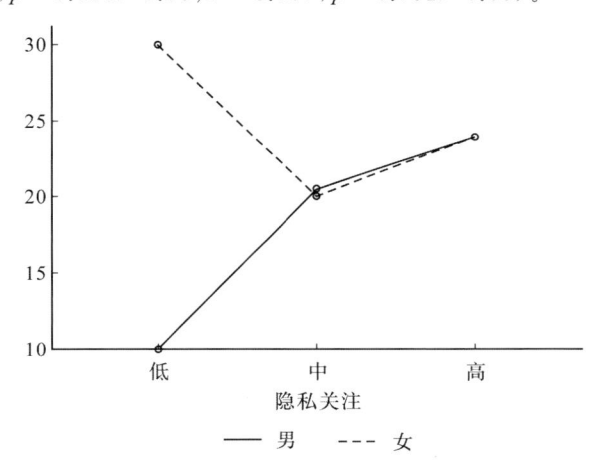

图 6-3　性别与隐私关注对认知态度的交互作用(中国)

5.性别与隐私保护

采用2×3×3多元方差分析表明,性别与隐私保护的交互作用对认知态度、情感态度和行为态度均不存在统计学上的显著差异($F=0.007,p=0.933>0.05;F=0.006,p=0.940>0.05;F=0.045,p=0.832>0.05$)。

6.隐私关注与隐私保护

采用2×3×3多元方差分析表明,隐私关注与隐私保护的交互作用对认知态度、情感态度和行为态度均不存在统计学上的显著差异($F=0.468,p=0.627>0.05;F=0.754,p=0.472>0.05;F=0.701,p=0.497>0.05$)。

7.性别、隐私关注与隐私保护

采用2×3×3多元方差分析表明,性别、隐私关注与隐私保护的交互作用对认知态度、情感态度和行为态度均不存在统计学上的显著差异($F=3.203,p=0.075>0.05;F=0.062,p=0.804>0.05;F=1.042,p=0.308>0.05$)。

8.小结

实验一(性别、隐私关注和隐私保护对计算广告用户态度的影响)中国样本的数据结果如表 6-5 所示。结果表明,中国大学生的性别对计算广告用户态度不产生影响;隐私关注对计算广告用户认知态度产生影响,对情感态度和行为态度均不产生影响;隐私关注越高的中国大学生,其对计算广告的认知态度反而越低;隐私保护对计算广告用户认知态度产生影响,对情感态度和行为态度均不产生影响;隐私保护越高的中国大学生,其对计算广告的认知态度也越高;性别与隐私关注的交互作用对计算广告用户认知态度产生影响,对情感态度和行为态度均不产生影响;在隐私关注"低"的水平上,大学女生的认知态度均值高于大学男生;在隐私关注"中""高"的水平上,中国大学男女生的认知态度均值接近;性别与隐私保护的交互作用对计算广告用户态度不产生影响;隐私关注与隐私保护的交互作用对计算广告用户态度不产生影响;性别、隐私关注与隐私保护的交互作用对计算广告用户态度不产生影响。

表 6-5 性别、隐私关注和隐私保护对计算广告用户态度的影响(中国样本)

变量		认知态度	情感态度	行为态度
性别	F 值	0.078	0.942	2.848
	p 值	0.780	0.333	0.093
隐私关注	F 值	6.848	1.585	2.682
	p 值	0.001	0.207	0.071
隐私保护	F 值	12.501	1.585	2.417
	p 值	0.000	0.207	0.073
性别×隐私关注	F 值	3.559	2.960	3.007
	p 值	0.030	0.054	0.051
性别×隐私保护	F 值	0.007	0.006	0.045
	p 值	0.933	0.940	0.832
隐私关注×隐私保护	F 值	0.468	0.754	0.701
	p 值	0.627	0.472	0.497
性别×隐私关注×隐私保护	F 值	3.203	0.062	1.042
	p 值	0.075	0.804	0.308

(二)美国样本

1.性别

采用 2×3×3 多元方差分析表明,性别对认知态度、情感态度和行为态度的主效应均不存在统计学上的显著差异（$F=2.657$，$p=0.105>0.05$；$F=0.509$，$p=0.477>0.05$；$F=0.288$，$p=0.593>0.05$）。

2.隐私关注

采用 2×3×3 多元方差分析表明，隐私关注对认知态度、情感态度和行为态度的主效应均存在统计学上的显著意义（$F=7.056$，$p=0.001<0.05$；$F=13.811$，$p=0.000<0.05$；$F=10.373$，$p=0.000<0.05$），LSD 多重比较显示，隐私关注"低"的认知态度、情感态度和行为态度（均值分别为 2.88、2.88、2.87），隐私关注"中"的认知态度、情感态度和行为态度（均值分别为 2.56、2.48、2.44）与隐私关注"高"的认知态度、情感态度和行为态度（均值分别为 1.61、1.33、1.27）之间的相伴概率 $p<0.05$，表明可以从样本推断总体，隐私关注越高的美国大学生，其对计算广告的认知态度、情感态度和行为态度反而越低。

3.隐私保护

采用 2×3×3 多元方差分析表明，隐私保护对认知态度、情感态度和行为态度的主效应均存在统计学上的显著差异（$F=23.599$，$p=0.000<0.05$；$F=7.918$，$p=0.001<0.05$；$F=13.804$，$p=0.000<0.05$）。LSD 多重比较显示，隐私保护"低"的认知态度、情感态度和行为态度（均值分别为 1.00、1.33、1.33），隐私保护"中"的认知态度、情感态度和行为态度（均值分别为 2.48、2.56、2.44）与隐私保护"高"的认知态度、情感态度和行为态度（均值分别为 2.91、2.86、2.88）之间的相伴概率 $p<0.05$，表明可以从样本推断总体，隐私保护越高的美国大学生，其对计算广告的认知态度、情感态度和行为态度也越高。

4.性别与隐私关注

采用 2×3×3 多元方差分析表明，性别与隐私关注的交互作用对认知态度、情感态度和行为态度均不存在统计学上的显著差异（$F=1.406$，$p=0.249>0.05$；$F=0.459$，$p=0.633>0.05$；$F=1.427$，$p=0.244>0.05$）。

5.性别与隐私保护

采用 2×3×3 多元方差分析表明，性别与隐私保护的交互作用对认知态度和情感态度均存在统计学上的显著差异（$F=8.356$，$p=0.004<0.05$；$F=7.629$，$p=0.007<0.05$）。图 6-4 和图 6-5 显示，美国大学生的隐私保护越高，认知态度和情感态度也越高；在隐私保护"中"的水平上，美国大学男生认知态度和情感态度均值都高于大学女生。性别与隐私保护的交互作用对行为态度不存在统计学上的显著差异（$F=2.131$，$p=0.147>0.05$）。

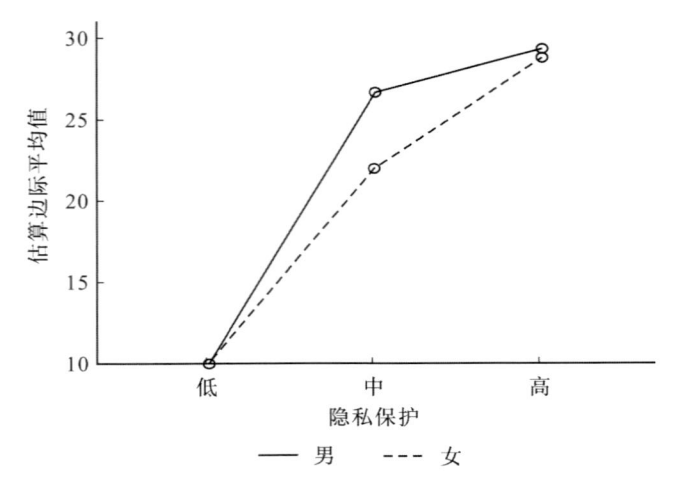

图 6-4　性别与隐私保护对认知态度的交互作用(美国)

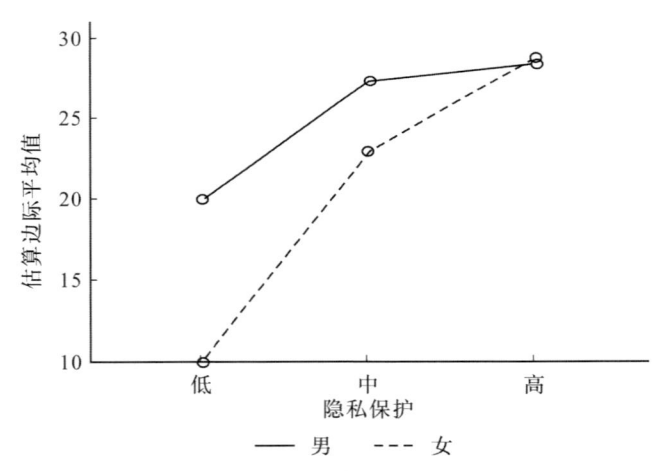

图 6-5　性别与隐私保护对情感态度的交互作用(美国)

6.隐私关注与隐私保护

采用 2×3×3 多元方差分析表明,隐私关注与隐私保护的交互作用对认知态度、情感态度和行为态度均不存在统计学上的显著差异($F=1.261$, $p=0.264>0.05$; $F=1.997$, $p=0.160>0.05$; $F=2.721$, $p=0.101>0.05$)。

7.性别、隐私关注与隐私保护

采用 2×3×3 多元方差分析表明,性别、隐私关注与隐私保护的交互作用对认知态度、情感态度和行为态度均存在统计学上的显著差异($F=4.528$, $p=0.035<0.05$; $F=5.965$, $p=0.016<0.05$; $F=4.918$, $p=0.028<0.05$)。

8. 小结

实验一（性别、隐私关注和隐私保护对计算广告用户态度的影响）美国样本的数据结果如表 6-6 所示。结果表明，美国大学生的性别对计算广告态度不产生影响；隐私关注与隐私保护分别对计算广告用户认知态度、情感态度和行为态度均产生影响；隐私关注越高的美国大学生，其对计算广告的认知态度、情感态度和行为态度反而越低；性别与隐私关注的交互作用对计算广告用户态度不产生影响；性别与隐私保护的交互作用对计算广告的认知态度和情感态度产生影响，对行为态度不产生影响；美国大学生的隐私保护越高，认知态度和情感态度也越高；在隐私保护"中"的水平上，美国大学男生认知态度和情感态度均值高于大学女生；隐私关注与隐私保护的交互作用对计算广告用户态度不产生影响；性别、隐私关注与隐私保护的交互作用对计算广告用户认知态度、情感态度和行为态度均产生影响。

表 6-6　性别、隐私关注和隐私保护对计算广告用户态度的影响（美国样本）

变量		认知态度	情感态度	行为态度
性别	F 值	2.657	0.509	0.288
	p 值	0.105	0.477	0.593
隐私关注	F 值	7.056	13.811	10.373
	p 值	0.001	0.000	0.000
隐私保护	F 值	23.599	7.918	13.804
	p 值	0.000	0.001	0.000
性别×隐私关注	F 值	1.406	0.459	1.427
	p 值	0.249	0.633	0.244
性别×隐私保护	F 值	8.356	7.629	2.131
	p 值	0.004	0.007	0.147
隐私关注×隐私保护	F 值	1.261	1.997	2.721
	p 值	0.264	0.160	0.101
性别×隐私关注×隐私保护	F 值	4.528	5.965	4.918
	p 值	0.035	0.016	0.028

四、实验二(国别、隐私关注和隐私保护对计算广告用户态度的影响)

(一)中美两国大学男生样本

1. 国别

采用 2×3×3 多元方差分析表明,国别对认知态度、情感态度和行为态度的主效应均存在统计学上的显著差异($F=49.325$, $p=0.000<0.05$;$F=52.243$, $p=0.000<0.05$;$F=24.876$, $p=0.000<0.05$)。中国大学男生的认知态度、情感态度和行为态度均值(分别为 2.87、2.81、2.86)均大于美国大学男生的认知态度、情感态度和行为态度均值(分别为 2.33、2.24、2.32),表明可以从样本推断总体,中国大学男生对计算广告的接受态度高于美国大学男生。

2. 隐私关注

采用 2×3×3 多元方差分析表明,隐私关注对认知态度、情感态度和行为态度的主效应均存在统计学上的显著意义($F=6.992$, $p=0.001<0.05$;$F=5.798$, $p=0.003<0.05$;$F=4.855$, $p=0.009<0.05$),LSD 多重比较显示,隐私关注"低"的认知态度、情感态度和行为态度(均值分别为 2.58、2.66、2.76),隐私关注"中"的认知态度、情感态度和行为态度(均值分别为 2.28、2.48、2.68)与隐私关注"高"的认知态度、情感态度和行为态度(均值分别为 1.67、2.34、2.64)之间的相伴概率 $p<0.05$,表明可以从样本推断总体,隐私关注越高的男生,其对计算广告的认知态度、情感态度和行为态度反而越低。

3. 隐私保护

采用 2×3×3 多元方差分析表明,隐私保护对认知态度、情感态度和行为态度的主效应均存在统计学上的显著意义($F=21.174$, $p=0.000<0.05$;$F=9.728$, $p=0.000<0.05$;$F=12.734$, $p=0.000<0.05$),LSD 多重比较显示,隐私保护"低"的认知态度、情感态度和行为态度(均值分别为 1.08、1.40、1.40),隐私保护"中"的认知态度、情感态度和行为态度(均值分别为 2.36、2.28、2.36)与隐私保护"高"的认知态度、情感态度和行为态度(均值分别为 2.60、2.52、2.62)之间的相伴概率 $p<0.05$,表明可以从样本推断总体,隐私保护越高的男生,其对计算广告的认知态度、情感态度和行为态度也越高。

4. 国别与隐私关注

采用 2×3×3 多元方差分析表明,国别与隐私关注的交互作用对行为态度存在统计学上的显著差异($F=4.181$, $p=0.016<0.05$)。图 6-6 显示,在隐私关注"低""中""高"三个水平上,中国大学男生的行为态度均值都高于美

国大学男生。国别与隐私关注的交互作用对认知态度和情感态度不存在统计学上的显著差异($F=2.587,p=0.077>0.05;F=0.687,p=0.504>0.05$)。

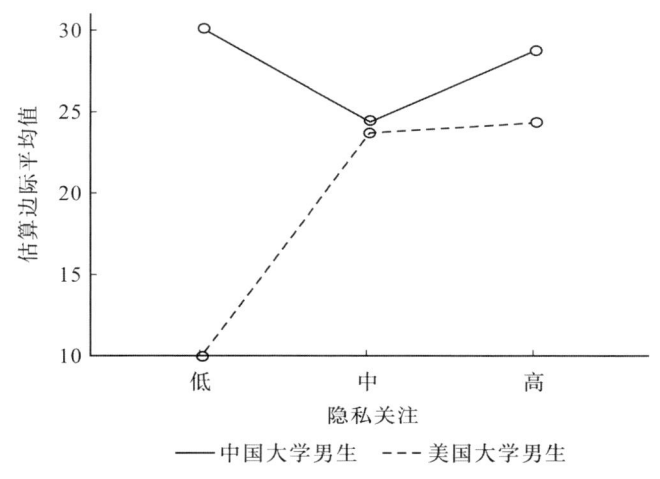

图 6-6 国别与隐私关注对行为态度的交互作用

5.国别与隐私保护

采用 2×3×3 多元方差分析表明,国别与隐私保护的交互作用对认知态度、情感态度和行为态度均不存在统计学上的显著差异($F=0.417,p=0.659>0.05;F=0.610,p=0.544>0.05;F=0.334,p=0.716>0.05$)。

6.隐私关注与隐私保护

采用 2×3×3 多元方差分析表明,隐私关注与隐私保护的交互作用对认知态度、情感态度和行为态度均不存在统计学上的显著差异($F=0.584,p=0.558>0.05;F=0.137,p=0.872>0.05;F=1.175,p=0.176>0.05$)。

7.国别、隐私关注与隐私保护

采用 2×3×3 多元方差分析表明,国别、隐私关注与隐私保护的交互作用对认知态度存在统计学上的显著差异($F=4.181,p=0.016<0.05$)。国别、隐私关注与隐私保护的交互作用对情感态度和行为态度均不存在统计学上的显著差异($F=0.500,p=0.480>0.05;F=0.439,p=0.508>0.05$)。

8.小结

实验二(国别、隐私关注和隐私保护对计算广告用户态度的影响)中美两国大学男生样本的数据结果如表 6-7 所示。结果表明,国别对认知态度、情感态度和行为态度的均值分别产生影响;中国大学男生对计算广告的接受态度高于美国大学男生;隐私关注越高的男生,其对计算广告的认知态度、情感态度和行为态度反而越低;隐私保护越高的男生,其对计算广告的认知态度、情感态度和行为态度也越高;在隐私关注"低""中""高"三个水平上,中国大学男生的行为态度均值都高于美国大学男生;国别、隐私关注与隐私保护的交互作用对认知态度产生影响。

表 6-7 国别、隐私关注和隐私保护对计算广告用户态度的影响(中美两国大学男生样本)

变量		认知态度	情感态度	行为态度
国别	F 值	49.325	52.243	24.876
	p 值	0.000	0.000	0.000
隐私关注	F 值	6.992	5.798	4.855
	p 值	0.001	0.003	0.009
隐私保护	F 值	21.174	9.728	12.734
	p 值	0.000	0.000	0.000
国别×隐私关注	F 值	2.587	0.687	4.181
	p 值	0.077	0.504	0.016
国别×隐私保护	F 值	0.417	0.610	0.334
	p 值	0.659	0.544	0.716
隐私关注×隐私保护	F 值	0.584	0.137	1.175
	p 值	0.558	0.872	0.176
国别×隐私关注×隐私保护	F 值	4.181	0.500	0.439
	p 值	0.016	0.480	0.508

(二)中美两国大学女生样本

1.国别

采用 2×3×3 多元方差分析表明,国别对认知态度、情感态度和行为态度的主效应均存在统计学上的显著差异($F=14.277, p=0.000<0.05$; $F=17.433, p=0.000<0.05$; $F=4.946, p=0.025<0.05$)。中国大学女生的认知态度、情感态度和行为态度均值(分别为 2.70、2.72、2.73)均大于美国大学女生的认知态度、情感态度和行为态度均值(分别为 2.30、2.27、2.49),表明可以从样本推断总体,中国大学女生对计算广告的接受态度高于美国大学女生。

2.隐私关注

采用 2×3×3 多元方差分析表明,隐私关注对认知态度、情感态度和行为态度的主效应均不存在统计学上的显著意义($F=2.233, p=0.111>$

$0.05;F=0.796,p=0.453>0.05;F=1.384,p=0.254>0.05$)。

3.隐私保护

采用 2×3×3 多元方差分析表明,隐私保护对认知态度、情感态度和行为态度的主效应均存在统计学上的显著意义($F=17.909,p=0.000<0.05$;$F=27.618,p=0.000<0.05;F=35.670,p=0.000<0.05$),LSD 多重比较显示,隐私保护"低"的认知态度、情感态度和行为态度(均值分别为 1.00、1.00、1.10),隐私保护"中"的认知态度、情感态度和行为态度(均值分别为 2.19、2.26、2.28)与隐私保护"高"的认知态度、情感态度和行为态度(均值分别为 2.53、2.47、2.61)之间的相伴概率 $p<0.05$,表明可以从样本推断总体,隐私保护越高的大学女生,其对计算广告的认知态度、情感态度和行为态度也越高。

4.国别与隐私关注

采用 2×3×3 多元方差分析表明,国别与隐私关注的交互作用对认知态度、情感态度和行为态度均不存在统计学上的显著差异($F=1.717,p=0.183>0.05;F=2.820,p=0.063>0.05;F=1.773,p=0.174>0.05$)。

5.国别与隐私保护

采用 2×3×3 多元方差分析表明,国别与隐私保护的交互作用对认知态度、情感态度和行为态度均不存在统计学上的显著差异($F=4.535,p=0.350>0.05;F=1.646,p=0.202>0.05;F=3.766,p=0.054>0.05$)。

6.隐私关注与隐私保护

采用 2×3×3 多元方差分析表明,隐私关注与隐私保护的交互作用对认知态度、情感态度和行为态度均不存在统计学上的显著差异($F=0.313,p=0.732>0.05;F=0.283,p=0.754>0.05;F=0.806,p=0.449>0.05$)。

7.国别、隐私关注与隐私保护

采用 2×3×3 多元方差分析表明,国别、隐私关注与隐私保护的交互作用对认知态度存在统计学上的显著差异($F=6.208,p=0.014<0.05$)。国别、隐私关注与隐私保护的交互作用对情感态度和行为态度均不存在统计学上的显著差异($F=1.961,p=0.164>0.05;F=2.208,p=0.980>0.05$)。

8.小结

实验二(国别、隐私关注和隐私保护对计算广告用户态度的影响)中美两国大学女生样本的数据结果如表 6-8 所示。结果表明,国别对认知态度、情感态度和行为态度的均值分别产生影响;中国大学女生对计算广告的接受态度高于美国大学女生;隐私保护越高的大学女生,其对计算广告的认知态度、情感态度和行为态度也越高;国别、隐私关注与隐私保护的交互作用对认知态度产生影响。

表 6-8　国别、隐私关注和隐私保护对计算广告用户态度的影响（中美两国大学女生样本）

变量		认知态度	情感态度	行为态度
国别	F 值	14.277	17.433	4.946
	p 值	0.000	0.000	0.025
隐私关注	F 值	2.233	0.796	1.384
	p 值	0.111	0.453	0.254
隐私保护	F 值	17.909	27.618	35.670
	p 值	0.000	0.000	0.000
国别×隐私关注	F 值	1.717	2.820	1.773
	p 值	0.183	0.063	0.174
国别×隐私保护	F 值	4.535	1.646	3.766
	p 值	0.350	0.202	0.054
隐私关注×隐私保护	F 值	0.313	0.283	0.806
	p 值	0.732	0.754	0.449
国别×隐私关注×隐私保护	F 值	6.208	1.961	2.208
	p 值	0.014	0.164	0.980

第五节　讨论与启示

本研究立足文化研究学派的"文化条件"、"文化偷猎"和"文化解读"理论，通过两个实验设计（实验一：性别、隐私关注和隐私保护对计算广告用户态度的影响，实验二：国别、隐私关注和隐私保护对计算广告用户态度的影响），研究国别、性别、隐私关注、隐私保护对计算广告用户态度的影响机制。尽管本研究采用准实验法，未进行随机抽样，数据可能覆盖偏差，但仍可以得到一些有价值的启发。汇总实验一和实验二的数据结果，我们进一步展开讨论以得出启示。

一、讨论

（一）中美两国大学生对计算广告的接受态度存在显著差异

本研究表明，中国大学生对计算广告的认知态度、情感态度和行为态度均高于美国大学生。程红波[①]的研究表明,尽管中美两国都认可隐私的存在,但是中国人的隐私观念相对薄弱。基于隐私数据利用基础之上的计算广告,其效果必然直接受到中美两国隐私观的深刻影响。一般而言,隐私意识较强的国家,对计算广告会天然产生较强的排斥心理,反之则较容易接纳计算广告。付玉霞[②]认为,中美隐私观念的差异主要来自中美两国集体主义和个人主义文化价值观的差异,在个人主义文化价值观盛行的美国社会,"我"的意识盛行,个体注重独立、竞争、隐私等,而在集体主义文化价值观盛行的中国社会,"我们"的概念深入人心,人们强调服从、依赖、责任等。本研究同样证实了计算广告情境下文化价值观的间接影响。

(二)中美两国大学生在隐私关注和隐私保护影响计算广告接受态度上存在差异

本研究表明,中国大学生的隐私关注和隐私保护对计算广告认知态度产生影响,对情感态度和行为态度均不产生影响;而美国大学生的隐私关注和隐私保护对计算广告认知态度、情感态度和行为态度均产生影响。这说明在隐私关注和隐私保护对计算广告用户接受态度的影响程度上,美国大学生比中国大学生更深。阳仁磊[③]通过对中国样本的研究表明,隐私关注(隐私担忧)会降低个性化信息流广告的感知价值,从而影响广告用户的接受态度。这一结论支持了中国大学生在计算广告认知层面表现出来的影响程度,表明隐私关注对中国大学生的影响还没触及计算广告深层的情感态度和行为态度。

(三)大学男女生在隐私关注对计算广告态度的影响上存在显著差异

本研究表明,隐私关注越高的大学男生,其对计算广告的认知态度、情感态度和行为态度反而越低,而大学女生的隐私关注并不影响计算广告的认知态度、情感态度和行为态度,这说明大学女生对计算广告的容忍度更大。李惊雷等[④]研究表明,女性群体的隐私关注越高,自我披露反而越低,男性在隐私关注和自我披露之间则没有相关关系。杨姝等[⑤]的研究也发现,女性的隐私关注水平高于男性,受教育程度越高的女性越担忧隐私问

---

① 程红波:《自我构元视域下的中美隐私观差异》,《肇庆学院学报》2018年第3期,第66-69页。
② 付玉霞:《从集体主义/个人主义维度看中美隐私观》,《阜阳师范学院学报(社会科学版)》2014年第4期,第116-118页。
③ 阳仁磊:《社交媒体信息流广告中的"个性化—隐私悖论"研究》,西南财经大学硕士学位论文,2020年,第45页。
④ 李惊雷、郭静:《社交媒体中隐私关注与自我披露之间的性别差异研究》,《新媒体公共传播》2021年第2期,第73-83页。
⑤ 杨姝、任利成、王刊良:《个性特征变量对隐私关注影响的实证研究》,《现代教育技术》2008年第5期,第54-59页。

题,但网龄越长的女性,隐私关注却越低。本研究结果与前人不一致,这可能是因为在计算广告领域,女性更容易被感性消费所吸引,产生购买冲动,降低了隐私关注的心理阈值,从而抵消了对计算广告的排斥心理。袁翠清[①]发现,改革开放以后,西方消费主义观念使当代女性沉迷于美丽消费、过度消费、片面消费中,导致物质与精神消费的双重失衡。由此可以推断女性在接收计算广告时,其影响因素是多重复杂的。

(四)隐私保护越高,对计算广告的接受态度也越高

本研究表明,隐私保护越高的大学生,其对计算广告的认知态度、情感态度和行为态度也越高。牛静等[②]的研究发现,消费者对社交媒体越信任,就越能降低他们的隐私风险感知,也越能增加他们的自我披露。同理,当用户的隐私保护意识足够高时,他们就会认为拥有足够的手段抵御隐私侵犯,对隐私关注就不会那么敏感,反而更能接受计算广告。蒋学涵等[③]认为,用户的隐私保护意识日益增加,如果他们觉得个人数据可以通过隐私计算平台进行暗箱操作,广告主无法直接获取用户的原始数据,那么计算广告的营销效果就能够得到保证。因此,广告主要想提高计算广告的使用效果,采用有效手段提高消费者的隐私保护,比如主动提示用户自愿接受或拒绝隐私条款、告知用户如何获取数据以及如何使用数据等,都能对用户产生有效的隐私保护,从而增加用户的信任,最终提升计算广告的可接受度。

二、启示

(一)借助中国用户对计算广告的宽容度,大力发展计算广告产业

孟涓涓[④]对中国、美国、德国、日本、新加坡和沙特阿拉伯 6 个国家的 4600 个样本进行调查发现,中国人最了解人工智能,这可能与中国社会对人脸识别等人工智能技术的普及与应用有关;而且,中国人最不担心隐私侵犯问题,这可能与中国人对政府的信任有关。从中国社会的传统文化角度看,中国人之间互问收入、年龄、婚姻、爱好、家庭状况等个人隐私信息都是很直接的,可以看作是亲密关系的一种表现。这既是东西方文化价值观的

---

① 袁翠清:《从社会性别视角审视当代中国女性消费》,《长春大学学报》2016 年第 3 期,第 70-74 页。
② 牛静、孟筱筱:《社交媒体信任对隐私风险感知和自我表露的影响:网络人际信任的中介效应》,《国际新闻界》2019 年第 7 期,第 91-109 页。
③ 蒋学涵、于婷婷:《冲突与平衡:精准广告与隐私保护的"跷跷板"》,《国际品牌观察》2021 年第 25 期,第 22-24 页。
④ 孟涓涓:《中国人最不担心隐私问题?》,https://www.gsm.pku.edu.cn/info/1316/22822.htm,2021 年 2 月 24 日。

差异,也为中国大力发展计算广告带来难得的机遇。正如2018年百度总裁李彦宏在公开场合表示:"中国人对隐私问题更加开放,没有像外国人那么敏感,如果可以用隐私交换便利和效率的话,多数情况下他们是不会反对的。"①尽管这个观点有点偏颇,但在集体主义文化价值观氛围中,中国人对计算广告的侵袭更为宽容也为本研究所证实。这恰恰也是目前中国计算广告发展速度整体上高于美国的原因之一,可以说,中国社会文化更利于计算广告的生存与发展。

中国在数字化经济和互联网技术方面的快速发展,为计算广告的应用和推广提供了良好的土壤。近年来,中国政府和企业加大了对计算广告的投入和支持,加速了其发展与推广。同时,中国社会的文化背景中也存在一定的隐私宽容现象。虽然随着人们隐私保护意识的不断提高,隐私权利得到越来越多的关注和保护,但中国传统文化中强调集体主义和家庭观念,认为个人隐私应该服从集体或家庭利益,可能导致一些人对个人隐私权利的保护程度较低。因此,在某种程度上,中国社会对于个人数据的采集和使用具有一定的宽容度。中国相关部门应该加大计算广告产业的布局与投入,在当前相对宽容的隐私环境中大力发展计算广告产业。

(二)以女性为突破口,快速占领计算广告的"蓝海市场"

女性对购物的天生狂热是很多男性所不能理解的,购物是女人的天性,尤其是在现代消费社会。② 这可能是由于购物不仅是买到商品,还是一种精神体验,能够治愈、抚平女性的情绪波动。从男女性别的历史文化发展史看,原始社会男性通常承担着在外狩猎等征服的任务,这就要求男性能够理性判断、执行最佳方案才能捕获猎物,而女性因为当时避孕措施的不足,只能在家不停地生育,导致女性对周边环境保持十分警惕,以保护幼儿免受伤害。这些历史基因传承下来,女性在情感上可能显得更感性、更情绪化,反映在购物上,女性可能更容易依赖直觉进行消费决策,而这种直觉又时常受到情绪的影响。从深层次讲,Chen等③认为,女性购买奢侈品思维逻辑与男性(吸引更多追求者)相反,是为了筛选出条件更优越的追求者。不管如何,研究表明女性的基础多巴胺水平比男性高30%,在情绪激动时,女性的

---

① 罗亦丹:《百度系两款APP未经提示开启隐私权限》,《科学大观园》2018年第8期,第24-25页。

② 黄庐进、徐望坡、王晶晶:《透视当代女性的消费心理:观〈一个购物狂的自白〉》,《电影评介》2009年第20期,第45-46页。

③ Chen Q, Wang Y, Ordabayeva N. The Mate Screening Motive: How Women Use Luxury Consumption to Signal to Men. *Journal of Consumer Research*, Early Access, 2022. DOI: 10.1093/jcr/ucac034.

多巴胺更容易超标,导致理性认知能力下降,降低了对隐私关注的警惕,产生过度消费行为。① 因此,从生理和心理差异看,计算广告对女性市场的突破可能更为容易,我们可以率先占领女性这片"蓝海",实现计算广告的快速发展。

男性和女性都可能存在过度消费的情况,而在购物行为中,女性更容易受到情感因素和社会文化的影响,出现非理性消费行为。女性过度消费的原因可能包括:对时尚、美容、健身等领域的追求;社交压力和竞争心理;自我认同和身份认同需求;精神压力和情感困扰;等等。这些因素可能会引发财务和心理上的压力和困难,影响生活质量和幸福感。当然,在计算广告中,广告主需要谨慎制定精准的营销策略,充分考虑女性用户的实际需求和购买意愿,制定具有针对性的营销策略,对女性用户进行真实、客观的产品宣传,避免采用欺诈、虚假、误导等手段进行营销推广,提供高品质的商品和服务,以获得女性用户的信任和忠诚度,也能够有效减少过度消费的风险。同时,也可以通过数据分析和用户调研等手段,深入了解用户的消费习惯和心理特征,优化广告投放和营销效果,实现商业增长与社会责任承担的双重目标。

(三)多方共建隐私保护机制,夯实数据流通共享的信任基础

与美国等西方国家相比,中国人的隐私保护意识不足,除了中美文化价值观差异外,还与中国数据保护法律法规的滞后、公民的媒介素养教育等息息相关。用户的隐私保护意识分为两个方面:一方面是用户自身对隐私侵犯具备足够的防范意识和措施;另一方面是网络平台提供了令人放心的安全环境。前者主要在于提高用户的网络媒介素养,培养用户不随意登录恶意网站、不随意下载陌生软件、不随意提供个人信息等习惯,增强用户管理个人数据和维护自身隐私权益的意识。后者主要通过隐私保护计算技术,保证"原始数据不出域、数据可用不可见、数据可用可容忍"。同时,随着区块链技术的不断发展,在数据融合共享与隐私保护计算的双重驱动下,可以保证各方数据能够借助区块链去中心化、公开透明、防篡改、可追溯、数据加密等特性,在多方机构、多重主体、多源数据之间保证数据来源、数据质量、数据权限和隐私保护的安全、可靠和可信赖。只有在保障各方权益和数据安全的前提下,不断促进数据流通、优化应用场景和调节广告内容,才能充分发挥数据的价值,打破"数据孤岛""信息霸权",保障整个社会都能从计算

---

① 李先生有梦想:《女性为什么更容易冲动消费?》,https://baijiahao.baidu.com/s?id=1621709546723908988&wfr=spider&for=pc,2019 年 1 月 4 日。

广告的发展中获益。①

　　此外,隐私保护和信任机制是计算广告中非常重要的两个方面。隐私保护指在进行在线广告投放时,涉及用户个人信息的收集、处理和使用,需要严格遵守相关隐私保护法律法规和行业规范。具体包括仅收集必要的个人信息、明示隐私政策、保证个人信息安全、限制信息共享、加强监管和内部审查等措施,以保障用户个人信息的隐私权利和安全。信任机制是指建立在数据安全和质量保证基础上的可信度评价和反馈机制。通过对广告投放过程中的数据采集、存储、处理等环节进行追踪和监测,可以评估广告主和广告平台的诚信度和信誉度,并及时发现和纠正不良行为,提高广告效果和用户满意度。在实践中,隐私保护和信任机制通常是相互协作的,形成一个完整的保障体系。广告主和计算广告平台应该积极采取措施,加强用户教育和知情权保障,增强计算广告投放的透明度和合规性,提高计算广告效果和社会认可度。同时,也需要政府、社会组织、消费者等多方参与,形成公正、开放、有序的市场环境,推动计算广告行业的健康发展。

　　综上所述,计算广告隐私问题离不开文化价值观的讨论。当然,计算广告的发展始终离不开"安全"这一重要主题,安全是发展的前提,发展是安全的结果,二者既相互矛盾、相互制约,又相互依存、相互补充。作为核心驱动要素的数据,隐私保护是决定能否成功建立数据要素市场的关键因素。从长远看,区块链分布式数据共享技术能够保护计算广告各方数据安全、隐私安全、信任安全等,保证计算广告各方数据公平、公正、公开分享,以"数据不动价值动"的方式,打消计算广告用户数据"不敢共享、不愿共享"的重重顾虑。

---

① 周建平、郑培钿、王云河等:《浅析隐私保护计算技术对数据交易流通模式的影响》,《信息通信技术与政策》2022年第5期,第25-33页。

第七章 UTAUT 模型下计算广告接受行为的影响因素研究:作为促发条件的隐私关注

第一节 引言

自 Venkatesh 等[①]于 2003 年提出整合技术接受与使用理论(unified theory of acceptance and use of technology,UTAUT)以来,诸多学者验证了 UTAUT 模型的有效性。目前,UTAUT 的相关研究主要有 3 种类型。第一种是应用于新的技术环境,如蓝牙技术、5G(第五代移动通信技术)等。Gupta 等[②]研究发现,整合技术接受模型中的绩效期望、努力期望、社会影响和促发条件对政府采纳信息与通信技术产生正向影响。第二种是应用于新的用户群体(如学生、教师等)。Mahande 等[③]通过对高等教育学生线上学习的接受程度进行研究,发现绩效期望、努力期望、社会影响和促发条件 4 个变量都对使用意愿有较强的正向影响。第三种是应用于新的文化环境,如中国、印度等。Alkhunaizan 等[④]使用 UTAUT 模型,研究沙特阿拉伯对移动商务的接受程度,结果表明,绩效期望、努力期望和促发条件对使用意愿具有较为显著的影响。

同时,不仅有很多研究验证 UTAUT 整体模型或部分模型的有效性,还有些研究不断添加新的条件变量充实 UTAUT 模型,为 UTAUT 模型引入新的要素,扩展 UTAUT 模型的理论边界,以便更好地增强其解释能力。Venkatesh

---

[①] Venkatesh V, Davis F D. A Theoretical Extension of the Technology Acceptance Model: Four Longitudinal Field Studies. *Management Science*, 2000, 46(2), pp.186-204.

[②] Gupta B, Dasgupta S, Gupta A. Adoption of ICT in a Government Organization in a Developing Country: An Empirical Study. *Journal of Strategic Information Systems*, 2008, 17(2), pp.140-154.

[③] Mahande R D, Malago J D. An E-Learning Acceptance Evaluation through UTAUT Model in a Postgraduate Program. *Journal of Educators Online*, 2019, 16(2), pp.1-10.

[④] Alkhunaizan A M, Love S. What Drives Mobile Commerce? An Empirical Evaluation of the Revised UTAUT Model. *International Journal of Management and Marketing Academy*, 2012, 2(1), pp.82-99.

等[1]提出了UTAUT 2模型。UTAUT 2模型增加了3个新的变量（享乐动机、价格价值、习惯），补充了对消费者的直接影响和塑造行为意图的间接影响。享乐动机主要指消费者使用该技术时获得的满足和快乐。价格价值主要指消费者在使用该技术时对收益和成本的感知与权衡。习惯指消费者形成对技术和系统的习惯性依赖程度。由此可见，UTAUT模型本身是不断发展的一个理论模型，该模型的诞生实际上也是Venkatesh和Davis在以前其他模型的基础上整合提出的，这些模型至少包含了理性行为理论（theory of reasoned action，TRA）、计划行为理论（theory of planned behavior，TPB）和技术接受模型（technology acceptance model，TAM）。[2]

一、理性行为理论

美国学者Fishbein等[3]最早提出理性行为理论，这一理论模型（见图7-1）侧重于行为态度和主观规范先影响行为意向，继而影响行为。理性行为理论是从社会心理学中衍生出来的模型，研究行为意图的决定性因素，它本质上可以用来解释任何类型的人类行为，并对不同领域的行为做出正确的评估和解释，它是研究人类行为最基本、最有影响力的理论之一。该理论认为，个体的行为意向受行为态度的支配，并且最终会对实际行动产生影响。若一个人的行为态度是积极的，那么他会有一种积极的行为意向，并最终转变成实际使用行为。反之，若一个人的行为态度是消极的，那么他会有一种消极的行为意向，而这种情景下并不能转变成实际使用行为。主观规范是个体受到社会因素的影响，个人的主观规范越高，其行为意向也就越强烈，最终转变成使用行为。

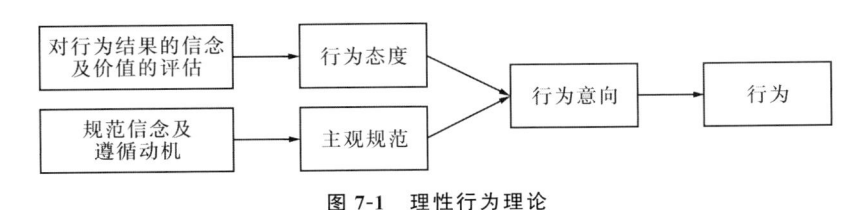

图 7-1 理性行为理论

---

[1] Venkatesh V, Jams Y L T, Xu X. Consumer Acceptance and Use of Information Technology: Extending the Unified Theory of Acceptance and Use of Information Technology. *MIS Quarterly*, 2012, 36(2), pp.157-178.

[2] 何欣泽：《基于UTAUT模型的虚拟现实技术在影视行业应用影响因素研究》，东北师范大学硕士学位论文，2020年，第16-18页。

[3] Fishbein M, Ajzen I. Belief, Attitude, Intention and Behaviour: An Introduction to Theory and Research. *Philosophy & Rhetoric*, 1975, 41(4), pp.842-844.

二、计划行为理论

1991年,Ajzen[①]发现理性行为理论存在局限性,体现在:理性行为理论的应用基于"人是理性的"这一前提假设,这将削弱理性行为理论对个体行为的解释,因为在现实中,行为意志的控制受到外部因素的干扰。因此,Ajzen在理性行为理论基础上,增加了感知行为控制的新维度。计划行为理论模型(见图7-2)包含3种变量并共同作用于人类的行为意愿,它们是人们自身的行为态度、外在的主观标准和感知的行为控制,对不同的行为会产生一定的影响,这3种变量既相互依存又各自为营。

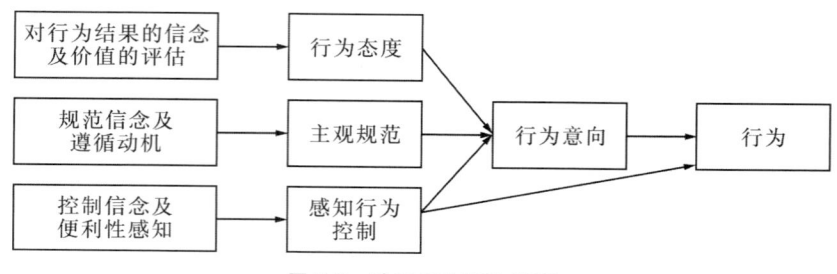

图 7-2 计划行为理论模型

三、技术接受模型

技术接受模型是由Fred于1989年基于理性行为理论与计划行为理论提出的。技术接受模型(见图7-3)用来解释和预测用户对信息技术的接受程度。[②] 技术接受模型反映了个体对技术应用的态度和信念以及使用行为,在系统应用的过程中,个体的行为意向是决定系统选择的关键因素,而个体的行为意向受到使用态度和感知有用性的直接影响,同时也受到感知易用性和外部变量的间接影响。技术接受模型在互联网时代被广为接受并不断得到验证。

[①] Ajzen I. The Theory of Planned Behavior, Organizational Behavior and Human Decision Processes. *Journal of Leisure Research*, 1991, 50(2), pp.176-211.

[②] Fred D. Perceived Usefulness, Perceived Ease of Use and User Acceptance of Information Technology. *MIS Quarterly*, 1989, 13(3), pp.319-340.

图 7-3　技术接受模型

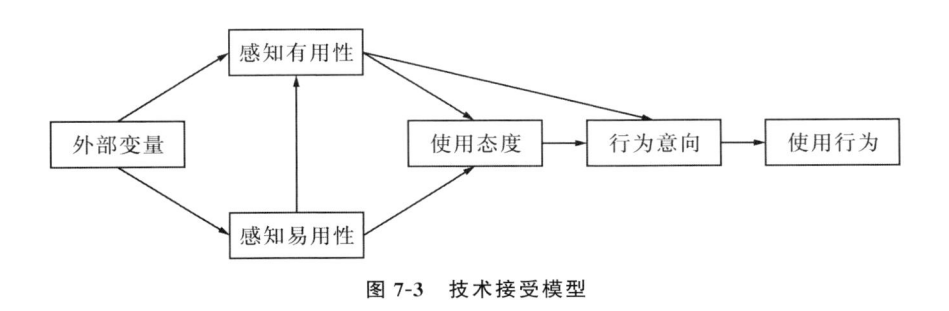

四、整合技术接受与使用理论

2003 年,Venkatesh 等[①]在 TAM 相关研究基础上,通过整合计划行为理论、理性行为理论、技术接受模型、激励模型、创新扩散模型、社会认知理论、计算机使用模型等 8 个模型,对关键变量进行集成,提取出 4 个影响接受意愿和使用行为的核心变量——绩效期望、努力期望、社会影响以及促发条件,总结出涵盖多个领域的整合技术接受与使用理论。该模型(见图 7-4)用于分析和预测用户对信息技术的接受程度。实践证明,与其他模型相比,UTAUT 模型对使用意愿和使用行为的影响因素解释力更强,匹配也更为准确。

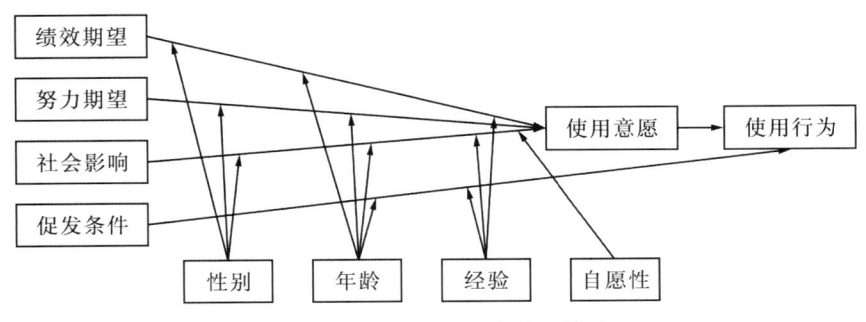

图 7-4　整合技术接受与使用模型

在这一模型中,Venkatesh 等将前人研究的影响变量整合为 4 个关键变量:绩效期望、努力期望、社会影响和促发条件。性别、年龄、经验和自愿性等 4 个因素以调节变量的形式在模型中发挥作用。其中,绩效期望指个人希望在多大程度上利用新技术来提高工作效率和实现工作绩效。努力期

[①] Venkatesh V, Davis F D. A Theoretical Extension of the Technology Acceptance Model: Four Longitudinal Field Studies. *Management Science*, 2000, 46(2), pp.186-204.

望指个人认为使用新技术所必须付出的努力程度。社会影响指个人认为使用新的信息技术时受到社会外部环境的认同感。促发条件指个人感受到使用新技术时得到其他因素的支持。

整合技术接受与使用模型因其高的解释能力以及预测能力而被广泛地用于各种技术接受的研究。随着移动网络的普及,越来越多的研究聚焦移动互联网下 UTAUT 模型是否继续适用。研究者不但运用了这一模型,还根据实际探究添加了新变量,使其解释能力得到进一步的提升。在 UTAUT 原始模型的基础上,武学斐[1]采用测量变量、感知风险、感知成本、消费体验和路径依赖,根据移动互联网用户的特点,通过各因素对其使用行为的影响,建立了互联网用户接受模型。俞坤[2]建立了移动互联网广告的用户接受模型。结果表明,消费者体验感、社会影响、广告态度、绩效期望、个体创新性、感知风险因素都会降低用户接受移动互联网广告的意愿。马小龙等[3]基于 UTAUT 模型构建了移动社交平台广告用户采纳模型。研究发现,绩效期望、努力期望、社会影响、促发条件、感知信度、消费体验、广告精准、广告创新以及个人创新都有显著影响。

可见,UTAUT 模型已被应用于不同领域的研究,它能够对用户的接受意愿和使用行为进行预测,从而使研究的结果更科学、更可靠。UTAUT 模型的基础理论之一是创新扩散论,Rogers[4]在《创新与扩散》一书中提出创新扩散理论(diffusion of innovations theory),把创新扩散这一过程分为知晓、劝服、决定、实施、确定 5 个阶段,可以用"S"曲线来描述。在扩散早期,采用的人很少,发展速度比较缓慢,但是当达到 10%～25% 区间时,扩散速度就会突然加快,曲线坡度迅速上升,而当接近饱和点时,速度又放缓下来。自媒体时代使得人人都可以利用新媒体技术进行传播,人人都是信息的接收者,也是信息的传播者,意见领袖的重要性下降。正态偏差(positive deviance)是创新扩散理论在互联网时代的发展和延伸。它强调创新来自个人内部,并关注采纳者自己的意见。专家不再是创新的领导者,而是助手。创新在同行之间传播,并从自上而下的沟通路径转变为横向和纵向相结合的参与式沟通路径。因此,我们应该在对话的基础上,与公众分

---

[1] 武学斐:《影响用户接受移动互联网的关键因素分析》,北京邮电大学硕士学位论文,2008年,第 78 页。
[2] 俞坤:《基于 UTAUT 模型的移动互联网广告的用户接受模型的研究》,北京邮电大学硕士学位论文,2012 年,第 72 页。
[3] 马小龙、方红尹、金颖:《基于 UTAUT 的移动社交平台互联网广告用户采纳影响因素研究》,《集宁师范学院学报》2021 年第 5 期,第 78-82 页。
[4] Rogers E M. *Diffusion of Innovation*. New York: Free Press,1962,pp.20-29.

享和交流,充分尊重公众的权利和选择,并在此基础上推动技术和社会改革。基于此,本研究立足计算广告情境、引入隐私关注作为尊重民众权利的促发条件,改进了 UTAUT 模型,建构出新的研究模型。

第二节 理论基础与研究假设

经典创新扩散理论扎根于现代化范式的思维框架下,创新思想来自机构外部的专家,其扩散方式采用中心化扩散系统。这种扩散系统是自上而下的,由专家扩散到终端使用者。而作为对创新扩散理论继承和发扬的正态偏差方法,扎根于多元发展范式下的民众参与式发展理论,因而正态偏差方法的创新思想来自机构内部的民众与日常经验,这些民众本身并非专家或学者。而专家身份也从全知全能和无所不知的问题解决者转变成解决问题的促进者和推动者。在现代化范式下被视为现代化障碍而必须抛弃的地方知识、本土文化、个体经验、隐私问题等在这里得到了应有的尊重。[①]UTAUT 模型的应用环境正是处于正态偏差方法的创新思想指导之下。

本书在 UTAUT 模型基础上,采用正态偏差方法引入隐私关注作为促发条件,验证计算广告情境下该模型的适用性。在本书情境中,绩效期望指个人相信计算广告对用户是否有用;努力期望指计算广告对用户是否易用;社会影响指计算广告的普及程度与影响程度;促发条件指用户对计算广告隐私问题的正向看法;接受意愿指用户对计算广告的使用意愿;接受行为指用户对计算广告的产品产生购买行为。

绩效期望指用户对计算广告感知到有用性和有效性,即用户认为接受和使用计算广告能够有效帮助他们提高工作绩效的程度。当用户认为计算广告技术能够帮助自己更好地提高购物体验,能快速获取所需的信息和服务等有效功能时,就会产生强烈的接受意愿。Venkate 等[②]发现绩效期望是影响用户采用技术使用行为最重要的决定因素。Carlsson[③] 研究发现,绩效预期对移动设备接受意愿有直接的积极正向影响。因此,本书提出以下假设:

H_{7-1}:绩效期望正向影响计算广告的接受意愿。

[①] 韩鸿、阿尔文·辛文德:《超越创新扩散?:论发展传播学中的正态偏差研究》,《国际新闻界》2012 年第 2 期,第 6-12 页。
[②] Venkatesh V, Morris M G, Davis G B. User Acceptance of Information Technology: Toward a Unified View. *MIS Quarterly*, 2003, 27(3), pp.425-478.
[③] Carlsson. Internationalization of Innovation Systems: A Survey of the Literature. *Research Policy*, 2005, 35(1), pp.56-57.

努力期望指使用者对计算广告的使用感知到的难易程度。当计算广告越容易理解、技术操作越简单方便,用户的接受意愿就会越高。张舒[1]认为信息流广告的努力期望包含内容理解、操作理解、行动理解3个方面,提高努力期望能够影响用户的接受意愿。因此,本书提出以下假设:

H_{7-2}:努力期望正向影响计算广告的接受意愿。

社会影响指个人使用计算广告受到朋辈和环境的影响程度。群体压力指群体中的多数意见对成员中的个人意见或少数意见所产生的认同压力。群体压力会导致潮流效应,当越来越多的人开始使用计算广告时,用户自身也会受到影响。王军立[2]研究发现,用户的接受意愿和行为意图受到身边周围人的影响与压力。Fishbein[3]认为,在使用者眼里,那些对他们很重要的人,对新技术的态度和看法都会正向影响使用者的对该技术的评判。因此,本书提出以下假设:

H_{7-3}:社会影响正向影响计算广告的接受意愿。

促发条件指个人感受到使用计算广告时是否得到其他因素的尊重和支持。从正态偏差方法出发,这里的促发条件指新技术创新扩散的内部因素,即用户对计算广告隐私问题的看法。朱侯等[4]的研究表明,感知风险正向刺激用户的隐私关注,而用户隐私关注度越高其披露个人隐私的意向越低。当用户感知到隐私侵犯较低时,用户对计算广告接受意愿和接受行为就会较高。因此,本书提出以下假设:

H_{7-4}:隐私关注负向影响计算广告的接受意愿。

H_{7-5}:隐私关注负向影响计算广告的接受行为。

接受意愿指用户接受或者使用计算广告的倾向,用于衡量用户产生持续接受行为的概率以及向周围人群推荐的可能性,这是用户产生使用行为的前提。只有当用户对某事物产生较为积极而强烈的接受意愿时,才可能转化为接受或使用行为。Ajzen等[5]研究表明,接受意愿和实际使用行为之

---

[1] 张舒:《关于新浪微博信息流广告的用户接受度实证研究:以 UTAUT 模型为基本框架》,四川外国语大学硕士学位论文,2018 年,第 47 页。

[2] 王军立:《基于 UTAUT 模型的竞价广告用户接受模型研究》,北京理工大学硕士学位论文,2015 年,第 52 页。

[3] Fishbein M, Ajzen I. Belief, Attitude, Intention and Behaviour: An Introduction to Theory and Research. Addison-Wesley, Reading MA. *Philosophy & Rhetoric*, 1975, 41(4), pp.842-844.

[4] 朱侯、王可、严芷君、吴江:《基于隐私计算理论的 SNS 用户隐私悖论现象研究》,《情报杂志》2017 年第 2 期,第 134-139 页。

[5] Ajzen I, Fishbein M. Attitudes and the Attitude-Behavior Relation: Reasoned and Automatic Processes. *European Review of Social Psychology*, 2000, 11(1), pp.1-33.

间的相关性显著高于其他变量。王晰巍等[1]研究了互联网直播 App 用户使用意愿的影响因素，结果表明用户使用意愿对使用行为有显著正向影响。目前，在信息系统领域，接受意愿作为接受行为的一个重要预测变量，已经达成共识。因此，本书提出以下假设：

H_{7-6}：计算广告的接受意愿正向影响计算广告的使用行为。

第三节　研究设计

一、研究框架

在理论分析和研究假设基础上，我们提出计算广告接受行为的影响因素模型，如图 7-5 所示。

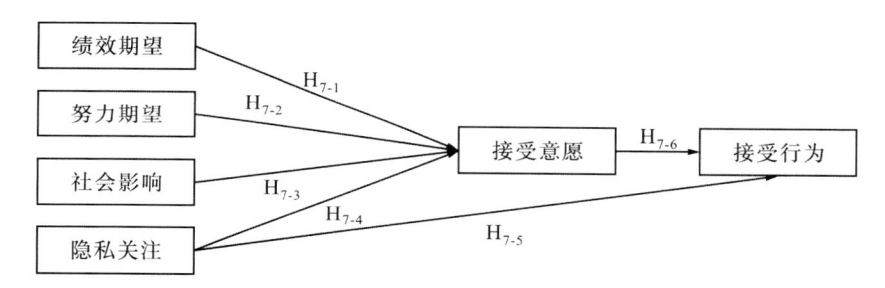

图 7-5　基于 UTAUT 的计算广告接受行为影响因素模型

二、操作化定义

本书参考 Venkatesh 等[2]制定的量表，并结合计算广告的特点微调前人相关量表[3][4]，得出绩效期望、努力期望、社会影响、促发条件、接受意愿、接受行为 6 个变量的操作化定义，如表 7-1 所示。

---

[1] 王晰巍、刘伟利、贾沣琦，等：《网络直播 APP 使用行为影响因素模型及实证研究》，《图书情报工作》2020 年第 5 期，第 22-31 页。

[2] Venkatesh V, Davis F D A. Theoretical Extension of the Technology Acceptance Model: Four Longitudinal Field Studies. *Management Science*, 2000, 46(2), pp.186-204.

[3] Cimperman M, Brencic M M, Trkman P. Analyzing Older Users' Home Telehealth Services Acceptance Behavior—Applying an Extended UTAUT Model. *International Journal of Medical Informatics*, 2016, 90(6), pp.22-31.

[4] Rakibul Hoque, Golam Sorwar. Understanding Factors Influencing the Adoption of Health by the Elderly: An Extension of the UTAUT Model. *International Journal of Medical Informatics*, 2017, 101(5), pp.75-84.

表 7-1　操作化定义

变量	编码	测量题项
绩效期望	Q1	计算广告在日常生活中对你的消费很有用
	Q2	使用计算广告技术可以有效提高你的购物体验
	Q3	使用计算广告技术可以减轻购物烦恼
	Q4	使用计算广告技术可以提高生活便利性
努力期望	Q5	我了解计算广告的相关知识
	Q6	我能轻松学习计算广告
	Q7	计算广告很方便使用
社会影响	Q8	亲朋好友使用计算广告对我产生影响
	Q9	我身边很多人都在使用计算广告
	Q10	使用计算广告已经成为一种潮流
隐私关注	Q11	我相信计算广告会侵犯个人隐私
	Q12	我认为计算广告对我构成很大的骚扰
	Q13	我对计算广告感到反感
计算广告接受意愿	Q14	我很乐意接收计算广告
	Q15	我愿意主动浏览或者观看计算广告
	Q16	我信赖计算广告
计算广告接受行为	Q17	我购物时会使用计算广告
	Q18	我会把计算广告推荐的商品介绍给朋友
	Q19	我会在未来继续使用计算广告

三、研究方法

本书采用问卷调查法。为了避免被调查者对计算广告这一前沿术语的不解，在问卷的指导语部分特地加入说明指示如下：

什么是计算广告？计算广告是以数据为基础、以算法为手段、以用户为中心的智能营销方式，它在数据的实时高效计算下，进行用户场景画像，并快速投放、精准匹配及优化用户一系列需求。简单来说，即企业根据您的性别、籍贯、消费记录、个人习惯、兴趣爱好、浏览痕迹等进行数据分析，通过推荐算法适时在相关媒体平台（如淘宝、京东、拼多多、抖音、快手、小红书、微信、微博、搜索引擎等)上推送与用户匹配的精准广告。

Roscoe[1]提出抽样调查时应选取的样本量原则:研究的样本数量适合在30至500之间,在多变量分析的情况下,样本数量适合在研究所用的变量测量题项10倍或以上。本次正式调查通过问卷星分层抽样和滚雪球抽样共发放问卷1218份,回收有效问卷1056份,无效问卷162份,有效问卷达成率86.7%,符合样本量要求。样本人口统计学特征如表7-2所示,性别、年龄、学历、月均消费和职业各区间的样本量分布均较为合理。统计软件采用SPSS 28.0对数据进行处理。

表7-2 样本人口统计学特征($N=1056$)

变量名	分类	频数	比例/%	变量名	分类	频数	比例/%
性别	男	426	40.3	学历	高中(中专)及以下	180	17.1
	女	630	59.7		大专	154	14.6
年龄	18岁以下	60	5.7		本科	542	51.3
	19~30岁	736	69.7		硕士	166	15.7
	31~45岁	86	8.1		博士	14	1.3
	46~60岁	50	4.7	职业	学生	414	39.2
	61岁以上	124	11.7		私企	290	27.4
月均消费水平	1500元以下	140	13.3		国企	38	3.6
	1501~3000元	370	35.0		公务员	22	2.1
	3001~4500元	208	19.7		事业单位	88	8.3
	4501~6000元	176	16.7		自主创业	82	7.8
	6001元以上	162	15.3		无业	42	4.0
					其他	80	7.6

---

[1] Roscoe J T. *Fundamental Research Statistics for the Behavioral Sciences*. New York: Holt, Rinehart and Winston, 1975, pp.102-125.

第四节 数据分析与模型验证

一、信度和效度检验

(一)信度检验

本书采用 α 系数(即 Cronbach's alpha)来衡量量表信度的大小,α 系数越大,信度越高,即量表的可信性和稳定性越高。α 系数最小可接受值是 0.70。[①] 本研究各潜在变量的 α 系数均大于 0.7,整体问卷的 α 系数为 0.861,绩效期望(0.903)、努力期望(0.843)、社会影响(0.797)、隐私关注(0.816)、接受意愿(0.885)和接受行为(0.920)的 Cronbach's α 系数均符合要求,表明本研究各变量及其度量维度的信度系数都在合理范围内,问卷内部具有较高的一致性和稳定性,量表的信度得到保证。

(二)效度检验

本研究采用探索性因子分析来评价问卷的结构效度,即找出量表的潜在结构,以因子分析去检验量表,并有效抽取共同因素。这是一种严谨的效度检验方法。统计表明,KMO 度量值为 0.932,大于 0.9,巴特利球形检验 p 值为 0.000,数据适合进行因子分析。对 19 个题目的主成分分析可知,共提取 6 个因子,累积解释方差变异为 68.591%,说明 19 个题项提取的 6 个因子对于原始数据的解释度较为理想,数据具有较强的累积解释能力。根据旋转成分矩阵可以判断其各个题项的因子归属与量表设计因子的维度是一致的,表示量表的结构效度较好。

区分效度是指构面根据实证标准真正区别于其他构面的程度,不同特质的测验结果之间的相关程度越低,说明测验之间区分效度越好。如果一个变量的平均萃取量 AVE 的平方根大于该变量与其他变量之间的相关系数时,该量表的区别效度被认为较高。[②] 数据显示,绩效期望、努力期望、社会影响、隐私关注、计算广告接受意愿、计算广告接受行为的 AVE 平方根分别为 0.838、0.807、0.764、0.777、0.850、0.893,均要大于其对应的相关系数,因此说明量表具有较好的区分效度。

[①] Hair J F J, Anderson R E, Tatham R L, et al. *Multivariate Data Analysis* (*Fifth Edition*). Upper Saddle River, NJ: Prentice Hall, 1998, p.149.

[②] Fornell C, Larcker D F. Evaluating Structural Equation Models with Unobservable Variables and Measurement Error. *Journal of Marketing Research*, 1981, 18(1), pp.39-50.

二、结构方程模型与假设检验

(一)初始模型

根据操作化定义、理论模型和研究假设构建了包括绩效期望、努力期望、社会影响、促进因素、接受意愿、使用行为 6 个变量的初始模型,如图 7-6 所示。

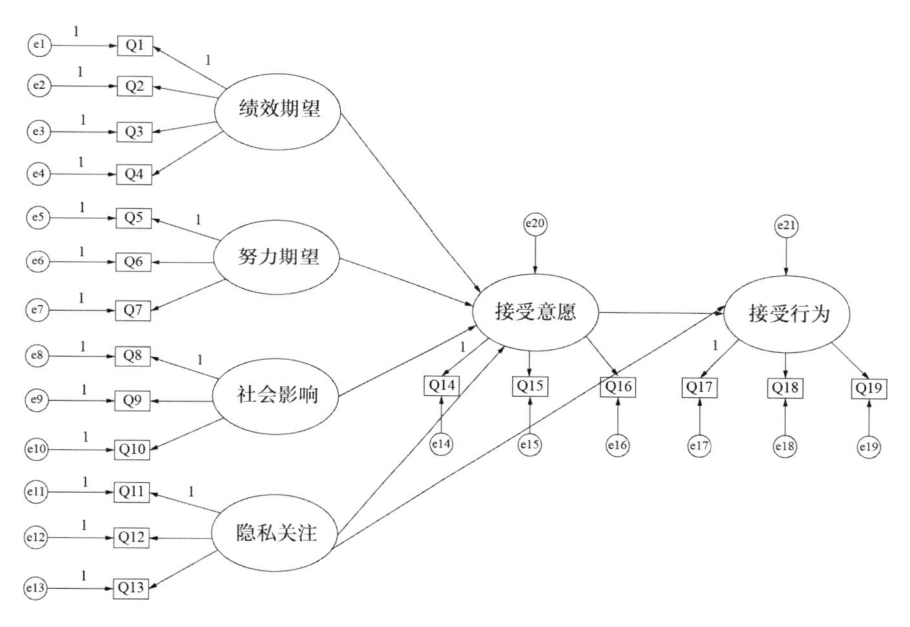

图 7-6 初始模型

(二)共同方法偏差检验与验证性因子分析

共同方法偏差主要来源于以下几种:由情绪、动机、心态等自我报告法造成的偏差;由题目暗示性、模糊性、正反向等问卷特征造成的偏差;由上下文语境、量表长度、启动效应等问卷内容造成的偏差;由测量的时间、地点、方法等测量环境造成的偏差。Harman 单因素检验(把所有量表题目均放入"变量"窗口,进行"分析—降维—因子分析")结果表明,第一个公因子的方差解释百分比为 27.910%,小于临界值 40%,我们认为不存在严重的共同方法偏差。

验证性因子分析(CFA)是基于预先建立的理论,检验这种结构是否与观测数据一致。在对测量模型进行分析之前,应首先确保每个测量模型都能正确反映所测量的变量。本研究首先对 6 个变量进行 CFA 分析,分别为绩效期望、努力期望、社会影响、隐私关注、接受意愿、接受行为。根据表 7-3

可知，所有变量的因子负荷整体上可接受（Q8 和 Q12 的因子负荷低于 0.7，但接近 0.7 且大于临界值 0.5，可以保留这两个题项）；题项信度（SMC）整体上可接受（Q8 和 Q12 的题项信度低于 0.5，但大于临界值 0.36，可以保留这两个题项）；其组合信度（C.R.）都为 0.807～0.922，平均萃取变异量（AVE）为 0.584～0.797，符合 C.R.>0.6、AVE>0.5 的标准。

表 7-3 验证性因子分析

变量	题项	因子载荷 Std.	参数显著性估计 Unstd.	S.E.	T-Value	p	题项信度 SMC	组合信度 C.R.	平均萃取变异量 AVE
绩效期望	Q1	0.832	1.000				0.692	0.904	0.702
	Q2	0.863	1.016	0.043	23.783	***	0.745		
	Q3	0.845	1.067	0.046	23.078	***	0.714		
	Q4	0.810	0.925	0.043	21.709	***	0.656		
努力期望	Q5	0.839	1.000				0.704	0.848	0.652
	Q6	0.838	1.007	0.048	20.832	***	0.702		
	Q7	0.741	0.795	0.044	18.184	***	0.549		
社会影响	Q8	0.666	1.000				0.444	0.807	0.584
	Q9	0.856	1.270	0.081	15.678	***	0.733		
	Q10	0.759	1.111	0.076	14.620	***	0.576		
隐私关注	Q11	0.833	1.000				0.694	0.819	0.603
	Q12	0.697	0.778	0.047	16.437	***	0.486		
	Q13	0.793	0.779	0.041	18.968	***	0.629		
接受意愿	Q14	0.848	1.000				0.719	0.887	0.723
	Q15	0.869	1.170	0.047	24.961	***	0.755		
	Q16	0.834	1.057	0.045	23.430	***	0.696		
接受行为	Q17	0.892	1.000				0.796	0.922	0.797
	Q18	0.919	1.024	0.032	31.644	***	0.845		
	Q19	0.866	0.893	0.032	28.083	***	0.750		

注：* 表示 $p<0.05$，** 表示 $p<0.01$，*** 表示 $p<0.001$。

(三)模型拟合评价

由表 7-4 可知,卡方/DF 的值为 2.653,RMSEA 的值为 0.048,GFI 的值为 0.923,AGFI 的值为 0.961,CFI 的值为 0.926,IFI 的值为 0.927,TLI 的值为 0.911,NFI 的值为 0.908,从以上各指标的数据看,本研究模型拟合度较好。

表 7-4 模型拟合指标

拟合指标	指标值	拟合标准	模型适配判断
卡方/DF	2.653	<3	理想
GFI	0.923	>0.8	理想
AGFI	0.961	>0.8	理想
CFI	0.926	>0.9	理想
IFI	0.927	>0.9	理想
TLI	0.911	>0.9	理想
NFI	0.908	>0.9	理想
RMSEA	0.048	<0.05	理想

(四)路径系数分析

表 7-5 得出各条路径系数的显著性水平以及标准回归系数,可以看出模型中路径系数绝对值均小于 1,符合要求。除了"隐私关注—接受行为"路径系数不显著外,其他路径系数的 p 值均小于 0.05。

表 7-5 路径系数分析

路径	标准化系数	S.E.	C.R.	p
绩效期望—接受意愿	0.226	0.044	5.389	**
努力期望—接受意愿	0.344	0.057	6.597	*
社会影响—接受意愿	0.215	0.058	4.244	***
隐私关注—接受意愿	−0.448	0.034	−13.554	***
隐私关注—接受行为	−0.018	0.041	−0.457	0.648
接受意愿—接受行为	0.853	0.028	31.641	***

注:* 表示 $p<0.05$,** 表示 $p<0.01$,*** 表示 $p<0.001$。

(五)结构方程模型修正

根据以上分析和结果,在删除了"隐私关注—接受行为"路径后,我们修正了结构方程模型,如图 7-7 所示。从统计图中可以看出,除了 H_{7-5} 被拒绝外,其他假设均被接受。

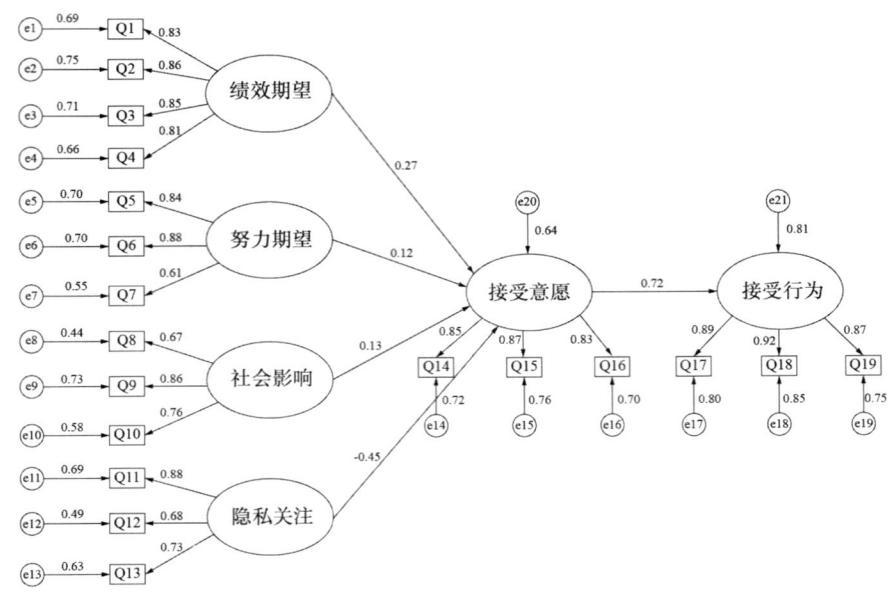

图 7-7　结构方程模型修正

三、中介效应检验和调解效应分析

(一)接受意愿的中介效应检验

根据 Baron 等[①]的研究,若存在中介效应,应当符合下列条件:预测变量(我们常说的自变量)对中介变量有明显的影响;而中介变量对因变量也有显著的影响。从表 7-6 可以看出,接受意愿中介效应的影响大小及显著性。结果显示,接受意愿在绩效期望与接受行为之间、努力期望与接受行为之间、社会影响与接受行为之间、隐私关注与接受行为之间均起中介作用。

表 7-6　接受意愿中介效应检验

路径	中介效应	S.E.	Lower	Upper	p
绩效预期—接受意愿—接受行为	0.144	0.001	0.082	0.178	***
努力期望—接受意愿—接受行为	0.061	0.001	0.018	0.110	***
社会影响—接受意愿—接受行为	0.070	0.001	0.021	0.111	**
隐私关注—接受意愿—接受行为	−0.212	0.001	−0.266	−0.157	*

注:* 表示 $p<0.05$,** 表示 $p<0.01$,*** 表示 $p<0.001$。

[①] Baron R M, Kenny D A. The Moderator-mMediator Variable Distinction in Social Psychological Research: Conceptual, Strategic, and Statistical Considerations. *Journal of Penalty and Social Psychology*, 1986, 51(6), pp.1173-1182.

(二)人口统计学特征的调解效应分析

本研究使用软件 AMOS 28.0 把人口统计学特征作为控制变量对修正模型进行分析,结果发现,在人口统计学变量中,性别、年龄、学历、月均消费水平均对模型产生了影响。进一步分析表明,男性在隐私关注上的得分低于女性,45 岁以上群体在隐私关注上的得分低于 45 岁以下群体,高中(中专)及以下群体在隐私关注上比大专、本科、硕士、博士得分更低,这表明男性、45 岁以上、高中(中专)及以下群体对隐私关注不是很敏感。可见,不同人口统计学特征的群体对该模型的适用性呈现出差异化现象,UTAUT 理论模型下计算广告接受行为的影响因素还需要将来继续深化人口统计学特征的调解效应研究。

第五节 讨论与启示

本研究采用正态偏差方法引入隐私关注作为促发条件,立足计算广告情境、引入隐私关注作为尊重民众权利的促发条件,改进了 UTAUT 模型,建构新的研究模型并进行加以验证。

一、讨论

(一)绩效期望、努力期望和社会影响正向影响计算广告接受意愿

本研究表明,用户认为计算广告可以提供有效的信息和服务,能够帮助用户的消费决策。这一结论证实了杨强等[1]的研究,他们指出,当用户有明确的使用目的并对产品渠道有足够高的关注度时,用户的广告态度才会明显增强。司雨[2]的研究也发现,当用户感知到广告的有用性和有效性,感到广告能降低信息获取成本、提高自身效率时,能够提高其对广告的接受意愿。努力期望是用户对计算广告的感知易用性。本研究表明,如果用户学习使用计算广告的时间和成本比较低,用户的接受意愿也会增加。该结论与吴哲[3]对原生广告的研究结果一致。此外,刘红艳等[4]的研究表明,社

---

[1] 杨强、申亚琛:《微商信息源特性对消费者购买意愿的影响研究》,《大连理工大学学报(社会科学版)》2017 年第 2 期,第 27-32 页。
[2] 司雨:《基于 UTAUT 模型的创意中插广告用户接受度研究》,上海外国语大学硕士学位论文,2021 年,第 38 页。
[3] 吴哲:《基于 UTAUT 理论的原生广告用户接受模型研究》,华南理工大学硕士学位论文,2017 年,第 1-3 页。
[4] 刘红艳、傅胜蓝:《移动广告接受意愿的影响因素研究:基于大学生移动广告体验的视角》,《软科学》2014 年第 4 期,第 107-111 页。

影响直接影响用户接受移动广告的意愿,这说明用户在决定是否接受移动广告时会受到身边亲朋好友的影响。本研究同样证实了计算广告情境下社会影响的存在。

(二)隐私关注对计算广告接受意愿直接产生负向影响,但对接受行为不产生直接影响

本研究表明,隐私关注对计算广告接受意愿直接产生负向影响($\beta=-0.45$)。周朋程等[①]的研究结果也证实了这点,他们发现,网络隐私关注负向影响在线评论接受意愿。同时,本研究发现,隐私关注对计算广告接受行为的直接影响没有统计学上的显著意义。这可能是因为计算广告目前发展还不太成熟,用户对隐私问题比较迟钝,在接收计算广告过程中,感知到隐私问题给他们自身带来后果的不确定性。根据感知风险理论,用户所感知的风险主要是决策结果的不确定性和错误决策后果的严重性。[②] 由此可以推断,人们在使用计算广告时,尽管对个人信息的隐私泄露和隐私侵犯等问题存在不同程度的担忧,但这种担忧尚未达到使用户对计算广告触犯隐私问题后果的严重性产生预判,导致用户的隐私关注对计算广告的接受行为存在不确定性。因此,投放计算广告时,广告主应注意避免推荐算法的滥用,它可能引发用户对隐私关注的警觉,从而直接降低用户对计算广告的接受程度。

(三)计算广告接受意愿正向影响计算广告接受行为

本研究表明,计算广告接受意愿正向影响计算广告使用行为。实际上,Venkatesh等[③]在刚提出整合技术接受与使用理论模型时,就把使用意愿对使用行为的影响纳入其中。这一结果也与凌嘉慧[④]的研究结论一致,她认为,用户对短视频平台信息流广告的使用意愿会在很大程度上直接影响用户的使用行为。本研究表明,计算广告接受意愿对计算广告使用行为的直接影响十分显著($\beta=0.72$),并且在绩效期望与接受行为之间、努力期望与接受行为之间、社会影响与接受行为之间、隐私关注与接受行为之间均起中介作用,表明接受意愿对接受行为不仅存在直接影响,也存在间接影响。但

---

① 周朋程、胡佳琳:《网络隐私关注对在线评论意愿的影响研究》,《全国流通经济》2020年第36期,第12-15页。

② Bettman J R. Perceived Risk and Its Components: a Model and Empirical Test. *Journal of Marketing Research*, 1973, 10(2), pp.184-190.

③ Venkatesh V, Davis F D. A Theoretical Extension of the Technology Acceptance Model: Four Longitudinal Field Studies. *Management Science*, 2000, 46(2), pp.186-204.

④ 凌嘉慧:《基于UTAUT模型的短视频平台信息流广告用户接受度研究》,华南理工大学硕士学位论文,2019年,第1-3页。

是,接受意愿与接受行为不一定是同步的,因为营销系统是多元的心态系统,如同人的生理系统一样,这个营销系统中好像一个蒜子球,表面看是一个整体,而揭开表层就是多个单元运作的结合体。因此,广告主如果想让用户产生使用行为,首先要想办法增强用户对计算广告的接受意愿。

二、启示

(一)注重用户需求,实现精准投放

如何在每次展示中通过计算选择出最佳的个性化广告,以显著提高效果,是一个新的革命性问题。然而,从商业角度来看,个性化需求首先要让用户看到更多有趣的产品,这样广告的转化率才能大大提高。换句话说,有必要为客户提供购买该产品的好处或理由。用户认为计算广告能大大提高他们的购物体验以及生活舒适度,这是吸引他们接受和使用计算广告的重要因素之一。大数据技术中,品牌接触点是整合线上、线下各类品牌接触点,透过数据分析获悉消费者的属性以及购买偏好,然后通过各种渠道去推送相应的品牌信息,并在不同消费节点引导消费者,为其提供良好愉悦的消费环境,有效提升消费者的购物体验。[①] 基于用户潜在需求的营销不应只关注产品本身,还需关注如何帮助用户解决获得产品的困难,同时也要准确传递品牌的核心价值,寻求品牌与用户之间的认同与共鸣。

随着互联网的普及,与之相伴的社交媒体广告、短视频广告等层出不穷,消费者的碎片化、细分化、个性化趋势越来越明显。在大数据时代,如何迅速捕捉、有效搜寻用户、认识用户、理解用户、感动用户,成为先机和商机的基础。其实用户并不讨厌计算广告,他们讨厌的是不需要的广告。如果平台推送的广告能满足用户的真实需求,就可以实实在在吸引用户,实现精准营销。因此,广告主对用户画像的掌握程度决定着与目标受众的匹配程度,而实现精准投放的前提还有基于大数据分析的智能、立体渠道,这种渠道能打通产品触点,智能匹配推广场景,形成媒体传播矩阵,得出最优效果的投放渠道策略。

(二)提升努力期望,优化用户体验

社交媒体的活跃用户主要是年轻人,他们年龄较低、受教育程度较高,对计算广告的认同更高。年轻人热衷新鲜事物,有强烈的好奇心,乐于尝试,但也缺乏耐心,持续使用率较低。他们在开始接触新的产品前,会考虑学习新事物所花费的时间成本以及易用性,通常热衷于使用低难度和低成

---

① Järvinen J, Taiminen H. Harnessing Marketing Automation for B2B Content Marketing. *Industrial Marketing Management*,2016,54(4),pp.164-175.

本的技术产品。由此,计算广告应进一步减少操作的复杂性,采用简洁易懂的界面,优化用户的使用体验并提升其舒适度,使用户能够真正体会到计算广告带来的便利性和实用性,最终形成用户黏性与忠诚度。

网络时代用户的期望和需求不断发生变化,如何将计算广告打造成贴近用户、保留更多愉悦使用行为的界面,需要站在用户心智上才能做好。以下几个办法可以优化用户体验:

(1)搜索简化。广告用户大多带着特定的需求、意图或想法,他们希望能以最快的速度看到自己想要看到的广告内容。计算广告需要缩短用户搜索的过程、简化用户寻找的目标,为用户节省时间。

(2)关注内容。计算广告的内容不应只是传达信息的一种手段,而是要成为引发用户情感共鸣的一种表达,成为进球前的临门一脚。

(3)人性化设置。用户不仅需要信息,而且需要在获得信息的过程中产生交互的欲望,因此,具身传播的临场感就显得十分重要,用户需要更为人性化的应用程序。

(4)视频传播。视频对用户的黏性越来越强,计算广告还需要掌握视频终端,实现视频的智能化传播。

(三)增强用户互动,建立口碑传播

年轻人容易受朋辈影响,如果身边的使用者对计算广告的评价是积极、正面的,他们就容易接受计算广告。在娱乐化消费时代,消费者广泛关注通俗、创新、搞笑的内容,愿意主动点赞、评论、分享和传播。计算广告的内容品质决定了广告的价值,因此,结合当前的社会热点设计计算广告的内容能增加用户谈资,推动计算广告的推广。另外,计算广告必须强化与用户之间的交流互动,培育消费者强烈的参与意愿,在互动参与中形成口碑传播,建立消费者与品牌之间的情感纽带,使消费者能够自我创造价值、形成消费潮流。计算广告中用户场景和广告内容的精准匹配最为关键,计算广告将抽象复杂的数据转变为虚拟人物,在合适的时间、合适的地点向用户推送合适的广告信息,精准匹配品牌的接触点,不断优化与用户的互动,力求透过场景的互动和关联来强化与用户之间的情感连接。

人是社会性动物,社交是人类的基本需求之一,互动是"刷存在感"的重要方式。远古时期,人们通过族群和血缘关系进行连接,阶级社会以阶级为特征进行流动;网络时代,兴趣成为社会互动与圈层建构的重要方式,微信群、QQ群、抖音、微博等,圈层化成为社会发展的必然。企业通过打造品牌形塑忠诚客户,最重要的途径就是要增强用户互动、建立口碑传播。通过口碑传播影响对自身品牌有认同的一群人,通过持续紧密的互动,使这群人与

品牌不断发生联系,去影响更多的人,最终形成品牌社区。

(四)保护用户隐私,提高用户满意度

企业在使用用户数据进行市场营销时,必须重视用户的隐私问题,避免数据信息外泄,保证用户信息的安全性。对于用户而言,首先应提高媒介素养教育水平,增强用户对各种媒介信息的解读、批评能力以及正确使用媒介信息为个人生活、社会发展服务的能力。同时,培育用户合理运用法律武器维护自身隐私安全的意识,良好的隐私素养教育是用户的必修课。此外,相关机构应该强化与用户之间的交流和联系,针对用户在使用计算广告时遇见的问题,即时作出响应,为用户处理一系列隐私问题,让用户放心、安心。对于广告主、网络服务商和数据公司而言,需重视用户的隐私保护,升级平台的隐私保护技术,增强用户对隐私声明的阅读意愿。

伴随互联网信息技术的迅猛发展,个人隐私保护成为社会关注的重点,"隐私安全"是计算广告发展领域的焦点话题。计算广告可以给人们带来生活便利,但是计算广告相关主体的社会责任应该得到重视,对于用户的隐私保护需要得到加强。未来重视用户隐私的企业,将获得更大的用户信任,将走得更远、更稳。当然,加强隐私保护并非一蹴而就,举措的落实、政策的制定、体制机制的建立、多方主体的协调等都需要稳扎稳打、步步为营。一些关键门槛还需要突破,比如在推动数据脱敏处理、确立隐私侵权边界、明确数据产权归属、界定隐私数据使用场景、加强企业内部隐私数据管理等问题亟待解决。我们有理由相信,加强计算广告用户的隐私保护终将成为行业共识和社会共识,对于计算广告的健康发展而言,是一个良好的起点和开端。

综上所述,虽然用户对于隐私问题的重视程度越来越高,但是随着绩效期望、努力期望和社会影响的增强,他们对于隐私泄漏的担忧也会随之抵消。相关机构应定期对用户进行回访,积极主动地以电话、微信、短信等联系方式与用户保持紧密互动,及时掌握用户对计算广告的使用情况,回应用户对计算广告隐私问题的关切,持续改善计算广告服务品质,不断增强用户对计算广告的接受意愿和接受行为。

第八章　隐私关注对计算广告回避的影响：感知风险和隐私保护的链式中介作用

第一节　引言

　　摄像头监控、语音交互、人脸识别、跟踪定位以及传感器感知等终端设备几乎在全方位地获取个人信息，在购物软件以及社交媒体上的任何点击、查阅、互动甚至话语交谈都成为算法"数字画像"的依据，从而对收集到的海量数据进行深度分析，制造一系列"算法价值"与"资本利益"。以推荐算法为基础的计算广告使企业能够精准接触新市场和新消费者，企业利用丰富而强大的消费者数字档案，能够预测消费者行为，提供高度个性化和定制性服务，从而产生新的商业价值。[1][2] 计算广告需要收集和使用消费者信息的内容、对象、原因和方式等方方面面，导致隐私问题成为计算广告的核心问题之一。[3] 由于个人信息的收集、存储、挖掘都发生了巨大变化，消费者对在线隐私的担忧成倍增加。[4] 当数据驱动的广告活动与消费者隐私保护之间发生激烈冲突[5][6]，企业留住消费者并赢得他们的长期信任和忠诚已成为一项新挑战。[7]

　　因此，为了建立一个消费者友好的数字市场，我们必须了解隐私动态。之前的研究表明，尽管在线消费者对隐私存在担忧，但是为了获得产品和服

---

[1] Holtrop N, Wieringa J E, Gijsenberg M J. No Future without the Past? Predicting Churn in the Face of Customer Privacy. *International Journal of Research in Marketing*, 2017, 34(1), pp.154-172.

[2] Petrescu M, Krishen A S. Analyzing the Analytics: Data Privacy Concerns. *Journal of Marketing Analytics*, 2018, 6(2), pp.41-43.

[3] Martin K. Data Aggregators, Consumer Data, and Responsibility Online: Who is Tracking Consumers Online and Should They Stop?. *The Information Society*, 2016, 32(1), pp.51-63.

[4] Martin K D, Murphy P E. The Role of Data Privacy in Marketing. *Journal of the Academy of Marketing Science*, 2017, 45(2), pp.135-155.

[5] Arli D, Bauer C, Palmatier R W. Relational Selling: Past, Present and Future. *Industrial Marketing Management*, 2018, 69(2), pp.169-184.

[6] Schneider M J, Jagpal S, Gupta S, et al. Protecting Customer Privacy When Marketing with Second-Party Data. *International Journal of Research in Marketing*, 2017, 34(3), pp.593-603.

[7] Fransi E C, Viadiu F M. A Study of E-Retailing Management: Analysing the Expectations and Perceptions of Spanish Consumers. *International Journal of Consumer Studies*, 2007, 31(6), pp.613-622.

第八章　隐私关注对计算广告回避的影响：感知风险和隐私保护的链式中介作用

务,消费者不得不继续披露个人信息。[1] 尽管他们感知到隐私披露的潜在风险,但没有足够的自我保护意识和防范措施。[2] 这种隐私悖论现象引起多个学科学者的关注[3][4],行为经济学理论视角的研究强调了心理偏见、启发法和有限的认知资源对隐私决策的影响。[5][6] 这种观点认为决策并不总是有意识地、有分析地做出,而是基于潜意识的、情感的、即时的和基于经验的判断。[7] Simon[8] 在有限理性理论中认为,个人只有在认知能力的范围内才能理性,取决于决策时的知识限制、时间限制和信息不对称。因此,个人往往会误解或不准确地预测侵犯隐私的行为,从而产生错误的感知风险。[9] 相关研究人员还探讨了隐私决策的社会层面。Zafeiropoulou 等[10]将隐私决定视为社会结构化过程的一部分:消费者的选择可能是不披露信息,但社会结构要求披露信息。例如,即使消费者担心披露他们的个人数据,他们也可能被迫在下载移动应用程序以访问零售商功能时披露这些信息。社会对隐私决策的影响可以通过同龄人的群体压力进一步证明,在群体压力下,个人有义务共享信息以实现一致性并避免被排斥。[11] 然而,尽管存在同龄人群体或结构性压力,但身份建构、社会地位、社会资本和关系管理等因素可能

---

[1] Boritz J E, Won G N. E-Commerce and Privacy: Exploring What We Know and Opportunities for Future Discovery. *Journal of Information Systems*, 2011, 25(2), pp.11-45.

[2] Kokolakis S. Privacy Attitudes and Privacy Behaviour: A Review of Current Research on the Privacy Paradox Phenomenon. *Computers & Security*, 2017, 64(1), pp.122-134.

[3] Dienlin T, Trepte S. Is the Privacy Paradox a Relic of the Past? An In-Depth Analysis of Privacy Attitudes and Privacy Behaviors. *European Journal of Social Psychology*, 2015, 45(3), pp.285-297.

[4] Norberg P A, Horne D R, Horne D A. The Privacy Paradox: Personal Information Disclosure Intentions versus Behaviors. *Journal of Consumer Affairs*, 2007, 41(1), pp.100-126.

[5] Hallam C, Zanella G. Online Self-Disclosure: The Privacy Paradox Explained as a Temporally Discounted Balance between Concerns and Rewards. *Computers in Human Behavior*, 2017, 68, pp.217-227.

[6] Li H, Luo X, Zhang J, et al. Resolving the Privacy Paradox: Toward a Cognitive Appraisal and Emotion Approach to Online Privacy Behaviors. *Information & Management*, 2017, 54(8), pp.1012-1022.

[7] Novak T P, Hoffman D L. The Fit of Thinking Style and Situation: New Measures of Situation-Specific Experiential and Rational Cognition. *Journal of Consumer Research*, 2009, 36(1), pp.56-72.

[8] Simon H A. *Models of Bounded Rationality: Empirically Grounded Economic Reason*. MIT Press, 1997, p.89.

[9] Acquisti A, Grossklags J. Privacy and Rationality in Individual Decision Making. *IEEE Security Privacy*, 2005, 3(1), pp.26-33.

[10] Zafeiropoulou, Millard A M, Webber D E, et al. Unpicking the Privacy Paradox: Can Structuration Theory Help to Explain Location-Based Privacy Decisions?. *3rd Annual ACM Web Science Conference, WebSci 2013*, 2013, pp.463-472.

[11] Taddei S, Contena B. Privacy, Trust and Control: Which Relationships with Online Self-Disclosure? *Computers in Human Behavior*, 2013, 29(3), pp.821-826.

会超过群体压力对隐私决策的影响。[1]

在当前用户提供个人隐私才能享受网络服务的现实市场背景下,隐私悖论的出现存在一定的合理性与必然性,但这同样也为网络服务提供方敲响了警钟。隐私悖论的出现并非用户无视隐私问题的表现,而是用户在换取社会服务的成本和收益之间不得不做出权衡的结果。Baruh 等[2]在对 166 篇关于社交网络隐私悖论研究的元分析中指出,分享哪些个人信息、保护哪些个人信息,有可能是人们权衡利弊后的结果,需要从网民感知风险和隐私保护等心理认知层面深入考察社交网络"隐私悖论"现象的成因。"感知收益—感知风险"这种方法植根于隐私计算理论和人类行为理性选择理论。[3][4] 如果有恰当的制度监督和先进的技术设计,数据分享带来的收益和风险的权衡就变得可控。隐私计算理论的实质即用户感知到的潜在收益和潜在风险之间的理性博弈,这种博弈结果将影响隐私保护或隐私披露的意愿。当潜在收益超过预期损失时,个人决定披露个人信息,尽管用户存在隐私担忧,但并不会产生过强的隐私保护意愿和广告回避行为。

由此可见,用户一边担忧自己的隐私风险,同时又愿意为了某种使用便利而让渡一些自己的隐私信息。但是,这种让渡不是没有边界的,一旦越过边界,用户就会形成隐私保护的条件反射,进而形成隐私动荡,产生广告回避行为;反之,用户就会乐于披露隐私,规避广告回避行为。隐私边界指个人愿意将信息与对方分享与否的程度和界线,它是传播隐私管理理论(communication privacy management theory,简称 CPM 理论)存在的重要假设和前提。[5] CPM 理论最早由 Petronio[6] 提出,他认为 CPM 理论可以用来理解人们如何对隐私问题做出判断,进而管理自己与他人的私人信息交流方式。当用户出现隐私关注,察觉到感知风险后,难免会产生隐私保护和广告回避行为,最终影响计算广告的投放效果。在这个过程中,感知风险和

---

[1] Debatin B, Lovejoy J P, Horn A-K, et al. Facebook and Online Privacy: Attitudes, Behaviors, and Unintended Consequences. *Journal of Computer-Mediated Communication*, 2009, 15(1), pp.83-108.

[2] Baruh L, Secinti E, Cemalcilar Z. Online Privacy Concerns and Privacy Management: A Meta-Analytical Review. *Journal of Communication*, 2017, 67(1), pp.26-53.

[3] Culnan M J, Armstrong P K. Information Privacy Concerns, Procedural Fairness, and Impersonal Trust: An Empirical Investigation. *Organization Science*, 1999, 10(1), pp.104-115.

[4] Simon H A. A Behavioral Model of Rational Choice. *The Quarterly Journal of Economics*, 1955, 69(1), pp.99-118.

[5] Petronio S. Communication Boundary Management: A Theoretical Model of Managing Disclosure of Private Information between Marital Couples. *Communication Theory*, 1991, 1(4), pp.311-335.

[6] Petronio S. Road to Developing Communication Privacy Management Theory: Narrative in Progress, Please Stand By. *Family Communication*, 2004, 4(3), pp.193-207.

隐私保护的中介作用不容忽视，用户根据其应对隐私感知风险的能力，发展隐私保护意识，例如控制他人访问其私人信息，以及公开或隐藏私人信息的数量、广度和深度等。① 以往的研究对隐私关注、感知风险、隐私保护和广告回避中部分变量的两两关系进行了探讨②③，但并没有将四者整合起来进行系统考察。因此，本研究运用建模的方法，探讨上述四个变量之间的互动关系，有助于从隐私问题的视角更全面地看待计算广告的效果，同时也为更好地维护用户隐私权益提供数据参考。

第二节　理论基础与研究假设

根据前人定义，广告回避可以有3种方式：（1）认知回避，即忽略广告，即视而不见（例如不注意标记为"赞助"的帖子）；（2）身体回避，即不接触广告（例如避免观看网页右边边栏）；（3）机械回避，即通常使用机械辅助设备以避免接触广告（例如广告拦截器）。④ 与传统广告相比，互联网广告给市场带来新的营销机会，但用户对互联网广告有着更强烈的回避情绪。在此背景下，国内外涌现出一批对互联网广告回避的研究。Cho等⑤首先将广告回避的研究从传统媒体转为网络广告，证实了先前负面体验、感知目标障碍和广告混乱对广告回避的显著性影响。Jin等⑥验证了个性化特征、矛盾态度、广告可信度对网络广告的影响，结果表明，在低互动性环境下，消费者更受困于对网络广告回避或体验的矛盾心理，而矛盾心理导致了消费者在回应网络广告时的回避，广告可信度会影响人们在网络上的消费态度、信仰或行为。范思等⑦以信息流广告为研究对象，结果表明一致性会增加目标

---

① 杨嫚、温秀妍：《隐私保护意愿的中介效应：隐私关注、隐私保护自我效能感与精准广告回避》，《新闻界》2020年第7期，第41-52页。
② Li W, Huang Z. The Research of Influence Factors of Online Behavioral Advertising Avoidance. *American Journal of Industrial and Business Management*, 2016, 6(9), pp.947-957.
③ 王璐瑶、李琪、乔志林，等：《保护动机对社交网络用户隐私关注和隐私安全保护行为的影响研究》，《情报杂志》2019年第10期，第104-110页。
④ 阮丽华、张梦兰：《1994—2021年中外广告回避研究综述》，《中国广告》2021年第11期，第63-68页。
⑤ Cho C H, Cheon H. Why Do People Avoid Advertising on the Internet. *Journal of Advertising*, 2004, 33(4), pp.89-97.
⑥ Jin C H, Villegas J. Consumer Responses to Advertising on the Internet: the Effect of Individual Difference on Ambivalence and Avoidance. *Cyberpsychology, Behavior, and Social Networking*, 2007, 10(2), pp.258-266.
⑦ 范思、鲁耀斌、胡莹莹：《社交媒体环境下一致性与社交性对信息流广告规避的影响研究》，《管理学报》2018年第5期，第759-766页。

用户的广告回避行为,而社交需求越高的用户产生感知目标障碍、广告聚群和广告回避行为越少。王烨娣等[1]通过实验研究表明,隐私关注的显著性对广告回避的非线性影响——U 形关系,以及感知风险和隐私关注的显著性对广告规避的影响。上述研究表明,互联网时代的广告回避探讨已经逐渐过渡到引发社交媒体广告回避的关键因素,其中有关隐私问题的研究尤为突出。因此,本书把计算广告回避作为因变量,考察隐私问题相关的变量对计算广告回避的影响。

隐私关注是个人针对隐私环境的主观感受。[2] 在互联网环境中,隐私关注是指用户对于隐私信息的收集、二次利用和控制等方面问题存在的担忧[3],是一种多维度的风险认知。[4] 目前,学界关于隐私关注的研究主要集中在两个方面:其一是探究用户隐私关注的影响因素,如人口统计学变量、经济条件、文化情境、媒介环境、群体影响、社会制度、广告感知和评价、认知水平等;[5]其二是隐私关注对其他变量的影响,比如,申琦[6]的研究表明,隐私关注程度越高的大学生,越容易产生感知风险,越有可能提供虚假信息。因此,本研究提出以下假设:

H_{8-1}:隐私关注正向影响感知风险。

除了感知风险,隐私关注还会对隐私保护产生影响。杨姝等[7]发现,隐私关注对隐私保护具有正向影响。申琦[8]在针对大学生群体的研究中指出,隐私关注水平越高的大学生,采取各类隐私保护措施的可能性越大。Son

---

[1] 王烨娣、席悦、蒋玉石:《隐私显著性与互联网定向广告规避行为的非线性关系研究——基于感知威胁的中介作用》,《南开管理评论》,2022 年 5 月 7 日上线。

[2] Campbell A J. Relationship Marketing in Consumer Markets: A Comparison of Managerial and Consumer Attitudes about Information Privacy. *Journal of Direct Marketing*,1997,11(3),pp.44-57.

[3] Staddon J, Acquisti A, LeFevre K. Self-Reported Social Network Behavior: Accuracy Predictors and Implications for the Privacy Paradox. *ASE/IEEE International Conference on Social Computing*,2013,pp.295-302.

[4] 李贺、余璐、许一明,等:《解释水平理论视角下的社交网络隐私悖论研究》,《情报学报》2018 年第 1 期,第 1-13 页。

[5] 于婷婷、杨蕴焓:《精准广告中的隐私关注及其影响因素研究》,《新闻大学》2019 年第 9 期,第 101-116 页。

[6] 申琦:《网络信息隐私关注与网络隐私保护行为研究:以上海市大学生为研究对象》,《国际新闻界》2013 年第 2 期,第 120-129 页。

[7] 杨姝、王刊良、王渊:《网络创新背景下隐私关注与保护意图跨情境研究:以购物、招聘、游戏和搜索行业为例》,《管理学报》2009 年第 9 期第 1176-1181 页。

[8] 申琦:《风险与成本的权衡:社交网络中的"隐私悖论":以上海市大学生的微信移动社交应用(APP)为例》,《新闻与传播研究》2017 年第 8 期,第 55-69 页。

等①证实隐私关注会影响用户参与信息隐私保护行为的意向,包括拒绝披露、负面评价、删除,以及向网络公司和第三方投诉。因此,本研究提出以下假设:

H$_{8-2}$:隐私关注正向影响隐私保护。

有学者发现隐私关注也会带来广告回避这一后果,隐私关注与广告回避之间存在因果关系。Baek 等②发现,在精准广告模式下,用户的隐私关注能直接正向影响精准广告回避。类似地,Li 等③也证实了隐私关注会显著影响精准广告回避。Jung④ 研究表明,随着人们隐私关注水平的提升,精准广告回避的可能性也会增大。因此,本研究提出以下假设:

H$_{8-3}$:隐私关注正向影响计算广告回避。

感知风险指由于非法或者信息不恰当使用,用户的个人信息披露行为可能给自己造成损失,是用户对最坏结果的预期。当用户感知到的隐私风险超过其可接受范围时,就会拒绝披露个人信息,产生隐私保护行为。Hajli 等⑤指出,社交网站用户的感知风险正向影响隐私保护态度。Norberg 等⑥的研究也表明,用户感知到的风险对其隐私保护意向具有显著的正向影响。因此,本研究提出以下假设:

H$_{8-4}$:感知风险正向影响隐私保护。

感知隐私风险让用户感到个人信息的安全受到威胁、侵犯,会增强用户的心理抗拒从而产生拒绝行为,如广告回避。⑦ 感知风险较高时,用户认为自身信息安全受到威胁时,就容易采取防御行为,比如躲避广告或拒绝购买等行为。⑧⑨ 因此,本研究提出以下假设:

---

① Son J-Y, Kim S S. Internet Users' Information Privacy-Protective Responses: a Taxonomy and a Nomological Model. *MIS Quarterly*, 2008, 32(3), pp.503-529.

② Baek T H, Morimoto M. Stay Away From Me. *Journal of Advertising*, 2012, 41(1), pp.59-76.

③ Li W, Huang Z. The Research of Influence Factors of Online Behavioral Advertising Avoidance. *American Journal of Industrial and Business Management*, 2016, 6(9), pp.947-957.

④ Jung A R. The Influence of Perceived Ad Relevance on Social Media Advertising: an Empirical Examination of a Mediating Role of Privacy Concern. *Computers in Human Behavior*, 2017, 70(5), pp.303-309.

⑤ Hajli N, Lin X. Exploring the Security of Information Sharing on Social Networking Sites: the Role of Perceived Control of Information. *Journal of Business Ethics*, 2016, 133(1), pp.111-123.

⑥ Norberg P A, Horne D R, Horne D A. The Privacy Paradox: Personal Information Disclosure Intentions versus Behaviors. *Journal of Consumer Affairs*, 2007, 41(1), pp.100-126.

⑦ 巢乃鹏、赵文琪、秦佳琪:《行为定向广告回避的影响机制研究》,《当代传播》2020 年第 6 期,第 94-99 页。

⑧ Wirtz J, Lwin M O, Williams J D. Causes and Consequences of Consumer Online Privacy Concern. *International Journal of Service Industry Management*, 2007, 18(4), pp.326-348.

⑨ Youn S. Determinants of Online Privacy Concern and Its Influence on Privacy Protection Behaviors Among Young Adolescents. *Journal of Consumer Affairs*, 2009, 43(3), pp.389-418.

H_{8-5}：感知风险正向影响计算广告回避。

杨嫚等[①]证实隐私保护正向影响精准广告回避，同时发现隐私保护在隐私关注与精准广告回避之间发挥了中介作用。计算广告回避可被视作一种特殊的保护机制，用户在较高水平的隐私保护指引下，倾向于规避对自身隐私安全产生威胁的计算广告，以避免不可预测的负面后果。因此，本研究提出以下假设：

H_{8-6}：隐私保护正向影响计算广告回避。

李洁等[②]研究发现，感知风险在第三人效应认知与隐私保护行为之间发挥了中介作用。郝志琦[③]证实隐私关注通过感知风险对减少披露等隐私保护行为产生影响。另外，Dienlin等[④]发现，在隐私关注对隐私保护产生间接影响的过程中，感知风险和隐私保护意愿是中介变量。张海汝等[⑤]证实，在网购情境下，隐私保护在隐私关注与问题聚焦应对行为之间起到部分中介作用。依照逻辑先后顺序，感知风险和隐私保护可能在隐私关注与计算广告回避之间发挥了链式中介作用。[⑥]因此，本研究进一步提出以下研究问题：

研究问题一：感知风险是否在隐私关注对计算广告回避的影响中起到中介作用？

研究问题二：隐私保护是否在隐私关注对计算广告回避的影响中起到中介作用？

研究问题三：感知风险和隐私保护意愿是否在隐私关注对计算广告回避的影响中存在链式中介作用？

---

① 杨嫚、温秀妍：《隐私保护意愿的中介效应：隐私关注、隐私保护自我效能感与精准广告回避》，《新闻界》2020年第7期，第41-52页。

② 李洁、吴杰浩：《第三人效应对个体隐私保护行为的影响机制研究：来自PLS与fsQCA的研究发现》，《情报探索》2022年第4期，第28-38页。

③ 郝志琦：《社交网络中用户隐私关注及隐私保护行为研究》，天津大学硕士学位论文，2018年，第39页。

④ Dienlin T, Trepte S. Is the Privacy Paradox a Relic of the Past? An In-Depth Analysis of Privacy Attitudes and Privacy Behaviors. *European Journal of Social Psychology*, 2015, 45(3), pp.285-297.

⑤ 张海汝、全冬梅、栾贞增：《网购情境下用户隐私威胁应对悖论研究：基于应对行为理论视角》，《情报杂志》2019年第12期，第141-148页。

⑥ 韩啸、谈津：《隐私悖论是否存在？对隐私关注与隐私行为关系的荟萃分析》，《信息资源管理学报》2022年第2期，第101-111页。

第三节 研究设计

一、研究模型

CPM 理论三大核心元素为隐私所有权（privacy ownership）、隐私控制（privacy control）和隐私动荡（privacy turbulence）。[①] CPM 理论框架也主要基于这三大核心展开讨论。本研究参照 CPM 理论模型，认为隐私关注和感知风险属于隐私所有权范畴，个体不仅能自主意识到隐私的存在，还相信自己拥有对隐私的认知；隐私保护属于隐私控制范畴，个体可通过调节所有权和控制其私人信息来调整隐私边界，主要是使用隐私规则来决定是否披露或者隐藏个人信息；计算广告回避属于隐私动荡范畴，隐私边界会随着环境和情境的变化而发生变动，当隐私发生动荡时，边界变动的风险可能随之即来，最终产生用户对计算广告的回避行为。如图 8-1 所示。

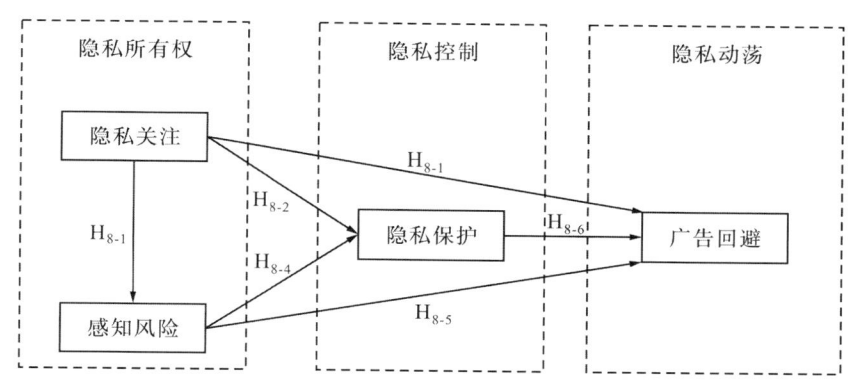

图 8-1 隐私关注时计算广告回避的影响模型

二、操作化定义

（一）隐私关注的测量

隐私关注指网络广告运营商对用户特征和行为数据的收集、分析和使用，引发用户对个人信息泄露的感知、担忧和关注。隐私关注作为隐私问题的核心变量，在相关研究中占据重要地位。本研究综合借鉴前人开发并使用的成熟量表，具体测量题项如表 8-1 所示。

[①] 袁向玲、牛静：《社会化算法推荐下青年人的隐私管理研究：个性化信息接受意愿与隐私关注的链式中介效应》，《新闻界》2020 年第 12 期，第 58-70 页。

表 8-1　隐私关注的测量

变量	编码	测量题项	来源
隐私关注	Q1	对于太多的互联网企业要求提供个人信息,我经常感到苦恼	Smith 等[1] Malhotra 等[2]
	Q2	当互联网企业要求提供个人信息时,我会三思而后行	
	Q3	我十分担心互联网企业收集太多个人信息	
	Q4	我觉得控制和自主决定个人信息被收集、使用和分享是很重要的	

(二)感知风险的测量

感知风险是用户在使用社交媒体的过程中对个人信息被过分披露可能造成的负面影响或损失结果的预期判断。本研究综合借鉴前人开发并使用的成熟量表,具体测量题项如表 8-2 所示。

表 8-2　感知风险的测量

变量	编码	测量题项	来源
感知风险	Q5	在网上提供个人信息是有风险的	Kehr[3]
	Q6	在网上提供个人信息很有可能被泄露	
	Q7	在网上提供个人信息可能会引发很多意想不到的问题	
	Q8	在网上提供个人信息可能会被不恰当利用	

(三)隐私保护的测量

隐私保护是防止用户个人信息被他人非法获取、非法使用所采取的防范措施,而一旦隐私权受到侵害,用户就会采取法律手段保护自己的合法权益。本研究综合借鉴前人开发并使用的成熟量表,具体测量题项如表 8-3 所示。

---

[1] Smith H J, Milberg S J, Burke S J. Information Privacy: Measuring Individuals'Concerns about Organizational Practices. *MIS Quarterly*, 1996, 20(2), pp.167-196.

[2] Malhotra N K, Kim S S, Agarwal J. Internet Users'Information Privacy Concerns (IUIPC): The Construct, the Scale, and a Causal Model. *Information Systems Research*, 2004, 15(4), pp.336-355.

[3] Kehr F. *Feeling and Thinking: on the Role of Intuitive Processes in Shaping Decisions about Privacy*. University of St.Gallen, 2015, pp.35-43.

表 8-3　隐私保护的测量

变量	编码	测量题项	来源
隐私保护	Q9	我会伪装自己的身份	Youn[①] Dienlin 等[②]
	Q10	注册账号时我不会提供完整的个人信息	
	Q11	我主动征求他人意见,学习如何进行个人隐私保护	
	Q12	我会认真阅读软件提供的隐私保护声明	
	Q13	我乐意浏览不需要我提供个人信息的网站	
	Q14	当遇到提供个人信息的要求时,我会终止使用行为,离开网站	

(四)计算广告回避的测量

计算广告回避,也称计算广告躲避,是指计算广告的受众(即商品的消费者)对以推荐算法为基础的精准广告表示拒绝和抵触的行为。本研究综合借鉴前人开发并使用的成熟量表,具体测量题项如表 8-4 所示。

表 8-4　计算广告回避的测量

变量	编码	测量题项	来源
计算广告回避	Q15	我会有意识地忽略计算广告	Cho 等[③] 杨嫚 等[④]
	Q16	我故意不点击计算广告,即使这些广告引起我的注意	
	Q17	我讨厌计算广告	
	Q18	如果网上没有计算广告就好了	
	Q19	我会采取任何行动来避免计算广告	
	Q20	如果该页面只显示计算广告,而没有其他内容,我会关掉并离开页面	

三、研究方法

本书采用问卷调查法。为了避免被调查者对计算广告这一前沿术语的不解,在问卷的指导语部分特地加入以下说明:

[①] Youn S. Determinants of Online Privacy Concern and Its Influence on Privacy Protection Behaviors Among Young Adolescents. *Journal of Consumer Affairs*, 2009, 43(3), pp.389-418.

[②] Dienlin T, Trepte S. Is the Privacy Paradox a Relic of the Past? An in-Depth Analysis of Privacy Attitudes and Privacy Behaviors. *European Journal of Social Psychology*, 2015, 45(3), pp.285-297.

[③] Cho C H, Cheon H. Why do people avoid advertising on the Internet. *Journal of Advertising*, 2004, 33(4), pp.89-97.

[④] 杨嫚、温秀妍:《隐私保护意愿的中介效应:隐私关注、隐私保护自我效能感与精准广告回避》,《新闻界》2020 年第 7 期,第 41-52 页。

什么是计算广告？计算广告是以数据为基础、以算法为手段、以用户为中心的智能营销方式，它在数据的实时高效计算下，进行用户场景画像，并快速投放、精准匹配及优化用户一系列需求。简单来说，即企业根据您的性别、籍贯、消费记录、个人习惯、兴趣爱好、浏览痕迹等进行数据分析，通过推荐算法适时在相关媒体平台（如淘宝、京东、拼多多、抖音、快手、小红书、微信、微博、搜索引擎等）上推送与用户匹配的精准广告。

Roscoe[①]提出抽样调查时应选取的样本量原则：研究的样本数量适合在 30 至 500 之间，在多变量分析的情况下，样本数量适合在研究所用的变量测量题项 10 倍或以上。本次正式调查通过问卷星分层抽样和滚雪球抽样共发放问卷 1260 份，回收有效问卷 1144 份，无效问卷 116 份，有效问卷达成率 90.79%，符合样本量要求。样本人口统计学特征如表 8-5 所示，性别、年龄、学历、职业和月均消费水平各区间的样本量分布均较为合理。本书将运用以下统计方法进行数据分析：因子分析、结构方程模型分析、中介效应分析、多群组分析等，统计软件采用 SPSS 28.0 对数据进行处理。

表 8-5　样本人口统计学特征（$N=1144$）

变量名	分类	频数	比例/%	变量名	分类	频数	比例/%
性别	男	544	47.6	学历	高中（中专）及以下	128	11.2
	女	600	52.4		专科	78	6.8
年龄	18 岁以下	104	9.1		本科	532	46.5
	19~30 岁	592	51.8		硕士	326	28.5
	31~45 岁	176	15.4		博士	80	7.0
	46~60 岁	164	14.3	职业	学生	518	45.3
	61 岁以上	108	9.4		私企	186	16.3
月均消费水平	1500 元以下	254	22.2		国企	64	5.6
	1501~3000 元	358	31.3		公务员	46	4.0
	3001~4500 元	208	18.2		事业单位	142	12.4
	4501~6000 元	140	12.2		自主创业	86	7.5
	6001 元以上	184	16.1		无业	32	2.8
					退休	64	5.6
					其他	6	0.5

---

① Roscoe J T. Fundamental Research Statistics for the Behavioral Sciences. New York: Holt, Rinehart and Winston, 1975, pp.102-125.

第四节　数据分析与模型验证

一、信度和效度检验

(一)信度检验

本书采用 α 系数(即 Cronbach's alpha)来衡量量表信度的大小，α 系数越大，信度越高，即量表的可信性和稳定性越高。α 系数最小可接受值是 0.70。本研究各潜在变量的 α 系数均大于 0.7，整体问卷的 α 系数为 0.972，表明本研究各变量及其度量维度的信度系数都在合理范围内，问卷内部具有较高的一致性和稳定性，量表的信度得到保证。

(二)效度检验

本研究采用探索性因子分析来评价问卷的结构效度，即在找出量表的潜在结构，以因子分析去检验量表，并有效抽取共同因素，这是一种严谨的效度检验方法。统计表明，KMO 度量值为 0.855，大于 0.8，巴特利球形检验 p 值为 0.000，数据适合进行因子分析。对 20 个题目的主成分分析可知，共提取 5 个因子，累计解释方差变异为 63.910%，说明 20 个题项提取的 5 个因子对于原始数据的解释度较为理想，数据具有较强的累积解释能力。根据旋转成分矩阵可以判断其各个题项的因子归属与量表设计因子的维度是一致的，表示问卷的结构效度较好，从侧面印证了研究框架的合理性。

区分效度是指构面根据实证标准真正区别于其他构面的程度，不同特质的测验结果之间的相关程度越低，说明测验之间区分效度越好。如果一个变量的平均萃取量 AVE 的平方根大于该变量与其他变量之间的相关系数时，该量表的区别效度被认为较高。[1] 数据显示，隐私关注、感知风险、隐私保护、计算广告回避的 AVE 平方根分别为 0.738、0.746、0.848、0.766，均要大于其对应的相关系数，因此说明量表具有较好的区分效度。

---

[1] Fornell C, Larcker D F. Evaluating Structural Equation Models with Unobservable Variables and Measurement Error. *Journal of Marketing Research*, 1981, 18(1), pp.39-50.

二、结构方程模型与假设检验

(一)初始模型

结合研究假设和研究框架,我们在软件里画出初始模型图,如图 8-2 所示。

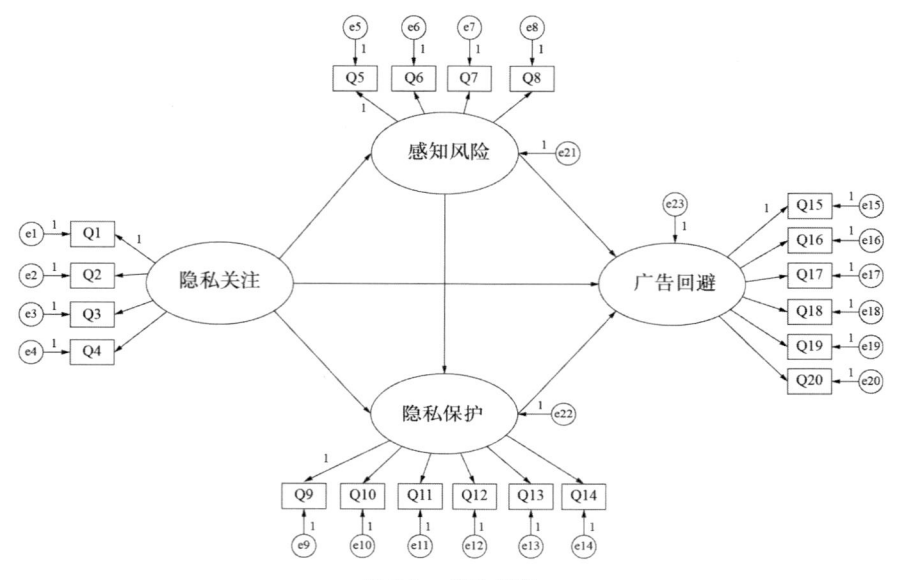

图 8-2 初始模型

(二)共同方法偏差检验与验证性因子分析

共同方法偏差主要来源于以下几种:由情绪、动机、心态等自我报告法造成的偏差;由题目暗示性、模糊性、正反向等问卷特征造成的偏差;由上下文语境、量表长度、启动效应等问卷内容造成的偏差;由测量的时间、地点、方法等测量环境造成的偏差。Harman 单因素检验(把所有量表题目均放入"变量"窗口,进行"分析—降维—因子分析")结果表明,第一个公因子的方差解释百分比为 24.127%,小于临界值 40%,我们认为不存在严重的共同方法偏差。

验证性因子分析(CFA)是基于预先建立的理论,检验这种结构是否与观测数据一致,是结构方程模型分析的一部分。在对测量模型进行分析之前,我们应该首先确保每个测量模型都可以正确反映所测量的潜在变量。本研究首先对 4 个变量进行 CFA 分析,分别为隐私关注、感知风险、隐私保护、广告回避。根据表 8-6 可知,所有变量的因子负荷均大于 0.7,符合要求;题项信度(SMC)整体上可接受(Q1、Q2、Q4、Q8、Q15 和 Q20 的题项信度均低于 0.5,但大于临界值 0.36,整体处于可接受范围之内,所以本研究保留这 6 个题项);其组合信度(C.R.)都为 0.826~0.938,平均萃取变异量(AVE)为 0.545~0.719,符合学界提出的 C.R.>0.6、AVE>0.5 的标准。

表 8-6 验证性因子分析

变量	题项	因子负荷 Std.	参数显著性估计 Unstd.	S.E.	T-Value	p	题项信度 SMC	组合信度 C.R.	平均萃取变异量 AVE
隐私关注	Q1	0.702	1.000				0.493	0.826	0.545
	Q2	0.706	1.016	0.079	12.791	***	0.498		
	Q3	0.835	1.247	0.090	13.820	***	0.697		
	Q4	0.701	0.901	0.075	12.062	***	0.491		
感知风险	Q5	0.716	1.000				0.513	0.834	0.556
	Q6	0.799	1.114	0.067	16.670	***	0.638		
	Q7	0.761	0.995	0.062	16.093	***	0.579		
	Q8	0.704	0.962	0.065	14.755	***	0.496		
隐私保护	Q9	0.779	1.000				0.607	0.938	0.719
	Q10	0.814	1.101	0.050	22.039	***	0.663		
	Q11	0.726	1.086	0.057	19.067	***	0.527		
	Q12	0.799	0.999	0.046	21.529	***	0.638		
	Q13	0.991	1.142	0.040	28.758	***	0.982		
	Q14	0.946	1.099	0.041	27.079	***	0.895		
计算广告回避	Q15	0.706	1.000				0.498	0.894	0.586
	Q16	0.708	1.169	0.088	13.300	***	0.501		
	Q17	0.875	1.549	0.097	16.002	***	0.766		
	Q18	0.852	1.593	0.101	15.774	***	0.726		
	Q19	0.732	1.387	0.097	14.236	***	0.536		
	Q20	0.701	0.991	0.081	12.189	***	0.491		

注:* 表示 $p<0.05$,** 表示 $p<0.01$,*** 表示 $p<0.001$。

(三)模型拟合评价

由表 8-7 可知,模型的 GFI、AGFI、CFI、IFI、TLI、NFI 指标达到理想标准,卡方/DF 为 2.797 小于 3,理想,RMSEA 分别为 0.056 小于 0.08,理想,整体而言模型适配理想,拟合结果良好。

表 8-7　模型拟合分析

拟合指标	指标值	拟合标准	模型适配判断
卡方/DF	2.797	<3	理想
GFI	0.934	>0.9	理想
AGFI	0.911	>0.9	理想
CFI	0.992	>0.9	理想
IFI	0.947	>0.9	理想
TLI	0.937	>0.9	理想
NFI	0.920	>0.9	理想
RMSEA	0.056	<0.08	理想

(四)路径系数分析

表 8-8 得出各条路径系数的显著性水平以及标准回归系数,可以看出模型中路径系数绝对值均小于 1,符合要求。除了"隐私关注—隐私保护"路径系数不显著外,其他路径系数的 p 值均小于 0.05。隐私关注对感知风险($\beta=0.442, p<0.001$),隐私关注对计算广告回避($\beta=0.164, p<0.001$),感知风险对隐私保护($\beta=0.242, p<0.01$),感知风险对计算广告回避($\beta=0.167, p<0.01$)均产生正向的影响,故假设 H_{8-1}、H_{8-3}、H_{8-4}、H_{8-5} 成立。而隐私保护对计算广告回避($\beta=-0.097, p<0.05$)产生负向的影响,故假设 H_{8-6} 不成立。隐私关注对隐私保护($\beta=0.013, p>0.05$)不产生影响。故假设 H_{8-2} 不成立。

表 8-8　路径系数分析

路径	标准化系数	S.E.	C.R.	p
隐私关注—感知风险	0.442	0.041	11.789	***
隐私关注—隐私保护	0.013	0.084	0.291	0.771
隐私关注—计算广告回避	0.164	0.076	3.656	***

续表

路径	标准化系数	S.E.	C.R.	p
感知风险—隐私保护	0.242	0.076	5.353	***
感知风险—计算广告回避	0.167	0.071	3.638	**
隐私保护—计算广告回避	−0.097	0.038	−2.358	*

注：* 表示 $p<0.05$，** 表示 $p<0.01$，*** 表示 $p<0.001$。

(五)结构方程模型修正

通过以上分析，我们获得了结构方程模型修正统计图，如图 8-3 所示。

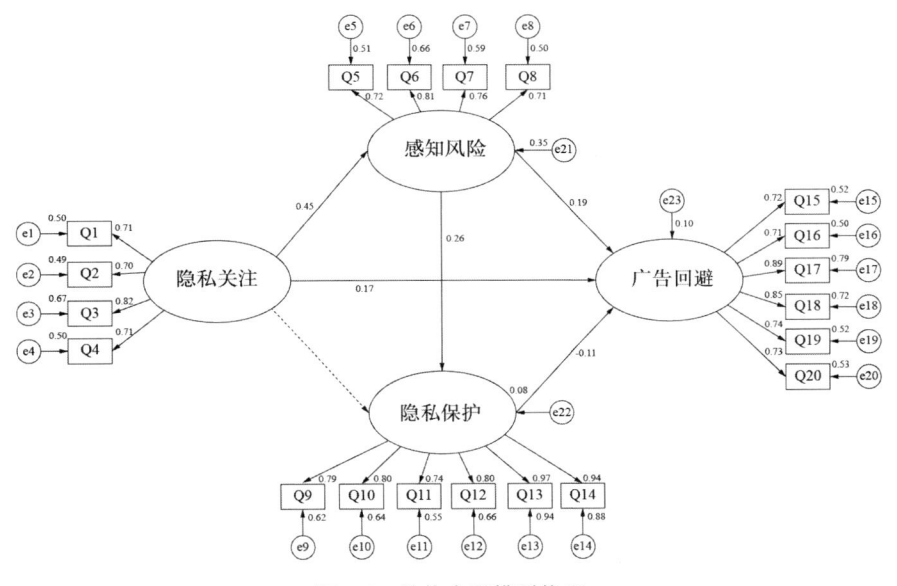

图 8-3　结构方程模型修正

三、链式中介效应检验和多群组分析

(一)感知风险和隐私保护的链式中介效应检验

本研究参考 MacKinnno[①] 所提出的中介效应检验方法，对感知风险和隐私保护在隐私关注与计算广告回避之间的链式中介效应进行检验。MacKinnnon 提出判断中介效应的方法：首先中介效应的置信区间不包含 0，其次中介效应的点估计值与标准系数的比值即 Z 绝对值不小于 1.96。

---

① MacKinnon D P. *Introduction to Statistical Mediation Analysis*. New York: Routledge, 2008, pp.47-102.

我们利用 Bootstrapping 技术进行抽样,执行 2000 次,置信区间设定为 95%。结果显示(见表 8-9),在"隐私关注—感知风险—计算广告回避"路径中,Z 绝对值大于 1.96,Bias-Corrected、Percentile 的置信区间均不包括 0,说明"间接效应 1"存在。在"隐私关注—隐私保护—计算广告回避"路径中,Z 绝对值小于 1.96,Bias-Corrected、Percentile 的置信区间均包括 0,说明"间接效应 2"不存在。在"隐私关注—感知风险—隐私保护—计算广告回避"路径中,Z 绝对值大于 1.96,Bias-Corrected、Percentile 的置信区间均不包括 0,说明"间接效应 3"存在。

表 8-9 感知风险和隐私保护链式中介效应检验

路径		点估计值	系数相乘积		Bootstraping2000 次 95%CI			
			S.E.	Z	Bias-Corrected		Percentile	
					Lower	Upper	Lower	Upper
总路径	总效应	0.388	0.069	5.623	0.253	0.524	0.255	0.527
直接路径	直接效应	0.279	0.076	3.671	0.129	0.428	0.131	0.432
隐私关注—感知风险—计算广告回避	间接效应 1	0.129	0.021	6.143	0.032	0.119	0.034	0.122
隐私关注—隐私保护—计算广告回避	间接效应 2	−0.002	0.005	−0.400	−0.010	0.012	−0.012	0.010
隐私关注—感知风险—隐私保护—计算广告回避	间接效应 3	−0.018	0.005	−3.600	−0.022	−0.001	−0.019	−0.001

我们看到,直接效应与"间接效应 3"存在异号,说明可能存在遮掩效应。因此,本研究进一步根据温忠麟等[1]提出的系数乘积法分布检验是否存在遮掩效应。首先检验因变量对自变量的回归系数 c,若 c 不显著,停止中介效果;若 c 显著,接着检验中介变量对于自变量的回归系数 a 以及因变量对中介变量的回归系数 b。若 a、b 显著,检验回归系数 c',c' 显著,则部分中介效应存在;c' 不显著,则完全中介效应存在。从表 8-10 可以看出,遮掩效应的影响大小及显著性。

---

[1] 温忠麟、叶宝娟:《中介效应分析:方法和模型发展》,《心理科学进展》2014 年第 5 期,第 731-745 页。

表 8-10　感知风险和隐私保护遮掩效应检验

路径	步骤	因变量	自变量	R^2	F	β	t
隐私关注—感知风险—计算广告回避	第一步	计算广告回避	隐私关注	0.052	31.388	0.388***	5.602
	第二步	感知风险	隐私关注	0.196	138.591	0.487**	11.772
	第三步	计算广告回避	隐私关注	0.069	20.970	0.281**	3.662
			感知风险			0.221**	3.172
隐私关注—隐私保护—计算广告回避	第一步	计算广告回避	隐私关注	0.052	31.388	0.388**	5.602
	第二步	隐私保护	隐私关注	0.009	5.087	0.173*	2.255
	第三步	计算广告回避	隐私关注	0.056	17.000	0.399**	5.735
			隐私保护			−0.060	−1.590
感知风险—隐私保护—计算广告回避	第一步	计算广告回避	感知风险	0.047	27.930	0.334**	5.285
	第二步	隐私保护	感知风险	0.056	33.801	0.397**	5.814
	第三步	计算广告回避	感知风险	0.056	16.908	0.370**	5.719
			隐私保护			−0.092*	−2.378
隐私关注—感知风险—隐私保护—计算广告回避	第一步	计算广告回避	隐私关注	0.052	31.388	0.388**	5.602
	第二步	感知风险	隐私关注	0.196	138.59	0.500**	12.195
	第三步	隐私保护	隐私关注	0.056	16.915	0.024	0.290
			感知风险			0.406**	5.538
	第四步	计算广告回避	隐私关注	0.078	15.950	0.279**	3.648
			感知风险			0.258**	3.623
			隐私保护			−0.090*	−2.360

注：* 表示 $p<0.05$，** 表示 $p<0.01$，*** 表示 $p<0.001$。

在"隐私关注—感知风险—计算广告回避"路径中,计算广告回避对隐私关注的回归系数 c 显著($\beta=0.388, t=5.602, p<0.01$),感知风险对隐私关注回归系数 a 显著($\beta=0.487, t=11.772, p<0.01$),计算广告回避对感知风险的回归系数 b 显著($\beta=0.221, t=3.172, p<0.01$),同时计算广告回避对隐私关注的回归系数 c' 显著($\beta=0.281, t=3.662, p<0.01$),$ab$ 与 c' 的符号相同,因此部分中介效应存在。中介效应值:$|ab|=0.108$,间接效应与直接效应的比例:$|ab/c'|=0.383$。

在"隐私关注—隐私保护—计算广告回避"路径中,计算广告回避对隐私关注的回归系数 c 显著($\beta=0.388, t=5.602, p<0.01$),隐私保护对隐私关注回归系数 a 显著($\beta=0.173, t=2.255, p<0.05$),计算广告回避对隐私保护的回归系数 b 不显著($\beta=-0.060, t=-1.590, p>0.05$),用 Bootstrap 法检验 H_0 不显著,因此间接效应不存在。

在"感知风险—隐私保护—计算广告回避"路径中,计算广告回避对感知风险的回归系数 c 显著($\beta=0.334, t=5.285, p<0.01$),隐私保护对感知风险回归系数 a 显著($\beta=0.397, t=5.814, p<0.01$),计算广告回避对隐私保护的回归系数 b 显著($\beta=-0.092, t=-2.378, p<0.05$),同时计算广告回避对感知风险的回归系数 c' 显著($\beta=0.370, t=5.719, p<0.01$),$ab$ 与 c' 的符号相反,因此遮掩效应存在,遮掩效应值:$|ab|=0.037$,间接效应与直接效应的比例:$|ab/c'|=0.099$。

在"隐私关注—感知风险—隐私保护—计算广告回避"路径中,计算广告回避对隐私关注的回归系数 c 显著($\beta=0.388, t=5.602, p<0.01$),感知风险对隐私关注回归系数 a 显著($\beta=0.500, t=12.195, p<0.01$),隐私保护对感知风险的回归系数 d 显著($\beta=0.406, t=5.538, p<0.01$),计算广告回避对隐私保护的回归系数 b 显著($\beta=-0.090, t=-2.360, p<0.05$),同时计算广告回避对隐私关注的回归系数 c' 显著($\beta=0.279, t=3.648, p<0.01$),$abd$ 与 c' 的符号相反,因此遮掩效应存在。遮掩效应值:$|abd|=0.018$,间接效应与直接效应的比例:$|abd/c'|=0.065$。

综上,尽管结构方程模型统计表明感知风险和隐私保护在隐私关注和计算广告回避之间存在链式中介作用,但进一步分析发现:感知风险在隐私关注和计算广告回避之间存在部分中介效应,隐私保护在感知风险和计算广告回避之间存在遮掩效应,感知风险和隐私保护在隐私关注和计算广告回避之间存在遮掩效应。这表明感知风险是增加计算广告回避的一个关键变量,而隐私保护是减轻计算广告回避的一个关键变量。换而言之,提高计算广告的可接受性,就要降低用户的感知风险,并加强用户的隐私保护意识。究其原因，可能是用户有了足够的隐私保护意识，就有足够的自信面对计算广告，反而不会故意去躲避它。

（二）人口统计学特征的多群组分析

本研究使用软件 AMOS 28.0 对人口统计学特征进行多群组分析。由于人口统计学特征之一的职业分类很细，收集样本时每个区间未能都达到最低样本量的要求，因此不纳入本研究多群组分析。从表 8-11 可以看出，人口统计学变量（性别、年龄、学历、月均消费水平）在性别路径检验中，在隐私关注—感知风险、隐私关注—广告回避、感知风险—隐私保护、感知风险—广告回避路径上，女性得分均高于男性，表明女性的隐私意识比男性高。但在隐私保护—广告回避路径上，女性得分比男性低，表明一旦隐私保护得到保障，女性对计算广告的接受程度比男性更高，这可能与女性喜欢购物的天性有关。在隐私关注—感知风险路径上，60 岁以上的群体得分更高，表明他们有很高的网络风险意识，这部分群体也是网购最少的群体。19～30 岁群体在隐私关注—感知风险、隐私关注—广告回避、感知风险—隐私保护、隐私保护—广告回避 4 条路径上都呈现显著差异，说明该群体隐私意识比较强。而 18 岁以下的群体和月均消费水平在 1500 元以下群体，在隐私关注—感知风险、隐私关注—广告回避、感知风险—隐私保护、隐私保护—广告回避 4 条路径上，均不存在显著差异，可见这两个群体需要加强隐私意识。[1][2] 在隐私保护—广告回避路径上，19～30 岁群体，高中（中专）及以下、专科和本科群体，均表现出较强的负相关，表明只要隐私保护措施到位，这些群体对计算广告最不排斥。

---

[1] 胡卫星、孙雅利、赵苗苗：《中小学数据伦理教育的内容与实践分析》，《中国教育信息化》2021 年第 14 期，第 13-17 页。

[2] 刘洁：《网络购物对我国国内市场建设的影响：基于异质性消费者的考量》，《商业经济研究》2022 年第 9 期，第 80-83 页。

表 8-11 人口统计学特征多群组分析

人口统计学变量		显著性		隐私关注—感知风险	隐私关注—隐私保护	隐私关注—广告回避	感知风险—隐私保护	感知风险—广告回避	隐私保护—广告回避
							路径系数		
性别	男	标准化系数		0.579***	0.039	0.188**	0.366*	0.173*	−0.078*
		C.R（t 值）		8.923	0.670	2.700	6.113	2.544	−1.998
	女	标准化系数		0.584***	0.112	0.214*	0.459*	0.198*	−0.266***
		C.R（t 值）		10.120	1.587	3.519	2.329	2.463	−4.854
年龄	18 岁以下	标准化系数		0.718	0.190	0.707	0.322	−0.214	−0.186
		C.R（t 值）		1.512	1.14	1.206	1.963	−1.262	−1.182
	19~30 岁	标准化系数		0.578***	0.510*	0.102*	0.094*	0.250***	−0.374**
		C.R（t 值）		10.586	2.588	1.985	2.191	3.968	−2.718
	31~45 岁	标准化系数		0.109	1.061	0.491***	1.231	0.091	0.059
		C.R（t 值）		1.230	0.085	5.333	0.098	1.172	0.482
	46~60 岁	标准化系数		0.650**	0.059	0.181	0.259***	0.235	−0.095
		C.R（t 值）		3.277	1.003	1.062	4.384	1.700	−1.891
	61 岁以上	标准化系数		0.996***	0.123	−11.859	0.214*	12.135	−0.405
		C.R（t 值）		6.327	1.436	−0.120	2.559	0.122	−0.313

续表

人口统计学变量		显著性	路径系数				
			隐私关注—感知风险	隐私关注—隐私保护	隐私关注—广告回避	感知风险—隐私保护	感知风险—广告回避	隐私保护—广告回避
学历	高中(中专)及以下	标准化系数	0.699***	−0.082	−0.017	0.155*	0.218	−0.435**
		C.R(t 值)	3.831	−0.342	−0.104	2.416	1.179	−3.001
	专科	标准化系数	0.527***	0.230	0.661**	0.119	−0.218	−0.254***
		C.R(t 值)	3.368	1.298	3.221	0.541	−1.337	−3.450
	本科	标准化系数	0.598***	−0.037	0.118	0.286	0.276***	−0.136*
		C.R(t 值)	9.693	−0.486	1.839	1.625	4.066	−2.575
	硕士	标准化系数	0.501***	0.189**	0.155*	0.380	0.130	0.095
		C.R(t 值)	6.793	2.990	1.998	4.924	1.609	0.651
	博士	标准化系数	0.785*	0.264	0.403	0.498**	−0.024	0.249
		C.R(t 值)	2.553	1.572	1.419	3.153	−0.107	1.717

续表

人口统计学变量		显著性	路径系数					
			隐私关注—感知风险	隐私关注—隐私保护	隐私关注—广告回避	感知风险—隐私保护	感知风险—广告回避	隐私保护—广告回避
月均消费水平	1500元以下	标准化系数	0.628	0.144	0.242	0.267	0.024	−0.286
		C.R(t值)	1.610	1.514	1.269	1.721	0.235	−1.414
	1501~3000元	标准化系数	0.645***	0.021	0.150	0.383***	0.250**	−0.251*
		C.R(t值)	7.922	0.443	1.728	3.561	2.836	−1.981
	3001~4500元	标准化系数	0.505***	0.008	0.171	0.502***	0.168	−0.025
		C.R(t值)	5.530	0.085	1.844	4.881	1.738	−0.311
	4501~6000元	标准化系数	0.192	0.097	0.023	0.141	0.212	−0.057
		C.R(t值)	1.595	1.139	0.440	1.423	1.698	−0.884
	6001元以上	标准化系数	0.598***	−0.032	0.474***	0.243**	0.088	−0.188*
		C.R(t值)	6.165	−0.309	4.507	2.879	0.849	−2.201

注：* 表示 $p<0.05$，** 表示 $p<0.01$，*** 表示 $p<0.001$。

第五节 讨论与启示

本研究立足隐私问题，以 CPM 理论的三大核心元素为研究框架，旨在研究隐私关注对计算广告回避的影响机制，并探讨感知风险和隐私保护在两者之间的链式中介作用。

一、讨论

(一)隐私关注、感知风险和隐私保护分别对计算广告回避产生直接影响

本研究表明，隐私关注和感知风险分别对计算广告回避产生直接的正向影响，但隐私保护对计算广告回避产生直接的负向影响。这说明降低用户的隐私关注，或者降低用户的感知风险，或者提高用户的隐私保护意识，均能起到减少计算广告回避的作用。这与张晨[①]的研究结论一致，他对移动社交媒体广告进行研究发现，隐私担忧（隐私关注）、媒介怀疑、接收情境等正向影响广告回避。阮丽华等[②]在梳理广告回避研究综述时发现，在以往研究中，除了隐私担忧（隐私关注）是重要变量外，广告参与、广告投放位置、感知个性化、感知侵入性、媒介可靠性、社交性、搜索动机等也是广告回避的原因之一，而广告混乱、负面感知、感知目标障碍是引发社交媒体广告回避的关键因素。因此，本书得出的感知风险和隐私保护对计算广告的影响研究补充了前人研究的不足，拓展了广告回避影响因素的维度。

(二)单纯降低用户的感知风险水平或提高隐私保护意识，不足以有效降低计算广告回避

本研究表明，单纯降低用户的感知风险，虽然可以直接降低计算广告回避（$\beta=0.167$），但同时在"感知风险—隐私保护—计算广告回避"路径中存在遮掩效应（$ab=-0.037$），会削弱感知风险对计算广告回避的直接效应。这意味着感知风险越低，隐私保护意识越弱，计算广告回避反而越强。而增强用户的隐私保护意识，虽然可以直接降低计算广告回避，但同时也会加大用户的感知风险，从而直接正向影响计算广告回避。因此，从广告主角度看，这也是一个"隐私悖论"：单纯降低用户的感知风险水平或提高隐私保护意识，不足以有效降低计算广告回避，还存在其他路径的遮掩效应。同时，"隐私关注—隐私保护—计算广告回避"路径不显著，但"感知风险—隐私保

---

① 张晨：《移动社交媒体用户广告回避行为驱动因素研究》，安徽工程大学硕士学位论文，2021年，第39页。
② 阮丽华、张梦兰：《广告回避研究综述》，《科技创业月刊》2021年第9期，第152-156页。

护—计算广告回避"路径显著,说明隐私关注无法直接影响隐私保护,需要通过感知风险间接影响隐私保护,进而影响计算广告回避。降低感知风险是解决计算广告回避问题的关键措施之一。

(三)感知风险和隐私保护在隐私关注和计算广告回避之间的链式中介作用表现为遮掩效应

本研究表明,感知风险和隐私保护在隐私关注和计算广告回避之间的链式中介作用表现为遮掩效应。隐私保护负向影响计算广告回避($\beta=-0.097$),抑制了其他路径对计算广告回避的正向影响,说明通过网络风险意识教育提升人们的隐私保护意识与保护行为可以降低广告回避。[1] Saxen 等[2]研究指出,在采取保护用户隐私安全的前提下,可以提升用户对广告的积极态度。以往有关遮掩效应的研究寥寥无几,孔文豪等[3]在研究隐私问题时也发现遮掩效应的存在:互联网的使用可以显著地使公众对政府的看法趋向于"小政府"(支持限制政府的职能与权力),而在使用互联网过程中感知到一般意义上的隐私风险的公众更倾向于"大政府"(支持扩大政府的职能与权力),并期望政府能有所作为;然而,公众意识到在使用互联网过程中政府滥用数据给自己带来的隐私风险,就会更倾向于"小政府",主张限制政府职权范围。这种"摇摆不定"的心态反映了公众在数字时代面对隐私问题时对政府角色认知的复杂心理。本书的结论同样揭示了用户面临隐私问题时对计算广告存在"二律背反"的复杂心态。

二、启示

(一)规范互联网算法广告,钝化隐私关注的敏感度

根据传播隐私管理理论,隐私所有者应划定隐私信息的边界,信息的自由流动取决于边界的开放和关闭。今天,随着媒体和技术力量的扩张,界限已经变得模糊,因为"传统的隐私问题主要涉及私人、敏感和非公开私人领域的个人信息,而新的隐私问题则主要涉及共享、原本不敏感和公共领域的个人信息"。[4] 与传统隐私问题的私密性相比,新兴网络隐私中半公开信息

---

[1] 申琦:《风险与成本的权衡:社交网络中的"隐私悖论":以上海市大学生的微信移动社交应用(APP)为例》,《新闻与传播研究》2017年第8期,第55-69页。

[2] Saxena A, Khanna U. Advertising on Social Network Sites: a Structural Equation Modelling Approach. Vision, 2013, 17(1), pp.17-25.

[3] 孔文豪、吴佳宜:《技术风险视角下互联网使用对公众政府观的影响机制探究:隐私担忧的遮掩效应与中介效应》,《电子政务》2022年第2期,第110-124页。

[4] 吕耀怀:《信息技术背景下公共领域的隐私问题》,《自然辩证法研究》2014年第1期,第54-59页。

的定义、控制和传播仍需讨论。大数据技术实现了跨越空间限制的信息传播,不同虚拟时空的云存储实现了多人共享,使得公共和私人边界之间的关系从最初的独立到重叠,再到大数据时代的包容关系,计算广告的隐私边界由此更加难以界定。

相关管理部门要全面整顿互联网行业算法广告的应用状况,深入评估算法广告的隐私安全指标,积极采取有效措施和对策,整改算法广告的隐私侵犯问题,消除算法广告的隐私安全隐患,及时解决用户对隐私关注的关切诉求,维护广大网民合法的隐私权益。对于那些用户数量较多、舆论发动能力较强的网站或平台,需要列出清单重点检查他们的虚拟社区、软件及相关产品等,及时处置违法和不良广告信息、整治算法广告滥用乱象、积极开展算法广告法律案件的备案,推动算法广告综合治理工作的常态化和规范化,营造风清气正的网络广告传播空间。要进一步督促互联网企业整改算法广告滥用带来的"信息茧房""算法歧视""过度骚扰""隐私侵犯"等问题。通过督促企业利用算法公益广告加大正能量传播,积极利用算法公益广告弘扬社会主义核心价值观,使用户对网络的隐私关注在健康的宏大格局环境里能够降到最低,从而提高用户对计算广告的接受度。

(二)健全相关法律法规,降低用户的感知风险

网络技术的不成熟及其不安全性也使得互联网用户的个人隐私信息容易被非法收集、存储、泄露、篡改和利用,这些恶意行为造成的后果大大增加了用户对网络的感知风险。网络购物的感知风险远大于实体购物,消费者对网络的感知风险越大,其对广告的规避程度就越高。网络隐私安全相关法律的落地执行离不开政府和其他相关部门的密切合作。一方面,政府要发挥主导作用,对相关法律法规的实施提供有效的监管措施,确保相关法律法规的实施,通过加强执法,充分发挥法律的约束、管制、警示和惩罚作用,让互联网侵权行为无处可逃。另一方面,要对网络信息技术进行升级并对网络平台加以改造,以先进的技术手段为网络信息安全法律法规的实施保驾护航,减少法律法规在实际执行中的阻力。[1]

从表面上看,算法是一种编程代码和应用技术。然而,科学和技术并不是完全中立的。特别是当算法处理的是"个人信息"而不是"物化对象"时,算法活动就具备了社会活动的属性、隐含的伦理道德风险。因此,有必要完善计算广告相关法律法规,设计科技风险和应用风险的应对规则,并在"风

---

[1] 鹿璐:《大数据时代网络信息安全的法律缺失及应对》,《法制与社会》2019年第21期,第124-125页。

险—监管"框架下设计标准化算法的中国方案。[①] 如此,才能有效降低用户对网络环境的感知风险,充分赢得用户信任并减少计算广告回避行为的发生。

(三)提高用户的媒介素养,增强隐私保护意识

虽然由于长期的宣传教育,中国网民的信息安全意识已经得到很大的提高,如更多的网民开始避免将儿童的照片上传到网络,更多的消费者在网络购物前会确认交易的私密性和安全性。但同时,我们也应看到,由于一些用户媒介素养水平不高,不能清楚地分辨出虚假信息或恶意信息,更容易被诱导而作出一些不当的网络行为,比如随时随地共享位置信息、随意发布生活照片等,将个人隐私信息主动暴露在网上。一旦用户将个人状态上传并分享到互联网,信息痕迹将永久保存,任何人都可以通过搜索引擎随时找到相关信息。

鉴于国内网民的媒介素养教育水平与国外存在一定差距,因此有必要通过学习、引进和借鉴西方发达国家媒介素养教育的某些做法,提高中国网民的媒介素养水平,以便他们更好地保护自身的隐私信息安全。[②] 网民通过自觉对互联网社交媒体账户设置密保,主动学习信息传播的规则、隐私信息泄露的风险、隐私信息保护的方法,懂得用法律武器维护自己的合法权益,为隐私信息保护树起第一道屏障。[③] 值得注意的是,要特别加强未成年人的媒介素养教育。面对海量互联网信息,未成年人对媒介信息的接触、选择、分析、处理、理解、反应能力等方面面临考验,网络诈骗、网络沉迷、网络追星等问题经常发生。因此,学校教育要将媒介素养教育纳入日常教育的范畴,面向全体学生开设媒介使用、媒介属性、算法推荐、隐私保护、信息传播规制等方面的专业课程。用户只有提高隐私保护意识,才能坦然面对计算广告的回避问题。

综上所述,在互联网经济的冲击下,传统媒体开始走下神坛、褪去光环,用户变得更加独立、个性和自主,政府也开始调整并寻找自己在这一新型关系中的位置和作用。其实政府、广告主、平台和用户这四方中的每一方都是参与的主体,但作为其中的利益攸关者,公众的参与更加迫在眉睫。[④] 在不久的将来,公众的媒介素养必将得到很大改善,反过来会促进公众隐私保护

---

① 林洹民:《加强算法风险全流程治理创设算法规范"中国方案"》,《潇湘晨报》2022年3月1日,第5版。
② 谢欣:《新媒体时代媒介素养与隐私保护刍议》,《现代视听》2014年第4期,第31-35页。
③ 张正怡:《移动社交媒体中的隐私泄露与保护》,《新闻战线》2016年第8期,第30-31页。
④ 杨梦斯:《网络新媒体时代公民媒介素养问题研究》,《西部学刊(新闻与传播)》2016年第7期,第64-65页。

意识的增强,从而导致更多的用户乐于接受计算广告。同时,成功的品牌不仅可以在营收和利润上表现优异,更要建立起与消费者之间深厚的信任基础。而消费者信任的建立,除了讲好品牌故事,有效地与消费者进行互动之外,最基础的是要注意保护消费者的隐私,在商业道德和商业规则上做到不逾矩。总之,新事物都要经历从产生到磨合期再到成熟期、从诞生到发展再到出现乱象和整治,计算广告行业最终也将出现多方共赢的健康发展格局。

第九章　计算广告隐私问题的治理机制创新

2016年，习近平在网络安全和信息化工作座谈会上发表讲话，他指出，我们要本着对社会负责、对人民负责的态度，依法加强网络空间治理，加强网络内容建设，做强网上正面宣传，培育积极健康、向上向善的网络文化，用社会主义核心价值观和人类优秀文明成果滋养人心、滋养社会，做到正能量充沛、主旋律高昂，为广大网民特别是青少年营造一个风清气正的网络空间。[①] 广告在互联网时代能够迅速营造出先声夺人的"广告舆论场"，产生巨大的轰动效应。广告不仅是媒体生存的重要经济基础，更承载着十分重要的社会责任。计算广告更应遵循"广告宣传也要讲导向"的指示，坚持马克思主义在广告意识形态领域的指导地位，把坚持正确的政治方向、舆论导向和价值取向放在首要位置，自觉遵守相关法律法规，强化计算广告审查，杜绝侵犯隐私等违法违规的广告传播行为。广告传播活动具有双重性质，既拥有鲜明的意识形态属性，也存在突出的商品经济获利属性。正是广告作为一种文化产品的双重属性，决定了在广告传播活动中必须正确把握与恰当处理社会效益与经济效益之间的关系，一定要把社会效益置于首要位置，在此基础上努力实现社会效益与经济效益相统一。当社会效益与经济效益发生冲突与矛盾时，经济效益就要服从社会效益，社会价值应当凌驾于市场价值。

变革是把双刃剑，有利亦有弊。当计算广告逐渐成为当前广告业的主要形态，给人们的日常生活带来巨大变化时，不能只为它欢呼，也应预见它所带来的问题和挑战。若片面地倡导技术变革的成果，却忽视或无视其弊端，可能会导致多种社会问题，付出诸多代价，诚如工业革命带来的环境污染问题、贫富差距问题、世界殖民主义问题等。计算广告的出现，不仅没有消除传统广告的一些弊端，如虚假广告、不良信息等，还产生了新的问题，特别是隐私侵犯、过度骚扰等。在计算广告时代，这些问题还会被无限放大，特别是在意识形态领域，隐形的社交机器人对舆论的误导能力增强，狭义的商业广告已经无法囊括广而告之的广告定义，以正面宣传为主、传播良好道

[①] 习近平：《在网络安全和信息化工作座谈会上的讲话》，https://news.12371.cn/2016/04/25/ARTI1461578898308388.shtml，2016年4月19日。

德风尚的公益广告日益受到重视。《互联网广告管理办法》明确鼓励、支持开展互联网公益广告宣传活动,传播社会主义核心价值观和中华优秀传统文化,倡导社会正义与公序良俗。因此,在计算广告领域,同样要以人民为中心的活动为取向,坚持以科学的广告理论武装人,以正确的广告舆论引导人,以高尚的广告精神塑造人,以优秀的广告作品鼓舞人。

第一节 中外隐私观、隐私法和隐私影响评估的差异

一、中外隐私观的差异

每一个国家、每一个社会都有自己传统的价值观,构成了不同国家或不同社会的文化底色。在价值观念体系中,集体主义和个人主义分别是中西方文化的核心,是剖析和理解中西方文化差异和文化冲突的关键所在,这也是中西方对待隐私观念的差异根源。[①] 可见,中西方隐私观的差异是由文化价值观的差异所引起的,不同地域的文化价值观导致了中西方隐私理解、原则、边界与底线的迥然不同。在跨国传播活动十分频繁的今天,为了确保跨文化传播的顺畅进行,了解各方的隐私观并给予充分的尊重尤为重要。

在信息技术日益发达的今天,"地球村"上人与人之间最大的差异就是文化价值观的差异,正是这一隔阂,导致许多国家族群之间"近在咫尺,远在天边"。在西方生活中,隐私观念扮演着重要角色。可以说,它是调节人际交往的过滤器、屏障和节拍器。从英语对"隐私"一词的解释(不受干扰或公众关注,独处或不受干扰的状态)可以看出,西方人将隐私视为一种应该尊重的人权,如果随意侵犯,后果会很严重。

在中国,"隐私"这个词是舶来品,换而言之,在中国文字中,原先是没有"隐私"这个词语与英文中的"privacy"这一单词相对应的。今天的中文对于"隐私"的定义也跟西方有所不同,意思是"不愿告诉别人或不愿意公开分享的信息",而在西方"privacy"主要是表示个人拥有不被骚扰、不被打搅、不被强迫告诉别人私事的权利。[②] 由此可以看出,即便是在今天,中西方对于"隐私"这个概念的理解还存在着较大的不同。

中西方隐私之所以存在较大差异,根本原因在于双方所立足的文化价值观存在差异。西方社会的个人主义文化价值观可以说是隐私之母,在西方国家,人们长期浸润在资本主义以个体奋斗为主的英雄主义文化价值观

[①] 蔡芳:《中西方隐私观探析》,《江苏工业学院学报(社会科学版)》2007年第2期,第21-23页。
[②] 张静文:《跨文化交际中的隐私问题》,《北方文学》2017年第8期,第173页。

中,往往表现出强烈的英雄情结,因此,欧美人在日常生活、交往和工作中,往往从个人利益的角度来处理人与人之间的社会关系。而中国历史传统都是以集体主义文化价值观为主,中国社会充盈着少数服从多数、个人服从集体这种守望相助的大局精神。因此,中国人在日常生活、交往和工作中,往往从集体利益的角度来处理人与人之间的复杂关系。

中西方对于隐私的观念不同,直接导致在人际交往上表现出巨大差异,这些差异可以归纳为以下4个方面:[1]

(1)礼貌与隐私。对中国人来讲,聊天时询问对方的年龄、婚姻状况、收入、住址等个人信息是关心他人、愿意交往的表现,但在西方人看来,这是十分不礼貌的,粗暴地干涉了别人的隐私。因此,礼貌的含义在隐私视角下就显示出中西理解的很大的不同。

(2)工资与隐私。对中国人来讲,寒暄时询问对方工资收入或者消费水平,也是很正常的事情,即使对方未必会回答真实情况。但在西方,工资收入或者消费水平就是个人隐私,无法随便透露给别人。因此,在西方社会,询问别人工资收入或消费状况,很容易引起别人的不快。

(3)空间与隐私。西方人对身体的距离空间具有很强的领地意识,使用围墙、屏风、围栏把私有领地圈起来是他们通常的做法。而中国人在日常生活和工作中对私人空间的关注比较弱,并不介意与他人分享个人空间。因此,中国人和西方人对私人空间的在意程度不同,西方社会把私人空间视为不可随意冒犯的财产。

(4)年龄与隐私。在中国人看来,年龄越大意味着人生经历越丰富,老年人在中国有着很高的社会地位,尊老爱幼是中国社会的优良传统。但在西方人看来,年纪大了意味着年老力衰,在市场经济竞争激烈的发达国家,这被视为失去竞争力。因此,在崇尚个人主义和自我奋斗的西方社会,询问对方的年龄是不恰当的。

(5)圈子与隐私。圈子文化也是中国集体主义文化的一部分。在圈子里,圈内人认为彼此之间不需要太强调隐私,如果太强调就显得见外了,他们把分享私密信息看作是拉近彼此关系的一种手段。而在以美国为代表的西方社会,个体与个体之间相对独立,他们认为这是体现自我价值的表现,往往显示出强烈的自我隐私保护意识。[2]

---

[1] Pilipala:《浅析中西方隐私观的差异》,https://zhuanlan.zhihu.com/p/389875298? ivk_sa=1025883j,2021年7月15日。

[2] 翟石磊、李灏:《全球化背景下的中西方"隐私"之比较》,《河北理工大学学报(社会科学版)》2008年第1期,第111-114页。

在跨文化传播的过程中，隐私观念作为文化价值观念的重要组成部分，如果双方差异巨大，就会成为跨文化传播的障碍，从而影响跨文化传播的进程与效果。跨文化传播双方应该在相互尊重、相互理解、相互独立的前提下，了解不同国家、不同社会和不同文化中的隐私观异同，增加对文化差异的敏感度和认知。我们在跨文化传播中应当加强对各方主体隐私观的认识，并尊重彼此之间的文化差异，促进各方交流更加顺畅、愉快地进行。这样，计算广告在不同国家、不同地区、不同人群中才能得到更好的传播。

二、中外隐私法的差异

在互联网时代和数字经济时代，个人信息保护早已引起各国的高度重视与关切。从最先立法保护个人隐私信息至今，随着人们对互联网发展崇拜的消退，在现实世界中对隐私的关注随着技术深度嵌入日常生活而在线上得以复活、放大。面对日益增多的个人信息泄露与侵犯事件，各个国家和地区都在不断寻找合适的解决办法，完善立法和执法的力度和方式。世界上最早提出并通过对隐私权予以保护相关法律法规的国家是美国。美国陆续制定、颁发了多部相关法律法规，比如《隐私法案》(1974)、《电子通讯隐私法案》(1986)、《电脑匹配与隐私权法》(1988)及《网上儿童隐私权保护法》(1988)，说明了美国社会隐私侵犯的严重与美国人对解决隐私问题的迫切现实需求。

为了适应信息社会的时代要求，德国联邦议院通过了《多媒体法》(1997)，这部法律对个人隐私权和自我决定权进行了详细的规定与阐释。2001年1月1日，加拿大开始实施《个人信息保护和电子文件法案》，认定所有网站收集用户的数据信息必须向网络用户提示是谁在收集数据信息、收集什么样的数据信息、通过何种方式收集数据信息及为何收集数据信息。新加坡国会出台的《个人信息保护法案》(2012)也着重强调了2个主题：一是采取适当措施保护个人资料不被恶意滥用；二是有权拒绝推销来电骚扰和垃圾信息。该法案认为，任何企业都必须在获得消费者许可之后，才能收集、分析、使用消费者的个人数据信息，同时有必要向消费者解释企业收集、披露和使用消费者个人数据信息的原因和结果。欧盟制定了全球最为严格的数据使用与隐私保护法律法规《通用数据保护条例》(GDPR)，该条例于2016年4月通过并于2018年5月25日开始生效实施，备受瞩目。

我国隐私保护相关法律法规出台时间较晚。2021年8月，我国出台了第一部专门针对个人信息保护的法律——《中华人民共和国个人信息保护法》，2021年9月又颁布了《新一代人工智能伦理规范》，均涉及隐私保护。

与欧美国家相比，我国的法律法规更多的是给出原则性规定，强调以人为本，而欧美国家则给出更具体的可执行措施与建议。比如《中华人民共和国个人信息保护法》第 24 条规定："个人信息处理者利用个人信息进行自动化决策，应当保证决策的透明度和结果公平、公正，不得对个人在交易价格等交易条件上实行不合理的差别待遇。"但是对如何保证决策的透明度和结果公平、公正，法律中没有给出具体的解释，这在很大程度上会影响法律条款的执行。此前我国已有数部相关法律法规和两部与隐私保护相关的重要法律[《中华人民共和国网络安全法》（2017 年 6 月）和《中华人民共和国数据安全法》（2021 年 9 月 1 日）]实施，它们更侧重国家安全视角的隐私数据保护。

事实上，欧洲和美国在隐私立法上动作相同，但内容和立场还是存在细微差异的。比如，2018 年 6 月由美国加利福尼亚州州长签署的《加州消费者隐私保护法案》（California Consumer Privacy Act，CCPA）于 2020 年 1 月 1 日正式实施。虽然 CCPA 和 GDPR 都是对数据信息收集、分析和使用进行规范，但 GDPR 更为温和。例如 GDPR 在个人数据使用上的立场是"满足法定条件，且合法授权时允许"，而 CCPA 是"原则上允许，有条件禁止"。即便同处于发达的资本主义社会，但根植于不同的文化土壤和国家利益，立法立场上的细微差异，带来的是实践中的云泥之别。[①]

不同于欧洲深厚的人文哲学传统，美国拥有大量的互联网公司，因此表现出更明显的功利主义与重商主义取向，这一取向直接影响了美国隐私立法温和路径的选择。但这并不意味着美国社会不重视个人隐私保护，恰恰相反，撇开商业因素的影响，美国的个人隐私保护涵盖 3 岁幼童在内的所有人。美国前副总统戈尔在竞选期间，为了造势，在国际互联网上设置了一个主题为"只是为了儿童"的网页，里面涉及对儿童的调查问卷，其本意是树立自己关爱儿童的政治形象，结果却触犯了儿童隐私保护的相关法律法规条款。该条款规定：在没有预先征求儿童父母同意的情况下，禁止在商业网站上向儿童提问题。这个条款意在保护儿童的个人信息不被泄露。在美国某些地区，每家每户门前的垃圾未经许可是不能随便打开或擅自拿走的，否则可能面临侵犯个人隐私权的起诉，因为生活垃圾里隐含着购物账单、废弃信用卡、药品、私人信件、废弃衣物、成人用品等私密信息，除非是专业的垃圾处理公司用卡车运走。随着互联网信息技术的不断发展，隐私侵犯越来越隐蔽、越来越严重，美国联邦政府及各州连续不断地升级、出台新的法律法规，

---

① 钛媒体：《数字广告，如何突破隐私保护瓶颈？》，https://baijiahao.baidu.com/s? id=1686037239773326055&wfr=spider&for=pc，2020 年 12 月 14 日。

淘汰旧的条款,从而使个人的隐私权保护能够紧跟信息时代发展的步伐。①

三、中外隐私影响评估的差异

当然,隐私相关的法律法规还远远不足以提供充足的个人隐私保护,隐私影响评估工具的辅助也非常重要。国外早在20世纪90年代就开始进行隐私影响评估,进入21世纪后陆续开始发布隐私影响评估手册(privacy impact assessment,PIA)(见表9-1)。② PIA可以对隐私问题进行全面的分析,为相关部门的决策提供有力支撑;同时它也是"警报器"和"吹哨者",在隐私侵犯发生之前进行分析与预测,可以达到降低企业成本的目的。隐私影响评估是主要由第三方实施隐私风险管理与评价的重要方式与手段,它既要考虑隐私影响评估处理过程的合规性,也需要结合处理隐私影响评估的信息系统安全状态,综合评价数据使用者对数据用户主体隐私产生的影响。2022年6月3日,美国两院联合发布《美国数据隐私和保护法案》,体现了"在重视个人隐私保护底线之上,数据使用价值的完全释放"。该法案在隐私影响评估方面,规定大型数据持有者应当在间隔时间内定期进行隐私影响评估,并要求大型数据持有者配备数据隐私官、数据安全官、隐私保护官等。

表9-1 中外隐私影响评估

发布机构	标准名称(发布年份)	其他相关文件(发布年份)
中国国家标准化管理委员会	《信息安全技术 个人信息安全影响评估指南》(2020)	《信息安全技术 个人信息安全规范》(2020) 《信息安全技术 个人信息安全影响评估指南》(2020)
国际标准化组织	《ISO/IEC 29134》(2017)	《ISO/IEC 29100》(2011)
新西兰隐私专员办公室	《隐私影响评估手册》(2007)	《PIA工具包》(2015)
美国国土安全部隐私办公室	《隐私影响评估官方指南》(2010)	《公平信息实践原则》(2008)
英国信息专员办公室	《隐私影响评估实务守则》(2014)	无
澳大利亚隐私专员办公室	《隐私影响评估指南》(2020)	《PIA的十个步骤》(2017)

---

① Kitty-SFBC:《国外如何保护公民隐私》,https://zhuanlan.zhihu.com/p/502375181,2022年4月21日。

② 资料来源:新西兰隐私专员办公室官方网站、美国国土安全部隐私办公室官方网站、英国信息专员办公室官方网站、国际标准化组织官方网站、中国国家标准化管理委员会官方网站、澳大利亚隐私专员办公室官方网站,等。

从国外隐私影响评估的主要内容来看,其主要强调要与利益多方主体进行协商解决问题,相关利益者的意见对隐私影响评估的影响很大。而中国强调的是隐私影响评估在企业遵纪守法中的作用,偏向对企业个人信息保护情况的管制和规范,缺少从相关利益者的主体角度去考虑隐私影响评估的价值与功能。在隐私影响评估时,美国和新西兰均提供了规范的阈值评估模板,保证阈值评估的合理性和有效性,有利于后期审查的条理和清晰。而中国的隐私影响评估缺乏对阈值评估的详细说明,难以具体操作,缺失阈值评估的规范将对确认项目是否需要进行隐私影响评估以及隐私影响评估需要多大规模产生很大的影响。①

第二节 计算广告隐私相关的两大问题

一、隐私侵犯问题

越来越精准的电话营销让消费者明显感受到隐私泄露与隐私侵犯的风险。比如刚生完小孩就不断有电话来推荐纸尿片、奶粉、月嫂、按摩等;房子刚买完,装修电话一个接一个打来。最著名的莫过于"Facebook 隐私门"事件,剑桥分析公司采取不正当的手段访问了 Facebook 用户的数据,并且把这些数据提供给某些政客为政治选举提供便利。《泰晤士报》报道也证实,该公司为特朗普赢得 2016 年的总统大选提供了部分协助。② 这一侵犯用户隐私的事件让全世界都为之震惊。

关于隐私的概念,其定义繁杂且在学界业界尚无统一定论。"隐私"一词从"privacy"翻译而来。privacy 除了"隐私"之意,在《牛津词典》中还有"不受公众干扰的状态"之意,在《柯林斯词典》中还有"独处、清静"之意。Warren 等③在《论隐私权》中把隐私界定为"不受干扰"或"免于侵害"的"独处"权利。理查德·T.德·乔治④认为:"隐私是我们为了防止他人在未得到许可的情况下擅自侵入我们生活的某个领域或者获得我们不愿意透露的

---

① 张轩瑜:《中外隐私影响评估标准比较研究》,山西大学硕士学位论文,2021 年,第 13-23 页。
② 潘红霞:《智媒时代智能信息推荐算法的缺陷及正向重构》,《未来传播》2020 年第 5 期,第 36-41 页。
③ Warren S D, Brandeis L D. The Right to Privacy. *Harvard Law Review*,1890,4(5),p.193.
④ 乔治:《信息技术与企业伦理》,李布译,北京大学出版社 2005 年版,第 3 页。

某些自身信息所设置的限制状态。"蔡立媛等[①]认为,隐私包含4个方面:个人信息、个人私事、个人财产与个人行踪。而《中华人民共和国民法典》规定,隐私是自然人的私人生活安宁和不愿为他人知晓的私密空间、私密活动、私密信息……这些定义并不能很好地阐释如今互联网背景下的隐私,因此,张新宝[②]认为,"个人信息"是更合适的表述。

个人信息是指以电子方式或其他方式记录的能够单独或结合其他信息识别特定自然人的各种信息,包括自然人的姓名、性别、年龄、生日、身份证号码、财产、身体状况、地址、电话号码、电子邮件、健康信息、行踪信息等。个人信息中有一部分是"个人敏感信息",它一旦被泄露、滥用或非法提供给他人,就可能危及人身安全、出行安全和财产安全,并容易导致个人声誉、私人财产、身心健康损害或受到歧视性待遇[③]。身份证件号码、年龄、财产、生日、住址、电话号码等都在此列。

2006年,著名互联网公司美国在线泄露了超过65万名用户在网上的将近2000万条搜索痕迹与记录数据,虽然整体数据都进行过匿名化和脱敏化的处理——用户名称、电话和地址等个人信息都使用了特殊的数字符号进行替代,但《纽约时报》声称,通过研究这些记录,用户的身份也可以水落石出。《纽约时报》把"麻木的手指""60岁单身汉""随处撒尿的狗""有益健康的茶叶""利尔本的园丁"等搜索记录进行反复比较与综合分析之后,最后清晰地确定了数据库中的代码"4417749"指向的是佐治亚州利尔本的阿诺德。[④]

2022年5月,爱尔兰民间组织ICCL(Irish Council for Civil Liberties)指控谷歌、微软等科技公司非法获得用户数据,并售卖给广告商。互联网公司通过实时竞价系统(real-time bidding,RTB)跟踪收集用户数据,并发送到大量商业公司手中。科技公司在拿到这些隐私数据以后,能够建立相应的用户画像,以此来了解用户正在做什么以及需要什么等信息,广告商利用这些数据实现精准的广告投放。欧洲和美国互联网用户的私人数据被发送到全球各地,且目前没有任何手段能够控制这些数据的处理方式,极易造成隐私泄漏。2021年,RTB产业在美国和欧洲创造了1170多亿美元的收入;

[①] 蔡立媛、李晓:《人工智能广告侵犯隐私的风险与防御》,《青年记者》2020年第18期,第93-94页。

[②] 张新宝:《从隐私到个人信息:利益再衡量的理论与制度安排》,《中国法学》2015年第3期,第38-59页。

[③] 全国信息安全标准化技术委员会:《信息安全技术个人信息安全规范》,中国标准出版社2017年版,第1页。

[④] 安茂波:《云时代的信息安全》,《装备制造》2010年第10期,第50-52页。

RTB系统中最大的参与者谷歌,为数千家公司(包括1058家欧洲公司和4698家美国公司)提供数据服务。① 而另一重要参与者微软在通过AT&T收购广告技术公司Xandr后,在RTB上的投资也大大增加。2022年5月,推特首席隐私官宣布,推特被指控"欺骗性地使用用户的电子邮件和电话号码等个人信息,并用于投放定向广告",因此向美国联邦贸易委员会(Federal Trade Commission,简称FTC)支付了1.5亿美元的罚款。②

在中国,2022年7月21日,国家互联网信息办公室依据《中华人民共和国网络安全法》《中华人民共和国数据安全法》《中华人民共和国个人信息保护法》《中华人民共和国行政处罚法》等法律法规,对滴滴全球股份有限公司处以80.26亿元罚款。③ 经查,滴滴公司存在16起违法事实,包括:违法收集用户手机相册中的截图信息、过度收集用户剪切板信息和应用列表信息、过度收集乘客人脸识别信息,在未明确告知乘客情况下分析乘客出行意图信息等。这些违法事实违反了《中华人民共和国个人信息保护法》的哪些重要规则呢?我们认为,违反了以下规则:

(1)知情同意规则。《中华人民共和国民法典》第1035条第1项和《个人信息保护法》第14条规定,收集和处理个人信息需要自然人或其监护人的同意。也就是说,滴滴作为信息处理者,在收集用户个人信息时,应该告诉用户他的哪些信息被收集。滴滴只有在当事人知道并取得当事人同意之后才能收集和处理用户信息,未经用户同意肯定会构成侵权。

(2)个人同意规则。《中华人民共和国个人信息保护法》第28条和第29条规定,处理敏感个人信息应获得个人的单独同意。敏感个人信息是指一旦泄露或非法使用,可能对自然人的人格尊严或人身财产安全造成损害的个人信息,包括生物识别、宗教信仰、特定身份、医疗健康、金融账户、轨迹等信息,以及14岁以下未成年人的个人信息。对于滴滴软件来说,单独同意规则具体意味着滴滴需要为上述敏感个人信息单独弹出一个对话框,以获得当事人的同意。本案中,滴滴公司收集了1.07亿条用户人脸识别信息,这些信息在未经自然人个人同意的情况下被过度收集,从而构成侵权。

(3)合法性、正当性和必要性原则。《中华人民共和国民法典》第1035条和《个人信息保护法》第5条、第6条规定,处理个人信息应当遵循合法、

---

① 《谷歌等如何获得用户数据并推给广告主?爱尔兰公布"世界上最大隐私泄露行为"》,https://baijiahao.baidu.com/s?id=17333106850177423538&wfr=spider&for=pc,2022年5月20日。
② 《推特因侵犯隐私被罚1.5亿美元广告为何不能"偷卖"?》,https://www.chinanews.com.cn/cj/2022/05-28/9765971.shtml,2022年5月28日。
③ 《滴滴被罚80.26亿元,存在16项违法事实》,https://www.zjwx.gov.cn/art/2022/7/21/art_1694595_58871622.html,2022年7月21日。

正当、必要的原则,目的明确合理,不得过度收集和处理。在滴滴被处罚的情况下,滴滴收集了用户的手机相册、年龄、职业、家庭关系等信息。滴滴软件的用户和滴滴签署了一份合同,只为了让滴滴把自己送到目的地。因此,滴滴公司没有正当理由收集上述个人信息,属于过度收集和处理,违法、不当、不必要,构成侵权。

通过这些侵权案例,在技术防范方面可以看出,即使是个人非敏感信息或脱敏和匿名化后的敏感信息,当与外部信息进行关联和对比之后,也能轻易实现个人信息主体的"再辨认"和"再识别"。这对于网络用户来说是极其危险的,尤其是当我国实现了网络实名制之后,通过网络身份识别找到现实生活中的人更为容易。更可怕的是,这使得"人肉搜索"的门槛进一步降低,这对任何人来说都不是一件好事。

实际上,站在企业长远发展的角度上看,加强对用户隐私数据的保护是迟早的事情。以计算广告为例,企业拥有的第一方数据具有很大的价值。例如,许多数据管理平台提供数据建模功能,如果访问高质量的数据,则可以在用户总数中准确定位更多的目标消费群体。虽然利益近在咫尺,但企业对于是否要提供访问数据也有自己的担忧:一方面,他们担心平台无法防止数据泄露,这会对消费者的隐私侵权造成不利影响,从而增加经营的正当性和品牌形象的损害风险;另一方面,数据也是企业的商业秘密,数据被第三方访问后,运营商也会担心这些数据被泄露给其他企业甚至竞争对手,这也是企业层面的一种隐私侵权。因此,在侵犯隐私权的问题上,广告商的考虑更加复杂,他们既要考虑消费者的利益,也要考虑自身的利益。

二、过度骚扰问题

隐私侵犯造成的后果之一就是过度骚扰。很多剁手族甚至"缩手族"都成了各式弹窗广告的"肉靶子"。2019 年 11 月,新华社对"霸屏"的网络弹窗广告乱象进行了起底:弹窗广告已形成完整的产业链条,投入 2 万元即可弹窗 100 万次;还有的是按受众点击量收费,每次点击收费 0.1~0.3 元。[①] 在资本无度的驱动下,计算广告的过度骚扰就显得不可避免。

随着移动互联网的兴起,现在的弹窗广告也不仅仅是活跃在电脑端了,当你打开手机、点开 App 都可能遇到。而且,这类弹窗已经进化成为智能广告,你前一天浏览过某个商品或某条信息,第二天你会在很多页面收到与之相关的广告。这种量身定制不仅烦人,而且"扰人"——网络弹窗广告造

---

① 《2 万元弹窗 100 万次,广告强推有考虑用户感受吗?》,https://www.sohu.com/a/352634336_391294,2019 年 11 月 9 日。

成很大的视觉污染。很多用户都面临这种尴尬:我被弹窗了,点不掉,甚至被带入下载页面;发生这种情况,我的权益是被侵犯了,然后呢?不知道。绝大多数用户选择忍了,惹不起还躲不起吗?我们关闭网页,继续工作,假装这事没发生过。毕竟我们也不知道,究竟该如何投诉这些弹窗广告,究竟谁侵犯了我们的权利?

虽然大多数广告促销信息都包含类似的提醒,如"回复 TD 即可退订",但它们充满了套路:有声称回复"TD"即可退订,但事实上,正确的指令是"回复 TD 即可退订";一些人以退订为借口,通过识别活跃用户反过来增加短信发送频率;其他人则编造退订指令,忽视用户操作。垃圾短信或邮件难以退订,严重损害了用户的知情权、选择自由和私人空间的安宁。

一旦黑色技术成为骚扰应用,它将不可避免地成为黑心工具。"呼死你"软件是一种以互联网电话为呼叫平台,在一定时间内以相对较低的通信成本拨打特定号码的软件。一些犯罪分子经常用"呼死你"软件骚扰用户,敲诈勒索钱财,甚至在软件开发、软件应用和贩运中衍生出非法牟利的黑产业链。除了像"呼死你"这样的软件外,一些电话营销机器人也成为"骚扰源"。打开一家电话营销机器人企业的网站,页面介绍显示,智能机器人可以通过预录现场录音实现语音交互。它不仅支持一键导入电话数据,还可以设置自动拨号参数。该网站的客服告诉记者,这个电话营销机器人每天能够打通 2000~3000 个电话。如果担心对方拒绝,也可以预设恢复性脚本。

互联网引发了社会巨变,仅仅是 10 多年时间,电话(家庭的固定电话、个人的移动手机)已不再是"奢侈品",再加上个人电子邮箱的普及,联系方式的快捷化、生活内容的丰富化,充分显示出科技发展惠及民生。以民法角度视之,无论是固定电话、移动手机,还是电子邮箱,都是个人的"自由领域",具有一定的排他性和私密性,除非得到当事人的同意或请求,他人可以与之取得联系,任何贸然进入这一个人"自由领域"的行为都是侵害私人的权利,更遑论那些贷款、理财、房产中介狂轰滥炸式的广告骚扰。

笔者曾经收到一条来自某某学校的培训广告短信,当时以为只是一般的随机广告,随手删掉。但没有想到的是,此后几乎每个周末,手机上都会收到同样来源的短信或电话。更让人不解的是,几乎每次手机上与朋友讨论考试相关话题,就会收到这所学校的培训广告。广告骚扰让人十分烦恼。好几次开会或与人谈事情的时候,因为短信或电话突然过来,只好掏出手机看下,思路因此被打断。有一次笔者正在专心做事,因一阵短信铃声惊醒,打开一看,短信内容写着:"学期过半,总结原因找问题,怎样避免重复半学期的遗憾,端正思想查漏补缺认真总结是关键。××学校教师提供一对一上课服务,签约保证效果良好。"后面还留了一个咨询电话。回拨这所学校的电话,学校工作人员回复,他们先后与两家通信公司进行合作,合作的通信公司通过手机号码段进行筛选,然后定向盲发。这种轰炸式定向广告令人厌烦,相信并不是学校想要的传播结果。

在互联网尤其是移动网络迅猛发展的今天,人们在不知不觉中被计算广告"包围""缠绕""蚕食",无穷无尽的计算广告信息过多地占用了公众的时间和空间。当人们就像被蛛网缠绕住的猎物,整天都被广告包围、骚扰时,计算广告起到的恰恰是反作用。随着人工智能技术的发展,在"万物互联"的空间中,人们的一切操作都可能成为计算广告的"接触点",如果不加以防范和规范,计算广告终将引起人们的隐私担忧和反感,进而引发整个计算广告行业的信任危机。

第三节　计算广告隐私问题的法律法规阐释

法律法规与伦理道德可以说是"鸟之双翼、车之两轮",它们都是建立在一定经济基础之上的上层建筑,是两种重要的社会调控手段,只是一为硬约束、一为软约束,二者相辅相成、紧密配合,共同维系和调整社会的稳定和发展。同样,计算广告的有序、规范成长也离不开这二者。

法,国之权衡也,时之准绳也;权衡所以定轻重,准绳所以正曲直。[①] 法律是由国家制定或认可并以国家强制力保证实施的,反映由特定物质生活条件所决定的统治阶级意志的规范体系。[②] 法律是统治阶级意志的体现,是国家的统治工具。张文显在此定义上加上了"以权利和义务为内容,以确认、保护和发展对统治阶级有利的社会关系和社会秩序为目的"[③],使其定义更加完善。如国务院制定和颁布的行政法规,省、自治区、直辖市人民代表大会及其常务委员会制定和颁布的地方性法规。设区的市、自治州也可以制定地方性法规,报省、自治区人民代表大会及其常务委员会批准后实施。笔者认为,与计算广告相关的法律法规是与计算广告存在的隐私侵犯问题和过度骚扰问题紧密相连的。

[①] 出自唐代吴兢的《贞观政要·公平》。
[②] 《思想道德修养与法律基础》编写组:《思想道德修养与法律基础》,高等教育出版社 2018 年版,第 139 页。
[③] 张文显:《法理学》,高等教育出版社 2011 年版,第 47 页。

一、与隐私保护相关的法律法规

《中华人民共和国刑法》明确规定：未经公民本人同意，不得向他人出售或者非法提供其个人信息。其中第 25 条规定："网络服务提供者不履行网络安全管理义务，经监管部门通知采取改正措施而拒绝执行，致使违法信息大量传播的，致使用户信息泄漏，造成严重后果的，或者致使刑事犯罪证据灭失，严重妨碍司法机关追究犯罪的，追究刑事责任。"第 26 条规定："明知他人利用信息网络实施犯罪，为其犯罪提供互联网接入、服务器托管、网络存储、通讯传输等技术支持，或者提供广告推广、支付结算等帮助，情节严重的，追究刑事责任。"第 253 条的规定，出售和非法提供公民个人信息的犯罪主体被限定为"国家机关或者金融、电信、交通、教育、医疗等单位的工作人员"，且所涉的为"本单位"履职和服务过程中获得的信息。

民法典在国家法律体系中的地位仅次于宪法。民法典是市场经济的基本法、市民生活的基本行为准则，法官裁判民商事案件的基本依据。我国 2020 年 5 月 28 日通过、2021 年 1 月 1 日起施行的《中华人民共和国民法典》第 1032 条明确规定，"自然人享有隐私权。任何组织或者个人不得以刺探、侵扰、泄露、公开等方式侵害他人的隐私权"。第 1034 条直接表示，"自然人的个人信息受法律保护"，后续几条规定了处理个人信息的条件、自然人有请求信息处理者删除个人信息的权利与信息处理者的义务。

2021 年 8 月 20 日，中华人民共和国第十三届全国人民代表大会常务委员会第三十次会议通过《中华人民共和国个人信息保护法》，自 2021 年 11 月 1 日起施行。这是我国首部专门的法律用于保护我们的个人信息，里面明确不得过度收集个人信息、大数据杀熟，对人脸信息等敏感个人信息的处理作出规制，并完善了个人信息保护投诉、举报工作机制等。该法制定了个人信息的收集、处理和利用的原则，规定了自然人所拥有的各类个人信息权，此外，《中华人民共和国个人信息保护法》第四章还详细阐述了非国家机关信息处理主体对个人信息的收集、处理和利用的内容。这部专门法律充分回应了社会关切，为破解个人信息保护中的焦点、热点、难点、痛点问题提供了安全有力的法律体系保障。

2016 年 11 月 7 日通过、2017 年 6 月 1 日起施行的《中华人民共和国网络安全法》是为保障网络安全而制定的法律。网络信息是网络安全极为重要的一部分，因此网络安全法在第四章强调了网络运营者对用户信息的收集、使用和保护，并直接表述："网络运营者不得泄露、篡改、毁损其收集的个人信息""未经被收集者同意，不得向他人提供个人信息""网络运营者应当采取技术措施和其他必要措施,确保其收集的个人信息安全,防止信息泄露、毁损、丢失""任何个人和组织不得窃取或者以其他非法方式获取个人信息,不得非法出售或者非法向他人提供个人信息"。

而与消费者联系最紧密的《中华人民共和国消费者权益保护法》(1993年10月31日通过、2014年3月15日施行、2009年8月27日第一次修正、2013年10月25日第二次修正)中,也有与信息保护的内容。具体内容如下:"经营者收集、使用消费者个人信息,应当遵循合法、正当、必要的原则,明示收集、使用信息的目的、方式和范围,并经消费者同意。经营者收集、使用消费者个人信息,应当公开其收集、使用规则,不得违反法律、法规的规定和双方的约定收集、使用信息。经营者及其工作人员对收集的消费者个人信息必须严格保密,不得泄露、出售或者非法向他人提供。经营者应当采取技术措施和其他必要措施,确保信息安全,防止消费者个人信息泄露、丢失。在发生或者可能发生信息泄露、丢失的情况时,应当立即采取补救措施。"

司法界经常引用《全国人大常委会关于加强网络信息保护的决定》(以下简称《决定》)作为判决理由,因此在这里将其归类为法律范畴。该法律是为了保护网络信息安全,保护公民、法人和其他组织的合法权益,维护国家安全和社会公共利益。《决定》直接阐释:"国家保护能够识别公民个人身份和涉及公民个人隐私的电子信息。任何组织和个人不得窃取或者以其他非法方式获取公民个人电子信息,不得出售或者非法向他人提供公民个人电子信息。"它还规定网络服务提供者应当遵循合法、正当、公开、透明、必要等原则来收集、分析和使用公民个人电子信息,向用户出示收集、分析和使用信息的目的、方式和范围,并需要经过用户的自愿同意,不得违反法律、法规的规定和双方的约定或协议,且应严格保密确保信息安全。

除了以上法律,还存在诸多相关法规。《电信和互联网用户个人信息保护规定》的主要目的之一是保护互联网用户的合法权益,维护网络信息安全。它规定互联网信息服务提供者收集、使用用户个人信息,应当遵循合法、正当、必要的原则,并对个人信息的安全负责。《数据安全管理办法(征求意见稿)》是根据《中华人民共和国网络安全法》等法律法规而制定的部门规章,是为了维护国家安全、社会公益,保护公民、法人和其他企业、机构或组织在网络空间的合法权益,保障个人信息和重要数据安全,将网络安全法中有关信息安全的部分扩充细致,以更好地服务于实践。但它只在第十三届全国人大常委会第二十次会议中接受了初次审议,目前还未在现实生活中真正落地施行。

此外,国家还出台了国家标准,国家标准具有行政方面的管理职能,《中华人民共和国标准化法》赋予其一定的法律效力。我国首个个人信息保护国家标准——《信息安全技术公共及商用服务信息系统个人信息保护指南》于 2013 年 2 月 1 日起实施,其最显著的特点是规定个人敏感信息在收集和利用之前,必须首先获得个人信息主体明确授权。① 《信息安全技术 个人信息安全规范》由全国信息安全标准化技术委员会(SAC/TC260)提出并归口,是针对个人信息面临的安全问题,规范数据控制和管理平台在收集、保存、分析、使用、共享、转让、披露等各个环节中的信息使用行为,旨在遏制个人信息非法收集、随意泄露、无度滥用等非法行为,最大程度地保障个人的合法权益和社会公共利益。② 2023 年 4 月 11 日,国家互联网信息办公室起草了《生成式人工智能服务管理办法(征求意见稿)》,针对生成式人工智能(AIGC,chat generative pre-trained transformer)应用程序 ChatGPT 和文心一言等,明确提出防止非法获取和披露个人信息、损害和利用个人隐私,不得非法留存用户个人身份痕迹,不得根据个人信息进行用户画像,不得非法使用用户的个人信息。

总而言之,隐私问题与计算广告密切相关,计算广告实现的前提条件就是获取一定的公民隐私数据。完全的公民隐私保护显然不利于计算广告的发展,因此,广告主、媒介和代理机构均反对完全的隐私保护,而倾向接受适当的具名隐私保护。一定程度匿名数据的适当使用,能为多方带来共同的利益。我国有关隐私问题的法律法规,目前还处于参差不齐、互相矛盾、执行力差等状态。虽然在刑法、行政法、民法以及法规中均有提及,但是它们大多数都是重复的内容,都是原则性的规定,过多地从公民权角度考虑问题,司法实践操作性并不强,在立法上还存在一些漏洞。这些都与快速发展的计算广告不相适应。③

二、与过度骚扰相关的法律法规

过度骚扰是随着互联网的快速发展而出现的。对这样的新问题,我国目前的相关法律法规很少,立法的滞后性与我国计算广告的快速发展不相符,亟须更新完善。

《中华人民共和国广告法》第 44 条明确规定:"利用互联网发布、发送广

---

① 全国信息安全标准化技术委员会:《信息安全技术公共及商用服务信息系统个人信息保护指南》,中国标准出版社 2013 年版,第 1-10 页。
② 全国信息安全标准化技术委员会:《信息安全技术个人信息安全规范》,中国标准出版社 2017 年版。
③ 陈纯柱、王唐艳:《大数据时代精准广告投放的隐私权保护研究》,《学术探索》2020 年第 4 期,第 105-112 页。

告,不得影响用户正常使用网络。在互联网页面以弹出等形式发布的广告,应当显著标明关闭标志,确保一键关闭。"

2016 年 7 月 4 日,国家工商行政管理总局发布(2016 年 9 月 1 日起施行)的《互联网广告管理暂行办法》规定:"未经允许,不得在用户发送的电子邮件中附加广告或者广告链接。"2023 年 5 月 1 日起施行的《互联网广告管理办法》(市场监管总局)进一步明确了相关主体的社会责任,积极回应社会关切的计算广告隐私侵犯问题,对反映集中的算法广告、弹出广告、链接广告、开屏广告、利用智能设备(如交通工具、导航设备、智能家电、电子邮件等)发布广告等行为进行规范与监管,要求应当将计算广告的算法推荐服务相关规则、广告投放记录等记入广告档案,作为监管的依据。此外,还有一些地方机构出台相关法律法规,如 2019 年江苏省十三届人大常委会第七次会议表决通过的《江苏省广告条例》明确规定,将广告骚扰电话视为违法行为。

这些年来,针对互联网广告乱象,相关部门已经多次反复展开各种整治行动,并取得一定程度的治理效果。但是,网络广告过多过滥的问题,像牛皮癣一样难以根治。究其原因,过度骚扰的问题与隐私问题密切相关。计算广告概念里有一个词叫作"精准投放",意思就是精准投放广告,投放的对象都是对这个广告有直接或者间接需求的人。如果你有消费行为,那么个人信息就值钱了。比如你买了房,那么接下来还要装修,还要买家具,那么你的信息对于那些装修、家具公司来说就很值钱,因为你就是他们的潜在客户。这样一个电话号码,房地产商卖几十块钱完全不是问题,而且他们还可以将一个电话号码同时卖给多家关联公司。一方愿意买,因为是精准客户,一方愿意卖,因为有足够的利益,我们的个人信息就被这样被泄露出去了,伴随而来的就是我们每天接到的那些广告电话、垃圾短信、骚扰电话等。

法律法规以其特有的规范作用深刻影响着社会生活,更是推动计算广告甚至整个广告行业全面进步与健康发展所必不可少的因素。为此,我们必须充分认识和重视法律法规的作用,但我们也必须看到,法律法规也存在一定的局限性:在调整社会关系方面,法律法规是一种重要的方法,但这并不意味着只有法律法规才是唯一的途径;法律法规的作用范围不是无穷无尽的,也并非都是适当的,不少社会问题就不太适宜或是最先采用法律手段;再者,由于社会生活是不断变化着的,具有一定稳定性的法律对社会生活的涵盖性和适应性便不可避免地存在一定的局限。[1] 因此,要解决计算广告的过度骚扰问题,还需要结合隐私问题,多方参与、客观立法、立体监管,方有成效。

---

[1] 张文显:《法理学》,高等教育出版社 2011 年版,第 79-80 页。

第四节　计算广告隐私问题的伦理道德边界

由于法律法规的局限性,为了更好地规范广告的计算并使其长期发展,有必要引入伦理并将两者结合起来。伦理是指在处理人与人、人与社会的关系时应遵循的原则和规范,包含西方文化的理性、科学、公共民意等属性。① 道德是指以善恶评价为标准,依靠社会舆论、传统习俗和人们的内心信仰来调节人与人之间、个人与社会之间关系的行为准则的总和,包含更多的情感、人文、个人修养等东方文化色彩。② 马克思主义认为,道德是社会意识形态的一种,是人们共同生活、共同认同、共同遵守的行为准则与标准规范。不同的时代、不同的地区、不同的阶级,均有各自的道德观念。道德不是天生的,不会永恒不变,而是随着后天教育逐渐形成并发生变动。伦理和道德在一定的词源含义上可以视为同义异词。伦理道德是"伦理"与"道德"的结合,两者虽有不同,但是多数人在现实生活中不会加以区分。

什么形式的计算广告隐私是符合伦理道德的?张良悦等③运用扎根理论方法对 30 位被访者的深度访谈资料进行编码分析,根据访谈资料前后的逻辑关系与内在联系,从"什么形式的精准广告是符合伦理道德的"角度进行初始概念的提炼,得到伦理道德感知的初始概念,经过理论饱和度检验后没有发现新概念,最终得到 5 个核心概念。笔者发现可以借鉴这些概念,建构计算广告隐私的伦理边界规则和标准。在相关专家讨论的基础上,我们将之微调为"安全、自愿、诚信、互益、多样",并做进一步阐述。

一、安全

消费者只有在主观上相信自己所处的网络环境是安全时,才能放松下来进行网上浏览和购物。在调查对象的访谈中,"安全"是消费者道德感知的第一个维度,也是最主要的一个维度。大多数受访者认为,他们担心网上交易时的隐私泄露问题,各种网络平台之间的用户数据交易、用户数据滥用等商业营利活动对消费者的隐私造成了很大伤害。研究结果表明,在安全维度里,隐私保护、平台独立性和法律监管是消费者安全伦理感知的主要方面。消费者认为,无论是网络购物平台还是应用程序中的广告链接都应该

---

① 余仕麟:《伦理学要义》,四川出版集团巴蜀书社 2010 年版,第 7 页。
② 余仕麟:《伦理学要义》,四川出版集团巴蜀书社 2010 年版,第 6 页。
③ 张良悦、杨先顺:《大数据精准广告的伦理问题和路径分析:基于消费者感知的实证研究》,《传媒观察》2020 年第 5 期,第 67-75 页。

合理、合法、合规,这样消费者的数据安全问题才能得到一定程度上的保障。

例如,一名投资者说某个股票交易软件很好,就下载并使用了它。从那时起,他每天可能会接到至少 3 个电话,所有这些电话都会问:"你最近还在做股票吗?""您最近是否关注黄金投资?""XXX 的房地产即将开业,你有兴趣了解它吗?"等等。他可能还经常收到陌生人主动添加微信好友,且都是通过搜索手机号添加的,这些陌生人的朋友圈都是跟投资原油、天然气、期货和贵金属有关的信息。原来,是他使用的股票交易软件泄露或出售了他的个人信息。

目前,腾讯微众银行可以用人脸识别开户,而支付宝也普及了人脸识别支付的应用功能。人脸识别和金融系统的技术联姻对商业生态有着深远的影响。例如,金融远程自助身份认证系统通过智能终端处理相关业务,进行预置的人脸数据认证验证,可以替代离线网点或后台人工认证,大大节省了人力资本。然而,我们使用互联网社交产品的所有行为数据都会被监控和记录下来,包括你在观看照片时停留的时间,我们孤独和沮丧的时刻,我们喜欢阅读的文学信息,以及我们在深夜做什么等,这些信息系统都知道。我们无意中透露的这些数据被输入到自动化信息系统中。该系统将根据不断更新的信息对用户作出越来越精准的预测,以判断用户是谁以及用户想做什么,然后将这些判断信息打包出售给广告商。

二、自愿

本研究中对自愿的理解是基于价值取向的道德感知。根据对访谈数据的分析,消费者认为自己和广告商处于不平衡的地位。在对消费者数据进行分析后,广告商有投放精准广告的选择权和主动权,但是消费者没有这种权力,只能被动接收广告。因此,尊重消费者的自愿权和自主选择权可以提高消费者的主体意识和能动性,让消费者以轻松愉快的态度接触网络,实际上更有利于消费者作出购买决策。相反,如果广告商不尊重消费者自主选择的意愿,而是强迫消费者接收广告,结果可能会适得其反,消费者容易对广告产生消极、厌烦、抵制、逃避的情绪和行为。

例如,"双 11"可能是大型电子商务公司今年最大的活动。它最初是一种在线交易,使用在线广告是合理的。然而,你在没有其他操作的情况下打开电脑,"双 11"广告就弹出来了。当你关闭此广告并打开浏览器时,这个广告又来了。可以说,在电脑网页的上下左右,广告信息无孔不入。即使你不理会它们,也很容易在工作时意外地点击它们,然后它们就会被打开。为了让更多的人尽可能多地浏览广告,这些广告的关闭按钮通常是隐藏的,很不好找到。而对于你浏览和购买的一些产品,类似的推送广告将接踵而至。许多网友表示,可能不是你的家人最了解你,而是这些弹出式广告最了解你。

再比如,2013 年,朱烨在家里使用百度搜索相关关键词后,与关键词相关的广告突然出现在他登录的相关网站上。随后,朱烨通过南京中山公证处对该过程进行了公证,并出具了公证书,证明朱烨在百度网站搜索"美容""减肥""人工流产""整形""隆胸"等关键词之后,在他进入"4816"网站和"500 看影视"网站时,这些网站上出现了减肥、堕胎和隆胸等广告信息。朱烨认为,百度公司的上述做法已经很大程度上影响了自己正常的学习、工作和生活。2013 年 5 月 6 日,朱烨向南京鼓楼区人民法院提出上诉,要求百度公司立即停止侵权行为,并赔偿精神损失费 1 万元,且公证费 1000 元应由百度公司支付。南京市鼓楼区人民法院裁定百度一审侵犯了用户权利,二审却认为未侵犯用户权利。[1] 虽然这个判决在法律上对百度有利,但我们仍需要谨慎考虑是否赋予消费者恰当的选择权,使消费者可以自主选择自己的个人信息是否被企业使用。

三、诚信

诚信也是计算广告隐私的标准之一,因为侵犯用户隐私不是广告商的目的,而是商业盈利的手段之一。计算广告通过侵犯隐私而触及消费者,如果计算广告的内容能够遵循诚信原则,对消费者的危害就不会那么大;如果计算广告的内容具有欺诈性,那么将对消费者造成严重伤害。在现代社会的个人发展中,诚信是一项基本原则,是每个人都应该遵守的伦理美德。与其他从消费者角度出发的感知维度不同,诚信维度更多是从广告商的角度出发。企业是否诚信在消费者网上购物的决策过程中扮演着十分重要的角色。如果网站平台大量充斥虚假信息,消费者长期接触这样的环境,就会产生"破窗效应":他们在网上冲浪时看到什么样类型、什么样内容的广告推送,都会觉得是骗人的,对企业的不信任反过来将导致浏览交易的锐减。从长远来看,企业缺乏诚信将导致消费者对网上购物失去信心,企业得不偿失。

比如,从"素人"分享心得,到明星入驻"带货",近几年,小红书的"种草笔记"受到不少女性用户的青睐,有人甚至感叹:"如果你爱上了一片草原,你就会担心口袋里没有钱。"然而,最近曝光的黑暗场景可能会让你看到事

---

[1] 张琛:《Cookie 隐私第一案:法院判定个性化推荐不侵权》,https://news.caijingmobile.com/article/detail/195491? source_id=40,2015 年 6 月 12 日。

实的真相——你喜欢的可能是一片"假草原"。因为让你"种草"的购物分享笔记可能不是来自真实用户的个人体验,而是由专业作家根据企业需要"编造"出来的。付费枪手代发小红书的现象非常普遍,形成了一整条价值不菲的固定灰色产业链。只要在某宝中搜索"小红书代发"等关键词,就可以看到大量中介机构提供此类服务,这些灰色行业服务甚至形成了一整套标准的报价体系。

2019年10月17日,一篇题为"一个新媒体巨头导演的僵尸舞台剧,真正还原现场,导火索:一条一夜之间流行起来的视频,但我们的流量却为0!"的推文突然火爆网络,这篇文章再次将微博数据造假推到了舆论的风口。文章大概意思是说,一家淘宝店要在微博上推广,找到一个"网红大V"。这个"网红大V"在收取高价后,在其微博上产生了300多万次的浏览量,以及大量关于"下单""已种草"和"买买买买"的评论,但最后带货商品的成交量却为0。双方对是否有转化率有不同的看法。撇开转换率,数百万的广播数量、数百条涉嫌购买或准备购买的评论所带来的零交易,确实有数据欺诈的嫌疑。这种行为无疑破坏了广告商、代理商、中间商、平台、媒体和消费者之间的诚信纽带。

四、互益

互益是人类社会的本能反应。在实际的商业交易中,互相损害造成的唯一结果就是两败俱伤,唯有互益才是企业和消费者共同追求的恰当愿景和长远目标。消费者对互益的伦理感知主要体现在"省时方便、推荐参谋、普惠大众"3个维度。目前,大多数消费者对计算广告还没有什么好感,当他们意识到推送的计算广告对自己造成困扰时,他们可能会忽略广告,甚至直接取消或关闭广告推送功能。同时,目前计算广告的发展,还远远尚未达到践行商业互益原则的水平,许多广告主为了增加广告点击量和转化率,肆无忌惮地利用大数据进行"杀熟"。

从长远看,企业的本质是要实现互利共赢,从利他主义走向互惠互利,这样才能长久。然而,如今计算广告的问题在于,它并没有让消费者感到真正的"互益"。无论消费者愿意还是不愿意,他们都被推荐算法所包围。一些"牛皮癣式"的虚假广告、"打擦边球"的恶俗广告给消费者造成很大的困扰和反感,不仅大大减少了消费者购物的愉悦感,损害了消费者的利益,而且难以形成商业互益,更谈不上社会互益。

例如,一些网站(尤其是中小型网站)一方面希望扩大影响力以产生丰厚的经济效益,另一方面又不愿意或无法提供足够的资金,因此他们往往未经名人同意就擅自使用名人的肖像,并制作成网页或 Flash 图片,以利用名人来扩大自己的知名度。国内一家网站曾发布一则广告,称著名演员巩俐向希望小学捐赠了一种口服液,其实是一则虚假广告。这种欺诈行为严重破坏了商业交易中应该遵循的互益原则。

五、多样

　　计算广告造成用户选择的"窄告化",这是引发人们隐私关注的重要原因之一,必须从多样化角度去解决。在大数据精准广告的时代环境下,多样化的含义很广泛,它包含广告信息来源的综合性、商品推送种类的广泛性、消费者自主选择的多样性等。在计算广告伦理研究中,消费者的多样感知主要表现在对计算广告推送商品种类多样化的感知。如果消费者不断收到基于自身喜好数据推荐算法所推送的广告信息,显然其购物范围将仅仅局限于以往的购物经历,而难有尝新、尝鲜的冲动和欲望,最终导致消费者购物范围的萎缩。基于大数据分析之上,计算广告越是想要努力"讨好"消费者,越有可能造成"信息茧房""信息孤岛"等后果。此外,大数据也不是万能的,它无法做到实时更新,因此广告推送的滞后会影响对消费者不同时空条件下真实需求的判断,导致计算广告的精准性受到质疑。

　　以推荐算法为基础的计算广告产生的各种隐私侵犯,最终会对用户造成"茧房效应",导致消费者看到的广告信息面越来越窄。当您使用的产品或工具是基于相似大数据之上的算法广告时,您看到或听到的是不是很像是平台为您精心构建的个性化虚幻场景吗?俗话说,兼听则明,偏信则暗。当您的所有信息都依赖于信息推荐机制时,如何做到兼听呢?在生活中,看到"网红"推荐的口红很好,就很想去买它;看到朋友圈中的朋友或直播带货者穿着好看的衣服,就赶紧点开产品链接;看到直播平台上的广告,就忍不住下了订单……可以说,"种草"(给别人推荐好货以吸引人购买)和"拔草"(实施购买行为)已经成为一种热门的消费景观,渗透到现实生活的各种场景之中。例如,2021 年 10 月 20 日,天猫"双 11"预售开盘当天,有些直播室的观看人次高达 5 亿,打破了历史纪录。在这种"魔幻现实主义"的抢购中,我们失去了成年人应有的理性与判断。主播通过对消费者心理的研究和狂热的宣传推送广告和产品。表面上看,他们似乎给了消费者更多的选择;事实上,消费者所认为的机会、可能或选择只是"被割了韭菜"而已。

　　财富的"马太效应"在互联网经济环境里更加容易出现:强者越来越强大,富人越来越富有。例如,近几年互联网巨头和资本纷纷投入大量人力、物力和财力,以传统熟悉的模式和套路进入生鲜社区发起团购活动:先补贴,然后垄断。2020年,"互联网巨头借助资本夺走了小菜贩的生计"曾经引发了激烈的社会争论。互联网平台经济本身具有"大鱼吃小鱼"和"赢家通吃"的属性,并具有一定的天然垄断属性。同时,它积累了大量的用户数据,也存在一定的滥用风险。如果允许资本驱动和无序扩张,短期内似乎会加剧竞争,并给消费者带来一定的利益。然而,一旦资本在没有监管的情况下完成垄断,实施垄断定价和垄断数据,同时入侵、占领更多的传统经济领域,就会造成传统经济的崩溃,还会引发数据孤岛、隐私泄露、隐私侵权等各种严重的社会问题。消费者的多元化选择将大大受到限制,其结果恰恰相反,消费者会蒙受自由和福利的巨大损失。

第五节 计算广告隐私问题多方协调的常规治理机制

科技的便利是有代价的。我们在享受工具的便利性的同时,需要清楚地认知:在使用该工具之前,我们就已经默认了使用该工具会带来的影响。算法只给人们推荐人们感兴趣的东西,它并无道德感,它唯一的动力就是商业利益。用户的每一次下拉或上拉刷新,都是一次算法的重新推送,它们给用户植入一种无意识的习惯,使人丧失批判思维。

但是我们也应看到,科技本身是没有价值倾向的,关键在于科技背后的人。计算广告其实是互联网行业的一种正常商业模式,这种商业模式本身并不是问题,因此不应该采取激进的"一刀切"整治办法。只有通过法律法规、行业自律、媒体自律、消费者参与和技术反制等综合治理,才可以发挥计算广告的正面价值。

一、法律法规监管

法律是维护社会公平正义最坚强的一道防线,为使计算广告朝着合法、正确、健康、有序的路线发展,有必要重视法律法规的重大监管力量。相关法律法规及国家对广告行业的扶持政策以及发展规划的颁布与实施,不仅可以推动计算广告行业的规范化进程和市场秩序的建立,也为从业者指引战略规划和业务发展的方向,有利于计算广告行业的持续稳定健康发展。为了规制互联网广告的违法现象,国家工商总局在2016年出台了《互联网广告监督管理暂行办法》(以下简称《暂行办法》),其中第三条明确对互联网广告进行定义,这是我国第一次以法律规范正式条文的形式对互联网广告加以定义。计算广告隐私问题是新生事物,需要新的法律条文来加以规范。

(1)吸取国外法律法规监管经验,结合我国现状制定并更新符合国情的法律法规，加快做好顶层设计，全面完善个人信息、数据安全、计算广告交易等领域保护法律法规条文。比如，隐私保护在我国的法律法规中内容较少，因此可以将细化隐私保护的相关内容纳入《中华人民共和国广告法》中，或制定《计算广告隐私保护法》，明确计算广告隐私问题的内涵、范畴、参与对象、侵犯类型，明确举证责任，并根据隐私侵犯行为与其造成的危害程度进行责任认定，制定处罚措施。

（2）通过制定科学的检测标准来实现对不同程度计算广告隐私违法行为的认定与处罚。例如，计算广告过度骚扰危害较小时，根据《中华人民共和国治安管理处罚法》网络联合执法部门采取行政处罚措施，主要采取以警示和罚款为主的温和手段。而对于通过计算广告传播病毒盗取个人信息、造成严重后果的，可以根据《中华人民共和国刑法》相关条例采取管制、拘役、有期徒刑、无期徒刑等重罚措施。

（3）处罚对象不仅针对违法的计算广告广告主，还要连带处罚投放的媒介、数据公司和广告代理机构。不法经营者利用计算广告侵犯隐私并实施非法牟利，一些人在微信、微博、抖音或小红书上通过与欺诈集团、网络推手、"水军"狼狈为奸，形成一条黑色和灰色的利益产业链条。因此，有必要加大处罚范围，形成计算广告隐私保护全链条的威慑力。

（4）要将计算广告隐私问题的违法行为落实在执法行动中。市场监管部门的执法是最具有法律效力的，可以从两点着手：其一，市场监管部门要承担起依法规范、维护和监督计算广告各市场主体的责任，特别是要注意那些与网络交易有关的隐私侵犯行为，对违法违规行为的组织者、参与者和相关主体要进行严肃问责，根据对隐私侵犯的后果和对用户造成的损失进行适当的评估与处罚；其二，市场监管部门要承担起以隐私保护为主题的消费者维权工作，对隐私泄露、隐私侵犯等违法行为严惩不贷，同时还要建设消费者咨询、申诉、举报、受理、处理和宣传等一系列配套工程，这样才能切实保护用户的隐私权益。

（5）对于计算广告主、数据公司、媒体机构和互联网技术公司来说，要将法制理念落实在业务操作的关键步骤中。例如在数据收集、广告推送、广告制作步骤中做到真正的知情同意，而不是逼迫用户选择同意条款，不同意相关条款就只能退出使用。最关键的是在计算广告使用中要明确说明用户的哪些数据会被存储、收集，以及数据分析的用途。

（6）一个好的商业逻辑应该是各方的利益交换是等价的。计算机广告商应将消费者视为合作伙伴。消费者可以选择让渡或转移部分隐私权来接受计算广告，从而为计算广告商创造丰厚的利润。同时，计算广告商也应该将一定比例的利润返还给消费者。这就遵循了等价交换的原则,体现了对消费者隐私权的真正尊重。比如日本就建立了个人"数据银行"的交易模式,能够在用户明确授权、共享利润前提下解决隐私问题。因此,有必要在法律层面上规定不同情况下计算广告主应给予消费者的广告收入分成比例,为计算广告的发展奠定法理基础。

二、行业自律

法律是成文的"伦理道德",伦理道德是内心的"法律规范"。计算广告伦理道德讨论的是自律问题:在广告活动中应该做什么、不应该做什么。相对于法律法规的强制性而言,伦理道德准则依靠的更多是内心的约束。但面对伦理道德主体自律意识不足,伦理道德失范后果较为严重时,就有必要在意识层面树立解决问题的强硬态度,在行为层面制定规范的伦理道德标准,将伦理道德自觉上升到法规、准则层面,强化行动主体的规范意识。[1]一个好的行业,需要行业组织的协调与监督,这种不同于法律法规的行业"软调节"在推动计算广告行业发展方面有着不可替代的重要作用,不可忽视。

(1)计算广告行业协会比政府部门更加了解它们自己的业务。因此,许多自律团体、组织、行会纷纷通过各种方式来直接或间接地协助政府职能部门对计算广告的违法行为进行监管,积极配合政府管理部门,共同促进计算广告产业健康有序地发展。[2]

(2)加强计算广告主的自律能力。根据《中华人民共和国广告法》,广告主指为推销某种商品或者某种服务,自行或者委托第三方进行设计、制作、策划、发布广告的自然人、法人或者其他组织和机构。广告主是广告活动的关键参与者,可以说是广告的第一决定者。没有广告主,便不会有计算广告,广告主对计算广告的全流程应该最有话语权。从这个角度来看,广告主的自律对计算广告违法问题的解决有着不可替代的作用。广告主应遵照合法、知情同意、目的明确、最少够用原则收集、处理和使用个人信息,把个人信息以泛化脱敏的方式进行保存,并采用安全级别高的信息保护系统。

(3)发挥4A广告公司联盟的组织作用,加强广告公司的自律能力。成立于1996年的广州4A整合营销传播公司委员会,秉承"让广告更专业,让专业更创新"的宗旨,一直为行业的健康、可持续发展而努力。发挥4A广

---

[1] 闻珊:《行动者网络理论下计算广告的伦理问题与对策研究》,华南理工大学硕士学位论文,2020年,第45页。
[2] 钱飞龙:《网络不良信息治理研究》,中央民族大学硕士学位论文,2009年,第30页。

告公司的作用,有利于建设一个服务、创新、实力、诚信的高水准广告同业组织,提高计算广告的专业水平。

(4)作为需要多重市场主体参与的高科技产业链,如果各主体能达成共识组成计算广告行业组织,可以有效促进各个节点的市场参与者加强合作,形成合力共同推动发展。该组织可以对计算广告自身的问题达成共识,以公约、宣言或标准的正式形式形成行业规范和标准,并使用一定的奖惩措施来规范会员企业及其他行业企业。如不定期公布伤害消费者个人信息安全的企业案例、建立动态的诚信广告代理商和广告发布方"白名单"、定期发布虚假广告企业"黑名单"等,使计算广告行业成为有组织、有规范、联系紧密的利益共同体。[①]

三、媒体自律

从2014年3月15日起,新修订的《中华人民共和国消费者权益保护法》(2013年10月25日第二次修正)正式施行。其在"总则"中明确规定:"大众传播媒介应当做好维护消费者合法权益的宣传,对损害消费者合法权益的行为进行舆论监督。"在传统媒体中,媒体和广告主界线分明,媒体扮演监督者的角色,主要站在消费者立场保护消费者合法权益。然而,在互联网世界里,媒体本身既是监督者,也是被监督的对象。因此,强调媒体自律是十分有必要的。

(1)媒体自律。相关数字媒体应该主动承担起净化网络环境的责任。比如,随着微信用户人群的扩大,微信也就成了营销广告、诈骗信息的新阵地。2018年5月18日,腾讯发布了微信管理新规,指出为了避免过度营销造成对用户的骚扰,在微信之内不能传播任何未取得信息网络传播视听节目许可等法定证照的视听内容。这个规定之后,一些抖音视频、快手视频都无法直接播放了,只能是打开专门的App才能播放。腾讯的这种主动清除过度骚扰的行为值得肯定。

(2)媒体的监督。媒体尤其是权威媒体应实施好对计算广告的媒体监督责任,根据线人和消费者提供的线索进行调查,深挖事实与真相。比如2013年的3·15晚会上,央视曝光了网易等公司基于Cookie的精准营销而涉嫌侵犯用户隐私的事件,在全国范围内引起了轩然大波。最后导致中国互联网协会行业自律工作委员会联合奇虎360、DCCI、互动通、西岸奥美、传漾网络、品友互动、亿玛在线、云联广告、博雅立方、易传媒等30家企

---

① 鞠宏磊、李欢:《程序化购买广告造假问题治理难点》,《中国出版》2019年第2期,第31-34页。

业,共同签署《网络营销与互联网用户数据保护自律宣言》。宣言指出:"精准广告企业应该遵循:'规范使用、妥善保管、严格保密、确保安全'的原则,从文化建设与道德建设的角度,认识到推动网络营销诚信守法公平发展的重要意义。"[1]

(3)许多互联网公司本身既是媒体又是数据提供者,应为流量造假承担责任,因此解决流量造假问题,需要互联网公司的介入以及第三方广告效果监测机构的监督,对双方所提供的数据进行检查核实。若互联网公司无流量造假行为或在广告主接受范围内,广告主可以将其作为下一次广告发布的合作方;若互联网公司流量造假比例较大,广告主可以使用合适的手段维护自己的利益,并可向广告行业组织或相关部门举报并提供相应佐证。

四、消费者参与

在精细化、落地化的隐私问题治理中,消费者的参与始终处于关键地位。没有消费者的参与,计算广告的隐私问题治理只是纸上谈兵。

(1)对消费者,要用简单易懂的语言向他们普及、解释法律法规,通过宣传算法的运作规则和增加计算广告的透明度,提高消费者的广告隐私保护素养,以使他们明白什么样的计算广告可能会侵犯自身利益和侵犯行为后果的严重性,提醒消费者维护自己正当的隐私利益,并提供有效便捷的投诉渠道。

(2)消费者作为计算广告的起点与归宿,是不容忽视的重要监督主体。当消费者发现自己的敏感信息泄露时,有权要求企业挽回局面,减少损失;当消费者发现企业对个人信息的处理超出合理范围时,有权要求企业停止该行为并追回损失;当消费者收到骚扰性计算广告时,可以先向网络平台举报,若是该骚扰性计算广告影响过大,可向工商管理局举报;当消费者隐私泄露导致个人信息被公开时,可联系消费者权益中心进行维权,若损失过大则可采用法律手段等。

(3)为消费者提供方便的投诉渠道。以其人之道还治其人之身,反向思考一下:既然计算广告可以随意"到达人人",那么可不可以也有一些便捷的投诉窗口,类似网约车平台上的"一键报警",以方便用户反馈一些侵犯隐私的违法计算广告?

(4)培养消费者的知情同意权。要教育消费者,使他们明白:不符合法律、法规的相关规定,或未经个人主体的知情同意、知情授权,不得随意收

---

[1] 鞠宏磊、李欢:《精准广告相关隐私问题的规制原则与策略》,《编辑之友》2016年第6期,第96-99页。

集、分析、处理和使用个人信息,广告主对个人信息主体要尽到告知、说明和警示的义务。当消费者感知被计算广告过度精准骚扰,就可以投诉广告主侵犯了其知情同意权,违法使用了其个人信息。

（5）培养消费者"差异化"的隐私权。消费者有权要求广告主在收集和使用消费者个人信息的时候要把控好"度"。同时,不同的消费者对隐私的敏感度不同,对隐私权的看法和要求也不同。这就要求广告主不仅要能根据信息刻画消费者的画像,使信息不能与现实生活中的某个人相对应,又能根据不同消费者的"差别化隐私"要求,执行不同投放频率的计算广告策略。

五、技术反制

《哈佛商业评论》2016年指出,在未来十年,区块链是最有可能对经济和社会产生深远影响的技术之一。被誉为"数字经济之父"的唐·塔普斯科特预测,未来十年定义商业世界的技术不是大数据、云计算、机器人或人工智能,而是区块链。[①] 从广义上讲,数据链、通信网络、共识算法、激励机制、智能合约、应用场景等一系列要素以及由此衍生的新兴产业和生态系统组成新技术框架,这个新技术框架构成了区块链。这种新的技术框架可以使用加密链块结构来验证和存储数据,并使用分布式节点一致性算法来生成和更新数据,使用自动脚本代码（智能合约）来编程和操作数据,这是一种新的去中心化或发散式基础设施和分布式计算范式。从本质上看,区块链是一个分布式公共账本数据库,记录所有区块链节点之间执行和共享的所有交易记录和事件[②],具有去中心化、公开透明、不可篡改等特点,而这些特点正是计算广告相关问题的"克星"。区块链有助于恢复人们对计算广告购买的信心,为计算广告商提供更高的透明度,做到明确每个交易涉及哪些参与者,以及如何无缝协调数据和财务信息。

（1）去中心化。在区块链技术中,计算广告交易或者价值交换直接发生在参与人中间,无需任何第三方机构干预,也就是我们常说的去中心化。运用区块链技术,可以给每一个合法的自媒体注册唯一的数字身份,通过区块链网络记录该数字身份的所有信息。这样的方式既保障了安全,也保护了隐私,因为在区块链上信息虽然是公开的,但身份却是匿名的。在区块链世界里,去中心化,减少平台操控,每个人都是记录者。在使用区块链技术后,

---

① 曾之明:《颠覆未来的黑科技:区块链的世界你懂不懂》,《金融经济》2017年第7期,第36-37页。

② 付溢:《区块链交易数据隐私保护研究与实现》,北京交通大学硕士学位论文,2019年,第8页。

计算广告商有能力直接从用户那里构建用户肖像,并可以收集所有用户愿意共享的信息,这也使得市场有更强的能力和更大的容量来满足消费者的各种需求。

(2)公开透明。在区块链系统中,相关主体可以自由进行点对点交互,数据库的升级、更新和维护是通过分布式主体的协作完成的,而不是由中枢机构统一完成的。① 区块链的使用方式之一便是每个用户都有自己的 ID,里面记录着该用户自愿开放的信息与所有操作,如历史记录。只有用户同意开放所有内容或部分内容的权限,广告方才能收集、读取到,这有利于解决计算广告甚至是困扰整个互联网的隐私保护问题。这是去中心化带来的益处,不同主体间能平等地实现信息资源共享,避免了单方面强制操纵信息的问题。在区块链平台中,不同实体可以在信誉未知的情况下,通过加密技术进行合作,建立基于技术监管的信任网络。只要用户开放权限,公开透明使得所有基于区块链的操作,理论上都能被所有主体看到。若是某广告方、广告代理商或广告发布方做了违法违规的事情,政府也能较轻易地查明事实,有效规制计算广告。

(3)不可篡改。区块链技术可以实现信息的同步更新,将记录的交易数据构建成"区块"进行核算,并存储在共享网络系统中。区块链通过加入智能合约向外界发布所有信息,使所有参与者都可以理解合约的内容和作用,但其不能修改合约,这便是区块链具有不可篡改的特点的原因。该特点使得所有基于区块链的操作都能被完整记录下来,信息与数据被真实呈现,可以有效解决虚假广告与流量造假问题。若广告方创作虚假广告并向消费者投放,那么该营销以及营销内容都会被记录下来,且不能被篡改、删除,若是被发现、查处,会极大地影响到产品与品牌的声誉。从这个角度思考,区块链技术能有效制约虚假广告。区块链技术不可篡改的特点也能保证流量积累过程是真实的,广告代理方和广告发布方提供的广告采买和投放过程的完整数据和数据报表都是准确无误的。当广告主查看时,就能知晓流量的构成是否造假、流量是否存在异常等,可以很好地抑制流量造假。

2018 年 11 月 21 日,全球首个区块链广告——古井贡酒在北京正式发布。"古井贡酒,大国浓香;年份原浆,世界共赏"的广告口号张贴在 ETH 公共链上,并在 ETH 6653585 的高度被永久记录,成为一个永远无法改变的历史数据。2019 年,华扬联众发布国内首个基于区块链技术的用户价值实现平台——麦哲伦 CVP。该平台将区块链公开、透明、不可篡改的特性

---

① 尹昱文:《区块链技术在数字广告中的应用研究》,《现代信息科技》2019 年第 9 期,第 197-198 页。

与数字营销行业相结合。区块链广告是区块链技术在3.0时代的又一重大突破,在世界广告史上具有划时代的重大意义,证明了区块链在广告领域的可操作性与实用性。计算广告生态环境的治理需要政府、技术、学界、业界和受众的合力推进,各方共同努力,方能构建专业化、科学化、规范化的治理体系。

总之,只有通过法律法规、行业自律、媒体自律、消费者参与和技术反制等多方共同努力,在切实保护好消费者合理合法隐私权利的前提下,计算广告是可以充分发挥其正面价值的。

第六节 计算广告隐私问题治理机制的理论创新

理论是学术界的流通货币,任何一个学术研究都要求有理论贡献。[①]我们通常采用抽象的理论术语来描述概念性的含义,一些理论术语也可以建构出崭新的理论模型,这些理论模型具有原创洞见性,通常可以简单明了地解释传播实践的一般规律。从实践上讲,计算广告隐私问题治理应该涉及隐私侵犯衍生的种种可能后果,如过度骚扰、账户盗用、圈层区隔、窃取财产、恶意曝光、金融诈骗、大数据杀熟、破坏公共秩序、干扰意识形态、泄露国家机密等负外部性问题。但从理论上看,计算广告的核心是算法,计算广告隐私问题的治理离不开算法传播理论层面的本质探讨。

一、计算广告中算法传播的本质是具身传播

(一)算法传播的批判性审视

1.对加速社会理论的广告反思

速度是信息社会的显著特征,媒介技术催动的信息传播速度不断加快是现代社会加速的驱动因素。[②] 在信息社会,加速度不再是物理学意义上的名词,而是渗透到人们的日常生活中,对人们的现代生活起着决定作用。德国学者哈尔特穆特·罗萨[③]认为,我们正陷入不断加速、失去控制的漩涡里。他从经验入手,对法兰克福学派历代代表人物的批判观点进行串联,将社会加速分成3个范畴:科技加速、社会变迁加速、生活节奏加速。其中科

---

① Corley K G, Gioia D A. Building Theory about Theory Building: What Constitutes a Theoretical Contribution? *Academy of Management Review*,2011,36(1),pp.12-32.
② 师曾志:《数智时代的认知加速与算法游戏:以生命传播的视域》,《台州学院学报》2021年第2期,第6-15页。
③ 罗萨:《加速:现代社会中时间结构的改变》,董璐译,北京大学出版社2015年版,第86页。

技加速是三个范畴的中心。作为法兰克福学派的思想家,罗萨从"时间"面向对社会进行诊断,发起了社会批判理论对于"速度"的批判转向,打开了一个新的批判维度。

加速社会理论能够很好地诠释现代性问题,通过加速社会"日常生活异化"的洞察,算法实时性和敏捷性实现了新闻稿写作的速成,机器人写稿速度最快可达到毫秒级。[①] 而在大数据海洋中,由于算法技术带来的精准化推荐,受众可以快速获取推送的信息,从传统的主动接收到快速推荐的"被动喂养",算法权力通过全方位监视和跟踪,不断明晰用户画像,使用户沉迷于算法推荐的"精神鸦片"和"安慰奶嘴"当中,失去了独立思考的能力,成为"单向度的人"。算法权力催动的社会加速带来 5 个方面的异化:空间异化、物界异化、行动异化、时间异化、自我异化。[②] 而能够克服异化的解决方法之一就是追求充满情感共鸣、情绪共振、情谊共通的社会关系,即主体世界和客体世界之间彼此呼应的和谐关系。

罗萨的加速社会理论对计算广告时代下的广告异化现象具有很强的解释能力。计算广告有一种传播偏向,便是对消费者进行无休止的商业信息轰炸,通过潜在的压迫和无形的麻醉使他们接收尽可能多的广告推荐内容。当算法作为广告精确制导时,这些个性化内容大大加快了人们消费的步伐和欲望,使娱乐至死、购物至上成为迷惑人们的精神鸦片。谷歌已经开始通过 AI 自动生产和自动投放智能化广告进行全域高效获客,从而全方位替代传统广告的烦琐流程。人们合理的公共消费需求被迎合个体兴趣的多渠道生成式 AI 广告所刺激与加速,传统大圆桌的饭局闲谈逐渐让位于亲密式的个性化定制,导致人们日益习惯于短、平、快的心理满足与消费方式。由于隐私信息个人化是以个人隐私信息化为基础,亲密式的个性化定制需求越强烈,消费者的隐私信息供给也就越加速。因此,个性化广告是以隐私的加速消解和真实个体的完全透明为代价的。[③]

2.对信息茧房现象的消费再论

算法诞生的初衷是让消费者可以更加协调、有效、自如地满足自身的消费需求,但计算广告的发展在相当大程度上限制了消费者对商品多样性的感知,即它框定了我们的消费世界,深刻地影响着我们对消费空间的认知。

---

① 沈雪、李欣:《人工智能时代算法权力的隐忧与反思》,《未来传播》2022 年第 4 期,第 19-25 页。
② 罗萨:《新异化的诞生:社会加速批判理论大纲》,郑作彧译,上海人民出版社 2018 年版,第 19-29 页。
③ 李凌、陈昌凤:《信息个人化转向:算法传播的范式革命和价值风险》,《南京社会科学》2020 年第 10 期,第 101-109 页。

人们像驾驶着一辆由算法制造的"法拉利"跑车——它既给我们带来了前所未有的轻松感和自由度,也将我们牢牢限定在这辆豪华信息快车制定的商业规则和框架之中。① 由于算法车道区隔的存在,一种类似于"信息茧房"或"过滤气泡"的广告效应,同样发生在购物平台的热搜榜之中。细分消费圈层具有封闭性,它们之间缺少体验、意见与观点的交流,计算广告促使"信息茧房"逐渐演变成"消费茧房"、"审美茧房"和"情感茧房"。② 算法传播不断推送个体感兴趣的广告内容,刺激了"购物多巴胺"的产生,让人从沉迷到依赖,直至上瘾。用户长期处于"消费气泡"当中,会产生群体极化、圈层隔阂和回音室效应,人们接触到的消费信息变得狭隘、片面、极端,理性消费的能力减弱,从而导致阶级固化与消费意识形态的分化。

　　随着技术的发展,摄像头、手机、汽车、刷卡机等隐藏在消费者无意识状态下的"超级全景监狱"已全面进入"算法时代"。在全场景传播背景下,计算广告的"符号暴力"机制导致所有的消费者不可避免成为"被算计的人",而"消费茧房"正是算计的后果之一。计算广告算法的技术中性并不与价值观的中性趋同,其对消费者隐私的全面侵袭,凸显当前隐私问题的严重性,影响整个计算广告产业的可持续发展。③ 在计算广告日益追求高精准的背景下,商业服务中的人以数据的形式存在,原本建立在消费理性基础上的个人隐私空间成为待价而沽的商业数据集散地。当算法将虚拟世界和现实世界的个体相联结,当算法将某一个体的过去、现在和未来数据相联结时,计算广告的每一次精准推送都可能暗藏着对个体隐私的践踏和结构性歧视锁定。④ "消费茧房"把我们关进一座商业迷宫,我们只能看到被个性化算法筛选过的商品信息,错失了更广阔、更自由的商业世界。

　　由于计算广告的算法技术强化了消费者的个性化消费方式,提供给消费者的广告信息差异导致隐性鸿沟的扩大正在成为现实。由于计算广告根据算法逻辑将消费者划归不同圈层、贴上用户标签,形成了非常隐蔽的消费认知偏见与消费行为歧视。用户在无法察觉偏见和歧视的情况下不断地循迹自身留下的数字印迹,这样的同质化反馈循环让消费者困在"消费茧房"

---

　　① 喻国明:《传播学科的迭代:对数据与算法的纳入与包容》,《新闻与传播评论》2019 年第 5 期,第 1 页。
　　② 陈龙、经羽伦:《从热搜榜看平台算法传播公共性建构的三重困境》,《南京社会科学》2023 年第 9 期,第 100-110 页。
　　③ 江作苏、刘志宇:《从"单向度"到"被算计"的人:"算法"在传播场域中的伦理冲击》,《中国出版》2019 年第 2 期,第 3-6 页。
　　④ 张欣:《从算法危机到算法信任:算法治理的多元方案和本土化路径》,《华东政法大学学报》2019 年第 6 期,第 17-30 页。

中无法自拔,形成了"大数据杀熟"的智能鸿沟。① "大数据杀熟"通过盗取用户数据(如个人消费支出、个人消费频率、个人消费场所等)进行用户画像,利用用户黏性对不同消费者实施"千人千面"定价和差别化对待,使他们困守在不同的"消费茧房"之中。从传播动力学角度来看,一种消费文化可以在网络空间中进行跨界传播,并与其他异质性的文化类型产生交互与融合②,其前提条件就是算法推荐的商业信息必须包含异质化内容,这样的关联机制才能推动核心文化向其他文化类型的扩散,形成消费文化的"破圈"传播现象。③

3.对数据主义思想的拜物祛魅

如果说农业文明时代是神性世界,工业文明时代是人性世界,那么信息文明时代就是数性世界。万物量化是祛魅时代新的数字拜物教,数字拜物教认为万物皆可量化,数据超越价值,宇宙所有的活动都是数据的流动,而对人类活动的全面数字化成为数据主义者孜孜不倦的一种信仰追求。个体把自身身体、心理、状态和行为数据化,特别是通过互联网提供的海量文本、图片、视频等信息,追踪用户浏览、点赞、评论、互动等情感劳动的痕迹,重构虚拟世界的自我映射(云个体),从而更加精确地捕捉消费者的用户画像。当人类无力处理海量数据时,算法就粉墨登场了。通过大数据分析,云个体就如"数字幽灵",时刻蚀附在真实个体之上,成为真实个体挥之不去的"背影"。通过大数据和算法合谋,计算广告可以轻易射出营销的"丘比特之箭",消费者躲无可躲,只能被迫接受并无奈享受计算广告推送的种种诱惑。

数据主义者认为,人们之间的一切交往,都不是出于神秘难解的暧昧情感,而是数十亿神经元在瞬间计算各种可能的结果,传统的"人类直觉"其实只是"辨识模式"罢了。④ 美国大数据公司 Acxiom 的宣传口号是"我们保证您可以 360 度全方位了解顾客"。数据就是透明的媒介,数字化全景监狱实际上让人能够 360 度全方位无死角地监控每个人。"量化自我"理论宣称"通过数字认识自己",自我可以被彻底分解成数据,使自我完全丧失意义。我们现实世界的生命,在网络上以云个体形式被准确、完整地"临摹"出来,这比我们自己描述自己还要更加全面、具体、准确,"推荐算法比你更懂你"。声称可以摆脱任何意识形态的数据主义本身已经成为一种意识形态。然

---

① 王燕星:《狂欢下的隐忧:聚焦大数据时代的算法传播风险》,《长春理工大学学报(社会科学版)》2022 年第 4 期,第 82-87 页。
② Geertz C. *The Interpretation of Cultures*. New York: Basic Books, 1973, p.13.
③ 何苑、张洪忠、苏世兰:《基于算法推动的文化传播"破圈"机制研究:以 B 站"法国音乐剧"的传播为例》,《福建师范大学学报(哲学社会科学版)》2022 年第 3 期,第 113-126 页。
④ 赫拉利:《人类简史:从动物到上帝》,林俊宏译,中信出版集团 2017 年版,第 18 页。

而,大数据却无法回答"我是谁"的问题,不管大数据有多么强大,我们都无法仅仅依靠它来实现自我认知。①

数据主义让我们自动放弃价值判断,无条件依靠算法进行决策。比如,数字平台上的数字劳动通过算法来调节供需管理,外卖平台通过算法,就可以自动计算外卖员的最佳匹配。如果一位外卖员接了6个订单,包括12个取餐和送餐的任务点,平台算法系统会在多种可能的路线中推送出最佳配送方案。对顾客来说,他们整体获得了最快服务;对外卖员而言,则意味着提高了劳动效率;对企业而言,算法可以实现利润最大化;对于算法本身,个人隐私数据就是"能量棒"。② 当算法对多种主体数据进行全方位控制时,数字劳工成为链条的最低端,他们为了迎合算法接单而疲于奔命,在提升排名和获得好评的数字游戏里每天超时超量如超载机器般运行。在这场游戏里,人本身成了商品,个人隐私数据无一例外地被货币化、商业化和资本化,作为具有经济价值的隐私数据包被交易、被操纵。平台管理者就像游戏机玩家,外卖员就像游戏角色,数字平台对数字劳资关系进行颠覆式重构,数字平台的技术垄断造成数字劳资关系的绝对不平等,深化了数字资本对数字劳工隐私的全面占有、控制和剥夺。③

(二)计算广告的技术进路

1.计算广告的具身传播

20世纪50年代,计算机甫一诞生,人们就开始研究如何让它变得更人类些。"人工智能"(AI)的概念早在1956年就被麦卡锡、明斯基、香农和罗切斯特等人在其组织的"达特茅斯会议"上正式提出。此后,研究人员开始利用逻辑、符号、语言、搜索、知识表示等方法不断改进人工智能水平。2015年,人工智能领域发生一个里程碑事件:谷歌公司的AlphaGo使用深度学习算法战胜世界围棋冠军李世石,AI技术广阔的应用前景出现曙光。此后,深度学习算法的不断发展和大数据技术的广泛应用,使得AI技术在自然语言处理、图像识别、语音识别、机器翻译、神经网络等方面都取得了重大进展,被广泛应用于语音助手、人脸识别、智能家居、同声传译、自动驾驶、智能诊断等各种领域。智能技术本身带有以人为中心的价值取向,从智能系统到智能机器人,从数据采集到实体互动,智能技术越发向人类身体特征靠

---

① 韩炳哲:《大数据中的精神政治》,https://www.sohu.com/a/711412147_121124808,2023年8月13日。
② 彭兰:《算法社会的"囚徒"风险》,《全球传媒学刊》2021年第1期,第3-18页。
③ 温旭:《数字资本主义下数字劳动的意识形态批判》,《马克思主义研究》2021年第9期,第149-158页。

拢、越来越以人为本,人类也在智能技术的发展中寻找着肉体的存在感,具身关系重新回到了传播的中心位置。①

在 5G 时代,数据产生价值,万物以数据而互联,未来因数据而智能。计算广告与大数据关系密切,计算广告本质上就是获取大数据、提炼大数据、推送大数据的精确制导、精准营销的信息传播过程。因此,大数据是计算广告的"矿场"、"血肉骨架"和"基础设施"。云计算是一种生产力,是一种资源重组的能力,它为计算广告提供了共享的"大脑"。算法是计算广告的"灵魂"、"触手"、"设计师"和"神经系统"。区块链技术构建了计算广告强大的"免疫系统",为计算广告保驾护航。大数据、云计算、算法和区块链构成了计算广告的基本技术要素,其中算法居于核心地位。计算广告通过算法推荐这个抓手被赋予"感知功能",从视觉、听觉、触觉、味觉、嗅觉等各个方面不断接近人类的身体感官水平,最终达到"具身互动"的完美呈现。② 算法在呈指数级增长的海量数据的"喂养"下,对于"人"的刻画更加全面、深入和精准,计算广告与用户之间的具身传播也更加接近。即使身体缺席,也存在虚拟假体与环境交互的营销体验赋予的共识,从而使理解成为可能。③

随着智能技术的深度渗透,可穿戴设备、仿生技术、虚拟现实、增强现实、混合现实等实现了人类社会智能与科技、媒介的相存、互嵌与共生。这些由智能终端操控的大数据系统,将各种媒介终端与人类身体空间紧密结合起来,交织成一张无形的身体数字化网络。广告传播实践的对象从大众媒介时代以肉身为基础的生物人进化到新技术背景下人机互嵌的"赛博人"。④ 在元宇宙场景中,"赛博人"既是连接两个世界的介质,承担认知、感受、体验、情绪、情感、心智等的现实物质载体,也是进行游戏、交往、交易、消费的虚拟身份载体。算法传播是人类自我传播的虚拟映射,同时也是人际传播的间接呈现。用户通过多个触点进行活动时,算法技术也实时、精准地推送计算广告给用户。当用户在"凝视"信息时,计算广告也在"窥视"用户,这就意味着只要消费者离不开网络,网络就能持续学习和消化用户的各项

---

① 林升梁、叶立:《人机·交往·重塑:作为"第六媒介"的智能机器人》,《新闻与传播研究》2019 年第 10 期,第 87-104 页。

② 郭浩、张芷茵:《智能算法推荐与用户情绪关系的实验探究》,《新媒体研究》2019 年第 15 期,第 15-17 页。

③ 芮必峰、昂振:《传播研究中的身体视角:从认知语言学看具身传播》,《现代传播》2021 年第 4 期,第 33-39 页。

④ 吴倩:《从意识沉浸到知觉沉浸:赛博人的具身阅读转向》,《编辑之友》2019 年第 1 期,第 20-24 页。

隐私数据,不断逼近消费者的具身传播实践,从而极大提升计算广告的效果。

2.具身传播的算法异化

计算广告的产业革命本质上是底层传播逻辑的全面数字化和算力化,算法作为先进生产力为计算广告提供了核心动力,催生出计算广告这一全新的广告形态,颠覆并重构传统广告产业的运行机制。一切数据需要算法这个抓手才能变现价值,数据是算法的"生产资料"。在"用户争夺战"中,算法成为计算广告拓展用户、增强用户黏性的利器。谁的算法技术强,谁就有可能通过更精准的"读心""读脑",采取更为"亲近"的手段"拉拢"甚至"引诱"用户。[①] 计算广告"数据识别—需求匹配—要素搭配"的传播路径可以有效耦合要素并为消费者创造独特的营销场景体验。[②] 当各种智能终端利用算法推荐与人体深度"黏合"时[③],传播的具身性和媒介的具身性开始显露出来,计算广告的数字交互技术使得数字消费时代的"身体在场"成为可能。盖伦认为,人类本来就具有天生缺陷,现实身体只是我们使用的第一个假肢,技术是人类本质的有机组成部分,人与媒体的互嵌天然地形成人造的性质。[④] 当人类自觉将选择权和判断权交给算法决定,反过来就被算法传播所嵌控。因此,具身传播水平越高级,算法异化程度就越严重。

资本无止境追求利润的欲望和驱动是催使算法异化的本质根源所在。算法程序具有技术门槛性,它隔绝普通用户对算法黑箱的普遍质疑。在平台对用户隐私数据的垄断下,资本对算法权力的滥用滋生出所谓的"算法霸权",数字劳工依然无法逃脱被无偿剥削的命运,甚至还要变本加厉。一方面,用户的隐私信息和网络痕迹被平台数据化、私有化、商业化售卖给计算广告公司;另一方面,用户的一切活动都在自觉或不自觉地为平台免费转让隐私信息的财产权。在算法监视下,人们默认了算法对自身隐私数据的占有,人与媒介技术之间的关系从便利性到具身性演进,媒介终端的具身化成为发展的必然趋势。[⑤] 在算法物候文化下,人类同意放弃意义和价值,以此

---

① 刘瑞生:《传播"重构"与技术"异化"视角下的算法辨析》,《西南民族大学学报(人文社会科学版)》2022年第6期,第164-172页。
② 文昱:《空间异化:空间消费关系的断裂与耦合》,《青年记者》2023年第6期,第98-100页。
③ 袁星洁、石子玉:《算法推荐在健康传播中的实践进路、问题表征与应对策略》,《湖南人文科技学院学报》2022年第3期,第68-75页。
④ 孔梓睿、覃岚:《具身传播:后疫情时代媒体融合新路径》,《东南传播》2021年第9期,第39-42页。
⑤ 陈龙、王宇荣:《网络平台传播本体建构中的算法迷思批判》,《江苏社会科学》2022年第4期,第222-231页。

换取具身力量的增强。[①] 然而,这种具身传播带来的是对计算广告用户隐私的双重侵犯:一方面,具身传播要求平台必须掌握消费者的全面数据;另一方面,消费者的具身传播本身就显性地泄露了个体的购物偏好等隐私信息。

过分依赖并沉迷于数字营销的具身传播,人类就可能从价值理性退化到工具理性,失去正确价值引导的数字技术反过来威胁人类。具身性视域中的媒介/技术并非中立的客体,而是作为一种工具构成人类身体的一部分,并调节着身体的知觉经验,进而理解周遭、理解存在。[②] 媒介技术的变革带来了对具身传播的反思,在新的营销技术场景之下,身体从传统媒体的缺席离场到具身在场的"重返"。[③] 在这种从离身传播到具身传播的转换中,商家将虚拟现实技术与"剧本杀"游戏相结合,在 VR(虚拟现实)设备的协助下,玩家的物理身体与虚拟空间中的数字身体合二为一,真实与虚假交融,给予玩家高度的场景沉浸感。但是,面对深度的数字化生活,消费者期望通过新的具身实践建立行动和情感释放的场域[④],意图在消费中对真实自我进行不断的探寻与塑造。当掌控智能技术与智能资源的少数企业占有用户个人数据的所有权、使用权和分配权,绝大多数用户却无法享有同等权利,事实上造成了新的"数智鸿沟"。对那些习惯依赖数字技术具身传播的计算广告用户而言,算法传播越精准,消费资源越丰富,具身互动越深入,隐私让渡就越严重,主体感和价值感就越淡薄,其精神生活就越匮乏。

3.算法异化的治理回归

除了经验学派和批判学派,作为传播学第三大流派的媒介环境学派,从媒介技术与社会发展的关系入手,很早就开始研究人与媒介、人与技术的问题。媒介环境学派存在两种完全不同的态度:以哈罗德·伊尼斯和尼尔·波兹曼等为代表的"技术悲观主义论",认为媒介技术可能会瓦解文明,技术的发展使文化向技术投降;以麦克卢汉和保罗·莱文森等为代表的"技术乐观主义论",则认为媒介技术构建社会"共同体",技术与文化共生。[⑤] 智能

[①] 张殿宫、张殿元:《从身体触摸到数字算法:中国物候文化传播的四种形态》,《新闻爱好者》2022年第10期,第58-62页。

[②] 张文娟:《具身性之思想溯源、概念廓清与学科价值:一种对具身研究的元认知》,《新闻与传播研究》2022年第9期,第112-125页。

[③] 张媛媛、冯锐:《作为媒介的身体:具身传播的自我展演》,《新媒体研究》2023年第4期,第15-18页。

[④] 黄婉婷、熊国荣:《作为界面的身体:线下"剧本杀"游戏中的具身传播及空间建构》,《传媒论坛》2022年第8期,第4-9页。

[⑤] 李佳佳、郑子霞:《VR技术在社交领域的具身传播与未来构建》,《传媒》2022年第2期,第51-53页。

传播时代数据技术和算法技术与人具有同构性,成为内在于人主体性之中的重要维度和存在方式。但这种"人—技"共生的新人文主义并不意味着技术可以超越甚至取代人本身的存在。① 作为行动者的数字交往人,在面对算法应用时,也要本能地对算法权力产生警惕。计算广告有多少智能性、便捷性和娱乐性,对消费者来说就有多少侵犯感、剥削感和无力感。②

　　计算广告在"差异化"细分市场的共谋当中,人为地区分消费者,通过广告信息偏食的诱饵引诱消费者沉醉于为商业平台进行数字变现的一次次点击和推送③,让消费者信以为真地感受到被平台特殊照顾的虚幻,完全忽略了这种虚幻是建立在牺牲个体隐私数据基础之上的。这个过程实际上就是在面对算法平台的商业运作和技术逻辑时,消费者自身的异化过程。计算广告对消费者的算计越精准,就意味着它对消费者的了解越深入,其对消费者的隐私侵犯程度也就越深。④ 技术带来的风险部分可以由技术的发展来解决,因此,治理计算广告隐私侵犯问题必然要回归算法技术本身。算法技术能够通过预先设计好的程序代码和设置规则加以规范。因此,可以把算法治理作为对算法侵权问题的元规制治理,从而实现算法技术从监管客体向监管主体的转变。不同于法律的事后规制,算法技术通过提前嵌入筛选程序,能够第一时间对非法信息作出反应、进行把关,从而减轻隐私泄露对个体造成的侵扰。⑤

　　马克思和恩格斯关于技术批判思想的价值归宿就是个体的解放和自由全面的发展,算法传播的终极显然不是算法异化,而要指向人类进步的最高价值取向。⑥ 这不仅揭示了人与技术之间以人为中心的隶属关系,还提出了技术对人的有机弥合与协同发展。算法传播逐渐由简单形式向复杂形式转变、由使用价值向交换价值转变,从而获得一种普遍的"权力",颠倒了社会主义广告的本质与形式。社会主义广告本质上要求所有的广告形式都要遵循个体的解放和自由全面的发展,从而再现人的主体力量。因此,计算广

---

① 蒋晓丽、钟棣冰:《"数据主义"滥觞下的新技术人文:智能时代算法传播的价值转型》,《四川大学学报(哲学社会科学版)》2023年第2期,第125-133页。
② 杜骏飞、王敏:《公正传播论(3):价值算法的使命》,《当代传播》2022年第4期,第37-42页。
③ 郭浩、张芷茵:《智能算法推荐与用户情绪关系的实验探究》,《新媒体研究》2019年第15期,第15-17页。
④ 彭兰:《算法社会的"囚徒"风险》,《全球传媒学刊》2021年第1期,第3-18页。
⑤ 路鹍、付砾乐、张钊丹:《用户隐私担忧视角下短视频平台的算法治理检视:以抖音为例》,《宁夏大学学报(人文社会科学版)》2023年第5期,第127-136页。
⑥ 王贤卿:《社会主义意识形态面对技术异化挑战:基于智能算法推送的信息传播效应》,《毛泽东邓小平理论研究》2020年第6期,第24-31页。

告要实现价值理性与工具理性、社会效益与经济效益的统一,坚持智能技术为人类服务的观点,时刻防范智能技术对人的压制、奴役和异化。当算法技术对人类进行驯化时,我们要有自上而下的伦理反驯,从顶层设计上植入人类社会的价值规则;[1]我们还要有自下而上的伦理建构,通过不同利益主体的协商,动态维护计算广告的生态环境。只有坚持"价值为王,技术为辅"的原则,注重用价值之"道"驾驭技术之"器",我们才能规避因计算广告深度扩散和过度使用而导致的工具理性与隐私问题。

(三)计算广告中算法传播的隐私立场

1.算法平台的垄断性

垄断与竞争天生是一对矛盾综合体,垄断是资本家追逐的目标。算法平台垄断数据之后,也自然而然地诞生了所谓的食利阶层:由于缺少竞争,互联网巨头可以任意涨价,随意侵犯消费者合法权益,只要维持整个算法平台的正常运行,就能源源不断地收割数据福利。这时技术升级停止了,实业家破产了,无业游民增加了。资本垄断最终是为资本家服务,而社会主义国家对某些支柱产业的垄断,本质上是一种公益税收,是为了支持公共开支和公益事业。2021年,中共中央提出要将"强化反垄断和防止资本无序扩张"作为重点工作,就是为了防止资本取得垄断地位后,增加社会整体运行成本。因此,算法平台不只具有促进竞争的面向,也具有限制竞争的面向,前者只要监管到位,后者却需强力约束。

算法平台的垄断性导致算法赋权,掌握权力的算法平台能肆无忌惮地"入侵"用户的生活场景、全天候地搜集用户个人信息,进而通过算法技术反过来影响用户的信息获取。计算广告看似在客观数据上为人民提供购物服务,实际上却隐含着难以察觉的算法偏见与算法歧视,通过自动化数据决策剥夺人们自身的价值判断。长此以往,在隐含的价值偏向下进行算法传播,会影响社会共识,加剧贫富分化,引发潜在风险。[2] 算法平台的垄断性导致其对用户数据的无成本、无止境占有和利用,计算广告看似是私人定制下的精准"投喂",实则是用户被迫全面让渡个人隐私,用"隐私"权益换取一些使用"便利",这种不对等的交换会引发严重的隐私危机。

传统门户网站经济发展至今,已经演变为社交媒体经济,进而再到最新的人工智能经济。作为一种新产业、新业态,各国政府为了鼓励其发展,均

---

[1] 喻国明、耿晓梦:《智能算法推荐:工具理性与价值适切——从技术逻辑的人文反思到价值适切的优化之道》,《全球传媒学刊》2018年第4期,第13-23页。

[2] 李潇凝:《智能传播时代网络舆论的算法偏向:表征、成因及风险》,《新闻论坛》2022年第3期,第88-90页。

持包容且审慎的监管态度,从而使得互联网经济恣意生长、无序扩张。互联网经济本质上是注意力经济,它为了无止境提高流量,尽其所能挖掘用户个人信息,通过精准的量化计算推送广告。在计算广告时代,注意力是广告商趋之若鹜的"硬通货"。当互联网找到计算广告商为注意力经济的流量买单之后,算法平台表面上免费提供网络服务给大众以迅速吸收网民,实际上则是侵犯网民的个人信息,私下售卖给计算广告商以实现盈利。为获取更多的用户注意力并增加用户黏性,算法平台往往不择手段打造自己的数据帝国,拒绝数据对接与共享,同时猛烈打压或猎杀性地收购竞争对手。针对算法平台的垄断性行为,在互联网经济发展渐渐成熟之时,中央为了促进算法经济的良性发展,审时度势,及时发出强化监管的要求,可谓是恰逢其时。①

2.个人信息的财产性

个人信息包含隐私信息,不仅包含不愿为外人知晓的隐私信息(如病史、性取向、犯罪记录、账户密码等),还包含可以公开的非隐私信息(如姓名、性别、身高、肤色等)。同时,"隐私"具有主观色彩,有的人认为收入、地址、电话号码等个人信息不算隐私,有的人则认为是隐私。数字时代个人信息和隐私信息的界限十分模糊,数字化技术的发展使得许多隐私信息同时具备个人信息的特征,如通讯记录、购物痕迹、收入流水账等隐私信息,都可以通过技术手段获得,从而成为具有身份识别特征的内容而被纳入个人信息的管理范畴。目前,隐私信息牵涉人格权和财产权等,个人信息只涉及人格权,对隐私权的保护要高于对个人信息的保护。② 随着数字化经济的发展,个人信息不应当被看作封闭的"数据堡垒",而是要兼顾个人信息权益和信息利用效率,传统的个人信息人格权的保护模式已经捉襟见肘。

个人信息不仅具有人格属性,而且还具有很高的商业价值,这就使得个人信息的保护应该向隐私信息的保护模式靠拢。个人信息不仅应该拥有人格权,还要拥有财产权。③ 个人信息可以成为某种特殊的商品,可以按照主体的意愿同意销售或拒绝销售。个人信息财产化理论是智能社会发展扩张的结果,其背后蕴含着个人对其信息的自主权。赋予个人信息以财产价值有利于更好地保护个人信息,肯定个人信息的人格属性和财产属性都是对人在数字社会中的存在价值的尊重,前者是对个人社会价值的尊重,后者是对个人商业价值的尊重。充分发挥个人信息的商业价值,是为数字时代算

---

① 侯利阳:《互联网资本无序扩张的反垄断规制》,《人民论坛·学术前沿》2021年第20期,第78-85页。
② 高富平:《个人信息保护:从个人控制到社会控制》,《法学研究》2018年第3期,第84-101页。
③ 李楠:《论个人信息的财产权保护》,《经济研究导刊》2019年第15期,第191-192页。

法经济的发展奠定基础。① 在各国争先发展算法经济之时,谁最先挖掘个人信息的财产属性,谁就能最先赢得"头雁效应"。以财产导向对个人信息进行保护制度设计,构筑个人信息财产权体系,才是破解当前计算广告隐私困境的一把钥匙。

算法技术将海量的大数据凝聚成用户画像,从而为计算广告的推送提供精准服务,这一切得以顺利进行的前提是获取用户的海量数据。互联网企业实际上很难做到真正意义上的大数据,不仅用户对个人信息的保护无法全部放开,就是互联网企业之间,算力平台也往往由头部企业把持。头部企业控制着数据的收集与利用。算力平台通过技术壁垒筑起数据的"护城河",实际上阻碍着互联网经济的发展。② 互联网平台出具的隐私保护条款冗长又晦涩难懂,用户需要花费大量时间和精力阅读和研究访问网站的所有隐私条款,用户很少有耐心做到这一点。他们多数就是直接点击"同意"按键进入下一个环节,导致知情同意原则异化为僵尸规则,个人很难实现信息自主的利益诉求。③ 个人信息财产化理论的提出,可以为个人信息付费提供法理依据。只要平台收集个人信息,就应该向用户支付一定的费用,这也为算力平台之间买卖用户数据、促进数据流通奠定了基础。显然,计算广告主最终要为这些费用买单,从而避免出现计算广告主免费使用用户数据、过渡侵犯个体隐私的情况,使用户权益无法得到保障。

3.个体隐私的控制性

传统的隐私信息个人控制理论是建立在西方个人主义文化之下的,它强调隐私信息神圣不可侵犯的人格权,而忽视了隐私信息在互联网时代的社会性、基础性、经济性和公共性,因而不能全面反映个人隐私的法律属性,也不能适应数据经济时代隐私信息使用的新环境和新模式。这预示着隐私保护应从个人控制走向社会控制。个人一旦与外界互动,就必然失去一定程度上的隐私控制。计算广告通过大数据能够轻易觉察个人的收入、行踪、购物等隐私信息,以此进行用户画像,这是产业发展的需要,不是个人能控制的,除非你永远不上网。隐私信息不应当被看作是完全封闭的"自留地"。隐私保护本质上是前端控制个人信息的收集与使用,如果个人无法控制前端设置,就必须由社会组织控制、由法律控制、由多主体控制。这

---

① 姬蕾蕾:《大数据时代个人信息财产权保护研究》,《河南社会科学》2020年第11期,第21-30页。
② 兰帅辉,尹素伟:《数据、算力和算法:智能传播的多维特征、问题表征及应对》,《当代传播》2022年第5期,第93-96页。
③ 姬蕾蕾:《大数据时代个人信息财产权保护研究》,《河南社会科学》2020年第11期,第21-30页。

就要求中国特色计算广告产业下个人隐私保护制度要考虑多方利益主体，前端控制时要区分不同的隐私价值，调整不同的隐私边界，设置不同的准入等级。

在我国大力发展数字经济的背景下，前端控制越来越困难，这就意味着计算广告的规制要转向中端控制。算法传播的自动化容易通过算法赋权、算法黑箱、算法偏见、算法失范、算法异化、算法共谋6种类型侵犯个人隐私，这就需要算法平台自律、行业监督、技术反制等中端控制。中端控制可能比前端控制更为有效，因为它强调将规范的重点放在如何安全使用上。而个人信息财产化理论强调个人对隐私信息的经济控制，这就从中端控制的安全使用转向终端控制的事后补偿。基于隐私侵犯的既成事实，通过广告主或算法平台对这一事实的经济补偿，使得隐私侵犯的后果变得不那么严重。当这种经济补偿在多方主体均可接受的范围之内，个体隐私的终端控制就达成了。因此，计算广告社会互动过程中的隐私风险，可以通过"前期预防""中期监控""后期处置"这三级程序，查找各环节存在的风险点，制定相应的风险防范措施，建立起系统的隐私风险管控和预警机制。

当计算广告传播时，算法统帅用户流量池、用户数据管理、商品关联度判断等诸多模块，甚至连用户的情感劳动也被裹挟其中，通过预判、分析、使用和控制用户的情感数据实现具身传播，从而达到不冷场的互动和高浓度的黏性，算法传播也具备了情感要素。[①] 计算广告这种明显的拟人化倾向，容易招致传播学批判学者的猛烈抨击。然而，正如汽车进入我们生活带来交通的便利同时也产生了很多事故危害，但人类的解决方案肯定不是因噎废食，禁止汽车的使用，而是通过培训和提高驾驶员技能、制定并实施严厉的交通法规、建设与拓展合理的交通设施等，来尽可能减少汽车带来的交通事故。同样，当计算广告逐渐成为人们日常生活的一部分，使隐私侵犯成为高危事件，我们也不能简单禁止计算广告的使用，可以通过事前、事中、事后的控制加以解决。批判学派对技术理性的认识可能存在二元对立的思维方式。他们把技术理性等同于工具理性，认为技术理性的张扬必然导致价值理性的衰微。[②] 我们认为，对计算广告的认识要倡导工具理性和价值理性的统一、技术思维与人文精神的融合，而不是将其推向工具理性的极端[③]，否则将陷入全盘否定计算广告的泥潭。

[①] 肖珺、郭苏南：《算法情感：直播带货中的情绪传播》，《新闻与写作》2020年第9期，第5-12页。

[②] 赵建军：《超越"技术理性批判"》，《哲学研究》2006年第5期，第107-113页。

[③] 彭兰：《算法社会的"囚徒"风险》，《全球传媒学刊》2021年第1期，第3-18页。

二、以算法向善为核心建构中国式计算广告隐私伦理体系

(一)隐私文化的中国解读

1.集体主义视角下的中国隐私概念解读

在中国传统的集体主义文化之下,中国人习惯于将窥探他人隐私作为拉近彼此关系的重要方式。国家、集体和家庭的权威总是比个人权利诉求更为重要,个人的得失并不重要,少数服从多数、个体服从集体是中国传统文化的真实写照。个人主义往往被认为是格格不入、与社会和谐不兼容的,因此,许多中国人倾向于将个人隐私置于社会、集体和家庭的文化和利益之下。在单位里,领导询问单位员工的家庭状况,如婚姻、住址、小孩、健康、履历等,是司空见惯的行为,表达了领导对下属的关心;在家庭里,父母认为经常查看子女的手机、电脑、日记等,是了解孩子的好途径。数字经济的发展虽然给中国人带来了崭新的思想,但集体主义的文化仍然深深地印在中国人的脑子里。从众是一种心理趋势,法不责众是心理状态,只要和大家都一样,即使这件事会侵犯到自己的隐私,也显得不那么重要。

随着中国社会数字化进程的加快,中国人的文化价值观发生了一定的变化,垂直集体主义减弱,水平集体主义增加。但总而言之,集体主义的观念在中国仍然占据着重要的社会地位,个人隐私的保护仍然存在重重困难。作为用户的个体,我们从来没有真正拥有过对抗互联网企业侵权的决心和勇气。中国文化的逻辑是别人都在用的东西一定好、大家这么做一定对、别人不说我也不说,所以很多洗脑式广告在中国市场上获得了很好的效果。比如脑白金"今年春节不收礼,收礼只收脑白金"、恒源祥的十二生肖拜年广告、好迪洗发露"大家好才是真的好"、雕牌洗衣粉"只买对的,不买贵的"等。[1] 中国广告数量特别多,转化率也比较高,其实与洗脑式广告适应中国人的从众心理有很大关系。当恶俗广告以计算广告的外衣渗透进互联网世界,很容易为网民营造一种伪集体主义文化的情境,从而麻痹用户对隐私泄露的担忧。

很多中国网民在社交媒体上随意分享个人生活、工作内容和家庭动态等方面的信息,不仅主动曝光自己的隐私,也可能曝光别人的隐私。在网络世界,如果有人愿意主动分享个人隐私,那么隐私泄露是必然结果,中国算法平台通过集体主义文化默认了用户的隐私让渡结果。遇不到隐私抵抗的中国算法平台得以疯狂成长,垄断性的增加反过来强化了平台对用户的隐

---

[1] 朱庆华:《七宗罪:恶俗广告:网络广告的一颗毒瘤》,《中国广告》2009年第7期,第34-35页。

私控制。在以互联网企业为主导的中国数字市场经济初期阶段,用户的隐私不设防备地被企业引导、改变,变得越来越顺从、越来越廉价。随着智能经济的兴起,互联网企业单方面主导的市场注定不能长久,用户的隐私不能继续做无谓的牺牲,中国人虽然对隐私的诉求虽然不那么强烈,但毫无疑问地都在加强。中国互联网企业不得不作出改变的姿态,相应的监管配套措施也必然会逐步完善,计算广告的隐私侵犯问题和网络乱象才能真正得到改观。

2.数字经济时代隐私信息化和信息隐私化

传统媒体时代的隐私信息是被动式的保护,由于物理空间的限制,隐私泄露的后果局限于小范围,破坏性没那么强。随着社交媒体时代的到来,特别是人工智能社会的新发展,信息的流动大大加快,裹挟其中的每个人都为信息的流动赋能。算法平台经过算法赋权,能够监控所有用户的隐私数据,理论上既可以保护也可以损毁所有人的隐私。计算广告使算法平台盈利成为可能,为了追求利润最大化,平台损毁的欲望超过保护的欲望。人工智能技术的发展,逐渐消解了传统隐私的边界。计算广告不仅可能侵犯消费者隐私,也可能带来超越传统地理位置界限的自主性身份建构,比如通过隐私信息分享,凝聚成特定身份群体的算法广告界面信息。这种建构是可持续的动态协商过程,每个消费者由隐私信息构成,隐私信息参与维系和构建消费者的身份认同。换而言之,消费者愿意分享多少隐私信息,就能从网络中得到多少身份认同满足。隐私信息化成为网络时代的一种自我选择,呼唤着崭新的隐私解释与求变的监管模式。

在数字化环境下,个人当然拥有一定程度控制自己数据被获取和被使用的权利。社交媒体互动、在线购物、活动轨迹、医疗记录和金融交易等活动产生了大量的隐私信息,不可避免增加了用户隐私泄露的风险。当我们在网络上被人破解账户密码、脸部识别信息被色情诈骗利用、私下对话被录音上网等,有些不属于隐私的个人信息变成了隐私[1],隐私信息化就变得危险起来。在多方主体协商不到位、不对等的情况下,任何形式的隐私信息化都可能变得鲁莽。算法平台上出现的多数隐私侵犯案例,算法平台都享有很大的现实豁免权,最终都难以追究其责任。[2] 信息隐私化是对隐私信息化的一种反应,它意味着传统意义上的个人隐私需要重新界定。此外,经过

---

[1] 王颖:《新媒介环境下隐私困境及其保护研究》,中国社会科学院大学博士学位论文,2023年,第65-80页。

[2] Danielle K C. Intimate Privacy's Protection Enables Free Speech. *Journal of Free Speech Law*,2022,2,pp.3-16.

技术加密等手段的隐私信息才能转换成网络信息已经成为共识。如果计算广告使用隐私数据时经过脱敏加密处理,消费者就会倾向于接受计算广告,也倾向于在网络上分享隐私信息。可见,避免信息隐私化需要营造可信任的隐私信息化环境,让用户安全、放心地自由行动和自我表达,反过来会促进网络信息的流动。

计算广告的数字治理本身要求必须处理好隐私信息化和信息隐私化这两大难题。在数据成为生产要素的今天,过度限制隐私信息的收集、存储、加工和利用只会影响人们享受信息福利,而个人信息被滥用、个人隐私被侵犯也会使互联网生态环境恶化。计算广告支撑起互联网运行的资本基础,计算广告的发展与隐私保护的矛盾势必长期存在。但不管如何变化,一些基本原则需要遵守:最低限度原则——能少利用就少利用;高门槛准入原则——要有严格的准入审核制度;相关利益者知情透明原则——确保利益相关者的知情权;社会参与同意原则——社会成员广泛参与和多数同意才能实行;事后补救原则——隐私侵犯事后补救措施;目的和结果一致性原则——个人信息的使用目的和结果保持一致;明确的责任承担原则——隐私侵犯的责任主体应该明确;时限原则——个人隐私信息严格设定使用期限和销毁约定。①

3.中国计算广告环境下的合理隐私期待

5G技术带来万物皆媒,计算广告通过传感器技术最大程度地拓展用户数据采集能力,可以通过任意终端装置到达用户,人们迟早要面对隐私逃无可逃的商业场景。当前,各国生成式人工智能产业正以令人难以置信的速度发展,完全颠覆了传统广告的行业格局,促动计算广告朝着更加成熟的方向迈进。广告从业人员把烦琐的广告流程外包给机器程序,用更低的成本为人们创造出更多的时间。路透社报告指出,中国的算法平台在使用人工智能算力方面处于世界领先地位。② 这与在集体主义文化观照下中国人对隐私关注不是十分敏感有关,中国人对计算广告比较宽容。因此可以建构中国特色的计算广告"合理隐私期待",从中华传统文化隐私实践视角和当前信息社会中国人的隐私觉悟视角衡量中国人的"合理隐私期待"。美国式过高的隐私期待,会阻碍计算广告产业的发展;萨摩亚式过低的隐私期待,

---

① 王俊秀:《数字社会中的隐私重塑:以"人脸识别"为例》,《探索与争鸣》2020年第2期,第86-90页。
② Newman N. *Journalism, Media and Technology Trends and Predictions* 2019. https://reutersinstitute.politics.ox.ac.uk/our-research/journalism-media-and-technology-trends-and-predictions-2019,2023年11月16日。

同样也不利于计算广告良好生态的形成。计算广告要在合理隐私期待的范围内消除消费者的身心隔阂,维护消费者的身心信息安全,为具身消费实践创造可信任的数字环境。

中国人的隐私边界是动态、即时、互动、模糊的,它是平台和用户共谋的结果。鉴于隐私概念的复杂性,中国计算广告环境下的合理隐私期待具有双重标准——主观标准和客观标准。主观标准的出发点是中国用户对隐私的合理期待,比如有些隐私信息被收集、存储、加工,但尚未被利用而产生实质性的严重后果,或者隐私信息被算法平台较为合理地使用,或者算法平台对个体进行了某种程度上的利益补偿,这时个体的主观隐私期待值就会相应减弱。客观标准主要是指中国社会对于个体的合理隐私期待,比如有些公益广告需要从社会要素来判断其合理性,有些突发事件需要政府有关部门监控个体出行轨迹以便推送警示性广告,这时虽然在一定程度上侵犯了公民的隐私权,但公共利益高于个人利益,隐私期待就具备了合理性。随着数字经济的发展,中国计算广告环境下的合理隐私期待还在不断变动,其目的是取得隐私保护的合理标准值,更好地实现社会公共利益和个人隐私利益的有机统一与动态平衡。[①]

隐私权强调的是信息主体对个人隐私信息的控制力和自决力,因此建构合理隐私期待的主客观标准还要考虑被遗忘权和删除权。被遗忘权和删除权区别在于前者适用于合法公开的个人信息[②],后者适用于被非法公开的个人信息。被遗忘权和删除权都是正当的独立的人格法益,本质上均是实现个人身份认同与身份建构的法益。被遗忘权和删除权最早在欧洲司法实践中成为正式法律用语,2014年5月13日欧盟法院对"冈萨雷斯诉谷歌公司案"的终审判决允许用户删除个人网络信息成为被遗忘权第一次司法成功实践的例子。2018年欧盟的《一般数据保护条例》出现了删除权。当消费者购买隐私物品留下痕迹时,计算广告很可能推送类似商品到用户的公开界面,造成消费者隐私的自动暴露。中国计算广告环境下的合理隐私期待要充分尊重消费者网络分享信息和购物信息的被遗忘权和删除权,实现人工智能的价值观与创新观、技术崇拜与内容供给之间的平衡,是我国在计算广告时代进行算法治理的必然选择。[③]

---

① 范玉吉、李宇昕:《智能传播时代的"合理隐私期待"》,《新媒体与社会》2021年第1期,第123-140页。

② 王苑:《中国语境下被遗忘权的内涵、价值及其实现》,《武汉大学学报(哲学社会科学版)》2023年第5期,第162-172页。

③ 郭小平、汪亚纯:《智能媒体:传媒业态、形态与生态的重构及其反思》,《新华文摘》2019年第18期,第128-130页。

(二)计算广告的中国释义

1.社会主义广告的本质和特征

近代西方广告概念的出现大概在 1645 年，*The Weekly Account* 杂志首次使用"广告"(advertisement)，此前多用"注意"(warning)一词。[1] 在中国，1899 年，《清议报》首次提出"广告"概念。[2] 之前的广告可能多用"告帖""告白""布告""布帖""告示""注意"等词，但并不影响从现代广告概念上来推溯广告的历史。狭义的广告概念特指商业广告，广义的广告概念泛指广而告之。陈培爱、杨海军、赵琛、陈树林、由国庆等专家均认同广义的广告概念，他们认为，广义的广告不仅应该包含商业广告，还应包含社会广告、政治广告、军事广告、公益广告、文化广告等领域[3]，这样广告学的研究才有更大的空间和舞台。黄合水[4]对广告本质的研究也认为，广告是观念或商业信息传播，只要是"观念或商业信息传播"，都是真正意义上的广告。本书中，笔者认同广义广告的定义，因此，计算广告理所当然也包含了非商业广告的内容。

改革开放以前，我国曾经把广告归类于服务"资本主义逻辑"的范畴。它被运用于资本主义商业投机，引发严重经济问题，广告也异化为阶级压迫和阶级奴役工具。[5] 广告行业长期受到压抑，从而影响到社会主义商品生产和商品交换的畅通。十一届三中全会以后，广告的作用重新被人们所正确认识和重视。马克思主义的社会再生产理论认为，商品生产和商品消费之间还存在着广阔的商品流通领域，广告为商品流通领域承担着重要的传播信息的功能，在商品经济中有其存在的客观必然性。[6] 随着信息社会的到来，信息的加速流动使计算广告的商业价值得到进一步肯定，我们更应该正确认识并妥善利用计算广告来指导人民消费，遵循"为生产、为消费、为商品流通、为美化市容"服务的"四为"方针[7]，加强社会主义广告的"思想性、政策性、真实性、艺术性和民族风格"。

---

[1] 纪华强、刘国华：《广告策划》，高等教育出版社 2019 年版，第 2 页。
[2] 刘家林：《中国近代早期报刊广告源流考》，《新闻大学》1999 年第 2 期，第 57-58 页。
[3] 陈洪波：《抗战时期〈广西日报〉(桂林)广告研究》，厦门大学出版社 2016 年版，第 7 页。
[4] 黄合水、方菲：《广告的演变及其本质：基于 1622 条教科书广告定义的语义网络分析》，《新闻与传播研究》2019 年第 12 期，第 84-96 页。
[5] 葛在波：《马克思广告批判思想的三重解读视角》，《新闻与传播研究》2021 年第 11 期，第 23-34 页。
[6] 张南舟：《建立具有中国特色的社会主义广告业》，《厦门大学学报(哲学社会科学版)》1986 年第 3 期，第 140-144 页。
[7] 胡祖源：《社会主义制度下广告的特点与作用》，《财贸经济丛刊》1980 年第 3 期，第 51-52 页。

任何广告都不仅仅是一种商业行为，它们在传递商品信息的同时，也能反映社会文化、审美观念和价值取向，同时塑造消费者心理和行为，形成某种思想道德观念和价值标准。作为商业营销手段之一，计算广告所追求的主要目标就是让消费者更好地了解和购买产品或服务。然而，计算广告的传播效果依赖于用户数据的质和量，当隐私数据构成算法平台重要数字资产时，企业如何收集、储存、加工和使用这些信息就形成了计算广告隐私问题的难点。在计算广告传播中，企业合理利用用户数据，以达到精准、有效推销产品和服务人民的目的。但更重要的是，计算广告必须考虑公众权益和社会效益，承担一定的社会责任。算法平台要秉承守法、诚信、公正、良心的原则，切勿过分追求经济效益而损害消费者权益，特别是对消费者隐私进行无底线侵犯。因此，广告宣传也要讲导向，企业要在保证消费者利益和社会公共利益的前提下进行合规的计算广告传播活动。

2.计算广告的商业性和公共性

计算广告投放的首要目的就是实现经济利益，互联网空间中各种平台的商业运作也没有脱离赚取利润这一基本原则，众多算法平台媒体通过推送计算广告获得收益、赚取利润。没有计算广告，互联网平台和广告商将无法生存，数字产业也会失去载体和意义。[①] 现代社会算法平台的垄断性使互联网企业能够无偿占有用户数据资产，以极低成本进行计算广告的投放，获得丰厚的利润。从理论上讲，只要算法平台掌握足够多的数据，就有足够大的流量，不愁广告商的青睐，广告收入就可以得到保证。在智能社会，计算广告大大加速了广告运作的整体流程，使广告投入和产出秒速化，广告利润的快速积累推动着算法平台进一步向垄断化方向发展。计算广告变本加厉逐利的商业行为，将算法平台带入诡异的尴尬境地，甚至可能将其引入歧途。

算法平台广告议题呈现出浓厚的低俗化、社交化、侵袭化、商业化属性，互联网企业对计算广告公共性的兴趣并不浓厚，建构算法平台和发展计算广告的出发点与最终结果均指向利己主义与经济价值，而非利他主义与公共价值。在信息时代，用户隐私数据就意味着计算广告利润，意味着算法平台的生存空间。正如马克思所说："如果有100%的利润，资本家们会铤而走险；如果有200%的利润，资本家们会藐视法律；如果有300%的利润，那么资本家们便会践踏世间的一切！"[②]当算法平台依靠计算广告收入可以生存和获得利润时，人们欢呼雀跃于媒体终于可以"独立"成"第四种权力"。

---

① 陈柏峰：《当代中国传媒的商业性和利益场》，《人文杂志》2017年第1期，第114-122页。
② 聂嘉琪：《数字资本主义时代数字劳动的本质探析》，《中共南京市委党校学报》2022年第1期，第60-68页。

然而,算法平台从政党的直接控制中跳脱出来,却套上了计算广告的新枷锁,消解了媒体公共性的神圣光环。在计算广告强烈影响算法平台的背景下,无法迎合广告主需求的算法平台只有消亡。算法平台在追求影响力和利润率的双重压力之下,很自然地极度索取用户的隐私数据资产。

中国的互联网企业在经历野蛮成长之后,逐渐获得了独立性,但这种独立性是资本和利润的独立,而非专业主义和公共性的独立。相关法律法规和媒体伦理等监管机制滞后于市场经验,以计算广告业务为核心特征的算法平台表现出强烈的商业性,其间活跃着许多极端利益主义者。网络平台在发展之初的确为民众提供了发声渠道,重构了传统媒体单向传播的垄断秩序,具备了一定程度上的公共性。然而,随着智能技术的发展,算法平台借助计算广告极端追求利润偏离了媒体公共性的正确方向。算法平台通过计算广告把握住时代机遇成为商业垄断新贵,尽管商业性是任何传媒都无法回避的特征,但是目前中国算法平台的商业性嵌入程度之深,几乎使专业精神和职业道德沦丧,算法平台沦为利益角斗场。[①] 这表明算法经济需要国家力量的介入,脱离国家层面的管制,计算广告就如同脱缰野马,可能把用户隐私数据资产视为囊中之物而胡作非为。

3.计算广告的意识形态侵袭

社会主义初级阶段特指从1956年社会主义改造基本完成到21世纪中叶社会主义现代化基本实现,至少需要上百年时间发展生产力的整个历史阶段。改革开放之初,我国的主要矛盾是人民日益增长的物质文化需要同落后的社会生产之间的矛盾。为了解决这一矛盾,必须大力发展社会生产力,实行社会主义市场经济体制。当中国特色社会主义进入新时代,我国社会主要矛盾已经转化为人民日益增长的美好生活需要和不平衡不充分的发展之间的矛盾。关于中国社会主要矛盾的新论断,体现了继承和发展的有机统一,坚持社会主义初级阶段这个基本国情的认识不变,根本任务仍然是解放和发展社会生产力。[②] 这一基调为计算广告产业的发展提供了政治担保。社会主义初级阶段的论断包括两层含义,除了我们不能超越这个阶段外,首要前提是我们必须坚持社会主义。我国社会主义初级阶段基本经济制度是以公有制为主体、多种经济成分共存。在我国,社会主义公有制经济包括国有经济、集体经济以及混合所有制经济中的国有成分和集体成分。国有经济控制国民命脉,对经济文化发展起主导作用。在计算广告产业发

[①] 陈柏峰:《当代中国传媒的商业性和利益场》,《人文杂志》2017年第1期,第114-122页。
[②] 林兆木:《正确认识我国社会主要矛盾的转化:深入学习贯彻习近平新时代中国特色社会主义思想》,《当代兵团》2018年第9期,第38-39页。

展过程中,国有控股的混合所有制企业也应当占有一定比例。

科学技术是第一生产力,而人工智能作为当代科学技术中最为活跃、最为先进的组成部分,能够推动生产力的飞跃提升。当今世界各个国家都在争夺用户隐私数据资产,2023 年微软在 Windows 11 系统更新后的用户协议中要求将中国用户隐私数据传输到国外数据中心进行处理,引发中国政府对国家数据安全的担忧。同年,中国国家安全部门发现境外组织通过在各类应用程序中嵌入恶意软件开发工具包(SDK),暗中收集中国用户的隐私数据。当互联网企业民营化程度较深时,在商业价值的追逐、资本逻辑的裹挟下,少数中国互联网企业会不会将垄断掌握的用户隐私数据贩卖给国外,从而危害国家数据安全?当国外反动势力掌握中国用户隐私数据,就有能力通过计算广告输出资本主义意识形态,以十分隐蔽的形式精准传播西方自由主义思潮、虚无主义思潮等智能技术的"自由场域"[①],成为导致中国消费者认知偏向、价值迷失、行为扭曲的一种"隐性权力"。

中国社会对计算广告的态度是连接与反连接交替的过程:中国政府既需要计算广告带来的产业经济发展,又不希望计算广告危害国家数据安全;中国算法平台既希望紧跟时代潮流,又不希望被过分监管;中国消费者既希望获得计算广告红利,又不希望被侵犯隐私。在这种情况下,国家要大力发展国有控股的互联网企业,鼓励央企与互联网民营企业进行深化合作与融合创新,充分利用算法智能推荐平台和计算广告传播技能,推动形成网络主流媒体传播矩阵。同时加强网络空间的数据安全和价值导向,坚持社会主义广告宣传导向,在满足人民日益增长的美好生活需要的同时,巩固主流媒体在国际传播格局中的引导地位、权威地位和主流地位。[②]

(三)算法向善的中国取向

1.价值理性引导工具理性的中国取向

德国社会学家韦伯将理性划分为工具理性和价值理性。[③] 工具理性指行动者只追究结果,为了达到利益最大化,可以不择手段。价值理性强调动机的纯正和手段的合理,重视道德精神建设和以人为本的终极关怀。随着信息化时代的来临,工具理性逐渐战胜价值理性,占据主导地位。一味强调科技是第一生产力,带来的虽然是科技的迅猛发展,但也因为滥用技术引发

---

① 张卫良、龚珊:《媒介融合环境下意识形态竞争新变化及其引领》,《思想理论教育》2020 年第 2 期,第 79-85 页。
② 李婷婷:《基于算法推荐的主流意识形态传播力研究》,重庆大学硕士学位论文,2021 年,第 49 页。
③ 牟永福、胡鸣铎:《价值、理性的分裂与同一:发展失衡的理论之源与重塑路径》,《长白学刊》2007 年第 5 期,第 24-27 页。

了不可承担的后果。如果单纯把用户隐私看成是算法平台盈利的工具,那么用户很可能最终会丧失"生而为人"的基本尊严。科技和人文只有平衡发展,以人文精神引导科技发展,人类才可能走得更好更远。① 算法向善的价值理性,核心是把以人为本和造福人类作为算法传播的尺度。这意味着要尊重和关心人本身,意味着发展成果要普惠社会各个阶层,意味着要积极解决算法带来的负外部性问题。算法技术的发展终极是人的自由全面发展,技术发展不是终极,也没有终极,人的发展才是技术发展的中心。"以人为本"的价值理念应该成为计算广告隐私伦理最重要的原则。②

解决计算广告产生的隐私伦理问题,必须明确算法是非人类的"网络行动者",但并不是独立的伦理行动者,"人"才是计算广告的责任主体。计算广告隐私治理的逻辑起点应回到技术、人与社会三者之间的良性互动关系。③ 计算广告隐私治理应将不滥用、不侵犯、不作恶的社会责任感作为算法向善治理的伦理底线,将对人的自由全面发展负责和对社会可持续健康发展担当作为算法向善的基本价值。构建企业数字责任制度由价值理性所决定,基本内容主要包含责任监督制度、责任评价制度、问责追责制度。④ 计算广告应立足社会和谐进步,在算法传播的搜索机制、过滤机制、推荐机制等方面,坚持以社会责任意识推动计算广告发展,同时从技术层面和人文层面解决计算广告隐私侵犯的过度化、恶劣化及资本化等问题。算法只是效率工具,不是自我决策系统,算法平台企业才是责任承担的主体。正如为了交通安全,就必须进行道路限速,为了防止流量至上、利润至上,算法平台企业的自我约束和外部监管依然是社会成本最低、社会整体最优的责任担当治理选择。⑤

算法向善的价值理性需要强监管模式。2023 年 12 月 8 日,欧盟委员会、欧洲议会和欧盟成员国代表初步达成《人工智能法案》。新法案涉及包括 ChatGPT 在内的 AI 系统监管法规,意图寻求人类价值理性和工具理性之间的平衡。法案将 AI 系统分为低风险、高风险、不可接受风险、特定透明度风险等不同等级并制定相应规定。不可接受风险等级的 AI 应用将被

---

① 严飞:《穿透:像社会学家一样思考》,上海三联书店 2020 年版,第 113 页。
② 王仕勇、樊文波:《向善向上:基于良性互动的算法新闻治理伦理研究》,《重庆大学学报(社会科学版)》2021 年第 2 期,第 225-236 页。
③ 王仕勇、樊文波:《向善向上:基于良性互动的算法新闻治理伦理研究》,《重庆大学学报(社会科学版)》2021 年第 2 期,第 225-236 页。
④ 罗喜英、谢任侬、郭伟:《企业数字责任制度推进算法向善:内在逻辑和实现路径》,《财会月刊》2023 年第 23 期,第 104-110 页。
⑤ 邱泽奇:《算法向善选择背后的权衡与博弈》,《人民论坛》2021 年第 1 期,第 16-19 页。

直接禁止,包括在特定情况下使用生物特征分类系统、人脸识别系统、剥削脆弱人群系统等。该法案只允许执法部门在严格的特定条件下,对涉嫌犯罪、被判重罪的逃犯、寻找受害人、恐怖分子等进行非实时远程生物识别。可见,欧洲的 AI 法案本质上是数字隐私法案和数据保护规定,以此为标准,计算广告对用户隐私数据的可追溯身份识别属于不可接受风险等级,应当被直接禁止。这就倒逼算法平台从技术上做突破,让技术发展的方向回归到正确的价值理性轨道。① 算法向善的价值理性需要全社会合力对隐私信息不法使用形成包围圈,实现对算法平台的有效震慑,使其不敢违、不可违。②

2.公共性超越商业性的中国取向

尽管促进多种所有制经济共同发展是社会主义市场经济的活力之源,但以公有制为主体的社会主义市场经济是我国经济制度的独特基因。2019年习近平总书记在《求是》第 6 期上发表文章强调:"探索将人工智能运用在新闻采集、生产、分发、接收、反馈中,用主流价值导向驾驭'算法',全面提高舆论引导能力。"这就要求在算法传播主导的智媒时代,国有企业应该介入掌握全民大数据的主导权和管理权,提升算法向善的公共性含量。互联网企业在逐利机制的催动下,容易消解计算广告的公共性③,国有控股的互联网媒体能够充分发挥政治优势、监管优势、自律优势、问责优势,能够贯彻党和国家颁发的相关政策文件,随时进行自我诫勉、不断纠错,对计算广告隐私问题进行有效调节。同时,在国家引导下,对互联网媒体把关人进行有效管理,通过合理使用大数据,精准勾勒用户画像推送计算广告,利用议程设置潜移默化构建正能量舆论场,推动中华优秀传统文化的创造性转化和创新性发展。因此,当代中国计算广告隐私治理的价值追求应当是社会效益取向,公共性必然超越商业性,这是不可动摇的信念。④

算法向善的公共性还要求计算广告产业的发展要以数字正义为前提。数字正义是一种旨在保护数字社会主体的合法权益、促进数字经济健康发展、联动多方数字治理的互联网司法模式。数字正义包含数据正义、信息正义、算法正义、互动正义等,涉及数字空间治理、数字技术伦理、数字安全保

---

① 杜泽:《算法推荐要向上向善》,《中国信息界》2022 年第 1 期,第 53-55 页。
② 朱廷劭:《算法技术人文应用中的向善思考》,《人民论坛·学术前沿》2022 年第 10 期,第 77-81 页。
③ 詹文:《主流媒体推动算法推荐向上向善的几点思考》,《新媒体研究》2021 年第 19 期,第 78-80 页。
④ 陈昌凤、石泽:《技术与价值的理性交往:人工智能时代信息传播:算法推荐中工具理性与价值理性的思考》,《新闻战线》2017 年第 17 期,第 71-74 页。

护、在线解决纠纷等各个方面。算法歧视、"大数据杀熟"、算法黑箱、算法诱导等数字非正义性手段严重扰乱网络空间,不断蚕食数字经济的可持续健康发展空间,深刻影响公众认知和社会意识形态的塑造[①],使计算广告变成"算计广告"。其根本原因在于算法平台缺乏数字正义观,把利置于义之上。算法平台通过算法传播将用户与信息深度捆绑,增强了平台的用户黏性,攫取了大量宝贵的用户数据资产,由此拥有强大的竞争力和话语权,使得数字正义的实现举步维艰。我们期待在公共性的指引下,数字正义能够成为算法传播的底色。计算广告隐私问题的解决需要一个过程,用户数据资产从"强监管"到"管得住"再到"用得好",最终会在数字正义的算法向善中得以完善。

算法向善的公共性必须走群众路线。人民群众是历史的创造者,信息时代广大网民就是解决计算广告隐私问题治理的一把关键钥匙。从本质上讲是把从广大网民中来的理论方针政策宣传到广大网民中去,转化为广大网民的实际行动,使理论方针政策得到广大网民的理解、支持和拥护,最终得到贯彻落实。这就决定了计算广告隐私问题治理相关的理论方针政策,必须符合广大网民的根本利益和愿望,使广大网民从中看到自己能够得到的利益和保障。网络空间是广大网民共同的精神家园,算法向善的群众路线需要全民参与共建网络空间。广大网民上好网、好上网的需求与计算广告侵犯隐私之间存在一定程度上的张力,相关部门理应加大监管、净化、整治,构建起天朗气清的网络空间,确保广大网民更有安全感、获得感、幸福感。习近平总书记指出:"网上网下要同心聚力、齐抓共管,形成共同防范社会风险、共同构筑同心圆的良好局面。"警力有限,民力无穷。维护算法向善的公共性,必须广泛发动群众,紧紧依靠群众,致力打造共建共治共享的计算广告隐私问题治理新格局。

3.网络空间命运共同体的中国取向

2015年12月,习近平主席在第二届世界互联网大会上首次向世界发出"构建网络空间命运共同体"的倡议。网络空间共同体是人类命运共同体框架的自然展开,是形成世界信息传播新秩序的关键路径。构建全球网络空间命运共同体的首要前提是尊重各国的隐私数据主权。尽管各国的互联网企业均带有很强的私有化与排斥国家主权的发展模式,表面上是私人控制,但是没有算法向善的网络隐私安全,也没有国家安全。因此,算法向善的全球网络空间命运共同体构建与隐私数据治理范式不能由私人主导,必

---

① 吴迪:《以公共利益为底色,引导算法技术向上向善》,《工人日报》2022年1月6日,第5版。

须由国家主导。计算广告的隐私问题,本质上是各国之间的文化价值观差异问题,需要从跨文化传播视角探讨全球网络空间命运共同体的构建与隐私治理方案。构建全球网络空间命运共同体治理体系是国家治理和全球治理的同构过程,计算广告隐私问题的全球治理本质上是一种跨文化传播,是不同国家的隐私治理理念在全球层面形成的共同隐私治理机制和方案。[①]

跨境数据流动是数字经济发展的重要驱动力,也是跨国企业合作的必然要求。在经济全球化的今天,算法向善的网络空间命运共同体构建与计算广告隐私治理必须遵循共享共治的原则。共享共治意味着各国必须重视以算法逻辑作为底层运行逻辑的网络空间的意识形态,在保证各国主流意识形态主导的基础上,确保算法向善的国家数据安全与全球计算广告隐私治理,促进算法传播与各国主体隐私价值的协调,稳步构建算法向善的网络空间共同体与促进各国人民的自由全面发展。[②]欧盟对跨境数据采取严格监管的方式,制定了一系列相对完善的监管框架,这源于欧洲缺乏大型互联网企业,需要严格应对以美国为首的大型跨国互联网企业对个人隐私数据的采集与侵犯。在一带一路倡议下,中国企业急需拓展国际市场,跨境数据流动有助于中国企业走向海外市场,计算广告可以精准提供性价比较高的服务,提高中国企业的国际竞争力。这时,计算广告所使用的跨境数据可能导致所在国的国家隐私数据安全问题,这是构建网络空间命运共同体中共享共治原则所面临的最大挑战。

与此同时,隐私数据的共享共治也为建立良好的网络空间命运共同体秩序提供了数字化解决方案。传统媒体年代,寻找拐卖儿童如同大海捞针,是很难实现的;智能技术时代,通过人脸识别、声纹、虹膜等技术,寻人广告的智能化和数字化得到实现。全球首款儿童防走失服务 App"宝护"、公安部儿童失踪信息紧急发布平台"团圆"、民间志愿者协会公益网站"宝贝回家"等,都是通过运用"互联网+"精准定位和 AI 人脸识别技术,借助用户大数据,广泛收集反馈信息,精准向相关人员推送寻人计算广告,发动广大人民群众的力量,寻回走失儿童或者老人。由此可见,智能时代的互联网平台优势和用户大数据也会成为建立良好网络空间命运共同体秩序的利器。[③] 在计算广告具体实践中,合理使用用户数据能够保障算法向善的走向

---

① 刘金河、崔保国:《论网络空间全球治理的范式创新》,《新闻与传播研究》2023 年第 7 期,第 75-91 页。
② 陈联俊、张宝丽:《算法技术推动网络空间意识形态话语权变革及其治理》,《理论学刊》2022 年第 5 期,第 77-86 页。
③ 韩旭:《以儿童走失问题为例论互联网时代下网络传播对隐私安全的双面作用》,《新媒体研究》2018 年第 14 期,第 66-68 页。

和趋势。在网络空间命运共同体的构建中,计算广告要关注各国人民的基本需求,在广告话语建构和广告符号编码过程中,打破跨文化广告传播障碍,在最大公约数范围内,借助计算广告大数据资源和精准性优势,让各国各类主体都能认识并认同网络空间命运共同体所蕴含的秩序体系和价值体系。①

三、以铸牢中华民族共同体意识为指导创新计算广告隐私相关理论

(一)计算广告运行机制的算法治理逻辑

人工智能已经深入各大算法平台的内容创造、内容交互、审核宣发等运行机制当中。比如人脸识别,很多算法平台可以在复杂的环境下识别人脸、猫脸和狗脸等,甚至可以把人脸变成狗脸、猫脸。如果抖音识别出视频里面有一只猫,那么它就有很大概率把视频推荐给那些喜欢猫的用户。抖音有自己的算法逻辑(见图9-1),它通过大数据分析用户侧特征、视频侧特征以及视频流行度预测,将三者进行匹配,实现计算广告的个性化精准推荐。用户侧特征指抖音会对每一个用户形成画像,了解用户喜好;视频侧特征指抖音的视频识别能力很强,它可以识别出视频里的内容;抖音对每一条视频都有流行度的预测,它通过判断该视频的播放量、用户停留时间、完播率、复播率、分享率、点赞率和评论率等来预测该视频到底能不能火。② 经过三者匹配,造就抖音千人千面的用户界面,这就是抖音运行机制的算法逻辑。

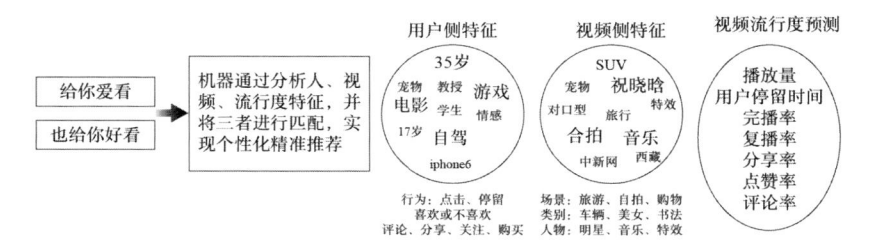

图 9-1　抖音的算法逻辑

目前,多个国家和地区的监管部门都在要求算法平台落实"算法透明化",公开算法的运行机制。这样的举动实际上既不安全也不透明。首先,公布算法源代码,意味着企业要承担被攻击的风险,商业机密有可能被竞争对手所窃取。其次,对于大众而言,源代码技术门槛太高,难以看懂。再次,

---

① 刘倍廷:《具身传播:助推构建人类命运共同体的新传播方式》,西北大学硕士学位论文,2022年,第46-48页。
② 慕容继承:《"祝晓晗"背后的抖音算法逻辑》,http://k.sina.com.cn/article_6520277263_184a3890f01900hudh.html,2019年8月1日。

当算法透明化危害国家安全时,算法不可避免地会受到国家保护。在国际上,算法是一种商业秘密、需要受到保护,已成共识。美国早在 2016 年就在《统一商业秘密保护法》里规定算法受到商业秘密的保护。2020 年我国出台的《商业秘密规定》也将算法列入了技术信息范畴加以保护,凸显了算法作为企业核心竞争力是一种商业机密,受到国家层面的保护。因此,计算广告中要求算法透明并不等于要求企业将算法完全公开,而应该只是面向行业特定监管专员公开。算法透明原则仅仅是一种事前规制方式,尽管在某些情形下有可能实现"防患于未然"的作用,但是,我们并不能夸大其在计算广告隐私治理中的作用。[①]

从商业和资本角度看,计算广告很容易被当成一种营销手段。当算法平台对计算广告技术掌握得炉火纯青时,也意味着海量用户数据资源被其所掌控。淘宝在高速扩张之时,为了鼓励更多人成为淘宝商家,曾经许诺"阿里永远不会抛弃小卖家";但在阿里巴巴垄断电商市场和用户数据之后,淘宝商家的成本就直线上升,众多中小商家苦不堪言。阿里巴巴不仅拥有大量国内用户的数据,还掌握着不少海外客户的隐私信息。2003 年 6 月公开的一份判决书显示,两名违法分子通过爬虫程序从淘宝盗取了大量用户隐私数据,涉及用户数量达到 11.6 亿,其中包括用户 ID、昵称、评价内容等敏感信息。[②] 虽然案件中的违法分子受到了应有的惩罚,但可以看出国内企业的用户隐私数据深受黑客青睐。在全球信息激烈竞合的环境下,企业的用户隐私数据泄露很可能上升为国家数据安全问题。在此背景下,不断走向世界的中国企业对用户数据资产必须要有国家意识、政治意识和安全意识,计算广告隐私问题治理机制的理论创新要以铸牢中华民族共同体意识为指导。

(二)计算广告运行机制的隐私治理逻辑

算法传播是计算广告的技术核心,计算广告运行机制的隐私治理逻辑必然遵循算法传播的逻辑基础。算法技术与算法资本共谋,为算法赋权,进而形成算法黑箱和算法偏见,导致算法失范和算法异化,因此隐私治理机制要基于算法审视,通过算法道德和算法法律双重手段对计算广告进行约束,从而达到算法德治与算法法治的目的。当然计算广告隐私治理机制还离不开对用户进行算法反向驯化的鼓励,以及对计算广告算法向善的引导,计算广告隐私治理机制必须以铸牢中华民族共同体意识为指导。在本书第二章

---

① 沈伟伟:《算法透明原则的迷思:算法规制理论的批判》,《环球法律评论》2019 年第 6 期,第 20-39 页。
② 《阿里再次"翻车",稳居全国第一的业务,却陷入泄露隐私风波》,https://baijiahao.baidu.com/s?id=1779422108873684058&wfr=spider&for=pc,2023 年 10 月 11 日。

"基于扎根理论的计算广告隐私问题研究"里我们提炼出"计算广告隐私问题社会互动模型",发现计算广告隐私问题本质上也是风险管理的规训过程,它主要包含风险传播控制、风险评估过程和风险应对行为3个环节。综上所述,本书结合算法传播的逻辑基础,自然而然推导出计算广告运行机制的隐私治理逻辑。计算广告隐私问题治理机制的理论创新导图如图9-2所示。

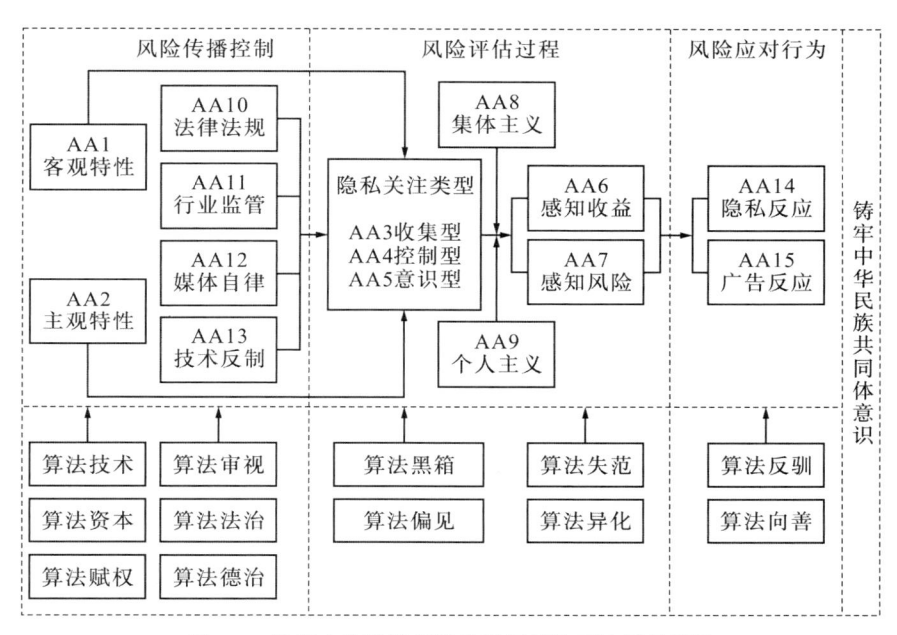

图 9-2 计算广告隐私问题治理机制的理论创新导图

自2014年5月习近平总书记首次提出"牢固树立中华民族共同体意识"以来,"中华民族共同体意识"在党和国家的重要会议中被多次提起,党的十九大将之写入党章。任何广告都不可能只是经济行为,它在传达产品信息的同时,也肩负着传播文化和政治的使命。[①]"五个认同"是铸牢中华民族共同体意识的思想之本。计算广告隐私问题治理机制的理论创新必须提升政治站位,以铸牢中华民族共同体意识为指导,为中国企业的国际化提供安全导航。通过计算广告的算法传播,在政治上可以加强海内外华人的国家认同,促进中华民族团结和祖国和平统一;在经济上可以加快中国企业安全出海,壮大华人经济圈;在文化上可以丰富中华民族文化符号,巩固文化联通和心灵契合,促进民族精神的弘扬。要实现上述目标,就必须建立可

---

① 林升梁:《广告镜像:当代中国社会价值观念的演变》,《中国社会科学报》2013年6月5日,第A8版。

靠、有效的计算广告隐私问题治理机制,从国家数据安全和中华民族伟大复兴角度,通过国际共同市场的精准广告,不断让世界各国人民都能感受到中国品牌和中国文化的魅力。

  计算广告中算法传播的本质是一种社会权力,算法通过赋权不仅能左右市场的传播格局,也能改变意识形态的话语权力。在国际智能传播中,意识形态信息的"私人定制"现象不断增加,"算法革命"的风险不断加大,这意味着意识形态领域的斗争和交锋必将更加激烈和复杂。[①] 国内民营互联网企业的平台热搜榜主要围绕点击量、互动数、评论度等商业指标,"公共性"只简单地存在于"导向正确"的口号之中。"公共性"未被量化成算法的核心指标[②],不符合中国计算广告运行机制的隐私治理逻辑。计算广告隐私危机往往由"算法技术支配平台—企业—民众"三者之间的不平等关系导致,隐私危机指向算法技术潜在的凝视与侵害。[③] 以铸牢中华民族共同体意识为指导的算法传播"公共性"议题的提出,在一定程度上保障了国家数据安全和边缘群体隐私权益,为计算广告隐私伦理风险的发现与规避指明了方向。

(三)计算广告算法向善的国家治理逻辑

  正如前文所述,计算广告算法向善的中国取向包含 3 个方面:价值理性引导工具理性的中国取向、公共性超越商业性的中国取向和网络空间命运共同体的中国取向。改革开放以来,中国广告业的资本化经历了 6 次浪潮(见表 9-2),目前正处于以智能技术为代表的资本化浪潮阶段,讲故事的主角是计算广告公司。[④] 资本化能帮助广告公司规模化,但是资本看重的是短期利益,过度追求短期利益不可避免地对计算广告算法向善的中国取向产生了伤害。计算广告助力下的消费主义思潮,助长了部分群体一味追求个人享受与低级趣味的风气,弱化了倡导社会责任感与集体荣誉感的主流意识形态话语的传播力量。[⑤] 计算广告隐私问题表面上是数据正当和人本理性的冲突,实质上则是政治意识形态与私有技术资本围绕传播效果展开的争夺,因此,计算广告隐私问题治理机制的理论创新必须把国家主导纳入

[①] 刘磊、张怀承:《论我国主流意识形态传播的"算法焦虑"与纾解》,《河南师范大学学报(哲学社会科学版)》2022 年第 3 期,第 24-30 页。

[②] 陈龙、经羽伦:《从热搜榜看平台算法传播公共性建构的三重困境》,《南京社会科学》2023 年第 9 期,第 100-110 页。

[③] 闫炜炜:《歧视与隐私:虚拟现实技术潜在的数字正义风险探析》,《科技传播》2023 年第 15 期,第 79-81 页。

[④] 文武赵:《广告业迎来史上最大一股资本化浪潮,本次主角是数字营销代理公司》,https://zhuanlan.zhihu.com/p/625572361?utm_id=0,2023 年 4 月 28 日。

[⑤] 魏荣、龚迎迎:《遮蔽与解蔽:算法推荐视域下的主流意识形态话语传播》,《中国新闻与传播研究》2022 年第 5 期,第 177-188 页。

治理逻辑。国家政治权力的介入可以在价值层面有效驯化和矫正私有技术资本对隐私数据的无度侵袭。算法平台通过向主流媒体反哺技术资本和共享数据资源,可以为自己增加国家认同与运营正当性。[①]

表 9-2 中国广告业资本化发展的六次浪潮

阶段	特点	代表企业与上市事件
20 世纪 90 年代中期到 20 世纪初	官媒系: 1993 年开始政府推行广告代理制,行业进入官媒主导的广告代理商时代	• 1992 年底,主营《中国计算机报》广告经营的赛迪传媒登陆 A 股,应该是有案可查的最早上市的传媒企业; • 1995 年,《成都商报》广告经营方博瑞传播上市; • 2001 年初,北京巴士传媒在上交所上市
21 世纪初	户外派: 私营传媒兴起,户外广告公司迎来黄金时代	• 2001 年,白马户外开始在香港主板上市,主营公交车身和候车亭广告。真正意义上的广告代理公司上市; • 2003 年,大贺传媒在香港创业板挂牌上市,运营高速公路广告大牌和城市广告灯箱业务
2004 年到 2007 年	类分众: "户外+电视",国内掀起户外新媒体创业热潮	• 2004 年,主营户外楼宇电视和卖场电视的分众传媒上市,迅速在广告行业掀起创业浪潮,形成了空前的"分众现象",也拉开了广告业与资本大规模对接的序幕; • 2007 年,主营航空电视的航美传媒、公交城市户外的华视传媒在美国纳斯达克上市
2008 年	央视系: 奥运年,央视系代理公司进入集中上市期	• 2008 年 7 月,代理央视媒体资源的民营广告公司中视金桥在香港主板上市; • 同年 8 月,同为央视代理商的广而告之在美国纽交所上市成功
2010 年	综合派: 2009 年文化产业振兴计划发布,综合性传播公司迎来资本的春天	• 2010 年,蓝色光标上市,并涉足广告代理领域; • 2010 年,综合广告服务类广告代理商广东省广告公司上市,而以央视资源起家的综合服务代理商吕荣传播在美国纳斯达克上市; • 2010 年,线下营销服务供应商华谊嘉信在深圳创业板上市

---

① 张志安、周嘉琳:《基于算法正当性的话语建构与传播权力重构研究》,《现代传播》2019 年第 1 期,第 30-36 页。

续表

阶段	特点	代表企业与上市事件
2014年至今	技术流: "互联网＋"热潮,新三板放开,技术类广告企业迎来爆发期	• 2014年,腾信创新登陆A股,主营互联网广告服务; • 2015年,随视传媒、易简广告、汇量科技、道有道、有米等互联网技术流登陆新三板

  计算广告所涉及的用户隐私数据,既可以是个人隐私数据,也可以是企业、组织或行业隐私数据,还可以是国家隐私数据。随着数据殖民主义的兴起,算法传播中所掩盖的数据比它所揭示的数据要多得多。资本垄断催生苹果、谷歌、亚马逊、微软和脸书五大互联网公司和平台,它们把大量用户隐私数据打包并出售给广告商赚取巨额利润。这种对全球隐私数据的剥削与历史殖民主义对自然资源的攫取如出一辙,它们通过霸王条款将用户隐私数据合理化为公司数据,完成了数据从公共资源到私有独占的合法化过程。① 资本与技术的结合随着垄断资本主义的全球化渗透,不可避免具备了意识形态属性。面对方兴未艾的智能技术革命,资本主义的剥削和扩张本性迫使其在信息社会重新布局,意图使全人类陷入算法帝国的悲歌。② 在计算广告中,西方意识形态对中国的渗透以"马赛克"的方式进行,以"自由主义市场"的广告话语隐秘置换"社会主义市场"的广告话语③,促发了中国社会的焦虑与不满。

  各个国家对数据主权的重视以及对数据利益的争夺,使得全球数据成为炙手可热的资产。发达国家借助资本对全球数据的控制与掌握,通过算法传播对发展中国家进行数字殖民主义。发展中国家尽管会学习和模仿欧美的数据保护制度,但并不意味着会臣服于欧美的力量甚至让渡自身的数据主权。随着中国企业走向世界的决心日益坚定,计算广告随着企业开拓国际市场的节奏逐渐加快,数据的跨境流动和保护也必然成为中国企业要解决的关键问题。④ 中国互联网企业走出去的全球化力度也在加大,中国必须站在全球视角,洞察整个传播的发展格局,引导和促进互联网企业的全

---

① 陈小燕、陈龙:《数据殖民:算法传播与人文精神的消弭》,《中国编辑》2020年第6期,第36-41页。
② 邓观鹏、顾友仁:《算法殖民:西方意识形态算法化统治的审视与批判》,《新疆社会科学》2023年第5期,第20-31页。
③ 冯戎、吴学琴:《从规训到控制:"算法本体论"时代意识形态建设探微》,《昆明理工大学学报(社会科学版)》2023年第2期,第60-66页。
④ 邵国松、黄琪:《个人数据保护全球融合的趋势与挑战》,《上海交通大学学报(哲学社会科学版)》2021年第4期,第148-159页。

球化投入,加快中国主导的全球性互联网平台的建设。在新兴智能传播方面,目前西方并没有处于领先优势,中国甚至暂时有着一定的先发优势。[①]通过计算广告可以改善并增强中国国家形象传播,减少中国国家形象的负面传播。以铸牢中华民族共同体意识为指导的计算广告隐私问题治理的创新机制,意味着公民对国家数据处理行为的信任,这是国家在信息全球化时代能够对隐私数据提供安全保障的重要标志。[②]

第七节 计算广告隐私问题治理机制的实践创新

计算广告隐私问题治理机制的理论创新是为了更好地指导实践。好的理论不仅仅需要具备原创洞见性,还需要具有一定的实践相关性与前瞻预见性。如果我们不能强化计算广告隐私问题理论的实践相关性与前瞻预见性,那么再好的理论也是没有用处的。我们要在丰富的算法实践当中,不断完善计算广告隐私问题的治理机制。在保护相关主体合法隐私权益的同时,也要注重引导计算广告产业的健康快速发展。如果绝对禁止计算广告,将会使中国智能产业丧失诸多发展良机。因而,为了克服计算广告的极具变革性与智能伦理价值体系的滞后性所形成的矛盾,需要将计算广告拓展为技术与伦理的互动实践,建立起一整套可操作性强的计算广告隐私问题"软着陆"治理机制。

一、风险传播控制治理的实践创新

(一)客观特性

正如第三章"计算广告客观特性和主观特性对用户态度的影响:隐私关注的中介作用"研究结论所述,计算广告客观特性(精准性、个性化、交互性、情景一致性)没有直接影响隐私关注,而是与主观特性产生相互影响,并通过主观特性间接影响隐私关注,进而影响计算广告用户态度。当前中国计算广告还处于初级阶段,技术上谈不上十分精准,因而其传播的具身性程度并不高。这就导致计算广告用户的传播体验较差,这个阶段更多的是感受到计算广告的频繁骚扰。正如前文所述,计算广告不仅包含商业广告,也包含政治广告、公益广告、社会广告等内容,它只是一种工具和手段,既能掌握

---

① 方兴东:《全球社会信息传播变革趋势研判:从智能传播时代的算法认知战谈起》,《人民论坛》2022年第15期,第96-99页。

② 甘绍平:《隐私的层级结构与伦理向度》,《学术月刊》2022年第12期,第5-14页。

在企业手上,也可以为政府服务。发达国家正以惊人的速度接纳人工智能技术并将其应用到各个领域,如果不紧跟世界发展步伐,由计算广告产生的数字经济鸿沟问题将变得更加严峻。[1] 计算广告算法控制的产生根源于数字技术的垄断资本主义应用,其受谋求攫取全球剩余价值的运行逻辑支配,不断渗透进各国的社会生活。在中国大力提倡建设网络空间命运共同体的环境下,计算广告的主导权必须掌握在中国政府手中,这就要求中国政府要大力支持计算广告产业技术的发展,迅速提高计算广告的客观特性。

1.升级计算广告产业链体系,建立共通共享的统一大数据平台,培育计算广告专门人才

要加快孵化计算广告产业园,通过类似于掐尖的手法集中包括人、资金、客户、服务在内的优质产业要素,来驱动高质量的广告业发展水平,升级计算广告产业链体系。计算广告有助于提高企业的效率、降低成本、提升客户体验,从而在激烈的市场竞争中获得更大的优势,而大数据是计算广告功能得以实现的基础。"9·11"事件之后,为了应对恐怖主义而通过的《爱国者法案》早已实现对美国公民隐私信息以及公司敏感信息的全方位监控,而中国各平台普遍视隐私数据为私产,各个应用开发独立进行,各自沉淀自己的数据,阻碍数据流动。对于计算广告而言,仅有局部归集的数据无法得到全面有效应用,无异于掌握一堆无效的资源。一个完善、成熟、统一的大数据基础设施能够保障各系统、各行业、各区域之间数据的互通、串联与共享,更好地为计算广告的分析与决策服务。这就需要中国政府出台相关政策,为建设大数据基础设施提供统一指导,建设央企间合作联盟,打造行业级隐私计算平台,形成企业间数据要素流通市场。计算广告行业对于人才的需求呈现出持续上涨的趋势,其中,计算广告工程师、计算广告分析师、计算广告评估师等职位的需求量较大。计算广告涉及知识面广,包括计算机科学、统计学、信息科学等多个领域,因此,计算广告需要培育具备跨学科知识体系和综合素质的文理科兼容人才。

2.推进大数据、云计算、新算法和区块链核心技术攻关,提升计算广告的精准性与安全性

大数据、云计算、新算法和区块链构成了计算广告的四大核心技术。大数据技术难点主要集中在以下5个方面:(1)数据质量的提升,即如何在数据的规模、类型、速度、价值等方面保持数据的高质量和高可用性;(2)数据安全的保障,即如何在数据的采集、存储、传输、计算、管理、分析、应用等环

---

[1] 罗昕、张梦:《算法传播的信息地缘政治与全球风险治理》,《现代传播》2020年第7期,第68-72页。

节保障数据的安全、隐私、合规等方面;(3)数据智能的提升,即如何在数据的分析、挖掘、应用等方面提升数据的智能化和价值化,利用数据驱动业务创新和决策优化;(4)数据流通的促进,即如何在数据的整合、交换、共享、开放等方面促进数据的协作和创新,打造数据的生态和价值;(5)数据标准的制定,即如何在数据的定义、描述、格式、接口、协议等方面制定统一的数据标准,促进数据的互操作和互通。云计算可以提供更大的存储和计算能力,从而能够更好地处理大规模的用户数据,向用户提供个性化服务。人工智能芯片技术是云计算核心技术的集中体现,AWS、阿里云等全球领先的云计算巨头们又不约而同地将目光投向了能够提升云计算性价比的云原生CPU。

算法技术的不断快速迭代,其核心不仅仅是隐私计算技术本身,还有算法法则,把底线法则统一融入算法设计当中,可以双重提升计算广告精准性和安全性。计算广告产业链还需要区块链技术的保驾护航,高性能的区块链技术可以实现全程审计和监管数据确权、数据计算、数据流通等过程,大大提高计算广告的安全性。

3.紧抓人工智能前沿技术,实现弯道超车,提升计算广告的交互性和情景一致性

当前,ChatGPT的问世引发了新一轮人工智能革命,人类与机器、技术与产业、虚拟与现实之间的关系发生着广泛而深刻的改变,技术创新也给人类社会文明秩序带来了挑战。但我们不能在发展和安全、创新和治理之间徘徊太久,从某种意义上讲,不发展是最大的不安全、不创新是最大的不治理。计算广告行业需要紧追从IT(information technology,信息技术)走向DT(data technology,数据技术)风云变幻的大趋势,马上制定出一整套严密完备的法律和规定来约束计算广告,这很可能是一种良好的愿望,就如同正在刮着飓风的海面上,实时的船舶状态没有办法固锚和控制,只有驶入相对稳定的海域后才有可能。[1] 以机器学习、知识图谱、自然语言处理、人机交互、计算机视觉、生物特征识别、VR/AR为代表的人工智能技术正在成为计算广告的支配性力量,计算广告产业在这个"万物皆数"的时代被重塑。[2] 随着计算广告交互性和情景一致性的提高,现实景观与虚构景观之间的界限将不再泾渭分明,人们利用虚拟现实交互平台抵抗孤独、结交朋友,全息在场可能会成为虚拟社交的方向,也会成为计算广告的新舞台。ChatGPT

---

[1] 江作苏、刘志宇:《从"单向度"到"被算计"的人:"算法"在传播场域中的伦理冲击》,《中国出版》2019年第2期,第3-6页。

[2] 蓝江:《数字异化与一般数据:数字资本主义批判序曲》,《山东社会科学》2017年第8期,第5-13页。

既不是起点,也不会是终点。智能机器人作为第六媒介逐渐登场,具身性特质和回归现实的趋势都意味着传播将实现从主体缺场到临场的沉浸式转变。① 人们永远在线、永久连接,与智能机器人媒介融为一体,共生共情共融。诸多前沿技术的出现和应用都需要以海量用户隐私数据为基础,这也为计算广告隐私问题治理机制的实践创新提供了无限空间、无限可能。

(二)主观特性

正如第三章"计算广告客观特性和主观特性对用户态度的影响:隐私关注的中介作用"研究结论所述,计算广告主观特性(有用性、易用性、娱乐性)正向影响用户态度,说明提高计算广告内容的有用性、易用性、娱乐性,能够直接有效增加用户对计算广告的认知态度、情感态度和行为态度。然而,追求计算广告客观特性效果的点击量、点赞数和评论度等指标并不能解决内容质量的问题,机器只懂得根据指令操作,而不能辨别内容质量。低水平的广告内容,客观特性效果越好,越有可能成为恶俗广告。同时,第三章研究还表明,隐私关注在计算广告主观特性和用户态度之间起遮掩作用。这说明不断提高计算广告主观特性,其对计算广告的正面影响($\beta=0.86$)就有可能抵消因刺激用户隐私关注而带来计算广告用户的负面态度($\beta=-0.12$)。当用户感知到计算广告主观特性足够吸引人之时,就有可能让渡部分隐私,这显示出隐私边界的弹性特质,为计算广告隐私问题治理机制的实践创新提供了可以协商、互动的空间。

1.制定奖惩机制,增强内容生产动力,降低用户隐私抵触,从"告知有用"到"创意有用"实现计算广告的范式转变

随着媒介技术的发展,计算广告逐步实现了调研程序化、文案程序化、创意程序化、策划程序化、投放程序化、评估程序化等一系列自动化流程,广告主越来越沉迷于计算广告的精准性和到达率。传统媒体时代单向传播的"魔弹论"似乎又卷土重来,网络图片或短视频广告轮播在内容导航和浏览上应用很多,投放在各个渠道,社交软件、视频网站、短视频信息流、网页Banner、App开屏等,全方位入侵我们的生活。许多用户不堪其扰,选择直接跳过它们。信息爆炸和碎片化传播让用户很难停留下来花时间欣赏广告的真正内容,广告主越是要求短平快洗脑式广告,大概率越是不会为审美或创意买单。那些毫无创意的洗脑式计算广告能使受众的厌恶积少成多,增加了计算广告的负外部性效应。因此,必须坚持计算广告从"告知有用"到"创意有用"的范式转变,监管部门和算法平台要联合制定奖惩机制,比如计

---

① 林升梁、叶立:《人机·交往·重塑:作为"第六媒介"的智能机器人》,《新闻与传播研究》2019年第10期,第87-104页。

算广告创意排行榜、计算广告恶俗排行榜,增强计算广告优质创意内容的生产动力。要改变计算广告"流量为王"的市场逻辑①,设置有利于生产优秀广告创意的多元化考核体系,增强算法推荐平台生产和传播优秀广告创意的动力,降低用户对计算广告的隐私抵触。

2.设置年度计算广告传播阻力排行榜,促进易用性的提高,持续追求易用性,不断完善计算广告的用户体验

易用性指的是计算广告对用户来说意味着易于学习和使用、减轻记忆负担、提高使用满意程度等,这种体验感对于用户来说非常重要。根据 Harmon 发布在 The State of Mobile Enterprise Cloolaboration 上的观点,易用性毫无疑问是用户最为看重的一点。在这份研究中,用户认为相较于安全(89%)、全面(72%)和教学(42%),易用性(97%)更为重要。Accenture 发布的一份独立报告也显示,用户在购买智能手机的时候最看重的因素是易用性,占比达 33%。② 如果计算广告不好用,不管它的功能多么丰富,界面设计得多么好看,用户都不太可能买单。广告屏蔽软件的火爆从侧面反映了计算广告损害了用户的易用性体验。如果计算广告对无线端友好,用户会为此停留更多时间。如果计算广告对无线端不友好,比如点击进去难以找到产品链接或付款界面,那实际上是在帮助竞争对手。易用性是以用户为中心设计的广告产物,当计算广告设计流程围绕用户核心需求和易用期望时,就可以解决用户的许多痛点。聚焦用户需求,解决用户痛点,才能留住用户。用户面对计算广告往往会有 4 种负荷需要消耗脑力资源,分别是视觉负荷(在屏幕上识别和寻找广告信息的过程)、认知负荷(接触广告时大脑的理解、思考、记忆等)、心理负荷(接触广告时产生的隐私侵犯压力)、动作负荷(处理广告时操作太烦琐、步骤太多)。这些负荷都是计算广告传播的阻力,通过设置年度计算广告传播阻力排行榜,可以促进易用性的提高,从而增加用户对计算广告的操作意愿。

3.创设计算广告精品案例库,通过革新计算广告的创意内容和叙事方式,增加用户接受度,提升计算广告的传播效果

计算广告算法生成的内容和分发需要关注趣味性和娱乐性,引导用户放大自己的娱乐需求和消费需求。③ 计算广告趣味性和娱乐性运作形态有

---

① 薛可、李亦飞:《智能传播时代下算法推荐的失控与重构》,《上海交通大学学报(哲学社会科学版)》2023 年第 3 期,第 22-37 页。
② Arne:《产品人必须知道的 10 个易用性和用户体验数据》,https://zhuanlan.zhihu.com/p/94448651,2019 年 11 月 31 日。
③ 兰帅辉、尹素伟:《数据、算力和算法:智能传播的多维特征、问题表征及应对》,《当代传播》2022 年第 5 期,第 93-96 页。

3种:(1)弥散式运行,从宏大叙事转向生活主题;(2)隐蔽式规训,从刚性控制转向柔性嵌入;(3)沉浸式体验,从单向传播转向开放交互。[1] 要适应算法推荐碎片化的广告信息处理方式,创设广告文化精品案例库,不断累积经验使广告经典贴近生活、贴近现实、贴近群众。[2] 一方面,需要革新计算广告的创意内容,丰富广告话语内容议题,创作出能够反映民众心声的广告内容,实现话语表达方式的生活化与大众化,满足人民日益增长的精神文化需求,同时依托算法跟踪用户对隐私的反应及情感,有针对性且精准及时地处理隐私问题,真正做到符合民意,提升计算广告内容的供给效力。另一方面,需要创新计算广告的叙事方式。要适应智能算法的技术逻辑,提升计算广告叙事方式吸引力以增加被推送的频率和效率。主动发掘并使用网民自发创造的使用频率高且具有正能量的网络用语,借助文化意义和价值观念表达广告,增加用户接受度。比如2022年冬奥会吉祥物冰墩墩在社交媒体平台的病毒式传播,形成了海内外受众自发扩散的涟漪传播效果。[3] 同时,具身技术的叙事方式也能够营造主客体互动交流的沉浸效果,从而调动用户更多感官体验,提升关注、转发、评论广告话题的意愿[4],有效提升用户对计算广告的好感度和接受度,更容易构筑起对计算广告的价值认同和情感认同。

(三)法律法规

计算广告新技术的涌现速度与社会影响远超政府管理和相关法律法规的跟进,当前相关制度领域还存在诸多难点、盲点和空白。当前中国个人信息保护框架的三大支柱是《个人信息保护法》(2017)、《网络安全法》(2021)和《数据安全法》(2021),但由于计算广告算法运行过程具备高度的复杂性和隐蔽性,算法操作者也未必完全掌握和理解背后的原理。在法律层面上,要破除算法黑箱,提升算法透明度,算法审查和问责以及数据安全等却又要依赖于算法透明,商业机密和国家机密也与算法透明相悖。为了防止算法公开带来的风险,算法的利益相关主体更倾向于对算法技术予以严格保护。[5] 欧盟和美国作为算法歧视规制的先行者,分别强调从数据前置性控

---

[1] 吴倩倩:《论智能算法技术的意识形态性及其应对策略》,《思想教育究》2023年第2期,第90-96页。

[2] 王宇婷:《困境与破解:算法推荐助力红色文化传播的路径探析》,《山东青年政治学院学报》2021年第5期,第9-14页。

[3] 薛可、李亦飞:《智能传播时代下算法推荐的失控与重构》,《上海交通大学学报(哲学社会科学版)》2023年第3期,第22-37页。

[4] 李静辉:《算法推荐意识形态属性的生成逻辑、风险及治理》,《理论导刊》2022年第2期,第70-76页。

[5] 王文玉:《算法嵌入政府治理的优势、挑战与法律规制》,《华中科技大学学报(社会科学版)》2021年第4期,第26-36页。

制和算法事后性追责两个路径对算法进行规制。① 于我国而言,可以综合两者对算法规制的优势,对计算广告隐私问题的治理既注重加强风险控制,又注重对隐私侵犯损害后果的事后问责和救济,探索建立符合我国国情的计算广告隐私问题治理机制的实践创新模式。

1.立法统一政府有关部门隐私数据的采集标准,并即时更新计算广告的隐私边界,实行动态管理

传统媒体时代人们共存于由统一隐私边界所构建的隐私场域,采用相同的隐私保护标准即可实现对所有人的隐私保护,但是智媒时代网络用户的隐私边界永远处于变动之中,它随着社交对象、对话情境、所讨论的信息内容等因素而发生变化,甚至在与不同用户、不同时间、不同地点交流时也呈现出不同的隐私保护边界。因此,数字空间难以按照基于现实场景所建立起来的统一社会规范保护个人隐私。② 个人隐私被全部数字化后持续流动,导致不再存在传统意义上的私人空间,个人隐私已经出现公共性转向,变成公共数据的一部分。令现代人强烈不安的隐私困境正是始于公私边界的消融,讨论计算广告隐私问题必须承认公私边界消融的客观事实。基于这样的事实,我们才能从传统的关于公私边界保护的探索,转向信息收集和处置过程中新边界的探索。只有这样,用户隐私才能得到真正的尊重。③

目前,政府部门对用户隐私因为没有相关标准和限度,只能依据一些部门规章或政策性的文件开展工作,自由裁量权很大,这就导致个人数据收集和处置存在一些不合理之处,很大可能侵犯公民个人隐私。立法中要明晰政府数据开放中个人隐私受保护的范围。对政府数据中涉及个人信息的数据加以分类处理,明确界定个人信息与个人隐私之间的差别,个人信息涵盖普通的个人信息和涉及隐私的个人信息,对其两者之间进行明确的划分有助于对个人隐私权的保护。当然,个人隐私的认定不是粗犷分类能全方位涵盖的,一些信息表面上不涉及个人隐私,但是却涵盖着个人隐私,一些信息在不同时间点是否该认定为个人隐私也不是定数。由此可见,对隐私信息采取动态化的判断,对已经开放的数据进行定期的监管更新判断是极为必要的,若在计算广告监管过程中发现涉及侵犯个人隐私的数据要及时进

---

① 平传莹:《人工智能背景下算法歧视的法律规制》,江苏大学硕士学位论文,2022年,第29-33页。
② 李昭熠、林凌:《论智媒时代隐私边界外溢效应》,《中国出版》2023年第9期,第27-31页。
③ 顾理平:《超越边界:智媒时代公民隐私保护的核心逻辑》,《湖南师范大学社会科学学报》2023年第1期,第1-10页。

行处理,以免造成严重后果。① 薛丽(2022)提出隐私数据四分论,即根据隐私数据分为高敏感、较敏感、低敏感和不敏感4级(见表9-3)。② 基于本书第三章到第八章均发现人口统计学特征对模型存在显著差异的影响,我们认为,隐私数据四分论适用于计算广告当前的技术阶段,应在此基础上调整,进而立法统一政府有关部门隐私数据采集标准,并即时更新计算广告的隐私边界,实行动态管理。

表 9-3 隐私数据四分论

数据级别	级别标识	判断标准	数据特征	数据示例	开放类型及条件
L4	高敏感	对个人财产造成重大损失,或人身、名誉造成严重损害,损害结果不可逆	依据国家法律法规和强制性标准或法规规定的特别重要数据,主要用于特定职能部门、特殊岗位的重要业务,只针对特定人员公开,且仅为必须知悉的对象访问或使用的数据。一旦泄露会对国家、社会、个人造成严重损害	生物识别、特定身份、医疗健康、个人收入、金融账户、出院记录、门诊就诊记录、不满14周岁未成年人的个人信息等	禁止开放
L3	较敏感	对个人财产造成较严重损失,或人身、名誉造成中等程度的损害。损害结果不可逆,但可以采取一些措施降低损失	法律法规明确保护的个人隐私数据,泄露会给个人带来直接经济损失的信息,针对特定受限对象开放	联系方式、身份证号、婚姻状况、宗教信仰、犯罪前科、社会保障卡、户口本、居住证、不动产权证等	受限开放(审核开放)
L2	低敏感	对个人财产造成一定损失,或人身、名誉造成轻微损害。损害结果可被补救	涉及公民的个人数据,用于一般业务使用,针对受限对象共享或开放	出生日期、民族、种族、籍贯、城乡居民财政补助信息、老年人优待证信息、无偿献血证等	受限开放(实名认证)

---

① 祖姆来提·肖克来提:《政府数据开放中个人隐私保护问题研究》,广西民族大学硕士学位论文,2023年,第22-32页。

② 薛丽:《政府数据开放中的隐私保护:以隐私数据判断标准为核心》,《中国行政管理》2022年第10期,第155-157页。

续表

数据级别	级别标识	判断标准	数据特征	数据示例	开放类型及条件
L1	不敏感	对个人财产和人身无影响，无损害	已经被政府、个人明示公开或主动披露的数据，一般公开渠道可获取的公民信息数据	律师年度评价情况信息、公民法律援助申请信息、个人信用评价信息等	无条件开放

2.规定国企央企控股大型互联网企业最低比例,把隐私专员和算法工程师纳入公务员编制体系,建立政府主导的计算广告隐私治理体系

在中美贸易战背景下,美国加快了与盟国等区域与国家之间的双边及多边跨境数据流动条约签订,借以实现"形成以美国为中心的数据流通市场,最大程度发挥全球数据对美国经济的价值,增强美国在数据治理领域话语权"的国家安全战略目标。按照美国的安全威胁观、安全利益观和安全效益观,通过签订双边及多边数字贸易条约,形成了逆全球化的数据贸易壁垒,中国与俄罗斯被排除在外。① 西方国家"数据帝国主义"严重危害我国的数据主权与意识形态安全,必须坚决反对境外势力在数据方面的双重标准和长臂管辖,对出入境数据按重要程度分级进行安全审查制度,推动形成公平合理的国内国际数据治理体系。② 因此,要强力提升国企央企控股大型互联网企业最低比例(比如大于50%),计算广告产业资本不能利用隐私数据成长为"国际间谍"。计算广告不仅是一种经济行为,还承载着传播优秀文化、保卫国家安全的神圣使命。在此语境下,政治权力对资本力量的制约将成为计算广告隐私问题法律治理的基本面向,在实践中要牢牢把握以铸牢中华民族共同体意识为指导创新计算广告隐私问题的治理机制。

强有力的政府监管是计算广告隐私治理的重要保障。一方面,政府和企业可以设立专门的隐私管理机构进行对接,专业负责管理各行业隐私问题。加拿大隐私专员办公室在1983年《隐私法》颁布后成立,除联邦隐私专员外,加拿大各省、地区还设有隐私专员,联邦与地方的隐私专员之间互不隶属,独立履行监管义务。由于功能的广泛性和地位的中立性,隐私专员办

---

① 相丽玲、王高开、梁晨:《国家安全观视域下的美国数据隐私框架探析》,《情报理论与实践》,http://kns.cnki.net/kcms/detail/11.1762.G3.20231109.1430.002.html,2023年12月16日。
② 冯戎、吴学琴:《从规训到控制:"算法本体论"时代意识形态建设探微》,《昆明理工大学学报(社会科学版)》2023年第2期,第60-66页。

公室对规范联邦政府数字治理、推动隐私立法改革起到了至关重要的作用。[1] 另一方面,算法工程师是计算广告的前置把关人,也是隐私治理的中心议题,可以把算法工程师纳入国家公务员编制体系,参与编制内职称考核和行业专业资格证考核,提高政治素质的培育,从源头上进行统筹和管理。通过"内修"与"外治"相结合,增强对计算广告算法推荐技术的价值融入和价值规约,构建以主流价值为导向的能见度分配格局,实现技术追求、商业利益与公共责任之间的动态平衡。[2] 通过建立政府主导的计算广告隐私治理体系,维护社会主义国家公共利益,降低意识形态安全风险。

3.解决计算广告隐私侵犯的负外部性问题,从外到内鼓励嵌入隐私保护设计,因人而异形成隐私保护法则

计算广告负外部性问题指算法平台和企业利用隐私数据从事计算广告活动对他人或社会产生种种负面影响,而后者又无法获得相应补偿的现象。要推动计算广告产业正面发展,提升用户隐私数据资源价值,如何克服计算广告隐私侵犯的负外部性效应是值得重点研究的话题。计算广告隐私问题治理机制的实践创新涉及隐私侵犯衍生的种种可能后果,如过度骚扰、账户盗用、圈层区隔、窃取财产、恶意曝光、金融诈骗、大数据杀熟、破坏公共秩序、干扰意识形态、泄露国家机密等负外部性问题,这些都需要从法律层面加以探讨和规范。首先,要明确隐私数据的所有权和使用权,让法律成为隐私的盾牌。计算广告数据交易产生的数据商品化现象对个人隐私可能带来极大伤害,并产生难以预计的信息安全问题,为各种违法活动提供温床。在制定法律法规时,应该充分考虑到隐私数据是个人私产,必须制定严厉的惩罚制度,以惩治非法采集隐私数据或恶意泄露隐私的组织或个人,为隐私安全提供强大的法律保障。[3] 其次,为企业建立"红名单"和"黑名单",立法制定相应的奖惩措施,比如:允许"红名单"企业免于在产品中嵌入隐私保护设计,降低它们的运营成本;针对黑名单企业,强制要求它们嵌入隐私保护设计;针对未运用隐私保护设计的企业,督促它们缴纳保险费并纳入个人信息保护基金用于负外部性效应赔偿;同时使运用和未运用隐私保护设计的市

---

[1] 吴进进、钱阳:《政府数字治理的隐私监管:加拿大隐私专员制度的经验借鉴》,《贵州大学学报(社会科学版)》2023年第2期,第45-56页。

[2] 张林:《算法推荐场域主流意识形态"能见度"的遮蔽与突围》,《内蒙古社会科学》2023年第4期,第52-60页。

[3] 黄闪闪、王欣悦:《智慧治理中数据隐私的安全困局与防治对策》,《领导科学》2023年第5期,第101-105页。

场主体在竞争中处于对等地位,不使前者因为兼顾隐私权益而利益受损。①

消除计算广告隐私侵犯的负外部性影响传统法律的解决手段,往往是希望通过提供激励或者形成威慑来减少相关侵权后果,背后的规制思路是厌恶风险和减少流动。但是,实践中计算广告侵权导致的负外部性问题往往很难追究责任主体,比如,某产品网站嵌入恶意软件导致用户隐私信息泄露,泄露后果的严重性难以有效衡量,追究责任主体需要高科技手段,取证难度很大,受害者单靠个人力量往往无力提起诉讼。在信息不对称的情况下,任何法律概念和行为约束都存在巨大的解释空间,因此,需要重新理解计算广告隐私问题治理机制的实践创新。我们如果把计算广告隐私侵犯的负外部性看成是无法永久消除但能够在边际上调整的问题,或许更适应数字社会的特点,即在继续鼓励数据生产和流通的前提下,通过在边际上不断调整,将相关隐私数据按照不同重量级和颗粒度加以区分和使用,逐渐形成不同标准下不同后果的不同补偿机制。这样能够给具有不同隐私心理门槛的用户主体以不同激励,减少负外部性的应激反应。在实际执法操作上,首先在特定场景中以负外部性效应为核心讨论计算广告隐私数据使用的可能性后果;其次围绕流动性和边际颗粒度理解用户隐私的动态变化调整,在大量数据汇集和分析的基础上区分隐私侵犯程度,从而形成因人而异的隐私保护法则。②

4.加强顶层设计,引入反垄断法保护弱者,明晰隐私数据的财产权属性,补充强调事后追责补偿的法律条款

司法是维护社会公平正义的最后一道防线。近年来,我国出台了一系列法律法规和治理措施,编织了个人信息"保护网",以规范算法传播活动,但是计算广告的技术突破使得"破窗效应"明显,其发展速度有可能超过相关法律法规完善的速度。③ 当"上网"成为"惯习"时,网络用户的数据生产就呈现出一种主动的特征,用户并不是缺乏隐私敏感,而是在网络对社会日常深度嵌入的环境下,有一种弱者的无奈。④ 消费者与算法平台之间明显处于信息不对称及力量不对等的状态,消费者只能接受平台的隐私政策,否

---

① 毛牧然、董晓梅:《信息科技负外部性隐私伦理风险的治理》,《科技导报》2023年第7期,第55-62页。
② 胡凌:《克服数据生产的负外部性:若干法律手段探讨》,http://sjfzyjy.cupl.edu.cn/info/1135/2598.htm,2022年5月21日。
③ 孟天广、李珍珍:《治理算法:算法风险的伦理原则及其治理逻辑》,《学术论坛》2022年第1期,第9-20页。
④ 李惊雷、崔明利:《数据的边界与隐私保护的逻辑探析》,《新闻爱好者》2023年第6期,第27-30页。

则无法享受平台提供的服务。① 所谓的用户知情权、选择权只能纸上谈兵，使得隐私保护政策难以发挥真正保护消费者隐私的作用。面对这样的困境，我们有必要思考：是否应将隐私保护纳入反垄断的法律框架，通过法律约束超级平台的数据利用行为，化解消费者与平台之间力量及信息失衡带来的隐私保护不足。因此，建议我国《反垄断法》第十七条"垄断协议认定条件"中增加"降低消费者隐私保护政策或条款"作为垄断协议认定的条件之一。将消费者隐私保护纳入反垄断法框架中，可以在滥用市场支配地位、垄断协议、经营者集中相关条款中嵌入消费者隐私保护规则。② 具有强市场支配力量的超级算法平台为了获得广告利润，容易侵犯用户隐私，用以增强自身市场力量，实现竞争优势。因此在利用反垄断法促进计算广告隐私问题治理机制的实践创新时，要将监管对象的重点放在该类数字平台上。③

　　计算广告隐私问题治理机制的实践创新还涉及一些新的法律问题，反垄断法过度干预可能遏制互联网企业的创新，甚至降低用户体验。因此，建议立法确认隐私信息不仅具有所有权、使用权，还具有财产权属性，就可以引入数据隐私损害分析工具，通过隐私保护的价格分析机制来评估隐私数据财产损害④，然后按照损害的多寡进行用户理赔。这种事后补偿或救济的做法能解决数字世界的一些法律纠纷，比如：当用户创建的虚拟形象在元宇宙广告世界中被侵犯隐私，是依据现实社会的法律法规处理还是需要一套独立的评判标准？⑤ 同时，为了平衡双方的不平等地位，需要构建专门的公益诉讼机制，制定有力措施对处于弱势地位的用户给予倾斜保护，这有利于拓宽算法歧视中受害方的维权路径，增强索赔维权力量，激励消费者与计算广告提供者进行力量博弈。公益诉讼的社会影响较为广泛，能起到示范警示作用，同时也能减轻受害方的负担并引起法院和企业的重视。⑥ 有学

---

　　① 于颖超、孙晋：《消费者数据隐私保护的反垄断监管理据与路径》，《电子知识产权》2021年第7期，第4-20页。
　　② 杨瑞琦：《数字经济背景下消费者隐私保护纳入反垄断框架的模式与规则》，《价格理论与实践》2022年第11期，第69-75页。
　　③ 葛强：《消费者数据隐私的反垄断法保护研究》，安徽财经大学硕士学位论文，2023年，第19-24页。
　　④ 任超、李雅瑜：《数字经济时代数据隐私的反垄断保护：理论证成、适用困境及破解之道》，《重庆邮电大学学报（社会科学版）》2023年第4期，第65-75页。
　　⑤ 张洪忠、斗维红、任吴炯：《元宇宙：具身传播的场景想象》，《新闻界》2022年第1期，第76-84页。
　　⑥ 平传莹：《人工智能背景下算法歧视的法律规制》，江苏大学硕士学位论文，2022年，第49页。

者提出隐私治理中还需要增加被遗忘权和删除权[①],前者是用户主动公开数据的行为,例如年少无知时发布在网上的荒诞言论,可能会成为成年后的困扰;后者是用户被动公开数据的行为,比如"艳照门"事件。从数据恢复技术上讲,被遗忘和删除是不可能绝对彻底的。因此,对于一些隐私侵犯引发严重后果的案件,建议在刑法中增加"过失泄露隐私信息罪"。

(四)行业监管

出于立法程序的烦琐性,法律法规立法周期一般为3~5年,对计算广告在技术层面进行与时俱进的立法有些不现实。与国家行政部门相比,自治性的行业组织具有专业的理论知识和管理能力,能够及时全面了解计算广告行业前沿发展动态,及时从专业角度分析算法技术对计算广告行业及互联网用户的动态影响,因此,构建自治性行业监督可能比政府监管更加迅速且有效。行业协会可以统筹整合教育活动与素养培育,通过讲座报告、社区展览、进校活动等大力开展隐私保护的普法教育,尤其针对青少年、老年人等特殊群体。通过政府引导、行业协会组织自治,实现政府宏观把控与行业微观自治的有效联动,实现计算广告的良性有序发展。因此,行业协会是政府和经营主体之间的桥梁和纽带,是完善社会主义市场经济体制进程中不可或缺的社会组织。

1.逐步授权并持续改进中国广告协会的组织结构,增设计算广告委员会和行业自律委员会,提升行业协会的监管能力,减轻司法机关负担

中国广告协会是由广告主、广告经营者、广告发布者、广告代言人(经纪公司)、广告(市场)调查机构、广告设备器材供应机构等经营单位,以及地方性广告行业组织、广告教学及研究机构等自愿结成的行业性、全国性、非营利性社会组织,隶属于中华人民共和国国家工商行政管理总局。目前中国广告协会对计算广告的监管存在诸多改进之处,可在以下几方面进行改进:

第一,当前中国广告协会的主体成员既有广告主、广告经营者,也有广告发布者等利益攸关者,他们掌握了较大权力,难以进行自我改革,可以重新调整中国广告协会的组织布局,增加以功能划分的组织,比如设置计算广告委员会、行业自律委员会、消费者投诉委员会等。

第二,针对行业协会的监管能力、自主组织活动能力,建议主管部门逐步授权中国广告行业协会直接管理互联网行业,通过计算广告委员会和行业自律委员会,在政府授权范围内对隐私问题进行奖惩,以加强中国广告行

[①] 罗素芬、杨仕龙:《从"被遗忘权"到"删除权":我国个人信息保护核心利益设置的立法取舍》,《民商法争鸣》2022年第2期,第137-156页。

业协会的监管能力。

第三,建议通过中国广告行业协会探索建设计算广告隐私保护认证制度,通过向广告主和平台颁发隐私保护认证,增强用户对计算广告的信心,增加用户监督力。

第四,可将在线受理隐私投诉交由中国广告协会消费者投诉委员会隐私专员办公室负责,督促快速、直接处理对社会影响较大但情节较轻的计算广告隐私侵犯案件,以减轻司法机关的工作负担,提高司法资源使用率。

第五,定期组织隐私技术保护的培训学习,让负责数据开放安全的相关工作人员深入课堂,通过行业培训提高计算广告工作者的政治思想水平和技术应用能力。

第六,组建专业的隐私技术保护团队,在行业自律委员会下成立计算广告隐私保护智库,吸引专家学者参与其中,打造专业知识丰富、教育背景良好、年龄结构均衡的复合型人才队伍,尤其是要积极挖掘既懂政府治理,又掌握隐私保护技术的多学科交叉人才[①],定期为政府提供行业报告,协助政府有关部门进行决策。

2.赋权中国广告协会对计算广告进行隐私安全影响评估,建立一套完整的计算广告隐私安全评估指标体系,为司法提供科学、客观的判决依据

计算广告隐私影响评估是以规避隐私泄露风险为目的,针对计算广告在收集、存储、传输、使用数据等各个流程和环节中对个人隐私的潜在影响进行事前预测的工作行为,它也能为司法提供科学、客观的判决依据。通过赋权中国广告协会在行业自律委员会隐私专员办公室设置数据开放的行业性隐私影响评估机构,可以对计算广告进行客观有效的隐私影响评估。

首先,通过行业协会制订隐私影响评估计划,保持对隐私影响的持续评估,以完善计算广告的隐私影响评估机制。第三方综合运用评估工具可以避免企业或政府单一评估方式带来的弊端,聚集优势,提升隐私防范效率。

其次,通过行业协会将经验评估与技术评估相结合,动态衡量计算广告潜藏的隐私风险,时刻保持预防隐私泄露的警觉性。完善的隐私影响评估机制是计算广告隐私治理中的"预言家",可以在促进发展计算广告产业的同时,有序落实个人隐私保护措施。

再次,立足中国广告协会,建立一套完整的计算广告隐私安全评估指标体系,立足于各省市实际情况,通过实地调研和考察,发布年度《计算广告隐私安全评估报告》,对各省市、各企业、各平台的计算广告隐私安全现状进行

---

① 王鑫:《地方政府数据开放中个人隐私保护对策研究》,沈阳师范大学硕士学位论文,2023年,第35-38页。

比较排名。

最后,集思广益,提高计算广告评估结果的精确性。在精准定位计算广告隐私风险之后,计算广告隐私安全影响评估机构要集合政府数据开放领域内的专家、政府开放部门工作人员以及技术保护人员,共同商讨解决办法。这样得出的评估结果在很大程度上避免了个人的主观性和随意性,提升了计算广告隐私保护措施的科学性和准确性。[1]

3.明确和细化计算广告隐私保护的行业规则,着力解决当前计算广告隐私监管执法中迫切需要解决的算法审计问题

行业协会以组织化、群体化的形式,把个体力量凝聚起来,作为同行业经营者的代表组织集体行动,形成相对强大的力量。政府机构在行使权力时,必须顾及行业协会及其代表的企业对政策的回应,从而促使国家更为负责任并谨慎地运用权力。换而言之,行业协会的存在对计算广告产业的发展起着重要的保护作用。[2] 但是同时,行业协会也是由具有相同利益和需要的经济主体结合而成的团体,代表行业整体利益和长远利益,需要放眼全局,集中表达于国家法律、政策的制定过程,从而促进自觉、稳定的行业秩序的形成。[3] 它代表本行业迅速地把利益诉求和权利主张传递到政府决策过程之中,同时也把政府决策过程中的信息反馈给会员企业,从而架起国家与企业之间的沟通桥梁,在企业与政府间建立起一种长久可靠的信任机制。从这点看,中国广告行业协会可以承担当前计算广告隐私监管执法中迫切需要解决的算法审计问题。

算法审计可分为内部审计和外部审计两种,内部审计属于算法平台自律范畴,外部审计可以纳入广告协会的监管范畴,可以在行业自律委员会下设立算法审计办公室。从外部审计角度看,中国广告协会至少可以起到三方面作用:一是评估某些算法是否合法合规、是否透明;二是评估算法是否符合经济社会运行规律、是否能避免算法平台之间的恶性竞争;三是评估算法平台和算法使用者面临的道德和声誉风险,以及在出现风险时的补救能力。显然三个方面的作用都与计算广告隐私问题的治理有关。这就要求中国广告协会联合计算广告主体实行合规管理并制定科技伦理准则,坚持算法向善的原则,建立行业算法备案机制,随时对数据隐私监管的重点对象进行算法审计,也可以在收到其他市场参与者投诉的时候委托第三方机构启

---

[1] 陈朝兵、郝文强:《作为政府工具的隐私影响评估:缘起、价值、实施与启示》,《中国行政管理》2020年第2期,第144-151页。
[2] 黎军:《行业协会的几个基本问题》,《河北法学》2006年第7期,第26-29页。
[3] 吴碧林、眭鸿明:《行业协会的功能及其法治价值》,《江海学刊》2007年第6期,第196-200页。

动算法审计。

(五)媒体自律

互联网平台本身既是媒体监督者,也是数据的运营者。由政府直接监管平台存在一定的局限,比如最先进的网络技术实际上掌握在平台企业手中,用户隐私数据也不在政府而是在平台手中。对政府而言,其当然期望拥有这些隐私信息,但是因为这些隐私数据实际上是平台企业的核心资产,如果它把用户隐私数据交给政府,政府也需要花费大量成本来储存这些信息。媒体技术处在高速发展的阶段,变迁的速度非常快,实际上政府及平台企业对技术市场的了解都存在不足,从出现门户网站、社交网站、电子商务再到算法传播和元宇宙,时间很短,所以国家其实是鼓励媒体自律的,对网络平台的执法呈现出一种包容性。政府部门并不是一上来就认定平台违法、进行严厉的处罚等等,其处罚还是比较温和的,执法当中采取的方式主要是约谈。如果平台自律做得好,政府没必要过多地介入。如果政府认为平台做得不好,执法机构肯定是要介入的。当然,我国现在的执法标准还是比较克制的。比如我国法律规定,侵犯个人信息处罚在 100 万元以下,而欧盟的数据保护条例规定可以处罚 2000 万欧元或者平台方全球营业额的 4%。[①] 这还是为了照顾快速变迁的技术和市场,使法律为执法者及网络平台的经济发展提供一定的弹性,同时也就给了媒体自律更多的空间。计算广告发展在踩下"油门"的同时需要意识到,用户数据隐私保护的价值与意义如同车辆的"刹车"这样的安全配置,计算广告只有安全可控,才能行稳致远。

1.算法平台需要成立首席隐私官,负责对接政府和行业协会的隐私专员,并解答消费者的隐私诉求

基于平台化战略,众多互联网巨头已经发展成为国际性数字平台,资本则更多地关注和追求自身的商业利益,而国家作为公共利益的代表者与维护者,对于数字平台权力负有一定的管控职责,国家治理与平台资本运行形成一定的矛盾关系。随着国有控股的强监管模式,算法平台的所有权出现国家主导的转型,这有利于维护本国的信息安全和公共利益,也体现了国家积极主动地参与和引领治理的过程。对于算法平台而言,应与政府、行业协会、用户代表等建立对接合作的沟通机制,通过定期互动、协商和讨论,共同制定适用于各方的治理规则和标准,共同应对计算广告隐私侵犯与数据安全带来的挑战。[②] 这时,算法平台需要成立首席隐私官,负责对接政府和行业协

---

① 谢永江:《平台自律与政府监管:网络综合治理体系下的平台监管》,《研究生法学》2018 年第 3 期,第 1-16 页。

② 汤景泰:《辩证看待数字平台发展与治理的关系》,《前线》2023 年第 10 期,第 32-35 页。

会的隐私专员,并解答消费者的各种隐私诉求。"首席隐私执行官"是1999—2000年在职场中一度出现的新头衔,因2000—2003年的经济停滞不前而被中止了。随着美国公司面临要实施更多的与隐私有关的条例和法令,首席隐私执行官再次出现在人们的面前,如花旗集团、美国运通、美洲银行、惠普、微软、Facebook等公司都设有首席隐私执行官。首席隐私官专门负责处理与用户隐私权相关的事宜,不仅保护企业内部的信息,也保护所有客户信息如何得到公正、有效的保管和使用。首席隐私官不仅是为了应付法律的监管,还是为了赢得用户的信任。如果隐私保护做得好,计算广告的业务量就会猛增,算法平台将获得更多回报。数据和隐私安全的漏洞,可能会给算法平台造成无法挽回的损失,对企业的品牌、信誉和客户关系带来的危害会更加深重。

2.提升算法平台的社会责任感,把算法向善原则嵌入算法设计,鼓励平台主动承担算法伦理道德责任

在强化算法控制者与责任平台义务的前提下,如何推动其积极履行责任与义务尤为重要。广大算法平台机构应发挥自我监督与引导职能,不断提升社会责任感,为塑造良好的企业形象和品牌形象加分。例如,《南方都市报》的做法值得借鉴,其开设的"隐私护卫队"课题组长期聚焦于国内外互联网用户隐私信息领域的发展动态与重大事件,对推动个人隐私信息保护的宣传作出积极贡献。在元规制强调外部监管者促进算法平台自律下,政府规制机构对算法平台自我规制体系进行观察,并根据观察结果进行调控或激励,令其制定更严格的规则或采用更有效的执行机制。这样既能激发算法平台自律的活力,又能以政府规制的力量保证执行效果,同时成本更低,技术专业性更高,企业接受度也更高。[1] 在元规制的趋势下,当前一些互联网应用平台已经开始加大资源投入研发,把算法向善嵌入算法设计之中,并将算法向善嵌入计算广告运作流程中,比如需求方平台、供应方平台、数据管理平台、广告交易平台、动态创意优化平台和广告验证平台等,以体系化的思维为算法向善提供解决方案。微软提出人工智能伦理六项原则,强调人工智能必须防止偏见并承担算法责任;谷歌发布人工智能七项原则作为具体执行标准,称人工智能算法和数据应避免制造或强化不公平偏见,并正在通过改进机器学习系统来避免偏见;阿里巴巴宣布"以人为本、普惠正直、安全可靠、隐私保护、可信可控、开放共治"六大科技伦理准则,重点推动算法治理、隐私保护、伦理制度建设等工作;百度阐述"AI伦理四原则",

---

[1] 张艳、程梦恒:《人工智能营销传播算法偏见与元规制路径研究》,《中国出版》2021年第8期,第27-30页。

认为 AI 技术的使命就是要通过学习人进而忠诚服务于人,让人类生活更美好。2022 年 3 月,抖音、拼多多、微信等开始按照监管要求,允许用户一键关闭"个性化推荐",算法使用的选择权重新回到用户手中。这种预先主动承担算法伦理道德责任的方式改善了用户对算法平台的负面看法,对计算广告产业的持续健康发展大有裨益。

  3.算法平台要有政治站位,自觉落实国家在主流意识形态上的大政方针,实现与国家主流意识形态同频共振

  平台媒体是算法服务的提供商,也是计算广告的第一责任主体,这就要求平台媒体在市场化的经营逻辑之外切实肩负起公共性的社会责任。① 算法平台要坚持破除西方世界所传导的"算法中立""价值无涉"等错误价值观,坚持铸牢中华民族共同体意识的政治导向,积极承担推荐算法平台所承担的公共属性和社会责任,将意识形态安全与国家安全贯彻落实到算法研发之中。算法平台要牢固树立"传播主流价值,平台人人有责"的政治理念,认清流量为王并非长久之计,所带来的繁荣也不过是虚假繁荣。具体来说,要优化推荐算法模式设计,在现有基于内容推荐、基于信息协同过滤推荐、基于信息流行度推荐等机制之上,增加新的信息筛选机制以弥补现有模式的缺陷和偏差,为用户提供相当量级的政治广告,增强算法的主流色彩,着力实现工具理性与价值理性的再平衡。② 互联网平台本身既是媒体监督者,也是运营者,要主动告知受众算法类型和算法程度,提升受众"反驯化"意识。从根本上讲,受众的"信息茧房"最终也不利于算法传播的效果。算法的校正与精准是动态的概念,它有时更需要受众反驯化时"破茧而出"的真实状态。算法平台适当优化算法使推荐内容更加多样化,保持个性化定制断续推送,可以有效缓解负面效应。③ 对各网络平台而言,要强化网络平台的审核、监督义务;强化网络平台的信息披露义务;随机推荐主流意识形态相关内容促进用户对异质观点的接触;④结合人工编辑,加大内容安全审核和事实核查力度,提升训练数据的质量。⑤ 计算广告的发展离不开先进

---

  ① 陈彦宇、刘宇惠:《平台媒体算法传播的伦理风险与规制路径》,《新闻论坛》2022 年第 4 期,第 87-88 页。
  ② 李钢、唐月卫、刘章仪:《推荐算法与网络意识形态风险防范》,《当代传播》2020 年第 3 期,第 110-112 页。
  ③ 王云泉、冯宗达:《基于算法推荐机制的信息传播把关研究:以"今日头条"为例》,《声屏世界》2020 年第 24 期,第 94-96 页。
  ④ 侯东德、张丽萍:《算法推荐意识形态风险的法律防范》,《重庆社会科学》2021 年第 8 期,第 77-90 页。
  ⑤ 李静辉:《算法推荐意识形态属性的生成逻辑、风险及治理》,《理论导刊》2022 年第 2 期,第 70-76 页。

技术的开拓,更离不开基本价值的守望,算法时代要坚持算法向善人文精神的回归。

(六)技术反制

数据安全和个人隐私安全领域的法律框架正在逐步建立和完善,法律层面保护隐私是必需的,但单凭法律无法完全解决计算广告隐私问题,还必须辅以相应的技术手段维护隐私安全。技术既能侵犯隐私,也能保护隐私,从技术发展角度看,解铃还须系铃人,我们有理由相信核心技术取得突破之后,计算广告隐私问题最终将从技术层面得以妥善解决,技术衍生的社会问题最终会在更高的技术方案中寻找答案。人工智能的飞跃发展和进步,为计算广告技术管控提供了可能。如央视国际网络无锡有限公司开发的"AI技术优化内容审核"软件,依托图片识别、语音识别、人脸识别、视频基因比对、语义分析等技术,能智能识别各类内容,并对图片、视频、文字、语音等进行多维度智能分析,从而大幅度提升审核效率,充当"技术把关人"的角色。① 此外,目前已经开发出"戳破气泡"应用技术,在广告推荐内容的审核上基本避免了"信息茧房"的形成。如 Buzz Feed 推出的"Outside Your Bubble"、瑞士报纸 NZZ 开发的"The Companion"、Google 推出的"Escape Your Bubble"等。② 这些工具通过分析用户的行为数据,指出用户正在发生的行为偏见,同时也把相反的观点展示出来,减少了算法偏见,克服了广告信息窄化的产生。

1.攻关隐私计算技术,让原始数据不出域、数据可用不可见,切实有效保护隐私信息安全

隐私计算是指在保护数据本身不对外泄露的前提下,实现数据分析计算的技术集合,达到原始数据不出域、数据可用不可见、数据不动模型动、数据可控可计量、共享数据价值不共享数据的目的,在充分保护数据和隐私安全的前提下,实现数据价值的转化和释放。③ 它是面向隐私信息全生命周期保护的计算理论和方法,是隐私信息的所有权分离时隐私度量、隐私泄漏代价、隐私保护与隐私分析复杂性的可计算模型与公理化系统。④ 包括欧盟在内的部分国家和地区将隐私计算视为"数据最小化"的一种实现方式。

---

① 秦军:《从"媒体大脑"看人工智能对传统媒体的助推和挑战》,《中国记者》2019年第1期,第72-73页。
② 沈浩、杨莹莹:《人工智能为媒体赋能》,《新闻战线》2019年第1期,第61-63页。
③ 付丽丽:《隐私计算:护航数据价值,实现"可用不可见"》,《科技日报》2021年9月13日,第6版。
④ 李凤华、李晖、贾焰,等:《隐私计算研究范畴及发展趋势》,《通信学报》2016年第4期,第1-11页。

同时,传统数据安全手段,比如数据脱敏或匿名化处理技术,都要以牺牲部分数据维度为代价,导致数据信息无法被有效利用,而隐私计算则保证在隐私安全前提下使数据价值尽可能最大化。

如表 9-4 和图 9-3 所示[①],隐私计算技术研发主要分为三大方向:第一类是以安全多方计算为代表的基于密码学的隐私计算技术;第二类是以联邦学习为代表的人工智能与隐私保护技术融合衍生的技术;第三类是以可信执行环境为代表的基于可信硬件的隐私计算技术。不同技术往往组合使用,在保证原始数据安全和隐私性的同时,完成对数据的计算和分析任务。在计算广告产业中,数据安全和用户隐私问题贯穿整个广告投放链路。如何在营销场景下安全合规地使用隐私数据,维护在线广告商业模型的核心运作,成为当下广告生态中各企业亟须解决的问题。阿里妈妈的"基于隐私计算的广告跨域营销追踪和全域资产分析落地实践"项目,利用隐私计算平台,在严格保障多方数据的隐私安全和数据合规的前提下,实现营销中的数据要素流通和数据价值挖掘的最大化,入选 2023 年大数据"星河(Galaxy)"案例征集优秀项目。

表 9-4 隐私计算技术研发的三大方向

对比项目	安全多方计算	联邦学习	可信执行环境
核心思想	数据可用不可见信任密码学	数据不动模型动信任密码学	数据可用不可见信任硬件
应用场景	分布式协同学习环境	机器学习建模	可信任的硬件环境
硬件要求	通用硬件	通用硬件	专用硬件
密码技术	同态加密、差分隐私、秘密分享等	同态加密、差分隐私、不经意传输、秘密分享等	非对称加密算法
技术成熟度	已达到技术成熟的预期峰值	快速增长的技术创新阶段	快速增长的技术创新阶段
优势	通用性好、安全性高,研究时间长,久经考验,性能不断提升	计算精度高	易开发,通用性高,性能强
劣势	计算和通信开销大,效率待提升,扩展不足	通用性低,效率不足,保密性一般	开发和部署难度大,可靠性低,对硬件依赖明显

---

① 马龙、陈奕博:《基于技术的治理:隐私计算技术赋能政府数据开放的价值与路径研究》,《中国行政管理》2023 年第 9 期,第 105-113 页。

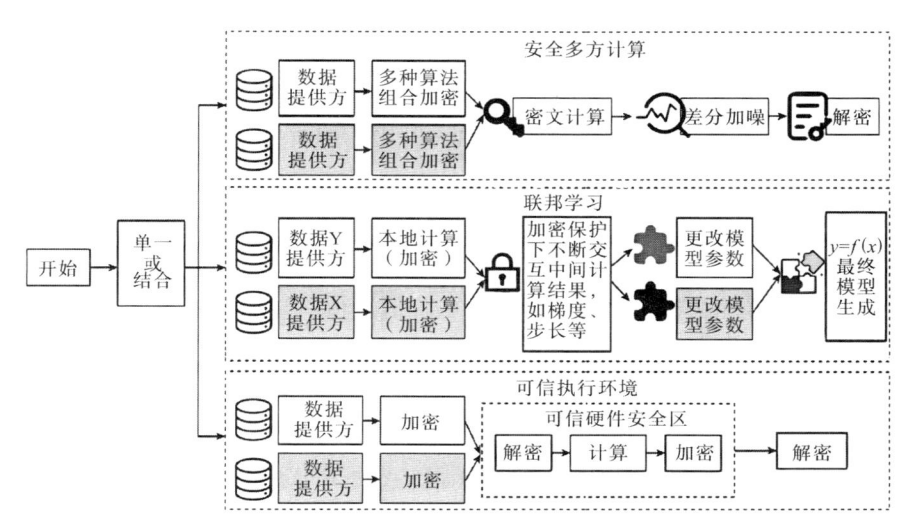

图 9-3　三种隐私计算技术解决数据开放困境的方式

2.重视数据的安全存储和传输技术研发,防止数据泄露和黑客攻击,购买相关软硬件要选择安全可靠的厂商

数据安全和隐私保护问题是计算广告发展过程中必须解决的重要问题。随着数据跃升为新型生产要素,计算广告数据安全的内涵在不断拓展,从最初的保护数据载体上的信息安全,到对数据承载的隐私权益、产业利益和国家利益进行安全保护,再发展到通过数据安全保护促进数据合法有序开发利用,护航国家数字经济高质量发展。

数据安全保障的目标和对象,也随着计算广告的发展分为三个层面:一是保障计算广告用户数据本身安全,针对用户数据本身,通过采取文件加密、数据库加密等技术保护数据及数据承载信息的安全;二是保障计算广告数据资源安全,在数据共享、数据利用等流程中保障数据资源采集、传输、存储、共享、利用、销毁等生命周期的安全可控;三是保障计算广告数据资产安全,即保护数据资产处理所涉及的网络、存储计算、开发交易等基础设施安全,防止数据基础设施上承载的数据资产丢失、泄露、被篡改,保障数据运营、交易业务正常运行,维护数据要素市场安全。①

数据安全和隐私保护技术将更加注重数据加密、数据匿名、数据脱敏、数据权限管理等方面的应用,以保障计算广告投放过程中的数据安全和用

---

① 刘栋、杨文兵、安自朝,等:《数据安全发展趋势与密码保护技术研究》,《信息安全与通信保密》2023 年第 8 期,第 74-81 页。

户隐私。同时,政府部门或企业在购买使用加密软件程序或者硬件加密设备时,应当避免选择国(境)外厂商、国内外资厂商、国内合资厂商的产品。即使对国内厂商的产品,也必须由国家相关主管部门对所选择的软件程序和硬件设备进行安全检验测试,以确保产品的安全可靠。另外,在产品的顶层设计中,应当将整个系统的可迁移性,即在不同厂商同类产品中转换使用的可能性,作为重要考量,避免被完全限定在某个厂商的产品中而出现隐私安全风险。①

3.通过技术内嵌人文实现计算广告价值理性引导工具理性、公共性超越商业性的算法向善转向

计算广告中的算法传播无论处于什么阶段,都不会自主产生人文价值风险意识。防范风险需要人文精神和人文价值的判断代入,应将人文精神和人文价值倡导以代码嵌入机器学习程序,使价值代码在数据输入、特征提取、特征选择、逻辑推理、结果预测等过程中产生抑制功效,使得技术内在运行逻辑被代码化的人文精神和人文价值所规训。②要实现上述目标,应该做到以下几点:

第一,优化算法,用主流价值导向引领算法。要不断增加主流信息在计算广告"推荐池"里的比重,赋予主流意识形态更高的传播权重。在计算广告设计和使用中,要将主流价值观念和正能量广告内嵌于数据选取、挖掘、清洗和析出的全过程并进行优先推荐,并在底层技术中嵌入虚假色情、低俗等负面导向广告信息的推送限制功能③,以确保计算广告的公共性取向。

第二,驾驭算法,努力实现工具理性与价值理性的双向平衡。要适当打开算法的黑箱,提高算法透明度。履行好"把关人"的责任,要为算法广告植入进行必要的干预,绝不能让缺乏人文意识的算法取代人工编辑,要充分利用智能算法的科技优势,同时发挥人工编辑的纠偏功能,从而引导广告信息回归价值本位。

第三,用好算法,为中华传统优秀文化的传播插上算法推荐的"翅膀"。传统广告公司和广告主要积极适应全媒体时代的信息传播大变局,主动拥抱算法技术,通过与互联网头部企业开展深度合作,改进算法推荐技术,反向利用算法进行自我纠偏,将用户从狭隘的"广告信息壁垒"中拯救出来,同

---

① 张健:《解读美国安全政策文件〈使用高级加密算法保护国家安全系统和安全信息的政策〉:谈对我国电子文件信息安全研究的借鉴意义》,《浙江档案》2008 年第 10 期,第 37-39 页。
② 姜晨、颜云霞:《"何以向善":大数据时代的算法治理与反思:访上海交通大学媒体与传播学院教授陈堂发》,《传媒观察》2022 年第 6 期,第 36-41 页。
③ 李澄:《浅谈算法新闻对意识形态建设的挑战与应对》,《新闻传播》2022 年第 16 期,第 137-138 页。

时通过广告创意推动中华优秀传统文化创造性转化和创新性发展,助力计算广告产业的良性升级。① 当计算广告实现价值理性引导工具理性、公共性超越商业性的算法向善转向,就能够消除人们对"算法控制"的恐惧,更好地服务于人们的信息与娱乐需求,有效地激发公众对产品或品牌的关注与讨论,从而达到良好的传播效果。②

二、风险评估过程治理的实践创新

(一)隐私关注

风险评估过程中的隐私关注治理是计算广告数据开放侵犯用户隐私问题中,疏解用户抗争情绪、回应用户抗争诉求、消解用户抗争矛盾张力的重要策略。"隐私"一词通常出现在法律、哲学、心理学、社会学和信息科学中。然而,对于"隐私"的概念,学者们并没有形成广泛的共识。在操作上,"隐私"仍然是一个模糊的概念,人们很难给出明确的定义。例如,对于不同的人、不同的时间、不同的地点、不同的情境、不同的对象,隐私都可能意味着不同的事情。这就导致隐私关注也变得模糊起来,提升了计算广告隐私问题治理的难度。随着信息时代的到来,尤其是智能技术的发展,隐私议题凸显,学者们主要从 5 个角度论述隐私的定义:将隐私定义为权利、将隐私视为商品、将隐私等同于对信息的控制、将隐私看成状态、将隐私当作集体规范。③

目前,测量隐私关注(隐私担忧)主要有 2 种量表:CFIP(concerns for information privacy)和 IUIPC(Internet users' information privacy concerns)。这 2 种量表得到了学术界的广泛认可,其中 IUIPC 量表是在 CFIP 模型的量表上,运用社会契约理论开发出来的、专门用于测量网络环境中用户的隐私关注程度。IUIPC 是多维度量表,包含 3 个维度,分别是收集、控制以及意识④,即对隐私数据收集的关注、对控制自身信息隐私被收集和使用的关注、对被收集信息如何被使用的认识的关注。⑤ 收集维度是任何隐私关注的起点,控制维度是信息隐私关注最为重要的一个维度,消费者对计算广告

---

① 武豹:《算法推荐时代主流意识形态传播面临的挑战及其应对》,《中国石油大学学报(社会科学版)》2021 年第 4 期,第 98-104 页。
② 刘斌:《技术与伦理的冲突与融合:算法新闻时代新闻伦理重构及对策》,《西南民族大学学报(人文社会科学版)》2022 年第 3 期,第 135-143 页。
③ 贾传昌、朱建明、高胜:《隐私经济学研究进展》,《经济学动态》2022 年第 3 期,第 139-157 页。
④ 姜群:《社交网络中的隐私关注及隐私保护研究综述》,《企业导报》2016 年第 20 期,第 91-92 页。
⑤ 杨姝、王渊、王刊良:《互联网环境中适合中国消费者的隐私关注量表研究》,《情报杂志》2008 年第 10 期,第 3-7 页。

隐私保护的高预期、对信息控制的渴望、对信息透明度的重视都会提高消费者的隐私关注。① 正如本书第三章、第四章、第五章、第六章、第七章、第八章的实证研究，"前因—隐私关注—结果"理论框架以及纳入行为经济学和认知心理学的变量的相关理论模型仍然是当前学界研究隐私关注问题的主流框架②，实证研究结果均支持了隐私关注在模型中的显著意义，可见隐私关注是计算广告隐私问题治理的核心关键词。

1.在收集环节通过开放第三方软件对算法平台进行隐私合规检测，保障用户的知情权和选择权，避免数据过度收集，降低用户的隐私关注

从隐私经济学角度看，在收集维度下，消费者会因对其个人隐私数据被他人占有的情况不了解、被欺骗、很无奈，而产生隐私担忧。在收集信息环节，突出的问题有4个：(1)App 未见向用户明示个人信息收集和 SDK（软件开发工具包）收集使用的目的、方式和范围，未经用户同意，App 或 SDK 中存在收集 IMEI（国际移动设备识别码）、设备 MAC（局域网）地址和软件安装列表、通信录和短信的行为；(2)App 以隐私政策弹窗的形式向用户明示收集使用规则以及向用户明示 SDK 的收集使用规则，未经用户同意，App 或 SDK 就存在收集 IMEI、设备 MAC 地址和软件安装列表、通信录和短信的行为；(3)App 以隐私政策弹窗的形式向用户明示收集使用规则或向用户明示 SDK 的收集使用规则，但未见清晰明示 App 收集设备 MAC 地址、软件安装列表等的目的方式范围，用户同意隐私政策后，App 或 SDK 就存在收集设备 MAC 地址、软件安装列表的行为；(4)App 在征求用户同意环节，设置为默认勾选。

算法平台注重诱使用户不断公开隐私信息，导致用户的知情权和选择权难以真正实现，从而引发收集阶段的隐私关注。为了避免算法平台的隐蔽操作，可以通过开放第三方软件对算法平台进行隐私合规检测，检测建议主要有3点：(1)用户首次打开 App 必须有隐私政策协议弹窗，隐私协议中要真实完整说明 App 和集成的第三方 SDK 收集用户个人信息的规则；(2)隐私政策隐私弹窗必须使用明确的"同意/拒绝"按钮；(3)只有当用户点击"同意"后，App 和 SDK 才能调用系统接口和读取收集用户的信息。

2.在控制环节通过赋予消费者一定程度的控制权，明晰用户对隐私数据具有合法的所有权、使用权和财产权，让渡隐私数据应该遵循等价交换原则

在控制维度下，消费者认为其有权掌握个人隐私数据的使用状况，当隐

---

① 谢毅、高充彦、童泽林：《消费者隐私关注研究述评与展望》，《外国经济与管理》2020年第6期，第111-125页。

② 贾传昌、朱建明、高胜：《隐私经济学研究进展》，《经济学动态》2022年第3期，第139-157页。

，私数据失控时，消费者就会感到隐私担忧。在这个环节，隐私关注的核心在于如何解决隐私边界管理中出现的问题。根据传播隐私管理理论，隐私边界的管理主要依照5个原则：(1)个人确信对于私人信息的控制权和所有权；(2)个人通过建立一系列私人准则来控制私人信息；(3)当个人将隐私信息的控制权让渡给他人时，他人与个人成为控制私人信息的共有者；(4)共有私人信息的二次传播需要征得所有者的共同商定、认可和控制；(5)当共有者无法控制有效的私人信息分享准则时，已经建立的隐私边界将会出现混乱。

在智能信息时代，当算法传播将一切数据聚拢在算法系统之后，隐私的私人边界和公共边界开始变得模糊，大量的私人信息被糅合在一起成为公开或半公开的数据，导致数据层面难以划定私人领域和公开领域的界限。当用户隐私的被动让渡受到算法平台的控制，平台不仅成为隐私边界管理中的共有者，还迫使用户不得不与平台分享对于隐私数据的归属、使用和控制权限，当共有者不再受个人控制，隐私数据与公共数据就不再是相交关系，而是包含关系，隐私数据成为公共数据的一部分，由此衍生出一系列伦理争议。①

随着计算广告的发展，隐私边界逐渐模糊，算法平台对用户的隐私数据控制加剧了消费者的隐私关注，而能否赋予消费者一定程度的控制权，将直接影响隐私数据所有权、使用权和财产权的认定。我们认为，用户理所当然拥有隐私数据的所有权，但其使用权可以让渡，不管是主动让渡还是被动让渡，都应该从隐私数据具备的财产权属性来理解让渡的商业价值，让渡隐私数据应该遵循等价交换原则。

3. 在意识环节，教育用户认识自己就是有价值数据资源的创造者，而不是数据产品的免费生产者

在意识维度下，消费者会因其对新技术的陌生、媒介素养的不足而意识到亟待隐私保护，从而引发隐私担忧。随着新技术的引入，消费者担心其数据被收集并使用于他们根本不知道的用途，这种对个人隐私信息的失控感会让用户产生恐惧和不确定性，导致显著的负外部性效应。比如当用户把社交机器人视为朋友或者伴侣时，对社交机器人的信任就会"像朋友一样"，然而，社交机器人的商业目的是为用户提供个性化和人性化的服务，需要用户的大量隐私数据作为支撑。如果用户没有意识到自己是主体，把社交机器人当成知心朋友付出感情的话，当其隐私泄露发生时，对用户产生的负面

---

① 李鹏翔、武阳：《模糊的边界：算法传播中隐私边界的内涵、衍变及其规制》，《新闻与写作》2022年第1期，第22-29页。

影响是相当大的。① 又如"大数据杀熟"能够顺利执行的本质在于新技术对人的区隔效应,不同隐私数据的经济价值也有所不同,算法平台在掌握用户隐私数据差异性的基础上,充分利用信息不对称实现利润最大化。在算法平台实现从数据价值向市场价值的跨越中,普通人尽管有所知觉却很难举证。② 在具体的治理实践中,最关键是要让用户意识到自己就是有价值数据资源的劳动者和创造者,而不是数据产品的免费生产者。③ 当用户对自身隐私数据的商业价值有了足够的认识,就不会免费为平台企业提供"原材料",就会意识到算法平台对自身的种种不公,从而产生自然而然的抗议与维权行动。

(二)集体主义

正如本书第五章"集体主义和个人主义对计算广告用户态度的影响:隐私关注的中介作用"所证实,集体主义(垂直集体主义、水平集体主义)无法对隐私关注和计算广告用户态度产生影响,说明集体主义文化对隐私不那么敏感。隐私危机的本质是文化价值观问题,在集体主义文化中,个人利益往往被视为次要的,而群体或集体利益被视为更加重要。这可能导致一部分人对于个人隐私权利的看法和保护程度较低,甚至愿意为了维护集体利益而放弃一些个人隐私,说明计算广告在中国集体主义文化下具备天然的隐私非对抗的文化认知空间环境,也给平台侵犯中国用户隐私提供了便利之门。当前,各大互联网企业执数据垄断之权柄成功晋升为网络新型治理主体,但数据的利用被资本主体的价值立场与利益倾向所左右,网络空间鱼龙混杂,个人主义思潮盛行,所谓的企业治理避重就轻。平台的数据资源共享可以节省社会成本,提高资源利用效率,但是个人在平台产生和共享的数据越多,隐私信息泄露的风险就越大。而国家因缺少数据权力支撑,难以敏锐感知网络空间意识形态情势的流动,数据资源就无法在意识形态治理领域发挥应有的广告价值。④ 隐私危机的本质是文化价值观问题,因此,有必要重提社会主义公有制经济制度。重提当然不是简单的回归,而是国家资本参与平台经济的风险投资,通过共管共治,实现计算广告隐私问题治理的

---

① 苗芳艳:《隐私边界:人机交互中用户隐私悖论的特性、成因与消解》,《昆明理工大学学报(社会科学版)》2023年第5期,第49-56页。
② 赵德勇、张子辉:《"大数据杀熟"的法律规制:从个人信息保护到算法规制》,《经济论坛》2023年第10期,第16-23页。
③ 郭小平、秦艺轩:《解构智能传播的数据神话:算法偏见的成因与风险治理路径》,《现代传播》2019年第9期,第19-24页。
④ 冯戎、吴学琴:《从规训到控制:"算法本体论"时代意识形态建设探微》,《昆明理工大学学报(社会科学版)》2023年第2期,第60-66页。

良性发展。

1.增强商业平台的公有资本控股,保证计算广告公共性和价值理性的彰显,从而破解计算广告隐私治理难题

平台经济是数字资本主义条件下产生的一种新型经济形态,以数字技术为基础、以智能平台为支撑、以海量数据为驱动。平台经济的产生变革了传统的劳动方式,催生出新型数字劳动和劳工群体,然而就其底层逻辑而言,资本逻辑在全球范围内依旧构成了平台经济的主导力量。社会主义制度是算法在中国的制度语境,我国的社会制度在反平台垄断方面是有着较强的纠偏能力的。比如,蚂蚁集团作为中国最大的互联网金融平台,平台化、生态化的经营模式导致了垄断的形成,从而限制了其他竞争者的进入和发展,最终被国家市场监督管理总局罚以巨款,同时对蚂蚁集团进行重组,引入杭金数科作为第二大股东(实际控制人为杭州市人民政府),增强商业平台的公有制性质。平台资本主义是西方学者主要基于美国平台和西方理论的重要概念,中国的算法的平台性依赖也有着与平台资本主义不一样的路径,应该看到,我国的互联网基础设施的发展,从一开始就是政府主导的结果,因此,除了大的商业平台,我们也应看到很多行业平台是具有一定公共性的。巨型平台的商业价值导向也受到政府监管、主流价值观等多种张力的抑制。[1] 平台具有公共基础设施的特征,决定了以公有资本控股改革平台具有必要性。我们建议对私有民营平台进行以公有资本控股为主要内容的混合所有制改革,其合法性主要来自社会主义制度和国家安全战略的政治需要,其合理性主要来自生产力与生产关系辩证统一的经济需要、协调主体利益均衡和分配的社会需要、推动计算广告高质量发展和为人民服务等方面的行业需要。[2] 当然,公有资本控股并不是一个非黑即白的两极,而是一个由强到弱的渐进式"光谱",制度设计者应该给不同发展程度的平台选择不同程度的公有资本控股模式。

2.推进主流媒体的算法传播,弘扬社会主义核心价值观,加大计算公益广告比例

改革开放以来,中国社会集体主义价值观有所淡化,个人主义价值观有所抬头。持有个人主义价值观的人对隐私关注更加敏感,对计算广告更加抵触。通过推进主流媒体的算法传播,弘扬社会主义核心价值观,加大计算

---

[1] 刘瑞生:《传播"重构"与技术"异化"视角下的算法辨析》,《西南民族大学学报(人文社会科学版)》2022年第6期,第164-172页。

[2] 吴文新、江永杰:《以公有资本控股改革破解平台经济相关主体利益失衡难题》,《政治经济学研究》2022年第3期,第94-109页。

公益广告比例,可以增加用户对算法平台的信任,为计算广告营造良好的网络空间。目前,在追求"流量至上"的传播环境中,主流媒体的声音缺席,网络空间娱乐至死、商业至上的氛围浓厚,提升主流媒体传播力迫在眉睫。传统媒体可以依托"中央厨房"进行转型,搭建起能够聚拢掌握算法技术优势的各方新兴媒体的公共平台,构筑一批肩负"流量担当"的主流全媒体平台,在争夺和影响受众过程中牢牢掌握弘扬主旋律、展示正能量的传播主导权,提升主流意识形态在算法空间的回应力、解释力和批判力。[1] 例如,2014年10月《人民日报》与腾讯合作,正式启动"中央厨房",以内容的"一次采集、多种生成、多元传播"为目标,实现新旧媒体的深度融合。在"中央厨房"机制下,《人民日报》的45个融媒体工作室先试先行,尝试"跨部门、跨媒体、跨地域、跨专业"的兴趣化组合,进行"跨介质协作,项目制施工",通过小切口、去中心化的表达方式使麻辣财经、侠客岛、一本政经、金台点兵、学习大国等明星工作室脱颖而出。其策划制作的"56个民族30天表白祖国"系列公益广告、微缩景观纪录流动中国的《微纪忆》栏目等通过党媒算法,为用户提供有深度、有温度、有态度的社会主流价值观产品。

3.传播中国特色隐私数据保护理念,加强数据安全和隐私保护国际交流与合作,为计算广告出海保驾护航

中国计算广告需要具备全球性视野和前瞻性眼光,从国家战略的高度对其进行布局。坚持互利共赢的政策协调和技术规划对接,将本国优质的隐私数据保护理念推荐给其他国家。比如新冠疫情期间中国采取大数据抗疫手段和防控措施,可以打造算法推荐在全球突发事件中的协同创新治理体系。同时,东西方文化差异导致的隐私理解差异,直接反映在隐私数据保护理念上,这是中国计算广告出海必须面临的跨文化传播障碍。美国凭借数字优势、欧盟依仗立法权威正在全球范围内塑造维护数据主权和隐私保护的领导者形象,这一特点在全球组织中得到了充分的体现。联合国推出的《个人数据保护和隐私原则》强调尊重个人隐私权,旨在统一联合国各组织个人信息保护标准。主要成员为欧美国家的经济合作与发展组织制定的《关于保护隐私和个人数据跨境流动的指导方针》,为建立隐私有效保护和信任、促进跨境数据流动、制定通用国际方法奠定基石,被公认为隐私和数据保护的全球最低标准。亚太经济合作组织的《APEC隐私框架》强调成员经济体之间隐私框架的"互操作性",符合亚太地区以集体主义文化为主的隐私保护核心价值观。我国正处于倡导共建"一带一路"、推进中国企业走

---

[1] 李静辉:《算法推荐意识形态属性的生成逻辑、风险及治理》,《理论导刊》2022年第2期,第70-76页。

出去的关键时刻,计算广告作为中国企业走出去的"利剑",应该要在全球计算广告产业布局中发挥积极作用,积极参与共建全球数据隐私保护的治理体系。正如本书第六章"性别、隐私关注和隐私保护对计算广告用户态度的影响:基于中美两国的跨文化比较"发现,中美两国学生在隐私关注和隐私保护影响计算广告接受态度上存在差异。这就要求我们在跨文化传播时要做到:一是宣传我国数据隐私保护的理念,输出数据隐私立法成果,加强数据安全和隐私保护国际交流与合作,坚决维护数据主权和数字利益,提升在数据安全和隐私保护国际标准制定方面的影响力;①二是积极参与全球数据隐私规则制定,适当调整数据隐私规则,如在跨境数据流动问题上兼顾所在国的本地文化,调整计算广告的传播方式和内容,避免因触犯当地隐私禁忌而导致计算广告跨国传播活动的失败。

(三)个人主义

隐私具有3个重要特性:个性化、动态性和多层次性。个性化指每个人的隐私需求和边界是不同的,取决于文化、社会、技术和个人经验等多种因素;动态性指隐私需求和边界可能随着时间、环境、情境等因素的变化而发生变化;多层次性指隐私需求和边界可以在不同的层面和范围内存在,如个人隐私、家庭隐私、社区隐私、组织隐私、国家隐私等。由于个体差异,不同个体对隐私的感知是不同的。每个人对自己所享有隐私权的解读、对自我暴露的节制力和尺度的把握,不同人的心理底线是有差异的,会因性别、年龄、职业、受教育程度、对技术的认可度等因素产生不同程度的影响,这也体现着网络空间下隐私边界的复杂性。②隐私的特性表明了计算广告隐私问题治理的复杂性,在个人主义浓厚的环境里,计算广告如何针对不同的个体作出恰当的隐私反应以符合不同个体的合理隐私期待?这也说明了计算广告在处理个人信息时,需要充分尊重每个人的隐私权,采取相应的措施保护个人信息安全,以满足不同人群的隐私保护需求。

1.企业要了解不同国家、地区和平台的隐私差异进行计算广告投放,用户也可以根据自身的隐私需求双向选择合适的平台

隐私差异是指个人对隐私保护的不同看法和需求。在数字化时代,隐私差异越来越受到关注,有些人可能更加注重个人信息的保护,而有些人则可能更加愿意分享个人信息以换取便利。隐私差异不仅存在于个人之间,

---

① 袁卫平、卞丽娟:《美国数据隐私立法发展及对数字经济的启示》,《江苏通信》2022年第6期,第87-89页。
② 戴颖洁、李祖坤:《被"围观"的点赞者:点赞符码滑移中隐私边界的流动与重构:基于微信视频号用户的分析》,《太原学院学报(社会科学版)》2023年第6期,第56-68页。

也存在于不同国家和文化之间。了解和尊重隐私差异,是保护个人隐私的重要前提。在不同的国家和地区,隐私保护的法律和规定也存在差异。例如,欧盟的 GDPR 对个人数据的收集和处理提出了严格的要求,而美国的 CCPA 也对个人隐私权作出了一些不同的规定。广告主通过学习不同国家和地区的隐私法律,帮助企业更好地制定计算广告的投放策略。隐私差异也存在于不同的社交平台和应用程序之间。一些社交平台可能更加注重用户的隐私保护,提供更多的隐私设置和权限控制;而一些应用程序可能更加倾向于收集用户的个人信息,用于个性化推荐和广告投放。用户可以根据自己的隐私需求,选择合适的社交平台和应用程序,保护个人隐私安全。总之,隐私差异是一个复杂而且重要的话题,需要我们从个人、国家和企业的角度去认识和尊重。只有了解隐私差异,才能更好地保护个人隐私,促进数字化时代的健康发展。

2.建立不同个体的合理隐私期待区分机制,通过区分不同个体的隐私敏感,为计算广告的差别化隐私投放策略提供决策参考

正如本书第五章"集体主义和个人主义对计算广告用户态度的影响:隐私关注的中介作用"所发现,要区别对待不同文化价值观、不同隐私关注的不同群体。个体的隐私敏感性程度不同,个体对计算广告的信息处理方式也存在差异。在现实生活中,有不少消费者选择提供不太敏感的隐私信息以换取免费服务或折扣,也有很多消费者选择提供高敏感的隐私信息以换取足够诱惑的物质或精神回报。需要建立不同个体的合理隐私期待区分机制进行客户关系管理,个体隐私敏感的分级分类管理或将成为平衡计算广告隐私监管和创新的新途径,也将对立法和治理提出更高的要求。[①] 判断一个人的合理隐私期待是一个复杂而且主观的问题,因为每个人对隐私的看法和期待都可能不同。

一般来说,可以通过以下几个方面来判断一个人的合理隐私期待:(1)文化价值观,不同的文化背景和价值观可能会影响个体对隐私的看法,一些文化可能更注重个人隐私,而另一些文化可能更注重集体利益;(2)社会标准,可以参考社会对隐私的一般认知和接受程度;(3)社会角色和身份个体在社会中扮演的不同角色和身份也会影响其隐私需求;(4)个人意愿,尊重个人的意愿和选择;(5)敏感性和影响程度,信息的敏感性和可能带来的影响也是判断隐私期待的重要因素;(6)上下文和环境,不同的环境和情境下,人们对隐私的期待也会有所不同。总的来说,判断一个人的合理隐私期待

[①] 袁卫平、卞丽娟:《美国数据隐私立法发展及对数字经济的启示》,《江苏通信》2022 年第 6 期,第 87-89 页。

需要综合考虑文化价值观、社会标准、社会角色、个人意愿、信息的敏感性和影响程度,以及具体的环境和情境等。尊重个体的隐私期待是非常重要的,这也是计算广告传播能够取得良好效果的前提条件。

3.开发能够区分不同个体、不同人群的隐私保护技术,确保不同个体的隐私都能得到充分尊重和保护

目前比较成熟的计算广告隐私保护技术主要有5种:(1)数据匿名化技术。通过删除或加密个人身份信息,使得数据无法直接关联到特定个体,从而保护个体隐私。(2)数据脱敏技术。对敏感信息进行脱敏处理,例如使用数据加密、数据扰乱等技术,以减少数据泄露的风险。(3)访问控制技术。建立严格的访问控制机制,设置对个人数据的访问权限,确保只有经过授权的人员才能获取相关信息。(4)差分隐私技术。采用差分隐私技术,通过添加噪音或扰动来保护个体隐私,使得在数据分析中无法准确推断出特定个体的信息。(5)加密保护技术。对个人数据进行加密存储和传输,确保即使数据被非法获取,也无法直接解读其中的内容。但是,这些技术手段还不能帮助实现针对不同个体隐私的辨别和保护,无法为计算广告的差别化隐私投放策略提供技术支持。因此,需要研发人员不断攻关核心技术,能够开发出根据个人隐私偏好进行精准定位的隐私保护技术,让计算广告能够针对不同隐私敏感度的人群进行差别化投放。对于隐私不敏感个体,可以采取更直接的计算广告投放方式,例如通过社交媒体、搜索引擎等平台进行定向广告投放;对于隐私敏感度较高个体,可以采取更加友好的计算广告投放方式,例如避免过度的个性化广告投放,采用基于创意内容的广告投放,而非基于个人数据的广告定向。无论针对哪种隐私敏感度的个体,都应该遵守相关的隐私法规和道德准则,尊重用户的隐私权,采取隐私保护措施,避免数据泄露和滥用,确保广告投放的合法性、合理性和合规性。

(四)感知收益

隐私数据越来越被视为商业资产,甚至被喻为现代经济中的"新石油"。当用户感到不受控制的隐私数据与自己所得不匹配,感到分配的不公平进而产生隐私担忧,就需要增加用户的感知收益。伴随着人们的个人信息不再单纯强调遮蔽而强调利用的财产属性日益凸显,隐私权的立法也不再仅仅关心在数据收集、加工、转移、使用、删除等方面加强对信息主体的权益保护,还要强调让渡部分隐私权给信息主体带来何种收益。虽然大多数经济学家对隐私数据具有经济价值早已达成共识,但是隐私数据通常与产品或

广告捆绑在一起进行销售,导致很难衡量隐私数据的具体经济价值。① 正如本书第四章"感知收益和感知风险对计算广告用户态度的影响:隐私关注的中介作用"所证实,感知收益直接对计算广告用户态度产生影响、隐私关注在感知收益和计算广告用户态度之间起部分中介作用。因此,必须大力提升用户的感知收益。

1.从个人取向、社会取向和国家取向3个维度传播利用隐私数据助力用户的正面题材

传播算法平台给用户带来的益处有3个维度:个人取向维度、社会取向维度和国家取向维度。从个人取向维度,通过"叙事合法化"塑造算法平台带给个人的价值,比如,采用抒情的叙事框架,以故事化的方式传播"今日头条"能够帮助用户看到更大的世界的作用,强调"今日头条"获得渠道十分便利、内容题材足够丰富、分发方式足够多样,从而强调算法平台以用户为导向的个性化的合法性。通过传播"知识改变命运,信息创造价值。我也希望今日头条上的信息帮助到每一个普通人,提升自己,把握机遇,发现一个更大的世界",强调智能传播时代算法平台在个人层面的价值意义。从社会取向维度,强调平台有态度、有温度、有价值观的计算广告策略和平台战略导向,如帮助贫困地区打造农产品品牌的"山货上头条"项目,以及基于LBS(基于位置的服务)技术帮助寻找走失老人、寻找烈士遗属、寻找被拐婴儿、寻找受害者或追踪凶手等。运用社会道德合法化策略,强调算法平台在社会层面的价值意义,通过公益形式洗脱技术偏见,算法价值标准的内容属性依附在此框架内也可以得到合法性的验证。从国家取向维度,强调算法平台遵循正常的传播秩序、市场秩序和社会秩序,国家力量始终"在场",积极响应国家号召,建立内容审核标准,潜在地表示算法平台是符合国家设立标准的,含蓄地表明平台越来越重视社会责任和行业领导者的责任。②

2.建立用户隐私数据的价值评估体系,在尊重用户意愿基础上为用户隐私数据换取福利提供参照

用户隐私数据的价值评估体系基于多方面,比如从用户角度出发,用户社会身份地位、社交媒体影响力、财富状况等,都能体现用户对自身隐私数据的认识。但是在实践中一般从商家角度出发,考察用户隐私数据的商业价值,RFM模型是网点衡量当前用户隐私数据价值的重要工具和手段。

---

① 谢毅、高充彦、童泽林:《消费者隐私关注研究述评与展望》,《外国经济与管理》2020年第6期,第111-125页。

② 陈积银、宋春妮:《智能传播时代新闻聚合平台的算法价值演进与建构》,《西安交通大学学报(社会科学版)》2022年第6期,第160-169页。

RFM 是 recency(最近一次消费)、frequency(消费频率)和 monetary(消费金额)三个指标首字母的组合。R 值指客户在店铺最近一次消费和上一次消费的时间间隔,理论上 R 值越小,客户的价值就越高。F 值指客户在固定时间内的购买次数(一般是一年),购买频率越高,则客户对品牌的忠诚度越高。但需要综合考虑品类影响(如电子产品等),即使是忠实粉丝用户也很难在一年内购买多次。相对于 R 值和 F 值,M 值最难使用但最具有价值,M 值越高(通常是一年),给店铺创造的收入和利润越高。根据 RFM 模型将用户分成 8 个类别:重要价值用户、重要发展用户、重要保持用户、重要挽留用户、一般价值用户、一般发展用户、一般保持和一般挽留用户(见表9-5)[①]。针对每个类别的用户设计隐私数据的价值评估体系,在尊重用户意愿的基础上,为用户隐私数据换取福利提供参照。

表 9-5　基于 RFM 模型的用户隐私数据价值评估体系

用户类型	用户 RFM 特征	营销策略
重要价值用户	三者都高	延长用户忠诚时间:比如 VIP 服务、永久打折策略等让用户有荣誉感
重要发展用户	近期有发生购买行为,消费金额高于多数用户但购买频率较低	刺激用户进行复购,增加对品牌的忠诚:可以通过短信、邮件定期发送新品、爆款、折扣等信息,吸引用户增加购买频率
重要保持用户	最近一次消费时间较远,但消费频次和总金额较高	即将流失的忠实客户,需要主动联系进行挽回: ·可以通过电话沟通,唤起用户对品牌的认知; ·根据用户反馈制定个性化营销策略,例如发送大额优惠券等
重要挽留用户	历史消费金额较高,但购买频率较低,近期没有发生购买行为	已经趋于流失,最核心的需求是刺激用户进行复购,增加对产品及品牌的印象:针对这部分用户可以提供较大的让利,比如推出 0 元试用、买一送一等服务
一般价值用户	近期有发生购买行为,购买频率高但是总消费金额低	这部分用户的客单价较低,有"薅羊毛"的可能性:可以尝试通过站内及站外精准"种草",比如抖音等平台信息流投放等推送店铺爆款产品,增加品牌曝光度,提高客单价

---

① 调研咨询:《数据分析技术:RFM 用户价值细分》,https://zhuanlan.zhihu.com/p/602597197,2023 年 2 月 1 日。

续表

用户类型	用户 RFM 特征	营销策略
一般发展用户	近期有发生购买行为,购买频率和消费金额较低	从用户生命周期上看,处于引入期和成长期需要: • 通过电话主动联系,关心产品使用情况; • 提供良好的售后服务,增加用户对品牌的信赖度,提升复购率和消费金额
一般保持和一般挽留用户	三者都低	用户已经处于流失阶段,可以不做营销,或者花费较低成本尝试触达

3.根据不同用户隐私数据的利用价值,提供不同的计算广告分红,激发用户主动接受计算广告的动力

隐私数据本身可以被视为一种财产,因此,隐私数据具有财产属性。由于消费者的隐私数据取代价格成为互联网平台竞争的直接对象,消费者从商品价格层面几乎没有享受隐私让渡的福利变化。应针对当前信息时代的数据特征和互联网商品的性质,将个人隐私数据的保护纳入增加消费者福利的保护范围之内,重新评价利用用户隐私数据给消费者带来的应有福利。一方面,过度保护个人隐私数据,只会阻碍数据平台企业的创新,影响消费者享受定向化服务、免费服务等福利;另一方面,过度收集消费者的个人隐私数据同样也会给消费者群体带来困扰。[1] 数字平台与用户之间实际上存在基于数据权益的经济关系,主张借鉴"数据作为劳动"模式的思路,要求平台应向用户支付数据收入。根据我国社会主义经济基础,将国有控股大数据交易所的收益以集体转移支付的方式反哺社会。[2] 通过返现补偿消费者的隐私让渡,可以让算法平台意识到凡事均有成本和代价,有效规制平台过度收集、利用个人隐私数据的行为。

计算广告分红模式的核心理念是让消费者参与进来,成为计算广告的一部分。当消费者分享隐私数据,通过计算广告购买平台商品时,他相当于平台的合伙人,应享受平台的利润分红。平台应按照一定比例将部分产品利润返还给消费者,并且鼓励消费者推荐计算广告给更多的消费者,以获得更高的分红。这种模式不仅让消费者感受到参与其中的乐趣,同时也是对用户主动接受计算广告的鼓励。

---

[1] 宋乐:《个人隐私数据的反垄断法保护研究》,《中国价格监管与反垄断》2023 年第 11 期,第 39-41 页。
[2] 徐偲骕、李欢:《平台 V.S.用户:谁该向谁付费:数字平台与用户之间基于数据的经济关系探讨》,《新闻与传播研究》2021 年第 5 期,第 25-43 页。

(五)感知风险

平台一味地占据主导、肆意跨平台流动用户隐私信息、出台"隐私霸王条款",确实让用户感到"精神痛苦",产生了如监控感、背叛感、伤害感和无助感等情感状态。当然,网络就在那,你可以用,也可以不用。如果不是用户自己需要使用网络数据,又怎么会有隐私泄露的风险呢?这个悖论也从侧面说明,不能用"要隐私还是要便利"的两极思维来回答计算广告的隐私问题。在数据发展至上的信息社会,我们隐而不谈隐私并不意味着不在乎隐私,相反,数字技术的发展带来服务便利和广告红利的同时,对隐私泄露的感知风险也剧增,促使我们不断去反思算法技术的异化以及提出合适的治理方案。在用户隐私数据的收集、存储、应用、传输、发布、删除过程中,处处存在隐私风险。吴宁博等[①]提出隐私风险判定的四大原则,即最小与公开透明原则、知情与同意原则、合法与合理原则、安全与保护原则(见图9-4)。正如本书第四章"感知收益和感知风险对计算广告用户态度的影响:隐私关注的中介作用"所证实,感知风险直接影响计算广告用户态度、感知风险和计算广告用户态度之间分别起部分中介作用。在实践中,我们主要侧重从建设个人信息处理制度及授权同意管理制度、健全个人信息保护基金制度,以及探索开展网络安全保险制度3个方面营造良好的计算广告传播环境,降低用户的感知风险。

1.建设严格保护措施的个人信息处理制度及授权同意管理制度,定期开展事前、事中、事后隐私风险评估

根据隐私数据开放中涉及的个人信息种类以及使用、加工等信息处理的目的和方式,针对个人隐私数据生命周期中面临的目的无关、过度收集以及告知外风险等隐私风险要素,需要制定完善的管理制度和操作规范,实施计算广告的隐私风险治理。有必要明确个人数据信息的访问授权规则,利用身份、角色授权的访问控制技术实现专人专员的个人信息处理,防止未授权的非法访问导致个人信息泄露。建立个人数据信息的分类组织与存储和必要范围的个人数据信息处理制度规范是有效降低非必要范围的个人隐私信息泄露风险的重要途径。要积极开展计算广告隐私风险评估工作,包括:事前评估后制定匿名去标识化、身份隐匿方案;事中评估防止计算机病毒、黑客攻击等和平台管理疏漏两大类隐私风险;事后评估去标识化被连接重新识别身份信息的风险,动态调整隐私保护强度,降低隐私风险评估滞后带来的风险。政府部门需要根据个人信息种类及其面临的隐私风险,安排隐

[①] 吴宁博、李金燕、杨帆,等:《我国政府数据开放的隐私风险判定及其治理路径研究》,《情报杂志》2023年第11期,第192-198页。

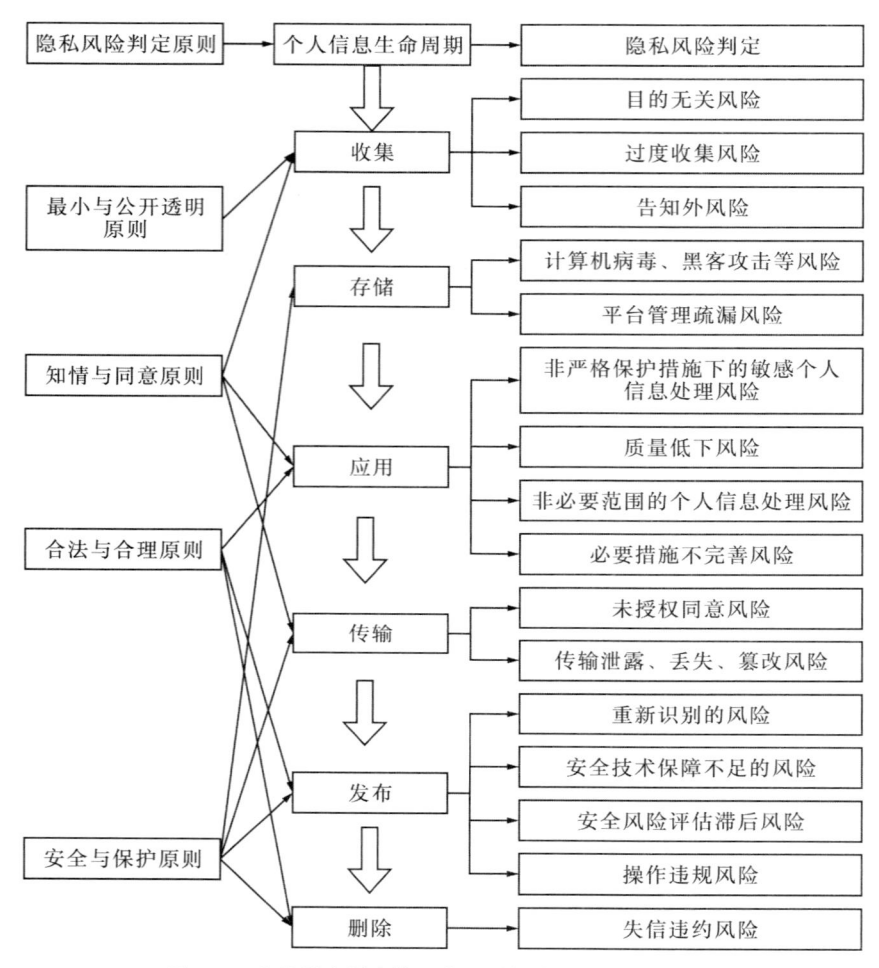

图 9-4　隐私风险判定的四大原则与个人信息生命周期

私专员在开展隐私风险评估的事前、事中、事后合理选择、灵活采用与隐私风险相适应的各种安全措施,避免安全保障不足给计算广告用户带来不可预测的感知风险。[①]

2.在计算广告利润中提取一定比例的保险费纳入隐私信息保护基金,来防范计算广告隐私感知风险可能带来的负外部性问题

负外部性是指主体的活动给其他主体的福利带来了不利影响而又没有给予其他主体补偿的社会现象。计算广告隐私侵犯属于适合政府依法解决

---

① 吴宁博、李金燕、杨帆,等:《我国政府数据开放的隐私风险判定及其治理路径研究》,《情报杂志》2023 年第 11 期,第 192-198 页。

的公共物品负外部性问题。借鉴政府筹资解决公共物品(国防、基础研究、反贫困等)问题的公共政策,政府可以建立隐私信息保护基金制度,由在源头获利的市场主体(算法平台、广告主等)依法提取一定比例的保险金并纳入个人信息保护基金的治理措施予以应对。对于营利性使用隐私信息(非营利性使用隐私信息不会带来利润,不需要交纳保险费),在不便于依据许可合同处理隐私信息的情况下,需要由相关管理部门依法在营利额中提取一定比例的保险费纳入隐私信息保护基金,用于防范信息科技负外部性隐私伦理风险。为了督促企业强化保护并适当合理使用隐私信息,保险金缴纳数额可以根据企业对个人隐私信息收集处理的种类和数量、企业处理隐私信息的获利情况、对隐私信息采取保护措施的强弱、隐私信息的后续开发情况、对隐私信息是否进行许可交易等不同情况,通过听证会的方式来解决。隐私信息保护基金可用于补足侵权赔偿的不足额部分、法律援助、公益诉讼、科研活动、宣传教育、人员培训等与用户隐私保护相关的公益活动。[1]

3.探索开展计算广告网络安全保险制度,尤其是网络安全责任类保险,共同助力构建新型计算广告网络安全生态

2023年12月21日,工业和信息化部办公厅发布《关于组织开展网络安全保险服务试点工作的通知》(以下简称《通知》),组织开展网络安全保险服务试点工作。结合现阶段我国网络安全保险现有险种,本次试点险种主要包括网络安全财产类保险和网络安全责任类保险两大类。网络安全财产类保险可以保障因隐私风险事件造成的算法平台直接损失以及因此产生的技术服务费用,包括直接物理损失、营业中断损失、数据资产重置费用、硬件改善成本、应急处置费用,以及因隐私风险事件导致的公关费用、法律费用等。网络安全责任类保险可以保障因隐私风险事件引起的对用户需要承担的赔偿责任,包括数据泄露责任、网络安全事件责任、平台侵权责任、外包商相关责任、产品责任或技术服务职业责任等。网络安全责任类保险能有效降低用户对计算广告的感知风险,可作为建构可信计算广告平台的有益补充。一方面通过发展计算广告网络安全责任类保险,转移用户隐私数据泄露风险;另一方面,通过发展计算广告网络安全财产类保险,建立交易数据使用权的可信计算平台,保留隐私数据所有权,释放隐私数据使用权。最终,共同助力构建新型计算广告网络安全生态,赋能数字经济的崛起与发展。[2]

---

[1] 毛牧然、董晓梅:《信息科技负外部性隐私伦理风险的治理》,《科技导报》2023年第7期,第55-62页。

[2] 范赫男:《破解数据要素流动与隐私保护相冲突的局》,《网络安全与数据治理》2022年第12期,第1-2页。

三、风险应对行为治理的实践创新

(一)隐私反应

在智能信息时代,我们要使用算法平台、享受具身服务,就不得不同意算法平台的霸王服务条款,由此不仅让渡了隐私数据,而且不断消解隐私边界。从所有权角度看,当我们签署霸王服务条款时,我们的隐私数据,包括照片、聊天记录、购物经历、行程轨迹等就已经不归我们使用,尽管所有权还是用户的。由于算法平台的商业利益和不透明机制,我们无从知晓这些隐私数据是如何被使用的,也就无法控制隐私信息的传播,这就有可能极大损害用户的切身利益。计算广告在边界模糊地带或程序后台对用户全息数据进行暴力攫取,在此基础上的精准传播与精准塑造侵犯了人的主体性。[1]数据取代了用户自然而然的消费需求表达,用户在数字空间里主动进行数据劳动生产,反过来又在自身数据的指引下进行牵引式消费。计算广告无节制的发展与滥用带来的是消费专制,是对人主体性的全方位压制。因此,要在当下解决这种"被算计"给用户带来的损害和焦虑,仅仅依靠技术手段、简单规制手段是不够的,要得到根本的解决还必须从用户心理角度入手,建立起计算广告隐私伦理上的预防性和警惕性机制。当用户对计算广告行使了正当的公众权利之后,基于公共利益的计算广告隐私伦理体系才会逐渐成形。正如本书第六章"性别、隐私关注和隐私保护对计算广告用户态度的影响:基于中美两国的跨文化比较"发现,需要多方共建隐私保护机制,夯实数据流通共享的信任基础。

1.培育公众对计算广告的隐私敏感性,增强用户媒介素养教育

计算广告产业资本对于隐私数据的私有化占有和控制承袭了资本增殖的非正义与非平等性。隐私数据从道德领域滑向市场领域后,成为可供出售的商品,但隐私数据价值全凭商人的道德自我约束加以管理是非常脆弱的。最关键的是需要提升社会大众对计算广告隐私问题的认知层次,使其拥有较高的数字素养,让不同群体知悉计算广告隐私经济的运行逻辑,适当了解算法的运行过程与技术原理,在一定程度上消除算法黑箱的负面效应,唤醒民众的主动防御意识,引领隐私保护的道德风尚。[2]首先,要养成良好的上网习惯。具体做法上应该注意:尽量不要在外部设备上网并输入密码;

---

[1] 陈龙、王宇荣:《网络平台传播本体建构中的算法迷思批判》,《江苏社会科学》2022年第4期,第222—231页。

[2] 张媛媛、邹静:《"技术—隐私"视域下数字社会隐私保护的路径创新》,《社会科学研究》2022年第6期,第25—34页。

对重要的个人信息进行隐藏处理；使用结束后及时删除浏览记录和缓存；将重要个人信息存储在移动硬盘等设备上；尽量不要使用网盘和云存储等方式；养成定期杀毒和清理上网垃圾、上网痕迹的习惯；对来历不明的网页或App，要做到不点击、不下载、不安装、不使用；如果受到隐私侵害，第一时间报警，做到及时止损并提醒其他用户避免遭受同样的侵害，等等。① 其次，提升用户对计算广告隐私基本权利的认知。有必要赋予消费者即用户一方以知情权，让消费者在对相关内容充分理解、知悉的情况下自由判断、自由选择是否同意或接受信息服务，从而实现实质意义上的合同自由。用户还有权要求网络平台针对该算法的具体决策过程如数据处理逻辑、信息推送逻辑等作出解释，网络平台应及时予以答复。用户有权知道其在使用网络平台期间的身份标签、身份画像等内容。② 最后，丰富社区线下消费活动。通过丰富的线下消费活动，用户可以认识到"广告信息茧房"的危害，加强自身的信息判断能力，避免长期沉浸在计算广告的虚拟社区中而不自知，通过加强现实社会的消费场景帮助用户摆脱"广告信息茧房"的束缚。③

2.建设人人有责、全民参与、人人有利的计算广告隐私伦理运作机制

目前，愿意通过举报垃圾广告或通过隐藏广告、取消关注、忽略推荐等手段，主动向计算广告表达他们"不感兴趣"的用户仍然较少，说明用户对计算广告工具性的认识不足，计算广告隐私伦理运作机制尚未成熟。要促使用户主动改善目前的隐私生态，促进计算广告的不断改进，还需要实现全民参与的计算广告隐私伦理运作机制。一方面要针对平台传播的技术性人员开展跨学科、跨领域的人工智能伦理教育，建立负责任的计算广告算法模型道德伦理规范，开发者需要知晓并告知用户算法模型应用的道德伦理风险，确保算法符合社会的伦理道德标准；另一方面加强公众的计算广告隐私伦理教育。计算广告隐私伦理的培育需要算法开发者、人文社会学者、用户三者协力合作，共同批判性地参与改造计算广告系统，使计算广告得到"技术"和"人文"的双重意涵。④ 计算广告算法推荐技术的开发与完善要考量人文因素，加入能真正反映用户需求的指标，如个人与健康、个人与发展、个人与

---

① 吴恺：《当代网络传播条件下个人隐私安全问题研究》，《河北青年管理干部学院学报》2022年第3期，第34-37页。

② 侯东德、张丽萍：《算法推荐意识形态风险的法律防范》，《重庆社会科学》2021年第8期，第77-90页。

③ 袁国栋：《算法治理视域下社区传播结构变迁与风险防范》，《领导科学》2022年第6期，第100-103页。

④ 陈龙、王宇荣：《网络平台传播本体建构中的算法迷思批判》，《江苏社会科学》2022年第4期，第222-231页。

奋斗、个人与国家等关联关系形成的消费信息需求,改进计算广告算法的隐私伦理和价值设计,为用户挖掘更安全、更可靠、更专业的数据信息。① 在信息透明、法制规范、人人参与的环境中,计算广告要侵犯用户隐私,需要的代价比较大,而当计算广告走上规范化发展道路,自身的信誉得到信赖,反过来又会促进计算广告产业的良性发展,涉及每个利益主体的人人有利计算广告隐私伦理运作机制就能得到实现。

3.对各细分群体进行针对性隐私教育扶持,聚焦未成年人和老年人群体

计算广告借助平台的数据垄断,利用大数据技术"杀熟""欺生"进行差别化对待等行为屡见不鲜。算法推荐机制下的信息不对称、内嵌性技术偏见以及由此形成的算法歧视都对公众的合法权益造成巨大的损害,其中受害最大的无疑是未成年人和老年人等弱势群体。要针对向未成年人、老年人、劳动者、消费者等主体提供服务的算法推荐服务提供者制定具体规范,如不得利用算法推荐服务诱导未成年人沉迷网络,应当便利老年人安全使用算法推荐服务,应当建立完善平台订单分配、明确报酬构成及支付、约束工作时间、提供奖惩等的相关算法,不得根据消费者的偏好、交易习惯等特征利用算法在交易价格等交易条件上实施不合理的差别对待等。相对于成年人,儿童这一特殊群体缺乏网络隐私认知能力,也没有较强的心理修复能力,更没有感知与防范 App 风险的能力,一旦计算广告推送不宜信息给儿童,容易对儿童造成不良的心理负担和严重的心理阴影。② 而老年人用户长期的社会关系结构导致了其对家庭成员的依赖,因此家庭内部的数字反哺在这一过程中显得尤为重要。作为掌握更多互联网技术和文化话语权的青年群体,应积极主动承担起对老年人群体进行数字反哺、弥合代际数字鸿沟的重任,宣传计算广告隐私安全知识,让老年人更好地适应数字化生活。要为大学生揭开算法具有流量逻辑的权力本质,解读算法的运作机理和潜在风险,提高鉴别西方意识形态信息的能力。要重视意见领袖的作用。如果意见领袖对隐私的思想认知和价值观念出现问题,其产生的负面影响会加倍放大。因而,必须重视意见领袖隐私伦理的培育,培养其积极的价值取向,发挥正向的辐射作用。③

---

① 郭亚琼:《信息传播中算法推荐技术的革新、异化与规制》,《视听》2023 年第 5 期,第 135-138 页。
② 陈飚、黄贵琼:《中美 App 儿童网络隐私保护比较研究:以监护人知情同意为视角》,《重庆邮电大学学报(社会科学版)》2023 年 11 月 27 日网络首发,第 1-13 页。
③ 于晓薇:《算法推荐场域下主流意识形态风险化解研究》,山东大学硕士学位论文,2022 年,第 63 页。

(二)广告反应

进入智能传播时代,计算广告算法推荐技术"野蛮生长"带来的"算法焦虑"受到用户的广泛关注。不同于初始的搜索引擎广告阶段,处于沉溺上瘾阶段的受众在接收计算广告时,主观上具有强烈的被控制意识。但人是算法生成的主体和算法的操作者,计算广告利用算法控制用户,并不意味着用户就会"束手就擒"。诸多用户选择广告回避,正是人的主观能动性的生动体现。人类社会的高度发展不应仅仅是技术的高度发展,本质上还应该是人的智性、心性和品性的全面发展。因此,我们必须警惕盲目迷信顺从技术中心主义的计算广告思维。计算广告应该强调以人为本、人本主义,具备个人主体控制技术客体,物理主体控制云端主体的主体意识,最终服务于个体、社会和国家。正如本书第八章"隐私关注对计算广告回避的影响:感知风险和隐私保护的链式中介作用"发现,要规范互联网算法广告,钝化隐私关注的敏感度。

1.通过算法反驯,跳出计算广告信息牢笼,提高用户主动选择广告信息的能力

用户可以主动利用计算广告算法模型背后的逻辑跳出信息牢笼,并创造性地利用算法逻辑,以此获取真正需要的广告信息并扩大消费认知范围,如通过有意识地选择关注的广告内容来搜索和查看的方式搭建反驯模型,让计算广告的算法推荐更新个人的消费认知版图。从平台端来看,可以借助新技术数字孪生和知识图谱协助算法改进,避免用户在广告信息茧房中徘徊。平台提供用户主动选择广告的选项,提高用户主动选择广告信息的能力。为此,需要掌握算法反驯的一些技巧,比如,通过搜索功能专搜不感兴趣的内容实现对算法的反驯,就是给算法喂假料,或关注官方渠道、公共知识分子渠道和平民渠道信息,多方采集,作出客观的对比判断等。以淘宝购买某地方特产为例,用户不仅需要观察推荐算法推送的官方销量排名,还需要百度搜索看看其有没有负面新闻,以及进入电商店铺查看消费者的评价内容。

2.鼓励算法向善的计算广告传播环境,抵制恶俗、色情等不良广告的侵袭,营造风清气正的广告网络空间

当前计算广告回避行为比较严重,除了算法不断侵犯用户隐私之外,还有一个容易被忽视的问题,就是广告推荐的低俗化趋势和用户的高级趣味需求之间的矛盾关系。手机终端用户一般处于相对私密的状态,在窥私欲和好奇心的驱使下可能对低俗内容更为敏感,结果导致大量恶俗、色情等违背社会公序良俗的吸睛广告成为点击的热点且被作为热点算法推荐给更多的用户,造成所谓的用户被"低俗广告环绕"的现象。① 需要对计算广告进行算法优化,使其更加符合用户高级趣味需求和社会主义核心价值观。需要建立健全的算法审核机制和监管体系,及时对不良算法进行处理和修正。此外,还需要加强与用户的沟通和反馈机制,及时了解用户对算法的需求和反馈,从而不断优化算法。总的来说,算法向善的计算广告传播环境需要全社会的共同努力,才能建立一个完善的算法向善体系,共同营造风清气正的网络广告空间。

3. 以铸牢中华民族共同体意识为指导,加强国际传播的计算广告技巧,讲好中国故事,发出中国声音

隐私数据安全意味着三个维度的内涵:(1)保证隐私数据免受攻击,保障其可靠运用;(2)在国际传播中发展出更为高效和智能的计算广告;(3)将计算广告的治理权力控制在国家权力的支配之下。通过基于不同维度的法律治理结构的建构,实现计算广告隐私数据安全,将成为人工智能时代实现计算广告隐私问题治理机制的实践创新与国家总体安全观要求的重要方面。② 以铸牢中华民族共同体意识为指导,意味着在国际传播中需要有更加智能和高效的计算广告才能讲好中国故事、发出中国声音。如果国家法律治理过于强化和控制隐私数据的流动,特别是从个体角度将隐私数据作为私法权利加强保护,就会对计算广告产业的发展形成限制,从而不利于国际传播中计算广告的发展。与此相反,合理放宽对隐私数据流动的管制,能够更有效对计算广告进行算法训练,从而更有可能在国际传播竞争中取得优势。③ 因此,不应过度突出从隐私数据所有权、使用权和人格权进路出发的数据规制,强化权利保护的保守特性,而是要从隐私数据财产权进路出发,兼顾个体与集体之间的利益平衡,以国家安全观视角对计算广告的价值进行再认识。④

第八节 余论:作为技术伦理新思路的道德物化

算法技术的不成熟,带来了诸多隐私伦理问题,集中体现为 4 个方面:

---

① 杨蓉:《从信息安全、数据安全到算法安全:总体国家安全观视角下的网络法律治理》,《法学评论》2021 年第 1 期,第 131-136 页。
② 杨蓉:《从信息安全、数据安全到算法安全:总体国家安全观视角下的网络法律治理》,《法学评论》2021 年第 1 期,第 131-136 页。
③ 丁利、任厚朴:《数字经济视角下个人数据使用的风险问题》,《暨南学报(哲学社会科学版)》2023 年第 9 期,第 83-93 页。
④ 杨蓉:《从信息安全、数据安全到算法安全:总体国家安全观视角下的网络法律治理》,《法学评论》2021 年第 1 期,第 131-136 页。

算法过程的不透明酿成隐私信任危机、算法行为的不确定引发隐私正义问题、算法方案的不精准诱发隐私公平问题、算法准则的不恰当造成隐私价值问题。[①] 这些由技术不足带来的隐私伦理问题终将由更高技术的出现来解决、完善，比如设计者可以将算法向善原则"铭刻"进计算广告的算法设计当中，实现道德物化。同时，以区块链技术为代表的技术伦理新思路很可能是解决计算广告隐私问题的一把钥匙，有望破除数据壁垒、保护数据安全。

一、人工智能背景下的电车难题

计算广告的隐私困境问题，实际上是一个电车难题：

一辆有轨电车呼啸而过，前面有一个岔道路口。一个人被绑在左边的铁轨上，还有一群人被绑在右边的铁轨上。道岔处有一个道岔工。有轨电车向左或向右行驶的方向取决于道岔工。道岔工应如何选择？是要粉碎一个人还是牺牲一群人？

随着人工智能无人驾驶技术的发展，"电车难题"再次引起人们的热烈讨论。如果是这种情况，无人驾驶有轨电车应该走哪条轨道比较合适呢？如何提前设置相关程序呢？此外，想象一下，如果无人驾驶车辆在行驶过程中发生事故，并且无法同时兼顾车内乘客和车外行人的安全时，人工智能系统应该如何应对？人工智能背景下的"电车难题"增加了一些新的变量，问题的解决似乎变得更加棘手。

"电车难题"的关键在于"非此即彼"的艰难选择，本质上是典型的"二元对立"思维模式的产物。事实上，如果我们能够创造出第三种选择，情况也许就会好转。但第三种选择需要将原先"电车难题"中遇到的处理"人"的思维问题转变为处理"物"的思维问题。这也可以看作是"道德物化"的一种优化选择，即对"某物"进行特定的技术设计、实践应用或妥当安排，使人们可以通过操作或使用来规范和实施道德行为。例如，一个典型的"道德物化"案例就是汽车安全带的设计：如果你坐车时不系上安全带，它就会不断地发出提示音，一直到你不得不系上为止。又如，消费者在超市使用购物车时一般需要投入一元硬币作为押金，押金将在购物车归还后自动退还。现在这种做法逐渐被抛弃了，因为人们已经逐渐养成了使用后还车的良好习惯，所以不再需要使用一元硬币来进行约束。"道德物化"是一种操作性很强的技术伦理理念。结合目前的情况，或许可以用它来考察计算广告新技术应用所带来的隐私伦理问题。

---

① 王海建：《算法治理的伦理风险及其纾解》，《深圳大学学报(人文社会科学版)》2023 年第 1 期，第 152-160 页。

在最初版本的"电车难题"中，如果那位能够控制拉杆开关的道岔工没有将拉杆推到末端使电车可以通过开关驶入某一轨道，而是仅仅拉动部分开关将拉杆拉到某一中间状态，从而使有轨电车的车轮卡在岔道交叉处而无法行驶，那么，在不造成翻车的情况下，两条轨道上的人都不会被误杀，电车中的乘客也不会受到伤害。事实上，这相当于在电车轨道岔道交叉处设置缓冲路障，使有轨电车无法通过，从而避免危险的发生。解决"电车难题"的关键是通过逆向思维改变"物"的功能来达到救人的目的。"电车难题"中设置的拉杆显然是一个"移动开关"，在正常情况下，推拉不到位属于故障，但在特殊情况下，只需制造故障来控制有轨电车的进度。这就是"反其道而行之"解决问题的思维方式。"电车难题"中设计的可控环节（人为控制开关），为从"道德物化"（"技术道德化"）的视角解决计算广告的隐私问题及其治理留下了可以想象的广阔空间。

在人工智能背景下，"电车难题"显然取消了原有的人为控制开关的环节，成为人工智能技术系统如何作出道德决策的问题，但仍然存在"二元对立"的思维模式。在人工智能决策系统的技术设计中，如果"非此即彼"的两种选择均存在道德缺陷，则有必要保留第三种选择的可能性，即"道德物化"。这意味着人工智能系统的设计应该考虑"三值逻辑"，除了这个或那个方案之外，还可以提供第三个方案供选择。如果无人驾驶汽车在紧急情况下处理不当，例如突然撞到前面的行人，或为了躲避行人而伤害车内乘客，说明存在道德缺陷，是不可行的。那么所谓的第三种选择究竟是什么呢？那就是通过引入一些新的人工智能设置、功能、应用和方法来避免这些情况的发生。例如，在存在一个能够适应无人驾驶汽车路况的高度智能化物联网系统的环境里，物联网行为监控系统可以提前检测前方的异常情况，并在出现"电车难题"时自动停止或自动关闭前方的岔道；在快速行驶过程中发生紧急情况时，可考虑使用具有弹性气体的"气囊"缓冲装置，这种装置可以将车外行人和车内乘客自动弹出，以减少损失。无人驾驶汽车的设计应该包括上述适合道德选择的装置，并通过人工智能实现"道德物化"。总之，只有创建第三个方案，我们才能超越"二元对立"的西方思维模式，从而找到符合中国"阴阳互换"太极文化的全新解决方案。[①] 因此，"电车难题"中无人驾驶汽车的责任"分担"必然是所有利益相关者之间"协商""互融"的设计结果。

---

① 王前：《道德物化，也许是"电车难题"的最佳解决方案》，https://wenku.baidu.com/view/eca97ee05cbfc77da26925c52cc58bd63186933e.html，2022年5月18日。

二、计算广告隐私伦理的"道德物化"

计算广告正面临着两个非典型性的电车难题：一个是内部的，一个是外部的。内部的电车轨道上，左边绑着用户隐私风险，右边绑着用户广告收益。外部的电车轨道上，左边绑着广告行业的经济利益考量，右边绑着消费者权益保护。作为技术伦理新思路的"道德物化"，指的是通过技术设计将特定的价值和规则植入人工智能系统中，从而通过"物"的预设、布置、使用与普及来践行伦理道德。在本书看来，就是将区块链技术应用于计算广告行业。通过对区块链技术的设计来规训计算广告多方主体，使计算广告多方主体能够通过区块链技术的使用变得更加道德。这体现了"道德物化"的核心观点。

计算广告依赖的是物联网与消费者的数据共享，想要做到省钱精准，就要尽可能多地掌握消费者的个人数据信息。互联网平台逐渐演变为消费者的"透明空间"，无论你在线上进行任何消费，通过网络技术手段，所有的痕迹都会被记录在案，甚至你与异性朋友的聊天内容、与亲朋好友的私密对话等都有可能被收集存储起来。此外，互联网使人丧失了可以保密的私人活动空间，从而在无形之中将用户时时刻刻"管理"与"监控"起来，互联网变成了"透明监狱"。[①] 与网络用户相关联的数据内容十分丰富，包含上下线的时间、地点、频率、生活习惯、浏览时间与浏览内容等信息。这些用户数据信息极具价值，能够清晰地勾勒出用户画像。因此，这些数据信息资源最终由谁来评估和监管、用户是否拥有自治的权利、广告商多大程度上能够使用这些数据等相关问题亟待解决，这就对消费者、第三方平台、数据管理机构、政府相关部门以及软件供应商都提出了新的要求。

无论如何，与计算广告相关的隐私伦理问题是我们无法绕开、必须解决的问题。而对于计算广告隐私问题，我们应采取一种以未来为导向的区块链技术方式对这些问题进行深刻而全面的剖析。本书所探讨的是计算广告不断发展可能带来的个体层面和社会层面的隐私伦理问题，"道德物化"的技术伦理学观点有益于我们对计算广告时代所产生的隐私伦理问题形成科学认识和深刻理解，有利于"以技术的手段解决隐私伦理的问题"，有助于促进人工智能时代隐私伦理规则的设立与技术治理的进步。

移动互联时代，社交媒体出现，人们不仅可以接收信息，也可以制造信息、传播信息，人类社会已经进入比较成熟的自媒体时代。自媒体时代在给

[①] 唐兴华、郭晓、唐解云：《电车难题、隐私保护与自动驾驶》，《华东理工大学学报(社会科学版)》2019 年第 6 期，第 73-79 页。

社会化传播和人类生活带来诸多便利的同时,也带来了监管上的难题,造假侵权现象屡屡发生。区块链与计算广告的结合可以很好地解决这些问题。在计算广告领域,透明度的缺乏正在危害整个行业,而区块链的公开性、安全性和可追溯性能让"水军"无所遁形,让造假变得困难,从而使计算广告得到更加良性的发展。

事实上,互联网的出现,已经对广告传播领域进行了一次颠覆。在互联网出现之前,即大众传媒时代,信息传播是中心化的,信息源往往掌握在少量媒体手中,大众无法制造信息、传播信息,只能被动地接收信息,因此,广告必须依靠垄断的媒介才能生存。互联网的出现彻底颠覆了这一格局,那么,如果在计算广告领域加上区块链,将会给计算广告隐私领域带来怎样的改变呢?

(一)确保交易的私密性和安全性

随着机构间业务合作的深入,数据的共享需求强烈,急需打通各机构之间的数据孤岛。与此同时,数据安全与隐私泄露事件频发。区块链和隐私计算的结合实现了多个节点之间的协作计算和数据隐私保护,而无须收集和共享原始数据。区块链确保计算过程和数据是可信的,隐私计算使数据可用但不可见,两者的结合可以实现更广泛的数据协作和功能互补,通过隐私计算下的零知识证明、同态加密、安全多方计算,来共同保障一个"区块链＋基础"的身份体系。基于区块链和隐私计算,利用先进的密码学知识,解决数字城市中数据不愿共享、不敢共享的问题,将实现数据价值的"可用不可见、可用可容忍"。

目前,区块链技术主要运用于物流、金融、商业等领域。对消费者来说,基于区块链技术的一些系统,例如智能的追踪系统、私密性强的点对点交易等应用都在不同层面使消费者和企业之间的交易过程更加顺畅、更加安全。而对于广告主来说,通过区块链技术,可以看到自己的广告投入有多少最终真正流向消费者,并能够根据计算广告产业链中的实际附加价值优化筛选广告提供商,降低成本,避免广告资金浪费。

(二)促进数字广告的去中心化

在数字营销领域,谷歌、Facebook 等中心机构将投放广告的客户与点击广告的受众联系起来。不仅如此,一些小网站和小型传播平台甚至是从这些中心化的大平台接单,其操作方法是:广告投放者将需要投放的广告交给这些大平台,大平台再转交给那些小平台去发布;广告商跟大平台结算费用,大平台再将一部分费用支付给小平台。为什么要通过中间的那个大平台呢?主要是因为客户对这些小平台不信任,所以需要一个信用好的大平台作为中间商来提供信用背书。

而一旦引入区块链技术,由区块链来构建智能信用,就可以省掉中间环节,减少中间商的利益盘剥和数据泄密风险,传播者也能更好地为客户隐私服务。如果去掉了中间代理商,那么广告发布者就可以更好地优化千次曝光价格。更进一步讲,企业甚至可以跳过传统的广告购买流程,争夺真实用户的真正"关注"。这意味着企业将走向更加智能的广告支付,并通过减少隐私泄露风险与潜在客户建立起联系。

(三)提高计算广告行业的透明度

在数字广告方面,透明度的缺乏正在危害该行业。例如虚假点击,有些平台为了获取更多的收益,会采用一些技术手段进行流量作弊和数据造假,甚至雇用机器人或者"水军"来点击广告。而一旦运用了区块链技术,由于区块链的数据是公开和加密的,企业可以轻松确定观看广告的人是否是其目标消费群体,使得数据造假变得十分困难。企业只会根据真实点击量付费,从而构建一个可信任的计算广告主的保护空间。

区块链技术还可以实现供应侧改革,并使用数字账本标记每个产品的生产、运输和交换等全过程,以防止供应侧篡改相关信息,以次充好。这意味着,用户可以清楚地知道产品的原产地、生产时间、运输方式、质量检验以及产品是否为真品等。这也为用户提供了强大的信息和资源力量,极大地改善了用户的隐私体验。一些公司甚至用区块链来讲述其产品的品牌故事,包括可以追溯到谁缔造了这个品牌、谁在消费这个品牌、谁在传播这个品牌、传播路径为何等。从这个角度看,区块链技术不仅能够帮助广告商和消费者建立隐私信任纽带,还建立了消费者对品牌的忠诚和信任。

(四)精准定位目标客户

广告依靠用户的浏览Cookies,来模拟用户的真实信息数据,比如用户的年龄、性别、薪资水平,甚至开什么样的车、晚上习惯去哪里用餐,这些正是所谓的用户画像。但是很多情况下,模拟出来的用户画像不见得准确。同时,当前还存在两种类型的数据孤岛——物理类和逻辑类。物理数据孤岛是指数据在不同部门中独立存储和维护,并相互隔离,形成一个物理空间上的孤岛。逻辑数据孤岛是指不同部门从各自的角度理解和定义数据,使得一些相同的数据具有不同的含义,无形中增加了跨部门数据协作的传播成本。数据孤岛的危害是巨大的:对于广告商来说,他们往往无法掌握全面、有效的消费者数据,数据往往变成障碍,他们无法从事更多更有价值的广告活动;对于消费者来说,数据孤岛导致他们接收的广告很多是无效、无用的推荐,因为没有人能够完全获得他们在不同时间、不同地点的行为数据来判断他们是否喜欢该广告。

区块链技术使数据信息具备了公开性和可追溯性，可以把整个社会的数据打通，构成数据网或者数据云。企业可以建立很精准的"蓝海数据库"，收集消费者的各种真实数据，包括年龄、性别、薪资水平、开什么车、饮食喜好等，从而将广告投放在那些最有可能购买产品的用户身上，让广告的投放更加精准。区块链时代的互联网用户，都有一个统一的身份标识，从而可以建立个人数字档案，在同一个身份标识上不断去丰富数据。当人们的各种数据被整理、加密并匿名存储起来，并可以授权企业、组织使用自己的数据（部分或全部），企业或组织就具备了更强的能力来满足用户的需求，利用这些数据方便人们的生活。

（五）主动吸引消费者观看广告

人们在互联网上有了选择权后，就不会眼巴巴地在电视剧播放前看着广告，而是会转去 Facebok、Twitter、Wechat。这与过去信息还相对匮乏的时代完全不同，消费者十分排斥广告，因为广告在阻碍他们的自由意志。

已经提出了很多年的"注意力经济"或许能给我们一些启示。注意力是信息丰富时代的稀缺资源，稀缺资源具有经济属性。因此结合个人数字档案，或许我们可以搭建一个优秀的推荐网络作为用户注意力的守门人，把握占用用户注意力的每一条信息，这其中就包括广告信息和服务推荐信息。现在已经有很多公司在尝试做这样的事情了，比如 Decent、Steemit、Akasha 等。他们允许用户将信息通过区块链进行内容存储，并发行代币以衡量用户在网络中产生的影响力，接着他们就准备做基于个人的注意力优化，让每个人看到自己真正感兴趣的内容，并因自己的注意力而获得代币收入。人们可以通过观看广告或者传播广告而获利，最稀缺的注意力资源，在区块链上可以被购买或衡量。计算广告发布者一般都要依靠中介平台来连接用户，区块链的出现宣布告别传统的中介模式。计算广告主可以跳过传统的广告购买流程，直接向那些观看广告的目标消费群体支付费用。

2018年9月17日，小米营销与拥有132年历史的品牌安佳（Anchor）一道联合开启"桥计划"的区块链广告，首次运用区块链技术完成了链上数据交换，并进行了区块链数据驱动的品牌广告投放与广告数据的链上追踪。这也是全球第一次真正意义上基于全链路应用区块链技术的计算广告投放。如果说比特币是面条，那么区块链就是面粉，面粉除了能做面条，还可以做馒头和包子。区块链技术是由记录各种信息的小区块组成的链条，类似于堆叠砖块，一旦堆砌成功，就无法移除。每一块砖头还包含了各种各样的信息，包括堆放者、堆放时间、堆放数量以及使用材料等，个人无权修改这些信息。区块链技术构建了计算广告强大的"免疫系统",可以为计算广告的隐私安全保驾护航。

总之,计算广告隐私权问题必然会带来技术霸权现象。个人隐私已成为掌握用户数据的互联网平台/企业的垄断工具与进行商业牟利的隐蔽载体,导致隐私商品化,使用户数据成为一种可以自由买卖的外部存在,而不是用户拥有主权的个体数据。为了解决计算广告的隐私问题,确保算法技术能够为人的自由全面发展服务,容忍算法技术的道德相对主义教育是远远不够的,技术设计者理应承担相应的义务和责任。技术运用应当被设置为双向选择,而非单方意志。算法技术作为"中立性工具"内嵌了技术的价值控制,即资本价值对伦理价值、法权价值的覆盖,因此,算法技术的自主性或中立性必须辅以人文价值反思。① 在 5G 加持下,实时精准、实时交互将不再是难题,但是无论技术如何更迭换代,无论技术浪潮如何汹涌,我们在享受技术带来的便利的同时,仍然要回归人本,保护计算广告打动人心的力量。平衡技术与人的关系,不可忘却"以人为本"的算法向善原则,唯有如此,智能广告才能走向真正的智能。

安德鲁·芬伯格从技术批判理论的视角发人深省地提出了技术民主化的思想,为解决计算广告的隐私问题及其治理提供了新的思考途径。② 安德鲁·芬伯格认为,应该让掌握技术霸权的精英也承担社会责任,同时让全体公众参与技术设计和讨论,最终实现技术协同,而不是让精英阶层主导技术暗箱的力量,从而导致整个世界的不平衡。③ 只有让所有涉及计算广告应用技术的利益攸关者都参与进来,推动技术民主化进程,才能最终确保计算广告技术能够代表更多阶层的切身利益,构筑计算广告共同的价值空间。当然,技术民主化本身并没有与商业发展背道而驰,让多方主体参与算法技术的设计和讨论,其目的是让全社会既能安全地享受到算法技术的应用福利,又能最大限度地保留算法技术的商业价值。

---

① 姜晨、颜云霞:《"何以向善":大数据时代的算法治理与反思:访上海交通大学媒体与传播学院教授陈堂发》,《传媒观察》2022 年第 6 期,第 36-41 页。
② 赵莉:《论芬伯格的技术民主化思想对技术风险控制的意义》,复旦大学硕士学位论文,2013 年,第 16-21 页。
③ 曹雅慧:《社交网络隐私披露行为研究》,中国科学技术大学硕士学位论文,2019 年,第 59 页。

后 记

　　中国广告学的实证研究时间并不长,2003—2006 年我在厦门大学就读硕士研究生期间,规范的广告实证研究尚未形成气候,广告学术界的研究还是以观点性的案例分析为主。2006 年我在《新闻大学》期刊上独立发表《品牌意识和消费者价值观对植入式广告效果的影响》一文,采用自然实验法,通过因子分析、聚类分析、多元方差分析等多种统计方法挖掘数据。据知网数据,迄今为止,该文被引数为 72、下载数为 4241(截至 2025 年 3 月 20 日)。该文是在我的硕士毕业论文的基础上修改而得,是我开始探索广告实证研究的第一步。

　　我在厦门大学攻读博士学位期间,在陈培爱老师的指导下,独立出版了《网络广告原理与实务》(厦门大学出版社 2007 年版)与《广告统计基础》(厦门大学出版社 2010 年版)。前者是我第一次探索网络广告,后者使我的统计技术更加精进。2011 年我主持国家社会科学基金青年项目"三十三年(1978—2010)广告镜像:中国社会价值观念的变迁",运用已经掌握的内容分析法,以改革开放以来《人民日报》《北京日报》《新民晚报》《广州日报》四大报纸(不含海外版)的广告表层形式和深层内容作为研究对象进行量化分析,结项成果获得"良好"的鉴定评价。该成果《广告折射中国社会价值观念的变迁——以 1978—2011 年四大报纸广告内容分析为例》(厦门大学出版社 2014 年版)出版后,于 2016 年获得第十一届福建省社会科学优秀成果奖二等奖。

　　可以说,我个人实质性地见证并参与中国广告实证研究的迅猛发展阶段。在这个阶段,中国的许多广告学者也开始尝试建构中国特色广告学理论体系。2008 年,我出版了《整合品牌传播学》(厦门大学出版社 2008 年版)一书,尝试参与首次建构中国特色品牌传播学理论。2014 年,华南理工大学段淳林教授出版《整合品牌传播:从 IMC 到 IBC 理论建构》(世界图书出版公司 2014 年版)一书。之后,在段老师的大力推广下,整合品牌传播的概念逐渐深入人心,成为具有中国特色的品牌理论话语体系术语之一。2010 年 8 月,上海外国语大学举办了第一次"中国广告产业发展前沿论坛"。这次会议上基本形成了"广告学术共同体"的雏形。2011 年 4 月,《广告研究》期刊正式开设"发展广告学"专栏。2012年12月,中国广告产业发展前沿论坛正式更名为"中国发展广告学论坛"。2015年5月,作为"发展广告学"的提出人和牵头人,北京大学陈刚教授以"发展广告学的发展"为题,对近五年来的广告研究进行了全面系统的回顾。广告学界上述一系列动作表明,中国的学者开始有意识地摆脱西方建构的成熟广告理论话语体系,形成自己的主体性广告理论话语体系。

近几年来,特别是2016年人工智能确立起国家战略地位以来,中国特色广告学的理论建构实际上面临很大的困难。原因有三:第一,广告业界的实践更新速度越来越快,已经超越了广告学界的理论研究速度,特别是以推荐算法为基础的计算广告行业的飞速发展;第二,计算广告行业对广告人才的需求已经不再仅仅聚焦于广告学专业,而是更多地向计算机专业、经济管理专业等跨学科倾斜;第三,中外计算广告学的发展水平差距并不大,基本处于同一起跑线。初级发展阶段的理论建构还缺乏诸多经验材料和案例的支撑,目前阶段讨论中国特色计算广告学理论体系的建构还为时尚早。现阶段属于"摸着石头过河"的探索阶段,在这个阶段,加强中西方之间的学术交流,扩展双方共通的意义空间,就显得十分重要。但不管如何,我们都要坚持脚踏实地不断丰富计算广告案例资料库,积累可靠的实证研究数据,做好基础性工作。

计算广告学的学科建构,时不我待。在中国广告学界,2017年,刘庆振和赵磊出版《计算广告:智能媒体时代的广告研究新思维》(人民日报出版社2017年版)一书;2019年,段淳林和张庆园出版《计算广告》(人民出版社2019年版)一书;2021年,本人出版《计算广告学》(中国人民大学出版社2021年版)教材;2022年,段淳林出版《计算广告学导论》(华中科技大学出版社2022年版)教材;2024年,姜智彬等总主编"计算广告学系列丛书"(华东师范大学出版社),等等。当然,还有北京大学、人民大学、复旦大学、清华大学、中国传媒大学、华南理工大学、华中科技大学、武汉大学、华东师范大学、暨南大学、上海外国语大学、上海大学等诸多学者在各种期刊或会议上发表的文献。这标志着计算广告学正以一种热潮的姿态登上中国广告学术舞台的中央,全面冲击着中国特色广告学研究的历史格局。

在广告学界全体同人的共同发力与不懈努力下,今天中国的计算广告学研究在某些方面实际上已经超越美国。这固然得益于中国庞大的互联网网民规模和丰富多彩的计算广告模式,但归根结底,离不开齐头并进的超越模式。闭门造车建构不出中国特色计算广告学理论体系,对西方计算广告学的亦步亦趋同样无法打造自身的特色理论体系,正确的做法应该是:既要立足中国互联网市场和人工智能发展阶段，努力建构属于中国技术、中国经验和中国文化的计算广告学伦理和治理体系，同时也要面向西方，加强交流和概念引进。毕竟科学的研究方法无国界，它既不专属于资本主义，也不专属于社会主义，它仅仅是一套方法论，而不是一种政治观点。从辩证法角度看，数据的极致就是艺术，艺术的尽头皆为数据。因此，只有在中西比较和相互交融的情况下，思辨和实证并重，提出对计算广告隐私伦理规则的科学诊断和世界性"药方"，中国在该领域才可能拥有真正的国际"话语权"。

林升梁

2025 年 3 月 20 日